중동 인사이트

중동 인사이트

세계의 판도가 바뀐다

ⓒ 이세형, 동아일보사 2024

초판 1쇄	2024년 1월 30일	
초판 4쇄	2024년 10월 29일	

지은이　이세형

출판책임	박성규	**펴낸이**	이정원
편집주간	선우미정	**펴낸곳**	도서출판 들녘
기획이사	이지윤	**등록일자**	1987년 12월 12일
편집진행	김혜민	**등록번호**	10-156
편집	이동하·이수연	**주소**	경기도 파주시 회동길 198
디자인	하민우	**전화**	031-955-7374 (대표)
마케팅	전병우		031-955-7381 (편집)
경영지원	김은주·나수정	**팩스**	031-955-7393
제작관리	구법모	**이메일**	dulnyouk@dulnyouk.co.kr
물류관리	엄철용		

ISBN　979-11-5925-899-2(03300)

이 책은 관훈클럽정신영기금의 도움을 받아 저술 출판되었습니다.

중동 인사이트

세계의 판도가 바뀐다

이세형 지음

들녘

추천사

역사, 문명, 정치, 전쟁, 산업 등의 문제들이 난마처럼 얽힌 중동의 정세를 일목요연하게 읽어내기란 여간 어려운 일이 아니다. 하나를 설명하려다 보면 다른 배경 이해가 필요해 웬만해선 길을 잃기 십상이다.

그러나 이세형 기자는 길을 잃지 않는다. 이스라엘 모사드를 다루었다가, 사우디아라비아 왕세자의 고민을 언급하기도 하고, 소수민족 쿠르드의 운명을 이야기하는 등 이슈를 망라하며 종횡무진한다. 많은 이야기가 주어지면 독자들이 자칫 지루해할 법한데 전혀 그렇지 않다. 카타르 도하와 이집트 카이로를 살아낸 저널리스트의 감각 덕분이랄까? 마치 이른 새벽 어시장에서 만나는 활어처럼 살아 있는 정보와 이야깃거리를 전해준다. 학자들의 고담준론 전혀 없이 현장의 이야기를 옆에서 들려주듯 풀어낸다.

그렇다고 학문적 가치가 약한 것도 아니다. 국제정치 이론이나 외교정책을 설명하는 학술서는 아니지만 현장의 사건들 하나하나가 국제정치 교과서의 재료임을 잊지 않게 한다. 이 책은 지문 모음집 같다. 중동정치가 외교 교과서임을 생생한 사례를 통해 독자들에게 다시 각인시키는 듯하다.

하나 더! 경제·산업 분야 출입 경험이 풍부하기 때문인지 전쟁과 평화의 시선으로만 중동을 읽지 않는다. 어쩌면 지금 중동의 더 절박한 고민인 석유 시대 이후 어떻게 살아갈 것인가에 관한 시각을 덧대어준다. 내전, 테러, 분쟁 등으로 익숙한 중동의 다른 모습을 비추고 있다. 이 책을 읽으며 얻는 또 하나의 보물이다.

장지향 _아산정책연구원 중동센터장

중동과 관련한 대화를 자주 나누고, 이 과정에서 많은 영감을 주는 이세형 기자가 세 번째 중동 책을 냈다. 중동을 중심으로 국제 이슈를 연구하는 학자로서 한국 언론의 중동에 대한 부족한 관심이 늘 아쉬웠기에 이 책이 무척 반갑다.

세계적인 논픽션 베스트셀러 작가 중에는 중동 전문기자라고 할 만한 이들이 많다. 『렉서스와 올리브 나무』를 쓴 〈뉴욕타임스〉의 토머스 프리드먼, 『검은 깃발: ISIS의 부상』을 쓴 〈워싱턴포스트〉의 조비 워릭, 『지리의 힘』을 썼고 〈BBC〉에서 활동한 팀 마샬 등이 좋은 예다. 한국보다 이른바 '글로벌 지수'가 높은 북미와 유럽에서 중동은 오랜 시절부터 중요한 지역으로 여겨져왔다. 일본, 중국도 마찬가지다.

한국에선 아직 '한반도 이슈'에 치여 전문가든, 일반인이든 중동에 관심을 가지는 경우가 드물다. 하지만 국제사회에서 강대국 혹은 주요국으로 인정받는 나라들이 큰 관심을 가지는 중동 이슈를 계속 '남의 일'처럼 생각하는 좁은 시각은 조금씩 개선해야 하지 않을까? 중동 이슈에 대한 관심은 이제 먼 이야기 혹은 사치가 아니다. 글로벌한 시대에 복잡한 국제 정세를 이해하고, 성장하기 위해서는 알아야 하는 중요한 이야기다.

그리고 중동에 대한 관심을 끌어올리는 데는 언론, 특히 대중적 글쓰기에 강한 기자들이 만든 콘텐츠가 크게 기여할 수 있다고 생각한다. 다양한 중동 이슈에 재미와 의미, 현장을 담고, 동시에 세련된 문장으로 풀어낸 이세형 기자의『중동 인사이트』출간이 더욱 반가울 수밖에 없는 이유다.

김창모 _한국-아랍소사이어티 사무총장, 전 외교부 주 알제리 대사·카타르대사

이세형 기자와의 인연은 내가 주카타르 대사로 근무할 때인 2018년 여름 그가 도하 소재 싱크탱크인 아랍조사정책연구원에 1년간 방문 학자로 오면서부터 시작됐다. 첫 만남에서부터 그는 신선한 인상을 남겼다. 중동에서 일하는 사람들 다수는 중동을 빨리 벗어나야 할 '험지'로 본다. 그러나 그는 중동에 대한 호기심과 애정이 넘쳐났다.

당시 카타르는 이란에 대한 우호적인 외교 등 독자적인 외교 행보로 '형제국'인 사우디아라비아, 아랍에미리트, 바레인과 갈등을 겪고 있었다. 중동 내 역학 관계 변화와 갈등에 관심이 많았던 이 기자는 '동아일보 도하 특파원 같다'는 느낌이 들 정도로 현장을 열정적으로 다녔다. 레바논과 키프로스 같은 '갈등 지역'에도 관심을 보이며 직접 현장을 다녀갔다. 또 나를 포함한 대사관 직원들뿐 아니라 현지 정부 관계자, 학자, 언론인, 기업인 등 많은 사람과 활발히 교류하고 토론을 즐겼다. 당시 우리 대사관과 현지 한국 기업인들 모임에도 참여하며 자신이 분석한 중동 정세에 관한 생각을 나누기

도 했다. 카타르에서의 이런 '살아 있는 중동 공부'는 이 기자가 카이로 특파원으로 활동하면서 고급스러운 기획 기사와 현장감 넘치는 르포기사를 쓰는 데 크게 기여했다.

중동과 오래 인연을 맺어온 외교관으로서 그동안 쉽게 접근하면서도 중동의 중요성과 중동 문제들을 잘 설명하는 책들이 많아지길 늘 기대해왔다. 이번에 이 기자가 출간하는 『중동 인사이트』는 바로 이런 갈증을 풀어줄 수 있는 좋은 중동 관련 대중서가 될 것으로 기대된다. 독자들은 이 책을 통해 중동 사회와 문화, 중동에 부는 변화의 바람, 중동 분쟁 등에 대한 이해를 넓힐 수 있을 것이다. 특히 최근 우리 기업들의 관심을 받는 사우디아라비아의 네옴 프로젝트, 아랍 국가와 이스라엘 간 화해 분위기의 배경, 산유국들의 탈석유 전략, 한국과 중동 국가 간 관계 등을 진지하게 생각해보는 좋은 기회가 될 것이다.

최희남 _SC제일은행 이사회 의장 전 한국투자공사 사장, 전 국제통화기금(IMF) 상임이사

중동 이슈는 관심이 가지만 늘 어렵다. 한국 언론의 중동 보도는 단편적인 경우가 많고, 학자들이 쓴 책은 너무 학술적이거나 관념적이다. 그런데 이세형 기자의 『중동 인사이트』는 중동의 다양한 이슈를 쉽고, 재미있게 그리고 의미를 담아 풀어냈다.

한국투자공사 사장으로 활동하던 시절 중동 국부펀드들과의 교류를 위해 사우디아라비아, 카타르, 아랍에미리트 등을 방문했고 중동 국가들의 탈석유 전략과 미래 비전에 관심을 가졌다. 저자와 처음 인연을 맺은 건 2010년 G20 정상회의 준비위원회 의제총괄국장으로 활동하던 때였다. 당시 저자는 동아일보 경제부 정책팀의 막

내 기자였는데 유독 국제 이슈에 관심이 많았다. G20 서울 정상회의가 끝난 뒤, 나는 기획재정부에서 국제금융협력국장, 국제금융국장, 국제경제관리관(차관보), 국제통화기금과 세계은행의 상임이사로 활동했는데 저자와는 계속 자주 만나며 국제 이슈에 대한 대화를 나눴다.

특히 내가 한국투자공사 사장으로 활동하던 시절 저자는 카이로 특파원으로 중동 현장을 누볐고, 2019년 10월 사우디아라비아에서 열린 '미래투자이니셔티브 포럼' 때는 현지에서 만나 중동 현안을 놓고 다양한 의견을 나눴다. 당시 중동 이슈를 인사이트와 현장감을 담아 풀어내던 저자의 모습에 감탄했고, 중동에 대한 이해를 넓히는 데도 큰 도움이 됐다.

중동, 나아가 국제 이슈 전반에 관심 있는 분들에게 자신 있게 일독을 권한다. 책을 다 읽으면, 다소 멀게 느껴지던 중요한 중동에 대한 이해가 넓어져 있는 자신을 발견할 것이다.

김영태 _경제협력개발기구(OECD) 국제교통포럼(ITF) 사무총장

저자를 처음 만난 때는 2009년 국토해양부 해외건설과장 시절이었다. 그리고 그를 다시 만난 건 ITF 사무총장 당선 직후인 2017년 가을 이스라엘 텔아비브에서 개최된 '스마트 모빌리티' 관련 행사장에서였다. 당시 저자는 행사 현장을 열심히 돌아다녔고, 이스라엘의 첨단 산업에 대한 관심도 많아 보였다. 돌이켜보면 저자는 이미 그때부터 중동 전문가로 성장하고 있었던 것 같다.

국제기구인 ITF의 사무총장으로서 전 세계를 다니다 보면 다양한 문화와 사연을 접하게 된다. 분명한 건 많은 나라들이 한국에 대

한 긍정적인 이야기를 많이 하고, 국제사회에서 큰 역할을 해주기를 바란다는 사실이다. 반면, 우리는 상대적으로 글로벌 전략이나 주요 지역에 대한 전문가가 아직 부족한 것 같다. 짧은 기간 동안 국제사회에서 보기 드문 발전을 이룩하는 과정에서 국제 문제보다 국내 문제 해결이 더 시급했기 때문일 것이다.

하지만 국제사회의 기대에 부응하며 동시에 한 단계 더 높은 성장을 위해 이제는 글로벌한 시각과 전략을 고민할 필요가 있다. 이를 위해서는 다양한 국제 이슈의 중심지인 중동에 대해 더 잘 알아야 한다고 본다. 저자는 동아일보 카이로 특파원과 카타르 아랍조사정책연구원의 방문연구원으로 활동하며 현장감과 인사이트가 담긴 기사와 책을 꾸준히 생산해냈다. 특히 2020년에 출간한 『중동 라이벌리즘』은 국제기구에서 일하는 나에게 궁금하지만 잘 몰랐던 중동에 대한 인사이트를 제공해줬다. 이번에 『중동 인사이트』라는 또 하나의 '선물'이 한국 사회의 글로벌 지수를 조금 더 높이는 데 기여할 수 있을 것으로 본다.

중동 이슈의 현장으로 떠나며

2023년 11월 4일 토요일 0시 30분경. 사실상 늦은 금요일 밤이다. 인천국제공항에서 카타르 도하Doha로 향하는 카타르항공Qatar Airways의 에어버스Airbus A350-1000기가 우렁찬 엔진 소리를 내며 이륙했다. 어두운 밤 하늘을 약 10시간 날은 뒤 비행기는 도하 하마드 국제공항Hamad International Airport에 도착했다.

2023년 2월, 아랍에미리트UAE 두바이 국제공항Dubai International Airport에 착륙할 때 대한항공 기내에 잔잔하게 흘렀던 디즈니 영화 〈알라딘Aladdin〉의 주제곡인 'A Whole New World'가 귓가에 맴도는 듯했다.* 약 9개월 만에 다시 중동 땅을 밟았다. 이때는(2023년 2월) 사우디아라비아 수도 리야드Riyadh에서 열린 '제2회 사우디 미디어 포럼Saudi Media Forum2'에 참석하기 위해 중동 땅을 밟았다.

카타르를 방문하는 이유는 도하에서 열리는 '한국-중동 협력

---

* 대한항공 국제선의 경우, 착륙 직후 도착한 지역에 어울리는 음악을 송출한다.

포럼**'에 참석하기 위해서다. 전통 아랍 의상을 입은 사람들의 모습과 아랍어 안내 방송에서 다시 한번 중동에 있음을 실감한다.

시간에 맞춰 하루에 5번 나오는 '아잔Azan***'은 가장 확실하게 내가 중동에 있음을 알게 해준다. 오랜만에 듣는 이 아잔이 약간 어색하면서도, 다시 한번 '내가 중동에 왔구나'란 생각을 강하게 해준다.

책을 읽는 독자들에게 조금이라도 현장감을 더해 중동 이야기를 생생하게 전하고 싶기에. 내가 가장 최근에 중동을 방문했을 때의 느낌과 감각을 담아서 책을 시작한다.

'사막과 오아시스의 땅' '아라비안나이트의 무대' '세계의 화약고' '세계 3대 종교(기독교, 유대교, 이슬람)의 발상지' '석유와 천연가스의 땅' '다양한 문명 발상지(메소포타미아, 나일, 페르시아 등)'……

중동은 아직 한국에서 '미지의 세계'에 가깝다. 그러나 중동에 관한 이야기는 정말 다양한 방식과 주제로 풀어나갈 수 있다. 더욱이 2024년은 중동에 관심을 두기에 적절한 시기다. 왜 그런지 살펴보자. 무엇보다 2023년 중동에서는 많은 변화가 있었다. 한국, 나아가 국제사회의 시선이 집중되는 이슈들이었다. 일부는 '역사적 변화'라고 할만한 것들이었다. 이런 중동 이슈들은 2024년에도 그리고 그 뒤에도 계속 중요하게 다뤄질 가능성이 높다. 먼저 우리에게 가까이 있는 중동 이슈부터 짚어보자.

---

* 　한국 외교부가 중심이 돼 개최하는 포럼으로 매년 가을 한국 또는 중동에서 열린다. 다양한 분야의 국내외 중동 전문가들이 참가한다.

** 　예배 시간을 알리는 육성으로 '신은 위대하다' '신은 한 분뿐이다' 등의 내용을 담고 있다. 원칙적으로 사람이 직접 낭독해야 하지만 녹음된 육성을 틀기도 한다. 공항, 쇼핑몰, 정부청사 등에서도 예배 시간이 되면 나온다.

윤석열 대통령의 2023년 해외 순방에서 중동은 큰 비중을 차지했다. 중동에서 시작해 이후로도 관계를 이어가고 있다.

윤석열 대통령은 2023년의 첫 해외 방문지로 아랍에미리트를 선택했다. 중동의 허브로 통하는 아랍에미리트는 원자력발전소 건설과 군사협력으로 중동 국가 중 한국과 가장 긴밀한 관계를 형성한 나라다. 전통적으로 아랍에미리드에서 한국이 강세를 보여온 건설과 의료뿐 아니라 우주산업, 수소경제, 스마트팜, 친환경 기술, 스타트업 등 다양한 분야에서 투자와 협력에 속도가 붙을 것이란 전망이 계속 나온다.[*]

아랍에미리트는 2023년 4월 말, 수단이 내전에 휩싸였을 때 한국 교민과 외교관들이 수단에서 안전하게 탈출할 수 있도록 큰 도움을 줬다. '수단 사태'는 중동 국가와의 협력이 왜 중요한지를 여러 측면에서 다시금 각인한 사건이었다.

2023년이 슬슬 마무리되던 시점인 10월에도 윤석열 대통령은 중동으로 향했다. 이번에는 사우디아라비아와 카타르였다. 윤석열 대통령의 사우디아라비아 방문은 2022년 11월 사우디아라비아의 실권자로 통하는 차기 국왕 무함마드 빈 살만 알 사우드Mohammed bin Salman Al Saud 왕세자의 방한에 대한 답방 성격이 컸다. 두 정상은 양국의 협력 필요성에 다시 한번 동의했다. 두 나라는 156억 달러(약 21조 원) 규모의 수출 수주 양해각서(MOU)를 체결했다. 2022년 11월 사우디아라비아 왕세자의 방한 당시 체결된 290억 달러(약 40조 원) 규모

---

[*] 문재인 전 대통령도 2022년 1월 코로나19 확산 사태가 계속되는 상황에서도 아랍에미리트, 사우디아라비아, 이집트를 방문했다.

의 26개 사업과는 별도로 추가적인 양해각서가 체결된 것이다. '제2, 제3의 중동 붐이 시작됐다'는 말이 나오는 배경이다.

카타르에서도 눈에 띄는 외교, 경제 성과가 이어졌다. 윤석열 대통령의 카타르 방문을 계기로 한국과 카타르는 양국 관계를 '포괄적 전략 동반자 관계'로 격상했다. HD현대중공업은 세계 최대 액화천연가스LNG 수출국인 카타르로부터 17척(총 46억 달러, 약 6조 2,000억 원)의 액화천연가스 운반선 건조 계약을 체결했다. 한국 조선업계에서 이번 액화천연가스 운반선 계약은 단일 계약으로는 역대 최대 규모다.

계속되는 중동의 다양한 변화

'세계의 화약고'라는 별명답게 중동에서는 많은 국제 이슈가 꿈틀거리고 있다. 이란과 사우디아라비아의 패권 경쟁, 이스라엘과 팔레스타인 간의 갈등, 극단주의 성향 무장정파 탈레반Taliban의 아프가니스탄 통치, 러시아의 우크라이나 침공으로 인한 석유와 천연가스 공급 차질 문제, 중국과 러시아의 중동 진출 속도 높이기 등이 대표적인 예다.

특히 이스라엘의 극우파로 강경한 안보 정책을 구사해온 베냐민 네타냐후Benjamin Netanyahu 총리가 2022년 12월 다시 총리로 돌아온 것에 많은 사람이 주목한다. 이스라엘 역사상 가장 길게(총 3번의 시기)* 총리로 재임한 베냐민 네타냐후 총리는 이란과 팔레스타인에

---

*   1996년 6월~1999년 7월, 2009년 3월~2021년 6월 이스라엘 총리로 활동했다. 2022년 12월 다시 총리에 올랐다.

강경히 대응하고, 미국과 러시아와의 긴밀한 관계를 지향한다. 특히 팔레스타인, 이란, 시리아 등 적대국을 대상으로 한 군사작전을 과감하게 구사한다.

베냐민 네타냐후 총리는 팔레스타인 자치지역의 규모를 줄이는 정책으로 국제사회가 불법 행위로 간주하고 있는 이스라엘 정착촌도 더욱 확대할 예정이다. 베냐민 네타냐후 총리가 이끄는 이스라엘 정부는 2023년 7월, 20년 만에 팔레스타인 자치정부(상대적으로 온건한 성향으로 이스라엘과 협력과 협상을 지향)가 관할 중인 요르단강 서안 West Bank 지역을 대상으로 대규모 공습을 진행했다. 서안에서도 이스라엘을 향한 공격이 여러 차례 발생했다는 것이 이유였다. 하지만 중동 외교가에선 베냐민 네타냐후 정권의 서안 지역에 대한 압박과 정착촌 확장을 위한 조치라는 평가가 많다.

2023년 10월에는 팔레스타인 무장정파 하마스Hamas의 대대적인 이스라엘 공격이 있었다. 이스라엘 역사상 팔레스타인 무장정파의 공격으로 인해 가장 큰 피해가 발생했다. 2023년 12월 말 기준 이스라엘에서는 1,200여 명의 사망자가 발생했다. 세계 최고 수준의 방공망과 정보망을 갖춘 이스라엘이 하마스의 공격에 이렇게 심각히 뚫렸다는 데 전 세계가 놀랐다. 그리고 하마스의 본거지인 가자지구Gaza Strip는 이스라엘의 대규모 지상군 투입과 공격으로 참혹하게 변했다. 팔레스타인 사망자 수가 2023년 12월 말 기준 2만 명을 넘었다.

2023년 3월에는 중동의 큰 나라 중 대표적인 앙숙, 라이벌로 꼽히는 사우디아라비아와 이란이 7년 만에 외교 관계를 회복하기로 한 변화도 있었다. 특히 두 나라의 외교 관계 복원이 중국의 중재로 이뤄졌다는 데 세계가 주목한다. 전통적으로 중동에서 영향력을 많이 행사했던 미국이 아닌 중국이 중동의 대표적인 패권 지향 국가들 간의 화해를, 그것도 자국 수도인 베이징에서 주도했다는 건 오랫동안 화제가 될 수밖에 없다.

2023년 5월에는 튀르키예*에서 레제프 타이이프 에르도안Recep Tayyip Erdogan 대통령이 다시 당선됐다. 레제프 타이이프 에르도안 대통령은 2003년 내각책임제 시절 총리에 올랐다. 그는 2014년 총리 퇴임 직후 대통령 선거에 출마해 당선됐고 2017년에는 대통령제 도입을 담은 개헌안을 통과시켰다. 이번 튀르키예 대선에서도 승리하면서 사실상 2033년까지 집권할 수 있게 됐다. '선거를 통해' 무려 30년이나 최고 권력을 행사하게 된 것이다. '강한 튀르키예' '오스만 제국의 재건' '이슬람주의' 등을 노골적으로 주장하며 주변 국가들과 갈등을 빚어온 레제프 타이이프 에르도안 대통령이 향후 어떤 모습을 보일지 중동은 물론이고 전 세계가 긴장하고 있다.

마즐리스에서 나누는 중동 이야기

중동 이슈는 늘 그렇듯 이해하기가 쉽지 않다. 국제 이슈에 관심이 있는 사람이라면 누구나 더 많이 알고 싶어 하지만 제대로 이해하기란 쉽지 않다고 느끼는 경우가 많다.

특히 한국에는 아직 중동에 관심이 있는 사람, 혹은 일반 대중으로서 편하게 읽고 현장감을 느끼며 인사이트와 지식을 챙길 수 있는 중동 관련 대중 서적이 극히 드물다. 신문이나 방송 뉴스를 보아도 그렇다. 깊이와 현장성을 갖춘 기획 기사나 분석 기사보다는 단

---

*   그동안 터키로 불렸지만 2022년 정식으로 나라의 영문 명칭을 바꿨다.

순히 어떠한 사건이 발생했다는 소식을 전하거나 흥미성 기사가 훨씬 더 많다.

이 책은 정치외교·경제산업·사회문화 분야에서 '현재의 중동'을 이해하는 데 필요하고 도움이 될 소주제로 구성된다. 무겁고 심각한 주제와 다소 가볍고 재미있는 주제 모두 균형 있게 구성하려 노력했다. 아울러 '지식' '정보' '현장감'에 더해 '이야기'를 담아내려 했다. 책의 챕터 중에는 동아일보 기자로 활동하며 〈동아일보〉〈신동아〉〈주간동아〉에 썼던 기사를 바탕으로 내용을 보완하고, 재가공한 꼭지가 절반 정도 있다.

고백하자면, 중동에서 특파원으로 활동하던 시절부터 '훗날 좋은 대중서를 꼭 쓰겠다'는 마음으로 칼럼, 르포기사, 기획기사 작성에 공을 들였다. 또 최대한 현장에 나가려고 노력했다. 책에는 특파원 시절 기사로 다루지 않았던 다소 말랑말랑하고 재미있는 중동 생활과 관련된 내용도 넣었다.

친한 아랍 친구의 '마즐리스Majlis*'에 찾아가서 커피와 홍차를 마시며, 또 다양한 종류의 말린 대추야자 열매와 달콤한 스위츠sweets를 먹으며 나눌 수 있는 이야기를 담아보고자 한다.

중동을 알기 위해서는 복잡하고, 깊이 있는, 소위 말하는 '전문

---

* 한국의 사랑방으로 이해하면 된다. 보통 우리가 생각하는 중동 스타일의 카펫이 깔려 있고, 대형 TV와 소파가 설치돼 있는 경우가 많다. 이곳에서 차와 다양한 먹거리를 나누며 이야기를 나눈다. 이란에서는 국회를 마즐리스라고 부른다. 대화와 토론을 끊임없이 나누는 국회가 마즐리스로 불리는 게 낭만적이라는 생각도 든다. 어느 나라나 정도 차이만 있을 뿐 국회는 시끄럽고 싸우는 곳이라는 인상이 강하기 때문이다. 특히 요즘 한국 국회의 모습을 보고 있으면 더욱 그렇다.

가적 지식'도 중요하다. 하지만 다소 가볍더라도 따끈따끈한 현안과 관련한 지식도 전문 지식 못지않은 의미를 지닌다. 한국 음식도 갈비, 불고기, 비빔밥, 떡볶이, 김밥처럼 대중적인 음식이 먼저 명성을 떨친 다음, 각종 발효 음식과 나물, 궁중요리 등 이른바 '전통 음식'의 인기도 올라가고 있지 않은가. 분야는 다르지만, 중동에 대한 관심의 저변이 확대되는 과정도 비슷할 수 있다.

오히려 한국처럼 나라의 전반적인 역량과 위상에 비해 상대적으로 나라 밖의 이야기에 관심이 덜한 '의외로 글로벌하지 않은 나라'에서는 지금 발생 중인 이슈를 더욱 중요하게 다뤄야 한다. 현재 벌어지는 이슈에 관심이 생겨야만 이를 둘러싼 배경과 맥락, 나아가 전망에도 관심이 모일 수 있기 때문이다.

글로벌하게 살고 싶다면, 중동!

"왜 우리가 중동에 대해서 알아야 하나?"

이쯤 되면 나오는 단골 질문이다.

우리가 사용하는 석유와 천연가스 이야기는 길게 하지 않아도 될 듯하다. 한국 기업들이 대형 건설 프로젝트며 석유와 천연가스 유통에 필요한 대형 선박을 건조해 막대한 외화를 벌어들이는 부분 역시 길게 설명하지 않으려 한다. 이미 충분히 잘 알려진 사례들이기 때문이다.

외교와 안보 분야 전문가들은 말한다. 중동은 한국의 동맹국인 미국의 글로벌 외교·안보 전략을 엿볼 수 있는 지역이라고. 사실이다. 미국이 과거보다 중동 이슈에 관심을 크게 두지 않고 덜 개입하지만, 여전히 미국은 중동에서 '핵심 플레이어' 중 하나다.

또 미국과 글로벌 패권을 놓고 경쟁 중이며, 한반도와 동북아 정세에 언제든 큰 영향을 줄 수 있는 중국과 러시아도 중동에서 존재감을 드러내려 힘쓰고 있다. 군대를 파견하고, 군사기지를 만들고, 경제적 지원을 늘리고, 외교 문제에 대한 협상을 주도하는 등 그들의 활동은 계속된다.

동맹국인 미국, 나아가 우리의 안보에 큰 영향을 줄 수 있는 다른 깅대국들의 글로벌 외교·안보 전략을 파악하기 위해서도 중동에 관심을 가져볼 만하다.

미국, 중국, 러시아만이 아니다. 흔히 말해 국제사회에서 어느 정도 목소리를 낼 수 있는 역량을 가진 선진국치고 중동을 소홀히 대하는 나라는 없다. 과거 중동과 아프리카에 식민지를 두었던 영국, 프랑스, 이탈리아도 중동에 어마어마한 관심을 보인다. 중동 지역에 식민지는 없었지만, 일본과 독일도 마찬가지다. 주요 취재 현장에는 일본과 독일 기자들이 항상 나타난다.

우리보다 영어도 잘하지 못하는 것 같고, 해외 진출에도 그다지 적극적으로 보이지 않는 일본은 주요 신문사마다 중동 특파원을 두고 있다. 그 수도 각 신문사마다 3~5명 수준이다. 일본 신문사들의 중동 특파원은 이집트 카이로, 아랍에미리트 두바이, 이란 테헤란, 이스라엘 예루살렘, 튀르키예 이스탄불 등에 주재한다.

한국은 신문사 중에서는 유일하게 동아일보가 중동(카이로)에 특파원을 파견하고 있다. 방송사와 통신사를 합쳐도 채널A(동아일보 특파원이 겸직), KBS(두바이), 연합뉴스(카이로, 이스탄불)만 중동에 특파원을 파견한다(2023년 12월 말 기준).

중동 주요국에 파견되는 일본 외교관의 숫자는 한국보다 보통

1.5~2배가량 된다는 것이 정설로 여겨진다. 한국 외교부 본부에서도 중동 담당 부서는 '중동국'이 아닌 '아프리카·중동국'이다. 중동과는 정세와 환경이 많이 다른 아프리카를 사실상 그냥 지리적으로 가깝다는 이유로 묶어서 담당하게 한 것이다.

한마디로, 우리보다 국제사회에서 영향력이 더 크고, 오랜 기간 중요한 나라로 인식돼온 나라들은 중동에 관심이 많다.

이런 나라들이 중동에 지속해서 관심을 기울인다는 것 자체만으로도 중동은 특별하고 가치가 있다. 쉽게 비유하자면, 학교에 다닐 때 공부를 잘하는 친구가 주의 깊게 보는 교과서나 수험서를 잘 살펴볼 필요가 있는 것과 마찬가지다.

세계 대학 교육을 선도하는 미국 대학들도 마찬가지다. 아이비리그 소속 8개 대학인 브라운대, 컬럼비아대, 코넬대, 다트머스대, 예일대, 펜실베이니아대, 프린스턴대, 하버드대 학부에는 모두 중동학 관련 전공이 개설되어 있다. 브라운대, 다트머스대, 프린스턴대, 펜실베이니아대, 예일대의 경우 유대학Judaic Studies, 이스라엘학을 별도로 개설했다.

좀더 이야기해보자. 아이비리그에 속하지 않지만 역시 최고의 미국 명문대 그룹에 속하는 스탠퍼드대, 시카고대, 듀크대, 노스웨스턴대에도 역시 중동학(혹은 아랍어) 전공이 마련되어 있다. 특히 스탠퍼드대의 경우 중동학 관련 학부 전공을 중동학, 이란학, 유대학, 이슬람학으로 나누어 상당히 세부적으로 구성했다.*

---

* 각 대학의 홈페이지를 참고했다.

세계에서 경쟁력 있기로 손꼽히는 대학들이 이처럼 중동 관련 교육과 연구에 적극적인 것은 그럴 만한 가치가 있어서일 것이다. 반면, 연구 경쟁력 높이기(혹은 국제 순위 높이기)에 혈안이 돼 있고, 미국 대학의 시스템을 벤치마킹하는 데 있어 두 번째로 적극적이라고 하면 서러워할 만한 한국 주요 대학은 어떨까? 우리나라의 대학 중 어문학이 아닌 중동학(지역학 개념의) 전공이 학부에 제대로 개설된 학교는 없다.*

뒤에서 자세히 설명하겠지만, 세계적인 명성을 자랑하는 미국의 명문대들이 '중동의 허브'로 여겨지는 카타르와 아랍에미리트에 캠퍼스를 설립하는 것도 결국은 중동이 중요하고, 특별한 가치와 의미를 지니고 있어서일 것이다.

'글로벌'을 외치는 시대다. 다양한 역사, 외교·안보, 경제, 종교 이슈가 얽혀 있는 중동에 대해 다양한 지식이 있는 사람이 그렇지 않은 사람보다 더 지적이고 세련된 사람, 나아가 '더 괜찮은 사람'이 될 가능성이 높다.

고 김영길 한동대 초대 총장은 한국 대학가에서 국제화 교육과 세계시민교육**을 주도했던 인사다. 그는 "한국 대학들도 국제사회

---

* 1997년 한국에서 최초로 국제대학원이 개교할 때부터 국제대학원을 운영해 국제학 분야의 전통과 관심이 제대로 있다고 판단되는 경희대, 고려대, 서강대, 서울대, 연세대, 이화여대, 중앙대, 한국외국어대, 한양대를 기준으로 했다. 이 대학 중 국제대학원에도 중동학 전공이 개설된 곳은 한국외국어대가 유일하다.

** 인류 보편적 가치인 세계 평화, 인권, 문화 다양성 등을 폭넓게 이해하고 책임감 있는 시민을 양성하는 교육으로, 국제 이슈, 유엔 등 주요 국제기구의 지향점과 가치 등을 체계적으로 교육한다.

가 지향하기로 합의한 의제, 또 당장은 한국과 거리가 있어 보여도 국제사회가 관심을 기울이는 이슈에 대해 자세하고 체계적으로 가르쳐야 한다"라고 강조했다. 그러려면 "동북아 밖으로도 시야를 넓히고, 동북아 밖에서 벌어지는 이슈에 관해서도 관심을 가져야 한다"고 이야기했다.

솔직히 말해, 당신이 '글로벌하지 않게' 살기로 확실히 결정했다면 군이 중동 이슈에 관심을 안 가져도 된다. 하지만 그게 아니라면, 조금이라도 관심을 가지라고 권하고 싶다. 아니, 글로벌하게 살고 싶은 생각이 있는 사람에게 중동 이슈는 어떤 형태로든 재미, 의미, 중요성을 동시에 지니는 이야기로 여겨질 것이라 믿는다.

개인적으로 이 책은 2020년 12월 『중동 라이벌리즘』*을 펴낸 뒤 남았던 아쉬움을 만회하는 의미도 지닌다.

당시에도 중동을 이해하는 데 도움이 되는 대중서를 내고자 접근했다. 그리고 복잡한 중동의 국가 간 갈등 구도를 분석하는 데 초점을 맞췄다. 그러다 보니, '복잡한 이야기'를 거시적인 측면에서 비교적 쉽고, 명확하게 분석하는 부분에서는 성공했다. 또 외교부, 주요 대기업과 공기업, 금융사의 중동 분야 담당자와 대학·연구소의 전문가 그룹 독자에게 "복잡한 중동 문제를 쉽고, 재미있게 풀어냈다" "핵심 이슈를 잘 분석했다" "맥락과 이야기로 중동 이슈를 짚어냈다" "중동의 구도를 이해하는 프레임을 잘 잡았다"라는 평가를 받았다.

---

* 　이세형, 『중동 라이벌리즘』, 스리체어스, 2020

하지만 일반 독자에게는 여전히 "조금 어렵다" "조금 딱딱하다"라는 이야기를 듣는다. 중요한 현상을 더 세밀하게 분석하는 데도 한계가 있었다. 소프트한 이슈를 재미있고 부드럽게 정리해서 알리는 부분에서도 역시 한계가 있었다.

그런 면에서 이 책은 '중동 현장 리포트' '재미있는 중동학 개론' '중동 이슈 사례 모음집'이라고 해도 괜찮을 것 같다. 어떤 면에선, 향후 이떤 중동 이슈가 버셨을 때 활용할 수 있는 참고서가 될 수도 있을 것 같다. 가령, 사우디아라비아의 변화와 관련된 이슈가 있을 때는 이 책에 나와 있는 아람코Aramco, 사우디아라비아의 개혁개방, 무함마드 빈 살만 알 사우드 왕세자 관련 내용을 읽으며 배경 지식과 맥락을 짚어볼 수 있다. 중동에서 테러나 전쟁이 터졌을 땐 마찬가지로 무장정파, 패권 경쟁, 군사적 충돌을 다룬 부분을 읽으며 지식, 맥락, 나아가 현장감을 챙길 수 있을 것이다. 이 책의 한 장, 한 장이 재미와 의미, 나아가 현장의 느낌과 인사이트를 전해주는 중동 여행 또는 중동 공부가 됐으면 좋겠다.

한 가지 당부하고 싶은 것이 있다. 중동 이슈를 접하는 과정에서 '외우기'에 너무 많은 공을 들이지 않았으면 한다. 간혹 중동에 관심을 가지기 시작하면서 복잡한 용어, 이름, 시기 등을 적극적으로 외우려고 하는 경우를 보았다. 이러한 시도 자체가 나쁘지는 않다. 하지만 다양한 중동 이슈를 이해하는 과정에서 오히려 지치게 만드는 부작용도 있는 것 같다. 일단은 주요 국가 간의 역학관계를 중심으로 누가 누구와 어떤 이유에서 우호적이고 적대적인지를 살피고, 주요 국가의 핵심적인 특징과 전략 정도를 기억하면 좋겠다. 이를 바탕으로 큰 흐름과 틀을 보고, 나아가 맥락을 이해하는 방법을 추천한다. 중동과 관련된 용어와 시기를 암기하는 것보다 훨씬 더 중동 이슈를 재미있고, 편하게 이해할 방법이 되어줄 것이다.

마지막으로, 이 책을 읽어주시는 분들께 한 가지 양해를 구하고자 한다. 내가 2020년 8월 카이로에서 돌아온 이후 중동에는 많은 변화가 있었다. 꾸준히 중동 이슈를 팔로우업했고, 2023년에는 중동에 출장을 두 차례 다녀왔지만 이 책에 '최신'의 '모든 상황'을 업데이트했다고 말할 수는 없다. 책은 기사가 아니니, 최신 정보를 모두 반영하지 못한 한계가 있다는 점을 미리 말씀드린다.

2024년 1월
이세형

3장 아직은 세계의 '화약고'

4장 더 가까이 중동

1장

중동과 어색함 풀기

아직은 낯설고, 어렵게 느껴지는 복잡한 중동 이야기, 중동 이슈를 알아보는 과정에서 챙겨야 할 기본적인 지식을 짚어봤다. 너무 부담스러워하지는 마시라. 메인 메뉴를 먹기 전 간단한 에피타이저를 즐긴다고 생각해보자. 그저 운동하기 전에 가볍게 몸을 푼다고 생각하면 좋겠다. 이 책에서 다룰 다양한 중동 이슈들을 조금이라도 더 잘 이해하는 데 도움이 될 것이다.

1) '중동'과 '아랍'이 다르다고?

'중동Middle East' 하면 어떤 단어가 떠오르는가? 여러 단어가 떠오르겠지만 그중에서도 '아랍Arab'이라는 말이 함께 떠오를 것이다. 중동 국가와 아랍 국가. 우리가 일상생활에서, 심지어는 언론보도에서도 자주 혼재해 사용하는 이 두 단어는 완전히 다른 의미의 단어다.

좀더 자세히 알아보자. 우선 중동은 지역적 개념이다. 통상 동쪽으로는 이란, 서쪽으로는 모로코, 남쪽으로는 아라비아반도의 남단, 북쪽으로는 튀르키예에 이르는 지역을 의미한다고 보면 된다. 보통 서남아시아 지역으로 분류하는 파키스탄과 아프가니스탄, 유럽권에서는 키프로스(지중해의 섬나라), 아제르바이잔, 아르메니아 등도 중동 이슈에 자주 등장한다. 또 동아프리카인 수단, 에리트레아, 에티오피아, 지부티 등도 중동 이슈에서 중요하게 다뤄질 때가 적지 않다. 이 나라늘 보누 지리적으로 중동 국가와 가깝고, 다양한 중동 이슈의 영향에 많이 노출되기 때문이다.

반면, 아랍은 민족적 개념이다. 아랍어를 쓰는 문화권의 나라들, 아랍연맹Arab League 가입국 22개를 '아랍 국가' 또는 '아랍권'이라고 말한다.

아랍연맹 회원국으로는 사우디아라비아, 이집트, 요르단, 이라크, 시리아, 레바논, 예멘, 리비아, 수단, 모로코, 튀니지, 쿠웨이트, 알제리, 아랍에미리트, 바레인, 카타르, 오만, 모리타니, 소말리아, 팔레스타인, 지부티, 코모로가 있다.

아랍연맹은 1945년 국제사회에서 아랍권의 영향력 확대와 공동 이익을 늘리자는 취지로 설립됐다. 이스라엘에 대한 투쟁에 아랍 국가들이 공동 노선을 형성하는 데 중요한 역할을 했고, 1964년 팔레스타인 해방기구Palestine Liberation Organization, PLO의 탄생에도 기여했다. 아랍연맹 본부는 이집트 수도 카이로에 있다. 아랍연맹은 '세계의 화약고' 중동, 나아가 국제사회에서 아랍권을 대표하는 단체 역할을 해왔다. '아랍판 유엔'이라고 아랍연맹을 묘사하기도 한다.

하지만 아랍연맹의 영향력은 최근 들어 미미하다. 아랍 국가들의 외교·안보, 경제, 국내 정치 등을 둘러싼 이해관계가 과거보다 훨씬 복잡해졌기 때문이다. 카이로 특파원 시절 아랍연맹을 취재하기 위해 아랍연맹 인터넷 홈페이지에 접속해보았다가 실망했다. 홈페이지 디자인부터 엉망이었고, 영문으로 된 내용도 없었다. 한마디로, 조금도 국제기구답지 않은 모습이었다. 국제사회에서 영향력을 계속 잃어가는 아랍연맹의 현실을 보여주는 듯했다.

중동 관련 뉴스에 자주 등장하는 나라인 이란, 튀르키예, 이스라엘은 아랍 국가가 아니다. 이란과 튀르키예는 국민 다수가 이슬람을 믿지만, 아랍어를 쓰지 않는다. 각각 이란어와 튀르키예어를 쓴다. 이스라엘의 경우에는 국민 다수가 유대교를 믿으며 히브리어를 쓴다.

다만, 이스라엘의 경우, 자국민 약 945만 명 중 아랍계(주로 팔레스타인이다)가 21%(2023년 주한 이스라엘 대사관 자료 기준) 정도를 차지하기 때문에 아랍어도 '특수어'로 인정한다. 과거에는 아랍어도 이스라엘 공용어였다. 하지만 이스라엘에서 아랍어의 지위는 극우 성향이며 3번에 걸쳐 총리로 재임한 베냐민 네타냐후 총리의 두 번째 재임 기간이었던 2018년에 공용어에서 특수어로 격하됐다.

☾ 시시콜콜 마즐리스

종종 이슬람 국가 혹은 이슬람권이라는 표현도 많이 나온다. 이슬람 국가, 이슬람권에는 지리적으로 중동에 위치하지 않더라도 이슬람을 믿는 사람이 국민 다수를 차지하는 나라들도 포함된다고 생각하면 된다. 동남아시아의 인도네시아와 말레이시아를 예로 들 수 있다.

다만, 최근에는 이슬람 극단주의를 추종하는 테러조직으로

아랍연맹 본부, 이집트 카이로(필자 개인 촬영)

2014년 6월 이라크와 시리아 일대에서 국가 수립을 선포하고 극악한 만행을 저질렀던 이슬람국가(Islamic State, IS) 때문에 이슬람 국가라는 말이 나올 때마다 이슬람국가(IS)를 연상하게 되는 경우가 많다.[*]

2) 알고 보면 재미있는 중동 지리와 명칭

서쪽으로는 모로코(북아프리카), 동쪽으로는 이란에 이르는 광범위한 중동 안에는 재미있는 지역명이 있다. 주로 아랍권에서 많이 통용되며 중동 전문가, 나아가 일반 중동 사람들 사이에서도 광범위하게

---

[*]   혼동이 없도록 본문에서 'Islamic State'를 의미하는 이슬람국가에 괄호를 넣어 'IS'임을 밝히도록 하겠다.

중동 지도

사용되는 이름이다.

먼저 '레반트Levant'가 있다. 라틴어로 해가 뜨는 것을 의미하는 단어인 'Levare'에서 유래됐고 통상적으로 동쪽에 있는 나라들을 의미한다. 주로 레바논, 시리아, 요르단, 팔레스타인을 뜻한다.

다음은 '마그레브Maghreb'다. 마그레브는 아랍어로 '해가 진다'는 의미를 담고 있다. 서쪽을 의미하기도 하여 여기에 포함되는 중동 나라들은 실제로 서쪽에 위치한다. 마그레브에 속하는 나라는 모로코, 리비아, 알제리, 튀니지 등이다.

'걸프Gulf'도 있다. 아라비아반도의 동쪽에 위치하거나, 페르시아만(아랍에서는 아라비아만으로 호칭한다)을 접한 나라들이다. 사우디아라비아, 아랍에미리트, 카타르, 오만, 쿠웨이트, 바레인이 여기에 속한다. 이 나라들을 통틀어 걸프 국가, 걸프 산유국, 걸프 왕정 국가 등으로 표현할 때가 많다. 이 나라들이 결성한 정치·경제 협력체의 명칭도 걸프협력회의Gulf Cooperation Council, GCC다.

걸프라는 용어는 말 그대로 영어로 '만灣'을 뜻한다. 일본이 '동해'를 두고 '일본해'라 주장해 갈등이 일어나듯, 중동에서는 '페르시아만Persian Gulf'과 '아라비아만Arabian Gulf'을 놓고 이란과 아랍권 나라 간에 논쟁이 계속됐다. 이 과정에서 걸프라는 말을 광범위하게 쓰게 됐다. 명칭을 둘러싸고 갈등이 많으니, 페르시아만 혹은 아라비아만이 아니라 그냥 '만'을 뜻하는 '걸프'로 부르자는 주장이 힘을 얻은 것이다.

한국에서도 걸프만The Gulf이라는 명칭을 사용하기는 한다. 하지만 보통은 페르시아만이라고 부른다. 기사를 쓸 때도 주로 페르시아만으로 표기한다. 국내의 아랍권 나라 대사관들에서는 이 문제에 대해 적극적으로 대응하지 않는 것 같다. 페르시아만으로 표기해 아랍권 나라의 대사관으로부터 문의나 항의를 받았다는 경우는 거의 보지 못했다. 또 이라크, 튀르키예, 이집트, 이란, 이스라엘을 레반트, 마그레브, 걸프로 통용해 지역권에 포함해서 말하는 경우는 드물다.

3) 수니파와 시아파는 어떻게 다를까

이슬람 수니파Sunni와 시아파Shia 간 갈등. 신문과 TV 뉴스에서 많이 볼 수 있는 표현이다. 수니파와 시아파 간 갈등은 이슬람의 창시자이며 선지자로 여겨지는 무함마드Muhammad가 사망한 뒤 누가 권력을 계승할 것이냐를 놓고 벌어졌다.

수니파의 경우 무함마드의 직계가 아니더라도 이슬람 공동체의 통치자인 '칼리프Caliph'가 될 수 있다고 주장한다. 반면, 시아파는 무함마드의 직계 자손만을 칼리프로 인정한다. 이런 차이로 인해 종파가 나뉘었고 그 충돌은 계속되고 있다.

두 종파 모두 무함마드를 이슬람의 창시자로 보고, 쿠란Quran을 경전으로 섬긴다. 또 이슬람 성지 중에서도 가장 특별하게 여기는 메카Mecca에 방문하는 '성지순례'를 중요하게 생각한다.

수니파와 시아파는 형식과 교리 면에서 큰 차이가 있다. 수니파에는 성직자가 따로 없지만, 시아파에는 성직자가 존재한다. 또 수니파는 우상숭배가 될 수 있다는 이유로 성화聖畫를 인정하지 않지만, 시아파는 성화를 일부 허용한다.

현재 무슬림(이슬람교도)의 약 85~90%는 수니파다. 수니파의 종주국이 사우디아라비아, 시아파의 종주국이 이란이라는 것도 차이점이다.

수니파와 시아파 사이의 갈등은 두 종파 간 비율이 비슷한 지역 혹은 권력을 잡은 계층과 그렇지 않은 계층 간의 종파가 다를 때 심각한 문제를 일으킨다. 대표적인 예는 이라크에서 찾아볼 수 있다. 이라크는 전체 인구의 약 60~65%가 시아파로 다수를 차지한다. 그런데 1979년부터 이라크를 이끌었고 1990년에는 쿠웨이트를 침공하기도 했던 독재자 사담 후세인Saddam Hussein 전 대통령*은 수니파였다. 소수파 출신 대통령이 독재하며 장기간 시아파인 국민 다수를 다스렸다. 당연히 시아파 국민들의 불만이 컸다.

사담 후세인이 권좌에서 축출된 뒤 이라크에서는 다수인 시아파가 득세했다. 시아파는 사담 후세인 시절 권력을 누렸던 수니파를 조직적으로 탄압하고, 몰아냈다. 전문가들은 이러한 수니파에 대한 시아파의 탄압이 이라크에서 수니파 극단주의를 추종하며 온갖 테

---

* 2003년 3월 미국의 이라크 공격 뒤 축출됐다. 도피 생활을 하다 2003년 12월 미군에 체포된 뒤 2006년 12월 사형됐다.

러와 만행을 저지른 테러조직 이슬람국가(IS)가 영향력을 키우는 데 중요한 배경으로 작용했다고 분석한다.

2001년 9·11테러의 주범이며 테러조직인 알카에다^{Al-Qaeda}에서 갈라져 나온 이슬람국가(IS)를 보자. 2014년 6월 지도자였던 아부 바크르 알바그다디^{Abu Bakr al-Baghdadi}*가 스스로 칼리프임을 선언하며 국가 건립을 선포했다. 이후로 2017년까지 이라크 북부와 시리아 동부 지역을 장악하여 전 세계를 두려움에 떨게 했다. 당시 이슬람국가(IS)의 영토에는 시리아 락까^{Rakka}**와 이라크 주요 도시인 모술^{Mosul}***도 포함되어 있었다.

무자비한 테러와 전쟁, 다른 종교와 종파를 믿는 사람들에 대한 학살, 여성 학대 등 이슬람국가(IS)의 범죄를 나열하자면 끝이 없다. 무엇보다 이슬람 극단주의를 신봉하는 테러조직으로서 처음으로 '광범위한 영토'를 장악하고 자체적인 법, 교육, 화폐 등을 운용한 '화려한 과거'는 수많은 극단주의 세력을 여전히 자극하고 있다. 일부 테러조직들이 이슬람국가(IS)의 추종 세력임을 내세우며 테러 위협을 가하고 영향력을 확장하려는 움직임은 지금도 계속된다.

바레인도 수니파와 시아파 간의 갈등을 잘 보여주는 나라다. 바

---

*   2017년 사실상 이슬람국가(IS)가 붕괴한 뒤, 도피 생활을 하다 2019년 10월 시리아 바리샤^{Barisha}에서 미국 특수부대의 공격으로 숨졌다. 미국은 알카에다 지도자로 9.11 테러를 기획한 오사마 빈 라덴^{Osama bin Laden}과 같은 액수의 현상금(2,500만 달러)을 아부 바크르 알바그다디에게 걸고 집요하게 추적했다.

**   고대 문화유산이 많은 것으로 유명한 도시다.

*** 이라크 북부 도시 중 고대 문화유산이 많은 것으로 유명한 도시다. 유전 시설도 많았고, 소수인 기독교인들이 다수인 무슬림들과 평화롭게 공존했던 지역으로도 잘 알려져 있다.

레인은 사우디아라비아 인근 산유국 중 하나로, 시아파가 전체 국민의 70% 정도를 차지한다. 바레인은 과거에 시아파 종주국인 이란의 지배를 받았다. 그래서 지금도 이란은 바레인이 자신들의 영토라고 주장하기도 한다. 이란이 지배하고 있었기 때문에 자연스럽게 시아파의 영향력도 커졌다. 하지만 바레인 왕실 구성원들은 수니파다. 종파적으로 소수인 수니파가 다수인 시아파를 지배하는 상황이다.

바레인의 종파적 특수성은 주변 국가*에 비해 바레인에서 반정부 시위나 왕실에 대한 비판의 목소리가 종종 터져 나오는 원인 중하나로 꼽힌다. 물론 핵심 원인은 주변 산유국에 비해 석유나 천연가스 생산량이 적어 상대적으로 경제 사정이 어렵다는 데 있다. 그러나 지배층과 일반 국민의 종파가 다르다는 것 역시 심각한 위험 요인이다.

실제로 바레인은 2010년 12월 북아프리카 튀니지에서 시작돼다수의 아랍 국가로 확산했던 민주화 운동인 '아랍의 봄Arab Spring'이한창이던 시기에 대규모 반정부 시위로 위기를 겪었다. 당시 바레인 왕실은 자체적으로 문제를 해결할 수 없다고 판단해 '큰형' 혹은 '보호자' 격인 사우디아라비아에 도움을 요청했다. 이에 사우디아라비아는 자국의 반정부 세력이 바레인 사태에 영향을 받는 것을 사전에막고, 바레인 왕실을 돕기 위해 군대를 파견해 시위를 진압했다.

이처럼 시아파와 수니파 간 갈등은 이른바 '위기의 순간'에는 엄청난 폭발력을 지니는 '시한폭탄'처럼 작용할 수 있는 민감한 이슈다.

---

* 사우디아라비아, 아랍에미리트, 카타르, 쿠웨이트 같은 주변국들은 왕실과 국민 다수가 수니파로 같은 종파다.

	시아파	수니파
중심국가	이란	사우디아라비아
전체 무슬림 중 비율	10-15%	85-90%

시아파와 수니파의 차이점

종파 차이가 시아파와 수니파 간 갈등의 핵심이 아닌 경우도 많다. 가령, 사우디아라비아와 이란 간의 패권 경쟁을 이야기할 때 사우디아라비아는 수니파, 이란은 시아파 종주국이라 이들이 갈등 중이라고 보는 것은 지나치게 종파적 차이만을 강조한 접근이다. 물론 종파 차이가 두 나라 갈등의 여러 중요한 원인 중 하나라는 점은 사실이다. 그러나 종파의 차이를 갈등의 핵심 혹은 유일한 원인으로 본다면 곤란하다.

이를 이해하기 위해서는 이란이 시아파 종주국이 된 배경을 잠시 살펴봐야 한다. 원래 이란도 수니파가 다수였다. 하지만 16세기 페르시아 제국(이란)의 사파비Safavid 왕조는 국민을 시아파로 개종시켰다. 사실상 강제적인 개종이었다. 당시 중동 지역의 패권을 놓고 경쟁 중이던 오스만 제국Ottoman Empire(지금의 튀르키예) 쪽으로 수니파 국민이 돌아서는 것을 우려했던 것이다. 오스만 제국이 수니파의 중심국인 것에 대항하기 위한 명분 차원에서도 시아파의 중심국이 되는 것을 전략적으로 택한 셈이다. 이란은 패권 경쟁 과정에서 내부 결속과 명분 마련의 전략적 의도를 담아 시아파의 중심 국가가 됐다고 볼 수 있다. 바꿔 말하면, 종교의 교리 해석, 신앙을 나타내는 방식 등으로 사우디아라비아와 이란 간 갈등이 시작됐다고 보기는 어렵다는 뜻이다.

다양한 각도에서 다뤄지는 이란과 사우디아라비아 간 갈등 배경에는 종파 차이보다 더 현실적이고 민감한 요소가 수두룩하다. 지역 패권을 차지하기 위해 주변국을 대상으로 펼치는 팽창 전략, 정치 체제(이란 신정 공화정, 사우디아라비아 왕정)와 외교·안보 전략(이란 반미, 사우디아라비아 친미)의 차이도 살펴보아야 한다.

사우디아라비아 메카(사진: Zurijeta)

사우디아라비아 메카(사진: ayazad)

사우디아라비아 메디나(사진: Mohamed Reedi)

4) 오늘의 중동을 만든 중요한 약속들

　　오늘날의 중동 지도는 제1차 세계대전(1914년 6월~1918년 11월)의 영향을 많이 받았다. 당시 중동 지역을 지배하고 있던 오스만 제국(지금의 튀르키예가 중심국으로 중동, 동유럽, 중앙아시아의 많은 나라를 지배했다)이 독일, 오스트리아-헝가리와 함께 연합국(영국, 프랑스, 러시아, 이탈리아)에 패하면서 이 지역에서는 대규모 영토 조정 작업이 진행된다.

　　이 작업은 승전국인 영국과 프랑스가 오스만 제국의 영토를 분할하는 데 초점이 맞춰져 있었다. 각각 영국과 프랑스의 고위 외교관이었던 마크 사이크스Mark Sykes*와 훗날 프랑스 외교장관이 된 프랑수아 조르주 피코François Georges-Picot는 1915년 11월부터 1916년 3월까지 비밀 협상을 펼쳤고, 1916년 5월 공식적으로 협정을 맺었다. 이른바 '사이크스-피코 협정Sykes–Picot Agreement'이다. 협정에 담긴 핵심 내용은 오스만 제국이 지배 중인 중동 지역을 영국과 프랑스가 임의로 나누어 관리한다는 협의였다.

　　실제로 영국과 프랑스는 협정 내용처럼 지금의 많은 아랍권 나라를 통치하고, 나아가 이 나라들의 국경선까지 합의해 결정했다. 적잖은 중동 나라가 아시아, 유럽, 중남미 등 다른 지역과 달리 직선에 가까운 반듯한 국경선을 가지고 있는 이유 중 하나도 여기에 있다. 영국과 프랑스가 자국의 이익과 편의에 따라 인위적으로 국경선을 결정했기 때문이다. 이처럼 신생 국가를 만들고, 국경선을 결정하는 과정에서, 현지에 살고 있던 아랍 사람들의 성향, 문화, 바람 등은 제대로 고려되지 않았다.

---

*　　영국 보수당 국회의원이며 중동 전문가이기도 하다.

여기서 짚고 넘어가야 할 부분이 있다. 사이크스-피코 협정이 맺어지기 전 영국은 아랍, 정확히는 지금의 요르단 왕실과 같은 하심 가문Hashemites의 구성원으로 당시 아라비아반도의 메카를 통치하고 있던 후세인 빈 알리Hussein bin Ali와도 '중요한 약속'을 맺었다는 점이다. 1915년 7월부터 1916년 3월까지 후세인 빈 알리는 영국의 고등판무관 헨리 맥마흔Henry McMahon과 10여 차례의 서한을 주고받았다. 이는 사실상 비밀 외교 협상이었다.

서한의 핵심 내용은 후세인 빈 알리가 주도해 오스만 제국에 대한 아랍권의 반란을 일으킨다는 것이었다. 그리고 영국은 전쟁에서 승리하면 도움을 받은 대가로 후세인 빈 알리가 중심이 되어 아랍권을 통합한 국가를 세우는 것을 허락한다는 내용이었다. 당시 후세인 빈 알리가 구상했던 '아랍 국가'의 영토는 레반트 지역과 아라비아반도의 상당 부분에 달했다. 영국 정부는 일단 후세인 빈 알리의 제안을 받아들였다. 그리고 아랍권은 오스만 제국에 맞서 적극적으로 싸웠고, 영국이 승리하는 데 큰 도움을 주었다.

하지만 협상 시기에서 알 수 있듯, 사실상 영국은 '이중 플레이'를 펼쳤다. 그리고 결과적으로 사이크스-피코 협정에 집중했다. 오스만 제국의 영토 조정 작업 파트너로 프랑스를 선택했고, 아랍권(정확히는 후세인 빈 알리)을 배제했다. 후세인 빈 알리와 그의 진영은 크게 실망했고 격노했다. 하지만 영국, 프랑스와 싸울 수 있는 여력은 없었다.

사이크스-피코 협상과 더불어 1917년 11월 '밸푸어 선언Balfour Declaration'을 통해 '이스라엘의 건국(유대인의 귀환)'까지 이뤄진다. 영국 외교장관 아서 밸푸어Arthur Balfour가 '팔레스타인(지금의 이스라엘과 팔레스타인 지역)에 유대인의 나라를 세우는 것을 인정한다'는 내용이었다. 제1차 세계대전 중 재정에 파격적인 도움을 준 유대인들에 대한 지원이었다. 이스라엘과 팔레스타인 간 분쟁의 씨앗이 뿌려졌고, 후세인 빈 알리가 구상했던 아랍 국가의 꿈이 또 한 번 좌절되는 선언이었다.

중동이 '세계의 화약고'가 된 근본적이며 동시에 핵심적인 원인 중 하나로 사이크스-피코 협정과 밸푸어 선언을 지적하는 이유다.

5) 기억해 두면 도움 되는 중동 상식

이름

중동 사람 중에서도 특히 아랍 사람의 이름은 복잡하다. 가령, 사우디아라비아 왕세자의 이름은 '무함마드 빈 살만 알 사우드'다. 여기서 무함마드는 본인의 이름, '빈bin'은 누구누구의 아들이라는 뜻이다.

빈 살만 알 사우드 왕세자의 아버지이자 현재 사우디아라비아 국왕의 이름은 '살만 빈 압둘아지즈 알 사우드Salman bin Abdulaziz Al Saud'다. 여자의 경우 이름에 '빈' 대신 '빈트bint'를 붙인다.

상대적으로 이란, 이스라엘, 튀르키예 사람의 이름은 아랍 이름보다 짧고 덜 복잡하다. 특히 이스라엘 사람은 유럽이나 북미 사람들에서 쉽게 찾아볼 수 있는 이름과 성을 쓰는 경우도 많다. 1948년 이전까지 유대인들이 유럽을 중심으로 다양한 지역에서 흩어져 살았던 것이 크게 작용했다. 예를 들어, 동유럽 출신 유대인에게서는 '~sky', 독일권 유대인에게선 '~stein'과 '~berg'로 끝나는 성을 자주 발견할 수 있다.

종교

중동은 세계 3대 종교(기독교, 이슬람, 유대교)가 탄생한 곳이다. 현재 중동에 거주하는 다수는 이슬람을 믿는다. 하지만 이스라엘은 국민 다수가 유대교를 믿는다. 또 레바논, 이집트, 시리아, 팔레스타인 등에는 기독교를 믿는 사람들도 있다. 특히 레바논에서는 원래 기독교를 믿는 사람이 가장 많았다. 다만, 레바논의 경우, 최근 인구 조사가 제대로 이뤄지지 않아 기독교와 이슬람 인구 중 어느 쪽이 다수인지 애매하다.*

이란은 국회에서 소수계인 기독교와 유대교 신자를 배려해 해당 종교를 믿는 국회의원을 일부 선출하는 제도를 마련했다.

대부분의 중동 이슬람권 나라에서는 다른 종교, 특히 기독교와 유대교에 대해 완전히 배척하지도 않지만, 열린 자세를 보이지도 않는다. 말 그대로 애매모호한 모습을 보일 때가 많다.

가령, 중동에 거주하는 한국인이 "나는 기독교를 믿는다" 혹은 "나는 가톨릭을 믿는다"라고 말했을 때 단지 종교만을 이유로 배척하거나, 관계를 끊는 식의 행동을 보이는 경우는 거의 없다.

적어도 개인적인 관계에서는 겉으로 심하게 '반감' '어색함' '불편함'을 드러내지 않는 경우가 많다. 많은 중동 이슬람권 나라는 외국인을 대상으로 한 교회를 허용한다. 또 자국민을 대상으로 선교하지 않는 한 특별한 제재를 가하지 않는다. 하지만 아무래도 깊은 관계를 맺는 과정, 혹은 마음을 여는 과정에서 종교 차이는 분명히 존재할 것이다.

---

* 자세한 내용은 4장 '5) 레바논에서 인구 조사가 금기시되는 이유'에서 다룬다.

유대교의 경우 팔레스타인과의 악연 때문에 당연히 호의적이지 않다. 하지만 튀니지, 이집트, 아랍에미리트 등에는 유대교 회당이 있다. 호의적이진 않아도 존재 자체를 부정하는 식의 모습은 보이지 않는다.

재미있는 것은, 많은 무슬림이 '종교가 없는 사람'을 바라보는 시각이다. 무슬림들은 이슬람 대신 다른 종교를 믿는 사람보다 종교가 없는 사람을 오히려 더 이상하게 본다. '종교가 없다' '신을 믿지 않는다'라고 주장하는 사람을 두고 무슬림들은 '영혼이 없는 사람'이라는 식으로 생각하는 경우가 많다.

많은 무슬림이 힌두교 등에 비해 기독교와 유대교에 대해 상대적으로 열린 자세를 취한다는 것도 의미 있는 부분이다. 일단 같은 지역에서 출발한 종교라는 공통점이 있다. 또 많은 선지자와 조상을 공유한다는 것도 중요한 부분이다. 무엇보다, 무슬림들은 여러 신을 숭배하고, 조각과 그림으로 신을 표현하는 것에 심한 불편함, 나아가 반감이 있다. 많은 무슬림이 기독교와 유대교를 힌두교 등과는 다르게 생각하는 이유다.

날씨

날씨에 관해서는 긴 설명이 필요하지 않다. 중동은 많은 지역이 사막이다. 햇살은 흔하고, 비는 드물다. 지역에 따라 정도 차이만 있을 뿐이다. 기본적으로 더운 날씨다. 특히 사우디아라비아, 아랍에미리트, 카타르, 쿠웨이트, 오만 등 아라비아반도의 산유국들은 여름철에는 섭씨 50도에 육박하거나, 넘어가는 더위도 자주 경험할 수 있다.

하지만 중동에도 다양한 지형과 기후가 존재한다. 산맥, 평야(토양이 좋은 곡창지대도 있다), 오아시스가 공존한다. 모로코, 레바논, 사우디아라비아, 이란, 튀르키예 등의 일부 산악 지역에서는 눈도 온다.

그리고 사막 기후라고 해서 일 년 내내 무조건 더운 것만은 아니다. 겨울에는 섭씨 20도 이하로 떨어진다. 말 그대로 '칼바람'이라고 표현할 법한 날카로운 바람도 상당해서 꽤 춥다. 현지 건물들에는 냉방시설을 잘 마련해두었지만, 난방시설은 제대로 안 돼 있는 경우가 대부분이기 때문에 추위는 생각보다 심하다. 현지 사람들은 두꺼운 패딩이나 코트 등을 챙겨 입는 경우도 많다.

한국인 기준에서는 패딩을 입을 만큼 춥지 않다. 재킷이나 스웨터 정도를 걸치면 버틸 만하다. 그러나 중동에 사는 기간이 오래될수록 몸도 바뀐다. 조금만 기온이 내려가도 춥게 느껴지고, 나중에는 현지인과 비슷한 옷차림으로 겨울을 나는 경우가 많아진다.

여름철의 사막 날씨도 지역마다 차이가 있다. 가령, 내륙 지방의 기온은 섭씨 30, 40도에 이르거나 그 이상이 되어도 습하지 않다. 그러다 보니 그늘에 가면 상당히 시원하고, 양복이나 일상 근무복 차림으로 다녀도 의외로 많이 덥다는 느낌이 안 든다.

하지만 바다 근처 지역, 대표적으로 들 수 있는 카타르, 쿠웨이트, 아랍에미리트, 오만, 바레인 등은 다르다. 이 나라들은 바다를 접하고 있다. 그 때문에 습도도 엄청나다. 섭씨 40도를 훌쩍 넘고, 습도도 높다 보니 에어컨 없는 삶을 상상하기 힘들다.

그래서일까? 이 나라들 모두 석유와 천연가스가 풍족한 나라다. 한여름에도 실내는 아주 시원, 아니 추울 정도다. 그리고 고급 백화점과 호텔의 노천카페에는 야외용 에어컨이 설치되어 있다. 심지어 축구장에도 에어컨 설비가 잘 되어 있다.

2장

변화하는 중동

한국에서 소비하는 석유와 천연가스의 경우, 주로 중동 지역에서 들여온다. 한국 건설사들이 중동에서 대형 건설 프로젝트를 꾸준히 수주했다는 것도 잘 알려진 사실이다. 여기에 더해, 최근 중동 곳곳에서 한국산 전자제품과 자동차, 화장품 등이 큰 인기를 누리고 있다.

　한국이 수출한 첫 번째 원자력발전소의 무대도 중동이다. 중동의 대표적인 허브 국가 아랍에미리트는 한국의 원자력발전소를 수입했다.

　세계적인 경기 침체와 중국 업체들의 저가 수주 때문에 큰 어려움을 겪었던 한국 조선 업계에도 중동 국가가 단비와 같은 역할을 했다. 2020년 카타르가 100척 이상 발주한 대형 최첨단 액화천연가스 운송 선박(LNG선)의 대부분을 한국 기업들이 수주했다. 의료 분야에도 중동 산유국 국민의 관심이 계속 커지고 있다. 한국 병원과 의료진의 뛰어난 역량과 서비스 마인드 그리고 '빨리빨리 일하는 문화'에 감동했기 때문이다.

특히 '중동의 대국'이며 '아랍의 맹주'인 사우디아라비아는 국가 경제에서 석유와 천연가스 산업이 차지하는 비중을 대폭 줄이려는 나라다. 다른 산유국들도 정도 차이만 있지 경제 체질 개선에 관심이 많다. 이들은 한국의 제조업, 과학기술 역량과 과거 경제개발 경험에도 관심을 기울인다. 장기적으로 한국 기업에 중동은 지금과는 또 다른 새로운 기회를 제공해주는 시장이 될 수 있다.

관광 개방, 콘텐츠 산업 육성, 여성의 교육 수준 향상, 새로운 리더십의 등장, 오일 달러*를 이용한 과감한 투자 등 중동 나라들의 변화는 이미 시작됐다. 또 한국에게는 적잖은 시사점과 기회의 가능성을 보여준다.

1) 아람코, 석유기업을 넘어 어디로 가나

2019년 9월, 나는 '미지의 세계' 사우디아라비아에 처음 발을 내디뎠다. 이런저런 노력을 기울인 끝에 참 받기 어렵다고 하는 사우디아라비아 취재 비자를 받았다. 그것도 '진정성'이 통했던지 단수 비자(한 번의 방문으로 만료되는 비자)가 아닌 복수 비자(일정 기간 여러 번 방문 가능한 비자)였다. 사우디아라비아 취재 비자를 복수로 받는 것은 드문 일이다. 당시 카이로에서 알고 지내던 일본 신문 기자들도 부러워했다. 모두 기자 경력이나 중동 취재 경험이 나보다 훨씬 많은 '선배들'이었다. 이들 중에도 많은 수가 "사우디아라비아 취재 문턱이 너무

---

*   산유국이 원유를 팔아 벌어들인 외화를 일컫는다. 달러 이외의 외화를 포함해서 오일머니oil money라고도 한다.

높아 현장 취재를 제대로 해본 적이 거의 없다"라며 아쉬워했다.

하루 5번, 시간에 맞춰 모스크(이슬람 사원)에서 나오는 아잔^{Azan}이 웅장하게 느껴졌다. 호텔 근처에 있는 평범한 모스크에서 흘러나오는 소리였는데도 그랬다.

"사우디는 사우디네⋯⋯."

혼잣말이 저절로 나왔다. 아잔을 들을 때마다, 이집트, 카타르, 아랍에미리트, 모로코, 레바논 등에서 들었던 아잔과는 톤이 좀 다르게 느껴졌다.

중동에서 오래 살아본 사람들은 사우디아라비아에서 듣는 아잔이 다른 나라의 아잔과 확실히 다르다고 입을 모은다. 이슬람 수니파 종주국이며 '이슬람의 성지 보유국'답게 아잔 소리의 웅장함이 남다르다는 것이다. 실제로 들어보니 아잔 소리가 그 어느 중동 나라보다 우렁차고 묵직했다(정확히 과학적으로 측정한 것은 아니다. 하지만 그 느낌이 분명 다르긴 달랐다).

중동에서 20년 넘게 근무하고 아랍어에도 능통해 한국 외교부에서 '중동 전문가'로 통하는 한 외교관이 물었다.

"사우디아라비아에 다녀온 소감이 어때요?"

"아잔부터 좀 다른 것 같습니다."

"그렇죠? 외교관 생활하며 중동 여러 나라에서 근무했지만, 확실히 사우디아라비아 아잔은 유독 묵직해요."

중동 나라 중에서도 세속주의 성향이 강한 이집트와 모로코 등에서 듣는 아잔과 사우디아라비아에서 들리는 아잔은 특히 달랐다. 이집트와 모로코에서 듣는 아잔은 다소 가볍게 느껴진다. 과장하자면 이집트와 모로코의 오래되고 유명한 모스크에서 나오는 아잔을 사우디아라비아에서는 평범한 모스크에서도 들을 수 있는 느낌이었다.

참고로, 이슬람권 나라에서는 아잔을 포함해 쿠란을 낭독한 음반이나 영상을 쉽게 구입할 수 있다. 우리가 일반적으로 음악이나 영화를 구매하는 것과 비슷하다. 아잔, 나아가 쿠란 낭독 대회도 열린다. 그리고 통상 메카와 메디나의 모스크에서 아잔을 낭독하는 사람이 가장 아잔 낭독을 잘하는 사람으로 여겨진다

사우디아라비아는 이슬람 3대 성지인 메카Mecca, 메디나Medina, 예루살렘Jerusalem 중에서 2곳(메카와 메디나)을 보유한 나라다. 사우디아라비아는 공식적인 자리에서 국왕을 소개할 때 '두 성지의 수호자'(The Custodian of Two Holy Mosques)라는 표현을 꼭 붙인다. 성지 보유국, 나아가 성지 수호국인 사우디아라비아는 이런 종교적 특성에서 느껴지듯 '전통'을 강조한다. 그러다 보니, 여성 운전 허용, 외국인에 대한 관광 개방과 방탄소년단BTS 공연 허용 등 '개방적인 제스처'를 취해도 여전히 무거운 느낌이 많이 난다.

사우디아라비아는 이슬람권 나라 중에서도 보수적이다. 특히 여성의 활동이 제한되는 경우가 많다. 2018년에야 여성 운전을 허용했으니, 생각할수록 어이없는 일이다. 여성의 옷차림도 보수적이다. 이슬람권 나라에서 여성이 신체, 얼굴을 얼마나 가렸는지를 살펴보면 대략 얼마나 보수적인지 참고할 수 있는데, 사우디아라비아에서는 여성이 얼굴을 다 가리는 경우가 확실히 다른 나라보다 많다. 또 술과 돼지고기도 철저히 금지한다. 많은 중동 나라가 외국인을 대상으로 일부 식당과 대형 마트에서 제한적으로 술과 돼지고기를 판매하는 것을 허용하는 것과는 상반된다.

사우디에서 가장 서구화된 조직

'이슬람 종주국 사우디아라비아'로만 사우디아라비아를 생각한다면, '반쪽 사우디아라비아'만 아는 셈이다. 우리에게 더 와닿고, 중요한 사우디아라비아는 다른 한쪽, 이른바 '석유의 사우디아라비아'다. 여기에는 아람코Aramco가 있다. 아람코는 사우디아라비아 경제, 넓게는 중동 산유국 경제를 이해하는 데도 도움이 되는 키워드다. 사우디아라비아 국영 석유기업이며 동시에 대표 기업인 아람코의 공식 명칭은 '사우디 아람코'다. 원래 아람코는 'Arabian American Oil Company'의 약자에서 나온 이름이다. 중동산 석유에 대한 의존이 높았던 시절, 미국 정부와 에너지 기업들이 사실상 자신들의 기술과 인력, 노하우를 투입해 만든 기업이다(셰일가스가 대거 개발되고 이를 이용하는 비중이 높아지면서 미국의 중동산 석유 의존도는 많이 줄었다). 그래서 사우디아라비아에서 가장 글로벌 스탠더드에 부합하는 업무처리 방식을 갖춘 조직이라고 평가받기도 한다.

아람코는 세계에서 가장 비싼 기업, 세계에서 가장 영향력이 큰 에너지 기업으로도 통한다. 하루 평균 약 1,000만 배럴의 석유를 생산할 수 있는 '세계 1위 석유 생산국' 사우디아라비아의 대표적인 기업이기도 하다. 사실상 사우디아라비아 경제, 나아가 나라를 상징하는 아이콘이다.

사우디아라비아 동부 거점 도시 다란Dhahran은 아람코 본사가 있는 곳이다. 근처 도시인 담맘Dammam에도 아람코의 연구개발 시설이 자리잡고 있다. 당연히 다란과 담맘 인근 사막에서 대형 송유관, 탱크로리, 시추 장비 등을 쉽게 볼 수 있다. 구불구불한 모양의 대형 파이프들이 복잡하게 연결된 석유(또는 천연가스) 생산 플랜트도 보인다.

아람코 내에서는 주요 업무를 영어로 진행한다. 사우디아라비아 출신 직원들도 영어를 유창하게 구사한다. 중동 지역 사람 중 고등교육을 받은 이들은 대부분 영어를 잘 구사한다. 그간 취재한 중동 기업이나 정부 기관 중에서도 아람코는 구성원의 영어 실력이 가장 돋보였던 기업이다. 본사 직원 다수가 거의 완벽한 미국식 영어를 구사했다. 본사와 연구소, 생산시설에는 외국인 엔지니어들도 쉽게 찾아볼 수 있다. 한국 출신 직원도 계속 늘어나는 추세로, 2023년 기준 100여 명이 근무하고 있는 것으로 알려져 있다. 최근에도 아람코와 관련 계열사들은 한국인 엔지니어를 채용하는 데 관심이 많다.

석유기업으로만 보지 마세요

사우디아라비아에서 가장 인력 수준이 높은 조직이라고 평가받는 아람코. 아람코를 '에너지 기업' 혹은 '석유회사'라고 부르는 것은 여전히 '정답'이다. 적어도 겉으로는 그렇다. 아람코는 석유와 천연가스를 생산하고 판매하는 기업이기 때문이다.

하지만 '아람코=에너지 기업' 혹은 '아람코=석유회사'라고 하는 것은 완벽한 정답이 아니다. 개인적으로, 70~80점 수준의 답이라고 본다. 아람코, 나아가 사우디아라비아에 대한 지식이 많은 사람은 "아람코는 에너지 기업 이상이다" "아람코는 이제 석유와 천연가스만 파는 회사가 아니다"라고 입을 모은다.

기업의 핵심 생산물과 판매물이 석유와 천연가스인 것은 분명하다. 앞으로도 그럴 것이다. 그러나 아람코는 로봇, 인공지능AI, 드론, 웨어러블 기기 등 이른바 첨단 4차 산업혁명 관련 기술에도 많이 투자하고 일정 부분 성과를 내고 있다.

아람코 석유 생산 플랜트(사우디 아람코 제공)

아람코 석유 저장 시설(사우디 아람코 제공)

다란에서 차를 타고 남서쪽으로 2시간 반을 달리면, 가와르Gha-war 유전지대의 '우스마니야 가스 공장Uthmaniyah Gas Plant, UGP*'을 만날 수 있다. 이 공장은 2019년 9월 14일 이란 소행으로 추정되는 미사일 및 드론 공격을 당한 아브까이끄Abqaiq의 석유 탈황·정제 시설과 함께 아람코의 주요 시설 중 하나다.

아람코는 우스마니야 가스 공장에서 채취한 천연가스를 다양한 형태로 가공한 후 담수, 전력, 정유 공장 등 핵심 인프라에 공급했다. 특히 아람코 내부적으로는 드론, 로봇, 웨어러블 기기 등 최첨단 기술을 가장 먼저 도입한 곳으로도 유명하다.

우스마니야 가스 공장에 가서 보니, 겉으로 보기에는 전형적인 천연가스 플랜트였다. 하지만 공장 안 통제실로 들어서자 완전히 다른 세계가 펼쳐졌다. 직원들은 스마트 헬멧 등 웨어러블 장비를 착용하고 있었고, 시시각각 화면이 바뀌는 수십 대의 대형 모니터가 눈에 띄었다. IT 회사에서 흔히 볼 수 있는 모습이었다.

안내를 맡은 공장 관계자는 우스마니야 가스 공장이 얼마나 체계적인지 설명했다.

"특수 제작된 로봇이 파이프 및 저장 탱크 내부의 온도, 마모 상태, 배출 물질 등을 철저히 점검합니다. 과거에는 사람이 직접 맨눈으로 점검하거나, 상대적으로 정확도가 떨어지는 기기를 사용해 파악했죠. 하지만 이제는 정밀한 기능을 갖춘 로봇이 점검하면서 정확도가 확실히 높아졌습니다."

그는 공장 굴뚝에서 생성되는 오염 물질의 성분과 온도 역시 특

---

*　사우디아라비아의 하루 평균 천연가스 생산량은 약 2억 5,200만㎥'다. 우스마니야 공장은 이 중 약 10~15%를 담당한다.

수 제작된 드론이 파악하며, 로봇과 드론을 각종 석유 및 가스 누출, 화재 사고가 발생했을 때도 상황을 파악하고 해결하는 데 이용한다고 덧붙였다. 특히 그는 현재 사용 중인 드론, 로봇, 스마트 헬멧은 모두 아람코가 설계하고 개발했다고 강조했다.

삼성물산, 삼성전자, 대한무역투자진흥공사KOTRA에서 근무하며 사우디아라비아에서 10년 넘게 활동한 윤여봉 전라북도 경제통상진흥원 원장도 "이미 많은 기업이 아람코를 사우디아라비아를 대표하는 '신기술 개발 인큐베이터'로 인식하고 있다. 그냥 석유회사로 보는 건 단순하고, 과거에 머무른 시각이다"라고 말했다.

4차 산업혁명 기술을 연구하는 석유회사

아람코 본사 건물에 위치한 '4차 산업혁명센터4th Industrial Revolution Center, 4IRC'는 미래형 첨단기술 기업의 면모까지 과시하려는 아람코의 현재와 미래를 더욱 상징적으로 잘 보여준다.

약 2,500m²의 공간에 마련된 4IRC에는 현재 개발 중이거나 사용 중인 드론과 로봇이 즐비했다. AI와 빅데이터 기술에 기반한 점검 체계를 통해 각 공장의 가동 현황, 오염 물질 배출 정도, 송유관을 통해 이동 중인 석유 및 가스의 양과 속도 등을 실시간으로 파악할수 있다. 4IRC 관계자 역시 이곳에서 쓰이는 점검 기술을 모두 자체개발했다며 특허를 보유하고 있다고 강조했다.

또한 아람코는 최고디지털책임자Chief Digital Officer, CDO 직책을 도입했다. '아람코 기업가정신센터'를 만들어 적극적으로 신기술 관련 스타트업을 발굴하고 육성한다. 현재 100개 이상의 사우디아라비아내 스타트업에 대한 재정 및 교육 지원을 맡는다. 이 외에 로봇, 드론, AI 관련 부서도 꾸준히 확대하고 있다.

사우디아라비아에 주재하는 한 기업인은 "한국에서도 아람코가 꾸준히 판교 밸리 등에 위치한 스타트업에 대한 정보를 파악하고 있다. 또 사우디아라비아 국부펀드*인 퍼블릭인베스트먼트펀드Public Investment Fund, PIF와의 정보 공유도 활발하다"라고 전했다.

실제로 아람코와 PIF의 최고경영자는 같은 사람이다. 야시르 알 루마이얀Yasir Al Rumayyan 아람코 회장이 PIF 총재도 겸직하고 있기 때문이다. 야시르 알 루마이얀은 아람코 회장으로 취임하기 전 PIF 총재 자리에 먼저 올랐다. 그는 투자은행IB 근무 경력이 풍부한 금융 전문가로 공격적인 투자 전략을 선호하는 스타일로 알려져 있다.

주요국의 에너지 기업을 중심으로 보수적 투자를 선호한 과거의 PIF 총재들과 달리 미국 차량 공유 업체 우버, 전기차 업체 테슬라, 일본 소프트뱅크 등 신기술을 기반으로 한 해외 유명 기업에 적극적으로 투자해 눈길을 끌었다. 무함마드 빈 살만 알 사우드 사우디아라비아 왕세자가 야시르 알 루마이얀에게 아람코를 맡긴 것도 결국 과감한 변화를 추진하기 위해서라는 분석이 나온다.

아람코에 대한 과도한 의존

첨단기술에 투자하는 것을 바탕으로 한 아람코의 변신은 사우디아라비아의 실권자이며 개혁가를 자처하는 무함마드 빈 살만 알 사우드 왕세자가 주도하는 탈석유 및 산업 다각화 전략과도 관계가 밀접

---

*　국부펀드Sovereign Wealth Fund, SWF는 보유 외환 등 국가 자산을 각종 금융상품 및 원자재에 투자하는 국영 투자기관이다. 한국의 경우 한국투자공사가 국부펀드다.

아람코 본사 인근 연구개발센터(사우디 아람코 제공)

아람코 종합 상황실(사우디 아람코 제공)

아람코가 개발한 다양한 종류의 로봇(사우디 아람코 제공)

아람코가 개발한 물속 파이프라인 등 점검용 로봇(사우디 아람코 제공)

하다. 언제까지 석유에만 의존할 수 없는 만큼 국영기업으로서 정부의 핵심 정책을 앞장서서 실천하겠다는 취지다.

하지만 아람코가 '주전공'인 에너지뿐 아니라 4차 산업혁명 기술 분야에서도 앞장서는 것을 두고 "사우디아라비아가 지닌 한계를 아주 상징적으로 잘 보여준다"라는 목소리도 나온다. 아람코를 제외하면 국제적 수준의 기업이나 연구소가 전무하다시피 한 사우디아라비아의 현실 때문에 결국 아람코가 에너지가 아닌 분야에서도 앞장설 수밖에 없다는 것이다. 국가 전체적으로 첨단기술 연구개발을 주도할 역량이 그만큼 부족하다는 뜻이다. 앞으로도 사우디아라비아에서는 에너지 분야는 물론이고 비에너지 분야에서도 아람코가 연구개발, 투자, 인력양성 등 핵심 업무를 직접적이든 간접적이든 담당하게 될 가능성이 높다고 해석할 수 있다.

☾ 시시콜콜 마즐리스

사우디아라비아의 석유와 천연가스는 주로 동부에서 생산된다. 아람코가 동부의 대표적인 도시인 다란과 담맘에 위치한 이유도 여기에 있다. 바꿔 말하면, 사우디아라비아와 함께 중동의 패권, 이슬람 종파(사우디아라비아 수니파, 이란 시아파)의 주도권을 놓고 경쟁 관계(나아가 적대적 관계)에 있는 이란과 지리적으로 가깝다는 의미다.

사우디아라비아와 이란 간 관계가 악화하고 충돌이 있으면, 아람코의 주요 시설들이 이란의 미사일과 드론 공격에 쉽게 노출될 수 있다. 실제로 2019년 9월 이란이 제작한 것으로 의심되는 공격용 드론들이 아람코의 아브까이끄 유전 시설을 공격했을 때 사우디아라비아는 큰 피해를 보았다. 내부적으로도 큰 충격을 받았다.

사우디아라비아 동부와 주변국 지도

　　사우디아라비아 동부에는 아람코의 주요 시설뿐 아니라 대규모 담수화 플랜트와 전력 발전소들이 자리잡고 있다. 이란과 충돌할 경우, 사우디아라비아는 물과 전기 확보에서도 어려움을 겪을 수 있다. 현지에서는 아브까이끄 유전 시설이 공격당했을 때 "담수화와 전력 플랜트들이 공격당했다면 공포감이 더욱 컸을 것이다"라는 말이 나왔다. 반면, 이란은 언제든지 사우디아라비아의 '돈줄(석유와 천연가스 관련 시설)'과 '생명줄(담수화와 전력 관련 시설)'을 쥐고 흔들 수 있다.

2) '은둔의 왕국', 관광 개방에 나서다

2019년 9월 21일 오후 1시, 사우디아라비아 제2 도시인 제다Jeddah의 킹 압둘아지즈 국제공항King Abdulaziz International Airport.

중동 그리고 이슬람권에서도 '미지의 나라'로 여겨지는 사우디아라비아에 처음 발을 디뎠다. 이집트 카이로 국제공항을 떠나 사우디아Saudia(사우디아라비아 국영항공사) 항공기를 탄 지 2시간 반 만이었다. 해외 출장을 수없이 다녔지만, 가장 기분이 짜릿했던 순간이었다. 외국인, 그중에서도 특히 외국 기자가 가기에는 쉽지 않은 곳이기 때문이다.

공항에 도착하자마자 '비전 2030Vision 2030'이란 문구가 곳곳에 보였다. 공항 실내에는 살만 빈 압둘아지즈 알 사우드Salman bin Abdulaziz Al Saud 국왕, 실권자 무함마드 빈 살만 알 사우드 왕세자의 사진과 함께 비전 2030 문구를 담은 선전물들이 붙어 있었다. 입국 심사, 보안 검사, 안내를 담당하는 공항 직원들은 가슴에 비전 2030 배지를 달고 있었다. 공항 환경미화원 중 일부는 비전 2030 문구가 적힌 모자를 쓰고 있었다.

비전 2030은 무함마드 빈 살만 알 사우드 왕세자가 직접 기획해 2016년에 발표한 중·장기 경제·사회 발전 전략이다. 석유 의존도 줄이기와 관광 산업 육성 등 다양한 개혁·개방 정책을 담고 있다. 이를 통해 사우디아라비아를 현대적이고 국제적인 국가로 변화시키겠다는 게 비전 2030의 목표다.

"사우디아라비아는 정말 달라지고 있습니다. 관광 산업을 살펴보면 최근 수년간의 변화가 지난 수십 년 동안 나타난 변화보다 훨씬 크다는 걸 잘 알 수 있지요."

제다에서 관광 사업을 하며 현지 대학의 관광학과 겸임교수로도 활동 중인 사미르 코모사니 Samir Komosani 씨는 비전 2030에 대한 이야기가 나오자 목소리를 높였다.

사우디아라비아의 관광 산업은 경천동지할 수준의 변화를 경험하고 있다. 실제로 사우디아라비아는 2019년 9월부터 한국을 포함한 49개국 국민에 대한 온라인 관광비자 발급 정책을 시행해 국제적으로 주목받았다. 무슬림의 성지순례(메카와 메디나 방문)를 위한 비자 외에는 사실상 관광비자가 없었던 나라였기 때문이다. 쉽게 말하면, 사우디아라비아 역사상 최초로 '제대로 된 관광비자'가 생긴 것이다.

당시에는 예상하지 못했던 코로나19 팬데믹 사태로 사우디아라비아의 관광 개방은 동력을 잃었다. 하지만 사우디아라비아는 이같은 관광 문호 개방을 통해 2030년 연간 약 1억 명의 관광객을 유치한다는 계획이다. 유럽의 대표 관광대국인 프랑스를 찾은 관광객(2018년 기준 약 9,000만 명)을 웃도는 목표를 세운 것이다. 2019년 이전에는 성지순례자 약 1,200만 명을 중심으로 총 1,600만 명 정도가 매년 사우디아라비아를 찾았다.

사우디아라비아 정부와 관광 업계는 한국, 미국, 영국, 일본, 중국 등 11개국을 관광객 유치 중점 국가로 선정해 더욱 적극적으로 관련 마케팅 활동을 펼칠 계획이었다. 관광비자 정식 도입을 앞두고 사우디아라비아가 온라인에서 펼친 마케팅도 눈길을 끌었다. 당시 사우디아라비아는 자세한 설명 없이 홍해의 파란색 바다 위에 떠 있는 군도群島 사진에 '여기는 몰디브가 아닙니다(This is not the Maldives)'란 메시지를 담은 홍보물을 퍼뜨려 적잖은 화제가 됐다.

사우디 공항의 변신

공항은 사우디아라비아에서 관광 산업을 활성화하기 위한 변화가 가장 잘 드러난 곳이다. 외국인 관광객이 처음 사우디아라비아를 경험하는 곳인 만큼 최대한 좋은 이미지를 주는 방식으로 공항 환경을 바꿨다.

사우디아라비아는 2018년부터 국제공항의 입국 심사 담당 공무원에 대한 친절도 평가를 시작했다. 입국 심사 과정에서 담당자가 얼마나 친절했는지를 평가하는 전자기기가 심사대 옆에 놓여 있어 웃는 얼굴, 무표정한 얼굴, 찡그린 얼굴 모양의 버튼 중 하나를 누를 수 있다.*

그간 사우디아라비아 국제공항의 입국 심사가 워낙 오래 걸리고 공무원들도 불친절하다는 평가가 많았기에 서비스 품질을 개선하기 위한 조치라는 분석이 많다. 킹 압둘아지즈 국제공항 관계자는 "비전 2030에서 관광 산업의 중요성을 강조하면서 공항도 바뀌기 시작했다. 몇 년 전만 해도 솔직히 이런 제도가 도입될 것이라고 생각한 사람은 없었다"고 말했다.

2008년 유네스코 세계문화유산지로 선정된 고대 유적지 '마다

---

* 2023년 2월 사우디아라비아 리야드를 출장으로 방문했을 때는 입국 심사대 앞에 놓여 있던 친절도 측정 전자기기는 없어졌다. 다만, 입국 심사 담당 공무원들의 업무 처리 속도는 그런대로 빠른 편이었다.

인 살레Madain Saleh**와 독특한 사막의 자연 풍광을 갖추고 있는 사우디아라비아 북서부 도시 알울라AlUla 공항은 방문객이 도착할 때마다 공항 전체가 시끌벅적해진다. 방문객들이 비행기에서 내려 공항 건물로 들어오면 전통 음악 연주를 중심으로 한 환영 공연과 함께 기념품, 음료수, 초콜릿 등을 나눠주는 이벤트가 진행되기 때문이다.

2019년 9월 알울라에 방문했을 때도 화려한 환영 행사가 열렸다. 전통 의상을 입은 어린이들도 나와서 방문객을 맞았다. 환영 행사에 참여해 전통춤을 췄던 한 남성에게 '특별히 비행기가 도착할 때 이런 이벤트를 하는 이유가 있느냐'고 물었다. 자신의 이름이 투르키라고 밝힌 이 남성은 "아랍의 전통적인 환대 문화를 보여주고 더 많은 관광객을 유치하기 위한 시도다. 온 도시가 관광 산업 키우기에 공을 들이는 중"이라고 말했다.

사우디아라비아는 왜 관광 산업에 공을 들일까?

사우디아라비아가 관광 산업에 많은 공을 들이는 이유는 간단하다. 무함마드 빈 살만 알 사우드 왕세자가 비전 2030을 통해 강조하는 산업 다각화, 국가 브랜드 향상, 일자리 창출 등을 동시에 달성할 수 있는 분야가 관광 산업이기 때문이다. 여기에는 정보기술과 신재생에너지 등 비석유 분야의 첨단 산업을 육성하려면 오랜 시간이 걸린다는 현실적인 어려움도 자리잡고 있다.

---

*   요르단의 고대 유적지 페트라Petra를 만든 나바테아인Nabataeans들이 건설한 또 다른 유적이다.

석유와 공공부문 외에 젊은 층을 위한 일자리가 부족한 것도 사우디아라비아가 관광 산업에 관심을 두는 이유다. 사우디아라비아 관광·국가유적위원회Saudi Commission for Tourism and National Heritage, SCTH 는 2030년까지 100만 개 정도의 새로운 일자리가 관광 산업 활성화로 창출될 것을 기대한다. 현재 국내총생산에서 3%를 차지하는 관광 산업이 2030년에는 10%까지 성장할 것으로 보고 있다.

관광 산업에 대한 젊은 층의 관심도 커지고 있다. 대학 관광 관련 학과에는 해마다 지원자가 늘어나고 있다. 사우디아라비아 명문대 중 하나인 킹 압둘아지즈대King Abdulaziz University는 이런 기류 속에서 관광학과를 관광대학으로 확대·개편했다.

고등학교에서 영어 교사로 활동하다 관광 가이드로 전직해 알울라 지역에서 일하는 이브라힘 씨는 사우디아라비아 정부의 관광 인력에 대한 투자를 큰 장점으로 꼽았다. 그는 "가이드들에게 수개월간 미국과 유럽의 관광 산업 강국에서 교육받도록 하고 있다. 알울라 지역의 경우 얼마 전까지만 해도 정식으로 교육 과정을 밟은 관광 가이드가 10여 명이었지만, 지금은 30여 명에 이른다"라고 전했다.

사우디 관광 개방 행사 리셉션(필자 개인 촬영)

사우디 관광 개방 투자유치 행사(필자 개인 촬영)

사우디 관광 개방 이벤트(필자 개인 촬영)

사우디 관광 개방 행사(필자 개인 촬영)

사우디아라비아의 관광 개방은 어디까지 성공할 수 있을까? 사우디아라비아라는 나라가 관광 개방을 했다는 것 자체는 큰 뉴스다. 그리고 세계적으로 주목받을 만하다. 2019년 10월 방탄소년단의 콘서트가 사우디아라비아 리야드에서 열렸다는 것도 '사우디아라비아였기 때문'에 세계적인 관심을 받았다. 하지만 사우디아라비아가 정말 관광대국으로서 성장할 수 있을지는 의견이 엇갈린다. 특히 지금처럼 술을 허용하지 않는 상황에서는 한계가 명확하다.

다만, 사우디아라비아 정부가 결국 홍해 지역의 대형 리조트들을 개발하는 과정에서 '예외를 적용하지 않겠냐'는 분석이 나라 안팎에서 조심스럽게 나온다. 종교계의 반발을 무릅쓰고 전면적인 외국인에 대한 음주와 복장 자유화를 추진하는 대신, 일부 지역에 한해서만 이를 허용할 수 있다는 의미다. 물론 여전히 '음주는 허용할 수 없다'는 것이 사우디아라비아 정부의 공식 입장이다.

참고로, 현재 사우디아라비아는 자국의 영공과 영해에서도 음주를 허용하지 않고 있다. 사우디아라비아에 취항하는 외국 항공사는 사우디아라비아 영공을 벗어난 뒤부터 '주류 서비스'를 시작할 수 있다. 크루즈 선박 역시 사우디아라비아 영해에서는 원칙적으로 술을 탑승객들에게 제공해서는 안 된다. 하지만 음주가 허용된다고 해도 사우디아라비아가 관광 분야에서 얼마나 경쟁력을 발휘할지는 솔직히 아직 의문이다. 이집트, 모로코, 튀르키예, 요르단 같은 전통의 중동 관광대국들에 비해 사우디아라비아에 볼거리가 더 많다고 주장하기는 어렵다. 이 나라들에서 찾아볼 수 있는 개방성도 부족하다.

이슬람 3대 성지 중 메카와 메디나 2곳을 보유하고 있다는 점은 무슬림에게만 의미 부여가 가능하다. 그리고 애당초 메카는 무슬림이 아닌 사람은 방문도 불가능하다. 메디나의 경우 과거에는 무슬림이 아닌 사람은 방문이 제한됐었다. 하지만 최근에는 비무슬림에게도 방문을 허용하고 있다. 2022년 여행 분야를 담당하는 한국 기자들의 사우디아라비아 '프레스 투어' 때도 메디나 방문은 적잖은 화제가 됐었다. 사우디아라비아에 거주하는 한국 기업 주재원들과 교민들 사이에서도 "메디나에 한번 가보자"는 분위기가 형성되고 있다. 그러나 이런 '열린 모습'을 보면서도 사우디아라비아를 아는 많은 사람은 "이 나라의 정책은 원래 예측 및 지속 가능성이 떨어진다"고 입을 모은다. 말 그대로, 언제, 어떻게 한순간에 '닫힌 모습'으로 바뀔 수도 있다는 뜻이다.

사우디아라비아의 관광 개방은 시작만큼, 향후 어떤 성과가 나올지에 대해서도 계속 주목받을 것이다. 이 과정에서 중요한 관전 포인트 중 하나는 관광 개방 정책이 얼마나 안정적으로 유지될 것이냐는 점이다.

☾ 시시콜콜 마즐리스

알울라 지역을 방문했을 때 가장 인상적이었던 건 때 묻지 않은 사막의 모습이었다. 호객꾼, 잡상인, 소매치기, 심지어 바닥에 수두룩하게 깔린 낙타, 말, 당나귀의 배설물까지 걱정하며 긴장된 마음으로 관람해야 하는 이집트의 피라미드와 달리 알울라의 고대 유적은 고요한 분위기 속에서 마음 편히 관람할 수 있었다. 낙타들이 오아시스에서 풀을 뜯고 있는 모습, 목동의 지시에 따라 줄지어 이동하는 모습은 지금도 잊을 수 없는 이국적인 풍경이다.

알울라 낙타 목장(필자 개인 촬영)

알울라 전통 카페(필자 개인 촬영)

알울라 고대 유적과 오아시스(필자 개인 촬영)

알울라 사막(필자 개인 촬영)

3) 이스라엘 바로 알기: '분쟁 지역'보다는 '첨단과학기술의 성지'로

"요즘 같은 글로벌 시대에 이게 도대체 뭐야……."

"정말 집요하게 물어보네……. 내가 테러리스트나 범죄자처럼 보이나?"

이스라엘의 경제 중심지이며 관문인 텔아비브Tel Aviv의 벤구리온 국제공항Ben-Gurion International Airport*에서 출입국 심사를 받을 때마

---

* 이스라엘 초대 총리 다비드 벤구리온David Ben-Gurion의 이름을 따 만든 공항이다.

　　　2장 변화하는 중동

다 나오는 혼잣말이다.

주위를 둘러보면 나만 이런 것이 아닌 듯하다. 짜증스럽거나 피곤한 표정으로 출입국 심사를 받는 사람들이 여럿 보인다. 일부는 공항의 보안 담당자를 따라 파티션이 쳐져 있는 별도의 공간으로 이동하기도 한다. 길게 조사해야 하거나, 가지고 있는 가방 등을 자세히 살펴보기 위한 조치다.

카이로 특파원으로 활동하던 2019년 12월 이스라엘의 AI 산업 취재를 마치고 카이로로 복귀하는 과정에서 별도의 공간으로 이동해 '체계적인 검사'를 받았다. 가방에 든 물건을 모두 꺼내 하나하나 금속탐지기로 검사를 했다. 다이어리도 빠르게 훑어보는 것 같았다 (주로 한글로 내용을 적은 다이어리였다).

옆에는 독일 여권을 들고 있고 유창한 영어를 하는 깔끔한 복장의 남성이 있었다. 한눈에 봐도 엘리트 느낌이 났다. 보안 담당자들이 나와 그 사람의 가방 안 물건을 하나하나 검사하는 동안 짧은 대화를 나눴다. 그가 먼저 나에게 말을 걸었다.

"정말 짜증나죠?"

"네. 왜 저러죠?"

"저는 독일에서 태어난 독일 사람인데 튀르키예 이민자 출신이라서 그러는 게 아닐까 하는 생각이 들어요. 우리 부모님이 튀르키예 출신이거든요. 이름이 독일식이 아니라 튀르키예식이고, 무슬림으로 보이니 일단 의심하는 것 같아요."

"저는 한국 기자예요. 그리고 사우디아라비아 취재 비자가 여권에 찍혀 있어요. 그래서 더 자세히 조사하는 것 같아요."

"저는 컨설팅 회사에 다니고 이스라엘 기업에서 프로젝트를 맡아서 자주 오는 편이에요. 종종 여기(별도의 조사 공간)에 오게 되네요.

저처럼 튀르키예 이민자 출신인 엔지니어 친구도 있는데, 그 친구도 이스라엘에 왔을 때 여기서 조사를 받았다네요."

이스라엘에서는 잊을 만하면 '가자지구Gaza Strip*'를 중심으로 팔레스타인과의 대규모 무력 충돌이 벌어진다. 크고 작은 분쟁이 계속 발생하는 중동에서도 이스라엘은 '분쟁 지역'이란 이미지가 유독 강한 나라다.

분쟁에 계속 노출된 '위험 국가'답게 이스라엘 입국 과정은 만만치 않다. 그래도 한국인의 경우에는 무비자 입국이 가능하다.** 신기하게도 이스라엘은 출국 심사 때도 질문을 많이 하고, 가방이나 짐에 대한 보안 검사도 아주 꼼꼼히 할 때가 많다.

이스라엘의 출입국 심사는 말 그대로 집요하다. 입국 심사에서는 '방문 목적이 뭐냐?' '얼마나 머물 예정이냐?' '만날 사람이 누구냐?' '돌아가는 비행기 티켓은 구했냐?' '어느 호텔에 묵을 거냐?' '중동에서 다른 나라에 가본 적이 있느냐?' '(가봤다면) 그 나라 현지인 중 아는 사람이 있느냐?' 하고 묻는다. 출국 심사 때는 '이스라엘에서 누구를 만났냐?' '이스라엘에서 방문한 곳이 어디냐?' '방문했던

---

* 이집트와 이스라엘 사이에 있는 팔레스타인 영토이며 자치지역이다. 이스라엘을 상대로 강경 투쟁을 펼치는 무장정파 하마스가 관할하고 있다. 하마스의 잦은 공격으로 이스라엘은 사실상 가자지구를 완전히 봉쇄해놓고 있다. 일각에선 가자지구를 '세계에서 가장 거대한 감옥'이라고도 표현한다.

** 각종 조사에 따르면 한국은 독일, 일본, 싱가포르와 더불어 '무비자(혹은 도착비자 만으로) 입국'이 가능한 나라가 가장 많은 축에 속한다. 그만큼 경제적, 정치적, 나아가 문화적으로 '괜찮은 나라' '신뢰할 수 있는 나라'라는 이미지를 구축했다는 뜻이다. 상대적으로 무비자로 방문할 수 있는 나라가 적은 중동 국가 사람들은 한국인이 미국, 유럽 주요국, 일본 등을 쉽게 방문할 수 있다는 점에 놀라워한다. 또 부러워하기도 한다. 그리고 안보 특성 때문에 외국인 입국을 까다롭게 검증하는 이스라엘을 무비자로 방문할 수 있다는 부분에서도 매우 놀라워한다.

목적이 뭐냐?' '다시 이스라엘에 올 계획이 있느냐?' 등을 묻는다. 직업, 회사, 가족관계 등은 출입국 심사 과정에서 언제든 나올 수 있는 '기본 질문'이다.

짜증과 걱정이 동시에 밀려오는 대화다. 두 번의 이스라엘 출장에서 모두 이런 경험을 했다. 특히 기자라는 신분, 여러 아랍권 나라를 방문한 기록이 여권에 남겨져 있어 이스라엘의 출입국 심사에서는 늘 담당 공무원과 많은 '대화'를 나눠야 했다.

이스라엘 외교관들에게 "아랍권 나라들과 갈등이 많았고, 팔레스타인과의 충돌이 자주 있어서 출입국 심사를 까다롭게 할 수 있다는 것은 이해한다. 그러나 요즘 같은 글로벌 시대에 이스라엘의 출입국 심사는 너무 과도한 것 아니냐?"라고 물은 적도 있다.

이들의 답은 한결같았다. "다른 나라 대사관*에서 우리한테 많이 하는 제안 중 하나가 엄격한 출입국 심사를 완화해달라는 거다. 그러나 이건 어쩔 수 없다. 주변에 적대적인 나라들로 둘러싸인 이스라엘의 안보 상황을 잘 알지 않는가?"라는 것이었다.

또 다른 이스라엘 외교관은 웃으면서 자기 아내 이야기를 해줬다.

"아내 집안이 아라비아반도에 오래 거주했다. 이른바 아랍 출신의 유대인이다. 그래서 아내가 유대인이지만 외모가 아랍 사람이랑 비슷하다. 이스라엘에서 태어났고, 완벽한 히브리어를 쓴다. 또 나(남편)는 외교관 아닌가? 그런데도 종종 출입국 심사에서 담당 공무원이 아내에게 많은 질문을 한다. 이스라엘의 까다로운 출입국 심사에서 예외는 없다."

---

* 이스라엘에 주재하는 나라들의 대사관을 의미한다.

아무튼, 이해하려고 노력은 하지만 이스라엘의 출입국 심사는 사람을 지치게 만든다. 그리고 이스라엘의 이미지를 나쁘게 만드는 데도 기여한다.

첨단과학기술의 나라, 이스라엘

이스라엘은 특이한 나라다. 앞서 말한 것처럼, 출입국 심사는 까다로움과 경직 그 자체다. 길거리에서는 군복을 입은 남녀를 언제나 볼 수 있다. 이스라엘에서는 여성도 의무적으로 군 복무를 해야 한다. 이 중 전투 병과에 배치된 이들은 아무렇지도 않게 전투용 소총을 들고 다닌다. 실탄이 장착된 경우도 많다고 한다. 소총을 든 군인이 거리를 돌아다니고, 버스와 기차 등 대중교통을 이용하기도 한다.

하지만 이스라엘은 정치와 언론의 자유가 보장되고, 학문적으로도 다양하고 치열한 토론이 존재하는 사실상 유일한 중동 국가다. 대학과 학문 수준도 매우 높다. 단순히 비교하기에는 다소 무리가 있지만, 한마디로 중동 국가 중 가장 자유로운 정치, 경제, 언론, 교육 여건을 지니고 있다고 생각한다.

지금까지 이스라엘은 노벨 과학 분야 수상자 6명, 경제학상 수상자 3명을 배출했다. 평화상 수상자는 3명, 문학상 수상자는 1명이다. 이는 이스라엘 국적자 기준이고, 다른 나라 국적의 유대인으로 확대하면 그 숫자는 많이 늘어난다. 전체 노벨상 수상자의 20% 이상이 유대인이란 분석도 있다.

아직 한국에서는 대중적으로 덜 알려져 있다. 하지만 이스라엘은 첨단 과학기술의 나라이기도 하다. 사이버보안, 군사기술, 생명

공학 그리고 최근에는 AI까지 이스라엘의 과학기술 역량은 세계적이다. 더 구체적으로는 창업과 스타트업을 기반으로 한 첨단 과학기술의 나라다. 이스라엘은 이런 이미지에 걸맞은 모습을 여러 방면에서 보여주고 있다.

이스라엘 명문대 중 하나인 텔아비브대Tel Aviv University 캠퍼스의 '사이버 트로이 목마Cyber Horse'는 이스라엘의 첨단 과학기술 역량을 단적으로 보여주는 좋은 상징물이다. 텔아비브대 정문을 지나 캠퍼스 안쪽으로 200m쯤 들어가면 이 조형물을 볼 수 있다. 캠퍼스에 어울리는 모래색 건물들 사이에 서 있는 독특한 느낌의 조형물은 한눈에 봐도 트로이 목마가 연상된다. 이 조형물은 텔아비브대가 매년 주최하는 세계적인 정보보안 기술 포럼인 '내셔널 사이버 위크National Cyber Week'를 기념하기 위해 2016년 세워졌다. 사이버 트로이 목마는 텔아비브대, 나아가 이스라엘이 강점을 보이고 선도해온 정보보안 분야의 기술력을 보여주는 상징물이다.

사이버 트로이 목마는 청동이나 대리석이 아닌 컴퓨터와 휴대전화 부품들로 만들어진 조형물이다. 재료를 보면 이 조형물이 현지에서 사이버 트로이 목마로 불리는 이유를 알 수 있다. 더욱 재미있는 것은, 6m 높이에 무게 2t인 이 조형물에 쓰인 부품이 모두 바이러스에 감염된 적 있는 컴퓨터와 스마트폰에서 가져왔다는 점이다.

이스라엘 정보보안 산업이 얼마나 경쟁력 있는지는 한국에서도 크게 화제가 됐었다. 검찰이 수사 과정에서 보안 기능이 탁월한 것으로 유명한 애플의 아이폰X 잠금장치를 풀기 위해 이스라엘 정보보안 기업 '셀레브라이트Cellebrite' 장비를 사용했다는 사실이 알려졌기 때문이다. 미국 연방수사국FBI도 테러와 마약 등 강력 범죄자의 스마트폰을 분석할 때 셀레브라이트 장비를 애용할 정도로 이 기업의 기술력은 인정받고 있다. 마약, 금융사기, 테러, 해킹 같은 '핵심 범죄'를 수사하는 과정에서 셀레브라이트 장비는 필수품이라고 할 수 있다.

세계적인 창업 국가

이스라엘에서 취재하며 만난 기업인, 엔지니어, 교수들은 "셀레브라이트는 이스라엘의 유명 기업 중 하나일 뿐이다. 그런 기업이 매우 많다"라고 입을 모았다. 이스라엘은 '창업 국가Startup Nation'로 불릴 만큼 첨단 과학기술 기반 창업이 활발한 나라다. 특히 정보보안 분야에서는 전 세계적으로 그 경쟁력을 인정받고 있다.

시장조사 회사 IVC리서치센터에 따르면 2018년 기준 이스라엘에는 439개의 정보보안 관련 기업이 있다. 세계 500대 정보보안 기업 배출 숫자로는 미국(354개)에 이어 2위(42개)다.

질적 향상도 계속되고 있다. 이스라엘 정부에 따르면 2021년 기준 이스라엘의 정보보안 관련 기업들은 약 88억 달러의 투자를 유치했다. 이는 29억 달러를 유치했던 2020년에 비해 3배나 늘어난 수치다. 또 2022년에는 11개 이스라엘 국적의 정보보안 관련 기업이 기업가치 측면에서 10억 달러 이상을 기록하며 이른바 '유니콘 기업'에 이름을 올렸다. 이스라엘 정부는 전 세계 정보보안 관련 기업 중 유니콘 기업에 해당하는 이들의 33%가 이스라엘 국적이라고 밝혔다.

IT 업계에서는 정보보안 관련 부분에서 미국을 제외하면 이스라엘 기업들의 우수함이 단연 두드러진다는 평가가 많다.

이스라엘 일간지 〈하아레츠Haaretz〉에 따르면, 이스라엘의 정보보안 관련 상품은 적대 관계인 이웃 아랍 국가에서도 사용할 정도로 인정받고 있다. 현지 유명 벤처투자사인 버텍스벤처스Vertex Ventures의 야나이 오론Yanai Oron 파트너는 "뛰어난 역량을 갖춘 창업자들이 스타트업을 적극적으로 설립하고 있다. 이스라엘에서는 유망 스타트업이 성장하면 이를 세계적 대기업이 인수하고, 이를 통해 얻은 막대한 돈으로 기존 창업주가 다시 새로운 스타트업을 만드는 선순환 구조가 정착돼 있다"고 설명했다.

실제로 미국 마이크로소프트MS, 구글, 인텔 같은 세계적인 IT 기업들도 이스라엘 스타트업의 역량을 눈여겨보고 현지에서 연구개발센터를 운영하고 있다. 직접 투자와 인재 유치도 활발하다. 삼성전자, 현대자동차, LG전자도 현지 지사에 이스라엘 스타트업이 보유한 우수한 기술을 발굴하는 팀을 운영한다. 특히 삼성전자는 현지에 360여 명의 엔지니어가 활동하는 연구개발센터를 운용하고 있다. 또한 글로벌 기업들이 이스라엘 스타트업을 인수하는 움직임도 이어지고 있다. 특히 최근 10년 사이에는 AI 기술 스타트업이 연이어 인수되었다. 대표적으로 2017년 3월 인텔이 모빌아이Mobileye를 153억 달러에 사들인 것을 꼽을 수 있다. 모빌아이는 AI를 기반으로 자동차용 자율주행 기술을 개발하는 스타트업이다. 자동차 메이커가 전혀 없는 이스라엘에서 AI 기반의 자율주행 기술을 대거 개발한 스타트업이 탄생했고, 글로벌 기업인 인텔이 거액을 들여 이 회사를 인수했다는 게 인상적이다.

모빌아이의 창업자이며 '자율주행 자동차의 아버지'로도 불리는 암논 샤슈아Amnon Shashua 히브리대Hebrew University of Jerusalem 컴퓨터과학과 석좌교수는 모빌아이를 매각한 뒤 AI 기반 웨어러블 헬스기기 스타트업 '오캠OrCam'을 창업해 운영하고 있다. 오캠은 AI 기술을 이용해 시각장애인에게 문자, 사람 얼굴, 색깔 등을 인식해 알려주는 22.5g 무게의 안경 부착용 웨어러블 헬스기기 '마이아이MyEye2'를 개발했다.

인텔은 2019년 12월에 AI 반도체 스타트업인 '하바나 랩스Habana Labs'를 20억 달러에 인수하기도 했다.

2018년 10월, 유명 사모펀드 토마 브라보Thoma Bravo는 애플리케이션 및 데이터 보안 기업인 '임페르바Imperva'를 21억 달러에 인수했다. 또한 미국 의료기기 기업 메드트로닉Medtronic은 2018년 12월 인공지능 수술용 로봇 스타트업인 '마조 로보틱스Mazor Robotics'를 16억 달러에 사들였다. 같은 해 2월, 미국 유명 보안업체 팰로앨토네트워크스Palo Alto Networks는 AI를 기반으로 정보보안 기술을 개발하는 '데미스토Demisto'를 5억 6,000만 달러에 인수했다.

첨단 군대를 배경으로 기술 창업에 나서다

이스라엘의 산업 경쟁력을 높여주는 핵심 배경으로는 '첨단 군대'가 꼽힌다. 이스라엘은 1948년 건국 때부터 과학기술을 이용한 전투력 강화에 공을 들여왔다. 주변 아랍 국가에 비해 인구가 절대적으로 적고 국토도 좁기에 양적인 전투력 증강에는 한계가 있다. 그러니 '양'보다 '질'로 국가 안보를 지키겠다는 전략이 효과적이다.

1952년 설립한 '8200부대Unit 8200'는 이스라엘이 국가 안보 차원에서 첨단 과학기술 역량을 얼마나 중시하는지를 잘 보여준다. 이 부대는 과학과 수학에 특출한 실력을 갖춘 인재가 주로 복무하는 특수부대로, 정보보안 기술을 앞세워 사이버 전쟁을 담당한다. 적의 정보를 파악하는 동시에 이스라엘 정보를 보호하는 게 목적이다.

예루살렘 구시가지 전경(사진: posztos)

이스라엘 텔아비브대학 사이버 목마(필자 개인 촬영)

정보보안에 관심이 많은 이스라엘의 젊은 영재들은 고교 졸업 후 이 부대에서 2, 3년간 복무한다. 이후 히브리대, 텔아비브대, 테크니온Technion, Israel Institute of Technology 같은 명문대에서 IT 관련 학과를 전공한 다음 산업계로 진출한다. 군軍→학學→산産으로 착착 이어지는 체계가 마련된 셈이다.

　　'사이버리즌Cybereason'은 특정 기업이 해킹을 비롯한 각종 정보보안 문제를 미리 탐지할 수 있도록 하고, 관련 문제가 발생했을 때 이를 해결하는 서비스를 제공하는 이스라엘 유명 기업이다. 사이버리즌 직원 대부분이 8200부대 출신이다. 창업 초기 활동했던 50여 명 중 90% 이상이 8200부대에서 복무했다. 500여 명이 근무하는 대기업으로 성장한 현재도 엔지니어 200명 중 절반이 같은 부대 출신이다. 특히 핵심 연구개발 부서 인력은 전원 8200부대를 나왔다.

　　이스라엘에서 '8200부대 동문 기업'으로도 불리는 사이버리즌은 일본 소프트뱅크와 미국 록히드마틴Lockheed Martin으로부터 각각 3억 5,000만 달러, 2,500만 달러를 투자받았다. 굴지의 미국과 일본 대기업이 투자할 정도로 경쟁력을 인정받고 있다는 의미다. 요시 나르Yossi Naar 사이버리즌 공동창업자 겸 최고비전책임자CVO는 "8200부대는 세상에 존재하는 모든 종류의 해킹을 막는다. 특히 아직 발생하지 않은 방식의 해킹도 예측하려고 한다. 정보보안 분야에서 8200부대만큼 경쟁력 있는 인력을 꾸준히 확보해 교육한 뒤 다시 배출하는 조직은 세계적으로도 드물다"고 강조했다.

　　한국의 고교 동문, 대학 동문처럼 이스라엘에서는 소속 부대를 중심으로 활발한 네트워킹이 펼쳐진다. 남녀가 모두 의무적으로 군 복무를 하는 데다 젊은 나이에 전장戰場에서 끈끈한 동료애를 쌓은 경험이 사회에서도 이어진다.

8200부대 동문회에서 여성 창업가 지원 활동을 하는 케렌 헤르스코비치Karen Hershkovitch 씨는 "공식 모임은 매달 열지만 이와 별도로 삼삼오오 모일 때도 많다. 부대원 대부분이 지금도 정보보안 기업에서 근무하기에 기술 협력, 투자, 채용 등 업무에 관한 다양한 정보 교류를 하고 업계 동향도 주고받는다"라고 말했다.

정부도 정보보안 산업 육성에 적극적이다. 이스라엘 정부는 베냐민 네다냐후 총리의 두 번째 재임 기간 중인 2010년 보안 전문가들을 모아 국가 사이버보안 정책을 만드는 태스크포스TF를 설립했다. 이후 총리실 산하에 정보보안 정책을 이끄는 조직 국가사이버국도 만들었다.

이스라엘은 2014년부터 벤구리온대Ben-Gurion University가 있는 베에르셰바Beersheba 지역을 정보보안 산업 중심지로 집중적으로 육성해왔다. 당시 벤구리온대 캠퍼스를 제외하고는 딱히 특별한 게 없었던 이 지역에는 현재 IBM, 오라클 같은 세계적인 기업이 정보보안 관련 연구개발센터를 운영하고 있다. 관련 스타트업도 속속 모여든다. 란 나탄존Ran Natanzon 이스라엘 외교부 국가브랜드팀장은 베에르셰바 지역에 대해 "대학, 기업, 군대가 함께 정보보안 관련 연구개발을 진행할 수 있는 거의 유일한 산업 허브"라고 설명했다.

전통적으로 실용 연구를 강조하는 이스라엘 대학의 연구 문화도 정보보안 분야의 경쟁력을 키우는 데 기여했다는 평가를 받는다. 이샤크 벤이스라엘Isaac Ben-Israel 텔아비브대 융합사이버리서치센터장은 "학계에서도 이스라엘을 상대로 해킹을 시도하는 것을 막는 기술을 적극 개발하는 문화가 오래전부터 자리잡았다. 이런 분위기 속에서 교육받은 인력들이 졸업한 뒤 정보보안 업계로 진출하는 사례가 많다"라고 말했다.

4) 롤러코스터 두바이, 성장과 몰락 그리고 재도약

한때 두바이는 한국에서 가장 유명한 중동 나라였다. 두바이는 아랍에미리트를 구성하는 7개 토후국[*] 중 하나로 아랍에미리트의 일부다. 그러니 두바이를 완전히 별도의 나라로 보는 건 잘못된 접근이다.

다만, 아랍에미리트의 경우 외교·안보와 국방은 통합 체제로 운영되지만, 경제는 독립된 구조다. 2009년 두바이가 심각한 경제위기를 겪을 때 아부다비의 재정 지원을 받았다.

통상 석유가 주로 생산되는 아부다비의 국왕Emir^{**}이 대통령, 금융과 물류 등 경제 중심지인 두바이의 국왕이 부통령 겸 국무총리를 맡는다. 7개 토후국 중 가장 영토가 넓고, 경제적 영향력이 큰 아부다비와 두바이가 아랍에미리트를 이끈다고 생각하면 된다.

아랍에미리트를 일본에선 아랍수장국연방(アラブ首長国連邦), 중국에선 아랍연합추장국(联合酋长国)이라고 표기한다.

두바이의 성장과 몰락

본격적으로 두바이 이야기를 해보자. 두바이가 유명했던 이유는 파격적이고 혁신적인 발전 전략을 내세우며 사막 한가운데서 다양한

---

*   아부다비Abu Dhabi, 두바이Dubai, 샤르자Sharjah, 아즈만Ajman, 움알꾸와이Umm Al-
      Quwain, 라스알카이마Ras Al Khaimah, 푸자이라Fujairah로 구성된다. 이중 아부다비와
      두바이가 핵심이다
<nowiki>**</nowiki>   에미르: 최고 통치자를 의미한다. 권한, 위상, 역할 등에서 '국왕'이라고 보면
      된다.

'세계 최고' '세계 최초'를 지향했기 때문이다. 부르즈 할리파Burj Khali-fa는 829m의 높이를 자랑하는 세계 최고의 초고층 빌딩이다. 야자수를 연상시키는 모양의 인공섬 팜주메이라Palm Jumeirah는 또 어떠한가? 부가티Bugatti를 활용한 초고급 경찰차, 국민들의 행복을 담당하는 부처인 행복부 설립 역시 세계가 놀랄만한 파격적인 모습이었다.

두바이에는 중동과 아프리카의 관문 역할을 하는 대형 국제공항과 항만, 국제금융센터가 있다. 이러한 인프라도 두바이의 유명세를 띄웠다. 각종 국제 항공사 평가에서 늘 최상위권에 오르는 에미레이트항공Emirates 역시 두바이의 상징이었다.

하지만 두바이의 혁신은 그리 오래가지 못했다. 2009년 11월 25일, 두바이는 다양한 개발사업을 진행해오던 국영기업 '두바이월드Dubai World'의 채무상환 유예(모라토리엄)를 전격 선언했다. 2000년대 들어 '세계 최고, 최대'란 표현이 붙는 다양한 건축물, 관광시설 등을 개발하며 '사막의 기적'으로 불렸던 두바이가 하루아침에 '사막의 신기루'로 전락한 순간이었다.

당시 두바이월드는 세계 금융위기 등의 여파로 두바이 전체 부채(약 800억 달러)의 74%인 590억 달러의 빚을 안고 허덕였다. 두바이월드의 모라토리엄 선언으로 두바이가 추진하던 다른 개발 사업들도 줄줄이 중단됐다.

원래 부르즈 할리파는 부르즈 두바이로 불릴 예정이었다. 하지만 경제난을 겪으면서 두바이는 아부다비의 대규모 경제 지원을 받아야 했다. 그리고 이에 대한 '감사 메시지'를 전하기 위해 당시 아부다비 할리파 빈 자이드 알 나하얀Khalifa bin Zayed Al Nahyan(1948~2022) 국왕(당시 아랍에미리트 대통령)의 이름을 딴 것이다.

'두바이 쇼크'가 발생한 지 10년이 넘었다. 많이 회복했지만, 아직도 두바이 경제는 당시 충격에서 완전히 벗어나지 못하고 있다. 부동산, 금융, 물류에만 의존하는 취약한 산업구조, 저유가 장기화, 중동 정세 불안, 아부다비와 카타르 도하 등 경쟁 도시들의 급성장 등으로 앞으로도 과거의 영화를 완전히 회복하기는 어려울 것이란 암울한 전망도 나온다.

저유가와 중동 정세 불안

두바이 경제가 흔들린 주요 이유로는 저유가의 장기화가 꼽힌다. 〈알자지라방송Al Jazeera〉, 미국 워싱턴의 싱크탱크인 아랍센터Arab Center 등에 따르면 중동에서 가장 자유롭고 개방적인 두바이에 매력을 느껴 적극적으로 부동산을 구입하던 사우디아라비아, 쿠웨이트, 바레인 등 주변 산유국 부유층들의 지갑이 가벼워지면서 이들의 투자도 크게 줄었다.

부동산과 함께 경제를 떠받치던 물류와 금융 분야의 사정도 좋지 않다. 특히 미국이 대이란 경제 제재를 강화하고 사우디아라비아 등이 주도한 2017년 6월 '카타르 단교 사태Blockade of Qatar, Qatar Diplomatic Crisis'가 터지면서 경제가 더 어려워졌다.

카타르 단교의 경우 아랍에미리트, 사우디아라비아, 바레인, 이집트 등 아랍권 수니파 주요국들이 카타르가 '시아파 맹주'인 이란과 밀착한다며 단교를 선언한 '외교 전쟁'이었다. 이는 두바이의 항만 시설을 통해 대규모로 물자를 조달해온 카타르가 '물류의 탈두바이'를 선언하는 계기로 작용했다. 카타르는 단교 후 자국의 항만 시설을 대폭 늘렸다. 부족한 부분은 단교에 참여하지 않은 이웃 국가인 오만을 이용해 해결했다. 2021년 1월 단교 사태는 해결됐지만, 여

두바이 부르즈 할리파 타워(사진: Donaldytong)

두바이 야경(사진: Ivan Siarbolin)

선히 양금은 남아 있다.*

　　도널드 트럼프Donald Trump 미국 대통령이 재임했던 2018년 5월, 미국이 이란 핵 합의를 전격 탈퇴한 후 강도 높은 경제 제재를 가한 것도 두바이에는 심각한 악재였다. 두바이 경제는 그간 이란 관련 금융업과 물류업이 발달해왔고 이란인들이 대거 거주하는 등 '이란 특수'를 누렸다. 영국 〈파이낸셜타임스Financial Times〉는 2018년 700억 디르함(약 22조 4,900억 원)에 달했던 아랍에미리트와 이란의 무역 규모가 반 토막 날 가능성이 높다고 전망했다.

---

* 　카타르 단교 사태에 대한 자세한 내용은 3장 '8) 영원한 적도, 친구도 없다(2): 카타르 단교 사태'에서 다룬다.

'빌라 1채를 사면, 아파트 1채가 공짜.'

2018년 3월, 두바이의 유명 부동산 개발회사 '다막DAMAC'이 진행했던 특별 판매 행사다. 당시 다막은 769만 9,000디르함(약 24억 7,200만 원) 이상인 고급 빌라를 사는 고객에게 한국의 원룸에 해당하는 아파트 한 채를 공짜로 주겠다고 해서 큰 주목을 받았다.

가이토 특파원으로 활동하던 2019년 10월의 일이다. 다막 측에 "이 행사를 언제 재개할지 알려달라"는 이메일을 보냈더니, 20분 만에 이메일 답장 대신 전화가 걸려 왔다. 다막 관계자는 "해당 행사의 재개 여부는 알려줄 수 없지만 지금도 고급 빌라를 구입하는 고객에게 아파트를 대폭 할인 판매하고 있다"며 다짜고짜 만나자고 했다. 그는 "다른 고객보다 더 많이 할인해줄 수 있다"며 부동산 구매를 집요하게 권유했다. 처음 연락한 외국인에게까지 이런 공격적인 마케팅을 펼치는데도 두바이 부동산 시장 상황은 좋지 않았다.

두바이는 코로나19 사태 발생 전이며 '두바이 경제위기 발생 10주년'을 맞이했던 2019년에도 좀처럼 침체를 벗어나지 못하고 있었다. 2019년 6월에도 전년 동기 대비 주택 가격이 15.3% 하락했다.* 두바이의 주요 지역인 팜주메이라(-14%), 두바이마리나Dubai Marina(-13.5%), 비즈니스베이Business Bay(-13.4%), 다운타운Downtown(-14.2%) 등 곳곳의 주택 가격이 2018년 6월보다 대폭 하락했다.

두바이는 2020년 10월부터 2021년 4월까지 열리는 대규모 국제행사 '엑스포 2020'을 재도약의 계기로 삼으려 했다. 엑스포 역사상 가장 큰 438만m² 규모의 행사장을 조성해가며 엑스포에 공을 들

---

* 　시장조사회사 캐번디시 맥스웰Cavendish Maxwell 자료 기준

였다. 하지만 2020년 2월부터 전 세계적으로 확산한 코로나19는 두바이의 노력을 송두리째 흔들었다. 행사는 1년 연기되어 2021년 10월에 겨우 개막했다. 하지만 여전히 코로나19의 확산 속에 전 세계가 신음하던 상황이었다.

행사장은 독특한 디자인의 건물과 친환경 기술을 이용한 시설로 많은 사람의 주목을 받았다. 하지만 엑스포의 특징이며 효과인 관광객 유치는 당초 계획에 크게 못 미칠 수밖에 없었다. 중동의 '관광대국'을 꿈꾸는 두바이가 도약하는 계기가 되기에는 한계가 명확했다.

우크라이나 전쟁 덕분에 회복한 두바이 부동산

하지만 두바이의 경제는 의외의 사건으로 회복세를 맞이한다. 2022년 2월 발생한 러시아의 우크라이나 침공이다. 아랍에미리트가 미국과 유럽이 주도하는 러시아 경제 제재에 동참하지 않으면서 러시아 상류층들의 투자가 늘어나고 있기 때문이다.

아랍에미리트는 투자를 목적으로 방문하는 외국인들의 경우에 장기 거주용 비자를 취득하기도 쉽다. 또한 지리적으로 유럽과 가깝지만, 반러 감정은 약하다. 그러다 보니 아랍에미리트는 미국과 유럽에 비해 러시아 부자들이 안정적으로 투자하고, 장기간 거주할 수 있는 지역으로 꼽힌다.

오래전부터 러시아 부자들 사이에서는 러시아의 춥고 어두운 겨울을 피해 지중해같이 겨울에 따뜻한 지역에 고급 빌라를 구입하는 게 유행이었다. 한때는 지중해 섬나라인 키프로스에 별장을 마련하는 게 유행을 타기도 했다. 키프로스는 식당, 호텔, 쇼핑몰 등에서 러시아어가 아주 자연스럽게 쓰일 정도로 러시아 사람들이 많이 머무는 지역이다.

하지만 유럽의 반러 감정이 커지고, 경제 제재까지 강화되면서 두바이가 대체재로 떠오르고 있다. 영국 〈BBC〉에 따르면 2022년 1분기(1~3월) 러시아인의 두바이 부동산 구매는 2021년 같은 기간에 비해 67% 늘었다. 이 시기 두바이에서 활동 중인 한 부동산 중개업자는 미국 경제전문 매체인 〈CNBC〉와의 인터뷰에서 "최근 석 달간 중개 수수료 수입이 400만 디르함(약 14억 원)에 달했고 대부분 러시아 고객에게서 나온 것"이라고 말했다. 〈뉴욕타임스New York Times〉도 러시아인이 두바이에서 보유 중인 부동산의 가치가 최소 3억 1,400만 달러에 달할 것이라고 전했다.

2023년 2월 말, 사우디아라비아 리야드로 출장을 떠났다. 두바이에서 비행기를 갈아탔는데, 두바이 국제공항에서 많이 들리는 언어 중 하나가 러시아어였다. 옷차림을 볼 때 대부분 여유가 있어 보였다. 가족 단위로 다니는 러시아인들도 많았고, 공항 내 명품 가게에서 물건을 사는 이들도 많았다. 짧은 시간이었지만, 두바이가 러시아인들 사이에서 '핫스폿'이 됐다는 것을 느낄 수 있었다.

한편, 두바이는 '2022 카타르 월드컵'으로 인한 특수도 누렸다. 카타르 도하와 비행기로 40~50분 거리에 있는 두바이는 월드컵을 위해 카타르를 찾는 관광객들의 '숙박과 쇼핑 천국' 역할을 톡톡히 해낸 것이다. 카타르보다 관광 인프라가 더 잘 갖춰져 있고, 문화적으로도 더 개방돼 있다는 특성을 앞세워 큰 수입을 올렸다. 축구 관람은 카타르에서, 먹고 마시고 즐기는 활동은 두바이에서 한 관광객이 그만큼 많았다는 뜻이다.

두바이는 2009년 경제위기 이후 체질 개선을 위해 다양한 정책을 내놓았다. 부실 금융회사를 구조조정하고, 외국인 대출 기준을 강화했다. 정부와 공기업 내 자국민 직원 비율을 증가시키는 데도 공을 들였다. 이런 노력이 실질적인 경쟁력 개선으로 이어졌는지는 아직도 알 수 없다.

두바이 국가 재정에는 여전히 우려할 점이 많다. 〈로이터Reuters〉에 따르면 2022년 국제통화기금International Monetary Fund, IMF은 두바이의 공공부채가 1,530억 달러에 이르는 것으로 보았다. 〈AFP〉는 2019년 두바이의 공공부채가 총 1,230억 달러에 이른다고 전했으니 부채 상승 속도가 상당한 것이다. 실제로 두바이 정부는 2022년 5월 공공부채 관리 기관Debt Management Office, DMO을 설립해 더욱 체계적으로 부채 관리에 나설 것임을 선언했다.

두바이 경제구조가 단순하며 석유와 천연가스가 거의 없기 때문에 도리어 과감한 체질 개선이 어렵다. 석유와 천연가스가 거의 없으며, 일반 제조업도 사실상 전무해 부동산, 물류, 관광 등 특정 산업에만 과도하게 의존할 수밖에 없다. 문제는 부동산, 물류, 관광 등이 안정적인 산업이 아니라 세계나 주변 나라들의 경기에 민감하게 영향을 받는다는 것이다.

전체 두바이 인구 중 10% 정도만 자국민인 것도 경쟁력이 약화하는 요인으로 작용한다. 두바이인은 대부분 정부부처와 공기업의 관리·감독직에 근무한다. 실무 및 전문 업무는 외국인 인력이 맡고 있다. 장기 계획 수립이 어렵고 책임 소재도 불명확하다.[*]

---

[*] 자세한 내용은 2장 '12) "열심히 일합시다", 자국민 고용 프로젝트'에서 다룬다.

두바이 경제가 휘청거릴 때마다 외국인 전문 인력이 대거 빠져 나가는 모습도 쉽게 목격할 수 있다. 두바이인은 쉽게 일자리를 구할 수 있기에 자기 계발에 소홀하고 그렇다 보니 경쟁력을 배양할 환경이 조성되지 않는다.

'제2, 제3의 두바이'를 지향하며 외국 기업 유치와 개발사업을 진행하는 주변 국가들이 늘어나는 것도 두바이에는 악재다. 차로 약 1시간 거리인 아부다비와 비행기로 약 1시간 거리인 카타르 도하를 보자. 이 두 도시는 막대한 오일 머니를 바탕으로 두바이가 독점해 온 '중동 허브' 자리를 호시탐탐 노리고 있다.

최근에는 쿠웨이트의 쿠웨이트 시티Kuwait City, 오만의 무스카트Muscat뿐만 아니라 '은둔의 왕국'으로 통했던 사우디아라비아까지 중동 허브를 꿈꾸고 있다. 사우디아라비아 정부는 관광 개방, 여성 인력 활용, 국제금융 단지 조성, 대중문화 개방 등을 추진하며 경제구조를 개선하려 도모하고 있다. 세계적으로 주목받는 대규모 개발 사업인 네옴NEOM 프로젝트에는 외국 기업 유치도 중요한 과제로 포함돼 있다.

셰일가스 생산 활황으로 저유가 기조가 고착할수록 탈석유와 산업 다각화를 위한 중동 각국의 경쟁은 치열할 수밖에 없다. 주변 산유국과 달리 석유와 천연가스 없이 경쟁해야 하는 두바이에 장기적으로 불리한 상황이 조성되고 있는 셈이다. 아직 다른 중동 나라들이 두바이의 개방성을 따라가지 못한다고 많은 전문가가 지적하기도 한다. 그래서 중동 허브 자리를 놓고 벌어질 경쟁은 더욱 주목받을 것이다.

두바이는 사막의 기적일까, 신기루일까? 다시 도약할 수 있을까? 앞으로 두바이는 어떻게 세계의 주목을 받을 수 있을까?

5) 21세기의 수에즈 운하 프로젝트, '신행정수도 만들기'에 나선 이집트

이집트 수도 카이로에서 동쪽으로 약 45km 떨어진 사막 지대는 끝이 안 보이는 공사장이다. 이곳은 이집트가 당초 2022년까지 대통령궁, 정부부처, 국회, 외교공관 등 주요 시설의 이전을 목표로 700km² 규모의 신행정수도New Administrative Capital, NAC를 건설하고 있는 현장이다. 서울의 면적이 605km²란 것을 감안할 때 이집트의 신행정수도 건설이 얼마나 큰 프로젝트인지는 감이 올 것이다. 다만, 2023년 상반기에도 NAC 건설은 마무리가 안 됐다. 정확히 언제부터 정부부처의 본격적인 이전이 시작될지도 정해지지 않았다.

카이로 특파원 근무를 마치던 시기인 2020년 8월, 이 지역은 끝이 안 보이는 모래벌판으로 대형 공사 크레인이 가득했다. 공사 자재를 실은 트럭과 각종 건설 중장비가 바쁘게 움직이고 있었다. 이미 완공된 건물부터 한창 공사가 진행 중인 건물까지 진행 상황도 제각각이었다. 대부분 사무실 건물이지만 아파트 같은 주거시설, 모스크, 콥트 기독교Coptic*의 교회 등이 보였다.

완공하면 아프리카에서 가장 높은 건물이 될 385m 높이의 '아이코닉 타워(오벨리스크 모양을 닮았다)'를 비롯해 다양한 건물들이 하나둘 모습을 드러내고 있다.

---

* 이집트를 중심으로 중동 지역에 있는 정교회다. 이집트 전체 인구의 10~15%가 콥트 기독교도다.

이집트는 대도시 과밀화 부작용에서 탈피하려는 목적으로 신행정수도 건설을 시작했다. 현재 1억 명이 넘는 이집트 인구 가운데 2,000만 명 이상이 카이로에 산다. 얼핏 보면 한국과 큰 차이가 없는 과밀화 수준으로 보인다. 하지만 현지에서 직접 체감하는 부작용은 상상 이상이다.

우선, 카이로는 도로, 상·하수도, 공원 등 기본 인프라가 매우 낙후돼 있다. 그러다 보니 교통체증, 대기오염, 주거시설 부족 등 부작용이 점점 심각해지고 있다. 서민들이 사는 지역은 주요 인프라의 대부분이 개·보수를 엄두도 못 낼 정도로 낡았다. 거친 모래바람에 많은 건물이 원래 색깔을 알아볼 수 없을 정도로 누렇게 바래있다. 도시 전체 분위기도 우중충하다(아주 긍정적으로 생각하면 고풍스러운 느낌은 있다).

주민들은 "도시 자체를 완전히 새로 만들겠다고 생각하지 않으면 '늙고 병든' 카이로를 개선할 수 없다. 신행정수도 같은 신도시가 꼭 필요하다"고 입을 모은다.

이를 잘 알고 있는 압둘팟타흐 시시Abdel Fattah El Sisi 이집트 대통령은 2015년 신행정수도 프로젝트를 발표했다. 그는 신행정수도 건설에 무려 450억 달러를 투자하겠다고 밝혔다. 2016년 심각한 재정 위기에 처했던 이집트가 당시 국제통화기금으로부터 3년간 120억 달러의 구제금융을 받기로 했다는 점을 고려하면 신행정수도 건설 비용은 쉽게 감당하기 어려운 엄청난 액수다(지금도 이집트는 재정 위기로 계속 어려움을 겪고 있다). 정부와 현지 언론이 신행정수도 건설을 '건국 이후 최대 국책사업'이라고 표현하는 이유다. 일부는 신행정수도를 이집트의 주요 수입원인 수에즈 운하Suez Canal 건설과도 비교했다.

이집트 카이로의 콥트 기독교 교회(필자 개인 촬영)

이집트 카이로의 낡은 모습(필자 개인 촬영)

이집트 카이로 시내(필자 개인 촬영)

많은 이집트인이 신행정수도 건설 취지에 공감한다. 하지만 우려의 목소리도 만만치 않다. 우선, 막대한 건설비 문제가 걸려 있다. 이집트 정부는 상당수 자금을 중국으로부터 충당하고 있어 이에 대한 부정적 여론이 점점 커지고 있다.

신행정수도 상업지구에는 아이코닉 타워를 중심으로 20여 개의 대형 건물이 들어서기로 돼 있다. 공사의 많은 부분을 중국 국영기업 중국건축공정총공사China State Construction Engineering Corporation, CSCEC가 담당한다. 상업지구 건설에만 중국이 150억 달러 정도를 투자한 것으로 알려졌다. 아프리카와 아시아를 중심으로 전 세계 개발도상국을 대상으로 한 중국의 경제영토 확장 프로젝트인 '일대일로一帶一路(Belt and Road Initiative)' 전략이 사실상 적용되고 있다.

이집트인들도 일대일로에 섣불리 참여했다 막대한 빚만 떠안은 채 중국의 경제 식민지가 될 위기에 처한 파키스탄, 스리랑카 등의 사례를 잘 알고 있다. 교육 수준이 높거나, 외국에서 직장을 다니는 이집트 사람들은 "중국의 일대일로 지원을 받은 여러 아프리카 국가가 중국에 종속됐다. 신행정수도에 중국 자금이 많이 유입되고 있다는 건 큰 부담"이라고 지적한다.

일각에선 중국 경제도 최근 하락세를 보이고 있기 때문에 최악의 경우 중국이 수에즈 운하 같은 이집트의 핵심 인프라에 대한 운영권을 요구하는 것 아니냐는 우려도 나온다. 중국이 과거 파키스탄, 스리랑카 같은 일대일로 핵심 지원국에서 이 같은 모습을 보였기 때문이다.

카이로 외교가에서는 당초 이집트가 신행정수도 개발에 아랍에미리트와 사우디아라비아 자금을 유치하려 했지만, 계획대로 추진되지 않자 부작용을 알면서도 중국을 택했다는 소문도 있다.

여기에다 2016년 4월에 불거진 영토 이양 사건은 이집트인들의 '외국에 대한 경제 의존 트라우마'를 심화시켰다. 당시 이집트 정부는 홍해의 전략적 요충지인 티란섬Tiran Island과 사나피르섬Sanafir Island에 대한 관할권을 사우디아라비아에 양도한다고 기습 발표했다. 두 나라는 1950년대부터 두 섬의 영유권을 두고 다퉜다. 이 때문에 갑자기 사우디아라비아에 해당 섬을 넘겼다는 발표가 나자, 국민들은 더욱 큰 충격으로 받아들였다. 얼마 지나지 않아 이집트 정부가 두 섬을 사우디아라비아에 양도한 이유가 '오일 머니 원조' 때문이라는 사실이 밝혀졌다. 국민의 자존심도 큰 상처를 입었다.

독재자 시시 대통령이 신행정수도 건설에 집착하는 이유

신행정수도 건설이 당초 목적과 달리 사실상 종신 집권을 시도하고 있는 '현대판 파라오' 압둘팟타흐 시시 대통령의 통치 기반 강화에만 쓰일 것이란 비판도 많다.

군인 출신인 압둘팟타흐 시시 대통령은 2013년 쿠데타를 통해 최초의 민간인 대통령 무함마드 무르시Mohamed Morsi(1951~2019)의 민선 정부(2012년 6월~2013년 7월)를 전복시키고 정권을 잡았다.

그는 신행정수도 외에도 '제2 수에즈 운하 건설' '대규모 사막 개간 프로젝트' 같은 대형 국책 토목사업에 관심이 많다. 이 때문에 이집트 경제 현실을 도외시한 과도한 개발 사업으로 국민의 지지를 손쉽게 얻으려 한다는 비판이 나온다. 시시 정권이 신행정수도 안에 중동에서 가장 높은 초고층 건물을 만들겠다고 발표한 것도 전형적인 '보여주기 행정'이라는 지적도 이어진다.

이집트 신행정수도 건설 현장(이집트 현지 지인 제공)

　　압둘팟타흐 시시 대통령이 신행정수도 건설에 집착하는 또 다른 이유로는 반정부 시위대를 원천 봉쇄하기 위한 목적도 있다. 2010년 튀니지에서 시작된 아랍 민주화 운동 즉 '아랍의 봄' 이후 이집트 국민이 심심찮게 몰려나왔던 카이로 한복판 타흐리르 광장 Tahrir Square에서 멀리 떠나겠다는 의도를 담고 있다는 의미다.

　　압둘팟타흐 시시 대통령은 선배 군인이자 30년간(1981~2011) 이집트를 철권통치했던 호스니 무바라크Hosni Mubarak (1928~2020) 전 대통령이 2011년 타흐리르 광장 시위로 실각한 모습에 상당한 충격을 받은 것으로 알려졌다. 지금도 많은 정부부처와 공공기관이 타흐리르 광장 주변에 자리잡고 있다. 대규모 시위가 발생하면 정부 기능이 쉽게 마비될 수밖에 없는 구조다.

이집트 사람들은 "타흐리르 광장에서 발생하는 시위는 늘 집권 세력에 '잠재 위험'으로 여겨진다. 신행정수도 건설에는 대규모 시위가 발생했을 때 시위 참가자들이 정부부처에 접근하는 것을 원천적으로 막으려는 속내도 있다"고 목소리를 높였다.

2019년 9월 20~21일, 이집트에서는 6년 만에 대규모 반정부 시위가 발생했다. 당시 이집트 정부는 2주간 타흐리르 광장을 사실상 폐쇄하고, 인근에 경찰을 집중 배치했다. 또 인터넷과 통신 기능도 떨어뜨렸다. 정부에 비판적인 국민들이 소셜 미디어에 활발하게 의견을 올리는 것을 막기 위해서다. 〈BBC〉와 〈미들이스트아이Middle East Eye〉 같은 비판적인 언론의 인터넷 사이트도 차단됐다. 당시 카이로에 주재했던 한 외교관은 "그 무렵 열렸던 각종 외교 행사 때에는 '느려진 인터넷 속도'가 각국 외교관들의 주된 대화 주제였다"고 전했다.

과연 시시 정권은 각종 논란을 딛고 신행정수도 건설을 성공적으로 마무리할 수 있을까? 이집트에서 근무하는 내내 어쩌면 압둘팟타흐 시시 대통령의 종신 집권 또한 이 공사의 성패에 달려 있는지도 모르겠다는 생각이 머릿속을 떠나지 않았다.

피라미드와 낙타(필자 개인 촬영)

이집트 경제는 심각한 상태다. 국민 3명 중 1명이 하루 평균 1~2달러를 약간 웃도는 돈으로 생활하는 극빈층이라는 게 정설이다. 국제통화기금으로부터 구제금융도 받고 있고, 이에 대해서도 제대로 상환하지 못하고 있다.

이집트는 사우디아라비아와 아랍에미리트 같은 걸프 지역 아랍 산유국들과 달리 석유와 천연가스 매장량이 적다. 다른 아랍 나라에 비해 제조업 기반은 있는 편이지만 국가 경쟁력 혹은 경제 동력이라고 내세울 만큼 역량이 있지는 않다. 피라미드로 대표되는 고대 문화 유적과 지중해와 홍해의 뛰어난 자연경관을 토대로 경쟁력 있던 관광 산업은 '아랍의 봄'과 코로나19 확산 사태를 거치며 완전히 침체됐다. 현지인들은 "희망이 없다"라는 말을 되풀이한다.

특히 20, 30대의 불만은 극에 달했다. 세계은행에 따르면 2022년 기준 이집트 청년실업률은 17.1%다. 명문대 졸업생 중에도 일자리를 구하지 못한 이들이 수두룩하다. 이들은 주로 걸프 산유국의 일자리를 알아본다. 그러나 최근 산유국들도 자국민 고용을 강조하는 상황이라 취업은 만만치 않다.

6) 해외 명문 대학을 사 와서 딸들을 교육시키자

노스웨스턴대 미디어학부[*], 조지타운대 국제관계학부[**], 카네기멜런

---

[*]   Northwestern University Medill School of Journalism, Media, Integrated Marketing Communications

[**]   Georgetown University Edmund A. Walsh School of Foreign Service

대* 경영학과·컴퓨터과학과·생명과학과, 웨일 코넬 의대(코넬대 의대)**, 텍사스A&M대*** 화학공학과…….

　이 학교 대부분은 미국 대학 중에서도 최상위권의 랭킹을 자랑하는 명문대들이다. 오랜 전통과 독특한 학풍 그리고 막강한 연구력과 동문 파워, 나아가 높은 콧대를 자랑하는 이 대학들이 해외 캠퍼스를 설립해 운영 중인 지역(혹은 나라)을 보면 뭔가 특별한 의미를 찾을 수 있지 않을까?

카타르 안의 미국

"여기가 미국이야? 카타르야?"

　에듀케이션 시티Education City에 갈 때마다 드는 생각이었다. 깔끔하게 정리된 조경에, 멋들어진 현대식 디자인 건물들, 캠퍼스 어디에서나 들리는 '완벽' 혹은 '거의 완벽한' 발음의 미국식 영어 그리고 다양한 옷차림과 외모의 학생과 교수들…….

　한국에서 에듀케이션 시티는 2022년 11~12월 중 가장 많은 관심을 받는 해외 지역이었다. '2022 카타르 월드컵'에서 한국 대표팀의 예선전 세 경기가 모두 에듀케이션 시티 스타디움Educaition City Stadium에서 치러졌기 때문이다. 에듀케이션 시티 스타디움은 실제로 에듀케이션 시티 안에 자리잡고 있다.

　위에 언급한 대학들 모두 카타르 수도 도하의 서쪽에 위치한 국

---

*　　Carnegie Mellon University
**　　Weill Cornell Medicine
***　　Texas A&M University

제교육·연구특구인 에듀케이션 시티에 캠퍼스를 두었다.

중동에서 상당히 자유로운 나라로 꼽히는 카타르이지만 에듀케이션 시티는 또 다른 세계다. 실제로 이곳에 캠퍼스를 만든 대학들은 미국 본교에서와 똑같은 방식으로 학교를 운영한다. 에듀케이션 시티의 외국대학들은 전체 학생의 절반 이상을 카타르 국적자로 뽑고, 학교 운영에 필요한 각종 인프라와 자금은 대부분 카타르 정부로부터 지원받는다.

한마디로, 카타르는 파격적인 조건으로 미국의 명문대들을 대거 유치했다. 그리고 미국 명문대들은 카타르에 캠퍼스를 만들어 중동과 관련된 연구를 하며 교육 수준을 높이는 것이다.

명문대 유치를 통한 여성 교육

카타르는 왜 이렇게 적극적으로 미국 대학들을 유치한 것일까?

이유는 많다. 중동의 외교, 문화, 교육 중심지를 지향하는 카타르 정부의 정책이 우선적으로 작용했을 가능성이 높다. 하지만 이면에는 자국의 대학 수준이 아직 많이 뒤떨어진다는 고민도 있다. 그리고 이를 단기간에 개선하는 건 불가능하다.

대신, '외국 명문대학을 가져오자'는 파격적인 전략을 발휘했다. 풍부한 자금으로 최근 중동의 허브로 자리매김하는 브랜드에 어울리는 전략을 택한 것이다.

이 과정에서 미국 대학들은 카타르 정부로부터 자금을 지원받을 수 있고, 동시에 중동에 대한 연구나 교육 노하우를 늘릴 수 있다. 일종의 윈윈 전략이다.

또한 외국 명문대 유치는 현지 여성 교육과도 관련된다. 보수적

에듀케이션 시티 전경(필자 개인 촬영)

인 이슬람 사상과 사막의 유목민 문화가 여전히 영향력을 발휘하는
상황에선 아무리 시대가 바뀌었어도 여성을 멀리 유학 보내는 것에
부정적이다.

그런데 카타르처럼 천연가스와 석유를 팔아 부가 축적되고, 개
혁개방을 적극적으로 추진하며 '글로벌화' 혹은 '서구의 영향'을 많
이 받게 된 나라에서 여성들의 교육열은 높아진다. 이 과정에서 '딸
(여성)'을 어떻게 교육할 것인지를 놓고 고민은 깊어진다.

이런 환경에서 에듀케이션 시티는 사막의 오아시스다. 중동 안
에서도 세계 최고 수준 대학의 교육을 받을 수 있는 환경을 조성했
기 때문이다. 유학을 가지 않아도 미국 명문대의 교육을 받을 수 있

어 카타르 여성들에게는 말 그대로 '자기 나라 안에서 수준 높은 대학 교육을 해결할 수 있는 세상'이 열린 것이다.

사우디아라비아, 아랍에미리트, 쿠웨이트, 이집트 같은 주변 국가에서도 카타르라는 '다른 나라'로 유학을 보내는 것이기는 하지만 같은 문화권에서 세계적인 명문대의 교육을 받을 수 있다는 장점이 생겼다.

열심히 공부하는 여학생들

에듀케이션 시티에 가보면 남학생보다 여학생들이 훨씬 눈에 많이 띈다. 2021년 5월 카타르 현지 매체인 〈도하뉴스Doha News〉에 따르면 에듀케이션 시티에 있는 대학에 재학 중인 학생 중 약 75%가 여성이다. 실제로 카타르의 취재 과정에서 만난 정부부처의 젊은 여성 관계자 중 적잖은 수가 에듀케이션 시티에 있는 대학을 나왔다.

에듀게이션 시티에서 활동하는 교수들에게 물었다.

"남학생과 여학생 중 누가 더 공부를 열심히 하나요?"

답변 톤은 약간씩 차이가 있었지만 거의 동일했다.

"학생에 따라 편차가 있지만 평균적으로는 여학생들이 더 열심히 합니다. 그리고 더 잘합니다."

에듀케이션 시티의 학교는 현지 대학들보다 공부를 많이 시키는 것으로 알려져 있다. 당연한 이야기다. 미국 명문대들의 상당한 공부량은 이미 아주 유명하다.

하지만 에듀케이션 시티 설립 초기만 해도 '어마어마한 공부량'은 카타르 학부모들 사이에서 적잖은 화제, 나아가 논란거리가 됐다.

에듀케이션 시티 카네기멜런대(사진: Alexey Sergeev)

"도대체 아이들이 과제를 하느라 잠을 못 잔다" "교수님이 너무 많이 질문하고 너무 직설적으로 지적해서 아이들이 수업을 두려워한다" "너무 시험을 자주 본다" "점수를 너무 냉정하게 준다"…….

상대적으로 널널한 교육 시스템, 경쟁을 덜 강조하는 문화 속에서 미국 명문대들의 강도 높은 교육이 얼마나 충격적이었을까?

반면, 쓰지만 몸에 좋은 약처럼 에듀케이션 시티는 장기적으로 중동의 대학 교육이 나아가야 할 방향을 고민하게 만들게끔 꽤 긍정적인 영향을 미칠 것이다.

☾ 시시콜콜 마즐리스

중동에서 대학 경쟁력이 가장 우수한 나라는 어디일까?

답은 이스라엘이다. 테크니온Technion-Israel Institute of Technology, 히브

리대Hebrew University of Jerusalem, 텔아비브대Tel Aviv University 등 이스라엘의 주요 대학들은 모두 세계적인 대학으로 인정받고 있다. 특히 세계적인 물리학자이며 노벨상을 받은 알베르트 아인슈타인Albert Einstein이 설립 과정에서 아이디어를 내고 관여한 테크니온은 '중동의 MIT'라고 불릴 정도다. 특히 이 대학은 연구도 연구지만, 창업과 실용적인 기술 개발에도 개방적이며 적극적이다.

최근 카타르, 아랍에미리트, 사우디아라비아 등도 자국의 국립대학들을 적극적으로 지원하고 있지만, 아직은 눈에 띄는 성과를 내지는 못하였다. 다만, 이 나라들 모두 석유와 천연가스를 판매해 꾸준히 자금을 확보할 수 있다. 또 탈석유화 전략을 국가 차원에서 추진하고 있기 때문에 교육과 과학기술 분야에 대한 투자는 더욱 늘어나고 대학 경쟁력 역시 개선될 가능성이 있다.

참고로, 아랍에미리트는 뉴욕대New York University 경영학과, 프랑스의 인시아드INSEAD 경영대학원 등 역시 세계적으로 인정받는 명문대의 캠퍼스를 자국에 유치해 카타르와 비슷한 전략을 펼치고 있다.

7) 개혁과 개방을 이끄는 여성 리더들

2020년 7월 20일, 아랍 국가 중에서 최초로 아랍에미리트가 화성 탐사선을 발사했다. 세계에서 7번째였다.

탐사선의 이름은 '아말Amal', 아랍어로 '희망'이라는 의미를 지닌 단어다. 또 아랍권에서 여성의 이름으로 많이 쓰이는 단어이기도 하다. 그만큼 아랍권, 나아가 중동권에서는 친숙한 단어다.

2장 변화하는 중동

아말의 성공적인 발사 소식이 전해지자, 전 세계는 아랍권 국가 중 가장 적극적으로 과학기술 분야에 관심을 가지고, 개혁과 개방에 앞장서온 아랍에미리트의 역량에 다시 한번 주목했다. 또 아말은 석유와 천연가스 판매로 돈은 많지만, 상대적으로 과학기술 역량이 떨어지는 아랍권 국가에 적잖은 자극을 줄 것이란 전망도 나왔다. 화성 탐사선 프로젝트부터 미국과 유럽의 명문대 유치까지, 아랍 국가의 개혁과 개방을 이끄는 여성 리더들을 만나보자.

여성이 주도한 아랍권 최초의 화성 탐사선

많은 사람, 특히 중동을 어느 정도 아는 사람들의 눈과 귀를 자극했던 것은 '아말 프로젝트'를 진행한 과학기술 분야 주요 인력 중 많은 수가 여성이었다는 점이다. 아말 프로젝트의 실질적인 책임자는 사라 빈트 유수프 알 아미리Sarah bint Yousef Al Amiri 아랍에미리트 첨단 과학기술부 장관이었다. 1987년생으로 아말이 발사될 당시 33살에 불과했다.

컴퓨터공학자 출신으로, 〈BBC〉가 선정한 '2020년 올해의 여성 100인'에도 이름을 올렸던 사라 빈트 유수프 알 아미리 장관은 12살 때 은하수를 보며 처음으로 우주 탐사를 상상했던 '타고난 과학자'다.

그가 동아일보와의 인터뷰에서 한 다음의 말이 인상적이다.

"나는 화성 탐사선을 발사했지만 내 아이들은 목성에 탐사선을 보낼 수 있을 것이다. 내가 12세 때 은하수를 보며 처음 우주 탐사를 상상했을 때만 해도 아랍에미리트에서는 막연한 꿈일 뿐이었지만, 이제 상황이 달라졌다."

사라 빈트 유수프 알 아미리 UAE 장관
(사진: Foundations World Economic Forum)

아말 발사를 계기로 외신들은 아랍에미리트의 여성 과학기술 인력에 대한 관심을 기울였다. 이 과정에서 조사해보니 아랍에미리트 대학에서 컴퓨터공학을 전공하는 학생의 77%가 여성인 것으로 나타났다. 또한 아랍에미리트의 아말 프로젝트에 참여한 인력 중에도 34%가 여성이었다.

교육 리더의 아이콘

아랍에미리트와 아랍권에서 개혁개방 속도 높이기 경쟁을 펼치는 카타르의 경우에도 여성 인력 중 정점에 서 있는 인물이 있다. 중동을 대표하는 비영리 재단으로 다양한 교육, 문화 사업을 진행하고 있는 카타르 재단Qatar Foundation(1995년 설립)의 공동 설립자이며 이사장인 무자 빈트 나세르 알 미스네드Moza bint Nasser Al Missned가 바로 그

카타르 무자 빈트 나세르 알 미스네드 왕대비
(현 카타르재단 이사장, 사진: Wilson Dias/ABr)

주인공이다. 타밈 빈 하마드 알 사니Tamim bin Hamad Al Thani 카타르 국왕의 어머니인 무자 빈트 나세르 알 미스네드 이사장은 왕비이던 시절 카타르 재단을 설립했고, 교육 분야를 중심으로 다양한 활동을 펼친다. 카타르를 상징하는 인프라 중 하나인 에듀케이션 시티도 카타르 재단이 관리한다.

특히 2012년에는 '에듀케이션어버브올Education Above All, EAA* 재

---

*   교육이 가장 우선이라는 의미다.

단'을 별도로 설립해 전쟁, 빈곤, 자연재해 등으로 교육에 어려움을 겪는 전 세계 1,000만 명의 소외된 어린이들을 대상으로 교육 기회를 제공하고 있다. 이 과정에서 '어린이를 교육시키자Educate A Child, EAC'라는 프로젝트에 18억 달러 이상을 투자한 것으로 알려졌다.

무자 빈트 나세르 알 미스네드 이사장은 국제기구 등에서 "아무것도 없던 곳에서 학교가 세워지는 모습과 나무 아래에서 수업이 진행되는 것을 지켜봤다. 배움에 대한 염원은 인간 본성의 가장 강한 부분이고 모든 어린이에게 내재해 있다"고 연설했다.

카타르 현지에서는 카타르가 중동 국가 중 가장 적극적으로 외국 명문대학들의 캠퍼스를 유치하고, 이 대학에 자국 여성을 적극적으로 진학시키는 문화를 조성한 것도 결국 무자 빈트 나세르 알 미스네드 이사장의 아이디어였다는 의견이 많다.

갈 길은 멀지만, 시동은 걸렸다

상대적으로 여성의 사회 활동을 허용하는 데 보수적이었던 사우디아라비아에도 여성 정부 고위 인사가 있다. 바로 왕실 구성원으로 공주 신분이기도 한 리마 빈트 반다르 알 사우드Reema bint Bandar Al Saud 주미 사우디아라비아 대사다. 주미 사우디아라비아 대사는 사우디아라비아 외교부에서 핵심 보직이라고 할 수 있는 자리다.

리마 빈트 반다르 알 사우드 대사는 2023년 6월 20일 프랑스 파리 인근 이시레물리노에서 열린 국제박람회기구BIE 제172차 총회의 '2030 엑스포Expo 2030' 유치를 위한 경쟁 프레젠테이션PT에 참여하기도 했다. 당시 그는 또 다른 왕실 구성원이며 왕자인 파이살 빈 파르한 알 사우드Faisal bin Farhan Al Saud 외교부 장관과 함께 사우디아라비아

리마 빈트 반다르 알 사우드 주미 사우디아라비아 대사
(사우디아라비아 공주, 사진: Granger18700)

를 대표했다.

카타르와 아랍에미리트에도 여성 고위직 외교관들이 여럿 있다. 두 나라 모두 현직 주유엔대표부의 대사가 여성이다.

물론 여전히 중동 대부분의 나라에서 여성들의 사회 활동은 아직 빈약하다. 그리고 여성의 사회 활동이 활발해지려면 사회적인 노력과 적잖은 시간이 걸릴 수밖에 없다.

하지만 적어도 '주사위는 던져졌다'라는 생각이 많이 든다. 사우디아라비아같이 폐쇄적이었던 나라도 일단 개방의 움직임을 보이고 있지 않은가? 게다가 글로벌화 속에서 이제는 '다른 나라의 상황'도 숨길 수 없는 시대 아니던가?

개인적으로는 사우디아라비아에서 취재하러 다니며 만났던 현지 젊은 여성들의 진취적인 태도, 유창한 영어(일부는 한국어도 유창했고, 한국 역사 공부도 개인적으로 하고 있었다), 바깥세상에 대한 호기심 많은 태도가 잊히지 않는다. 특히 방탄소년단 취재 때 만났던 '사우디아라비아 아미(방탄소년단 팬클럽)'들의 모습은 아직도 생생하다.

처음에는 아직 보수적인 사우디아라비아의 사회 분위기상 이들의 인터뷰를 제대로 하지 못할 수도 있겠다고 생각했다. 이제 막 본격적인 개혁개방이 시작된 사우디아라비아 여성들이 외국 기자의 질문에 적극적으로 대답하지 않을 수 있다고 생각했기 때문이다. 하지만 전혀 불필요한 걱정이었다. 오히려 나는 이들에게 인터뷰를 당했다. 사우디아라비아에서 만난 아미들은 한국 문화, 사회, 경제, 미디어 등에 대해 다양한 질문을 던졌다. 또 "기회가 되면 한국의 글로벌 기업에서 일해보고 싶다"는 말까지 했다. 시간이 흐를수록 이들이 분명 더 큰 변화를 이끌지 않을까 하는 생각이 든다.

8) 사막을 옥토로, 스마트 농업과 축산업에 관심을 두다

현대적인 디자인의 고층 건물이 가득한 카타르 수도 도하 도심에서 북쪽으로 약 30분, 사막을 가로지르는 고속도로를 달려 알 코르^{Al Khor} 지역의 '발라드나 목장^{Baladna Farm}*'을 방문했다. '목장'이라고 적

---

* 현지 식품기업 발라드나가 운영한다.

혀 있는 안내판이 없었다면 2만 마리가 넘는 젖소가 살고 있는 대형 목장이라는 사실을 알 수 없었을 것이다. 발라드나 목장에는 푸른 목초지가 없다. 당연히 목장에 있어야 할 트랙터, 건초더미, 사일로, 저수지 등도 없다.

누런 모래바람이 날리는 사막 한가운데에 거대한 직사각형 모양의 건물만이 보였다. "정말 목장 맞아?"라고 혼잣말하며 건물 안쪽을 볼 수 있는 관람 시설로 들어갔다. 대형 유리창 너머로 수많은 홀스타인종 Holstein 젖소가 모여 있는 모습을 볼 수 있었다. 축사였다.

목장 내부는 선선하다. 무덥고, 건조한 사막 기후에 적응하기 힘든 젖소들을 위해 온도, 습도, 환기를 자동으로 조절하는 시스템이 마련되어 있다. 한여름에 40~50도로 기온이 오르는 상황에서도 축사 내부는 20도 안팎의 온도를 유지할 수 있다.

식량도 생산하고 국민 건강도 챙기고

발라드나 목장은 2017년 6월 5일 '카타르 단교 사태'가 터지면서 생긴 시설이다. 사우디아라비아, 아랍에미리트, 이집트 등 아랍권 주요국들이 이란과의 관계 축소, 〈알자지라방송〉* 폐쇄, 무슬림형제단 Muslim Brotherhood (이슬람 근본주의를 강조하는 정치세력) 등에 대한 지원 금지 등을 요구하며 카타르와의 외교 관계와 무역을 끊어버리는 초유의 사태가 발생한 것이다. 신선 유제품(우유, 치즈, 버터 등), 육류, 설탕 같은 주요 식재료의 80% 이상을 사우디아라비아와 아랍에미리트를

---

* 카타르가 1996년 설립했고 도하에 본부를 둔 방송사다. 테러조직 알카에다의 지도자인 오사마 빈 라덴의 인터뷰 영상을 확보하는 등 다양한 특종 보도로 세계적 명성을 얻었다.

통해 수입했던 카타르는 어려움에 빠졌다. 단교 사태 후 한동안 식품 부족 현상과 '사재기' 현상도 벌어졌다.

카타르는 자국민을 안심시키고, 유제품의 자국 생산 기반을 확실히 마련하기 위해 천연가스를 판매해 축적한 막대한 '가스머니'를 투입했다. 최첨단 축산시설인 발라드나 목장을 만든 것이다. 단교 사태가 해결되기 전까지 발라드나 목장은 카타르의 저항과 개혁개방을 상징적으로 보여주는 장소로 인식됐다. 현지인들은 카타르 국기를 들고 발라드나 목장에서 기념사진을 찍는 경우도 많았다.

현지 슈퍼마켓과 마트에서 발라드나 브랜드 우유, 치즈, 요구르트 등이 큰 인기를 끄는 것은 당연하다. 수입 유제품의 다수를 차지하는 튀르키예산 제품보다 1.5배 정도 비싼 가격임에도 단연 현지인들은 발라드나 제품을 선호한다. 카타르에서 연수하던 시절 발라드나 우유를 자주 마셨다. 뜨거운 사막에서 생산된 신선한 우유라는 점이 묘한 매력으로 느껴졌다. 그래서일까? 무더운 날씨에 들이키는 한 잔의 발라드나 우유는 더없이 시원했다.

'돈 많은 나라' 카타르가 식량 자급 차원에서 유제품을 자국에서 대량 생산한다는 점은 전 세계 다양한 축산, 식품 기업들에 매력적인 요소로 작용했다. 축사 관리, 사료, 유제품 살균 및 보관, 포장 등 다양한 부문에서 수요가 있었기 때문이다. 국내에도 적극적으로 현지 시장 진출을 모색한 기업들이 있었다.

2018년 7월부터 2021년 7월까지 대한무역투자진흥공사 도하 무역관장으로 활동했던 김락곤 현 시카고 무역관장은 한국 기업들의 진출 가능성에 대해 다음과 같이 긍정적으로 내다봤다.

"발라드나 목장은 처음 조성될 땐 주로 유럽과 북미의 축산 관련 기업들이 사업에 참여했다. 하지만 한국 기업들도 관심을 많이

발라드나 목장(사진: DedMityay)

발라드나 목장에서 생산한 제품들(사진: 발라드나 페이스북)

보여왔다. 카타르에서도 한국과 한국 기업들에 대한 인식이 계속 좋아지고 있다. 앞으로는 실내목장과 스마트팜Smart Farm 시장에서도 한국 기업의 진출 기회가 많이 생길 것으로 예상된다."

스마트 농업으로 사막에서 신선한 채소를 생산하다

방울토마토를 처음 개발한 사람이 누구고, 어디서 개발했는지 아는가? 이스라엘 히브리대 농학과의 나춤 케다르Nachum Kedar 교수, 하임 라비노비치Haim Rabinowitch 교수가 최초 개발자들이다. 전 세계인이 즐기는 채소인 방울토마토는 이스라엘의 농업과 스마트팜 기술력을 보여주는 대표적인 예다.

아랍에미리트는 2020년 8월 아브라함 협정Abraham Accords을 통해 이스라엘과 외교 관계를 정상화했다. 첨단 과학기술 개발과 창업에서 세계적인 명성을 자랑하는 이스라엘 기업과의 협력에 당연히 관심이 많다. 이 과정에서 이스라엘이 수준 높은 기술력을 보유한 스마트팜과 농업 분야에서도 더욱 관심을 가질 가능성이 높다.

카타르가 단교 사태를 겪으며 자의 반 타의 반으로 실내 목장을 구축하는 데 앞장섰다면, 아랍에미리트는 실내에서 다양한 종류의 채소를 생산해내는 스마트팜 부문에 관심이 많다.

아랍에미리트 역시 전형적인 사막 기후로 야외에서는 안정적으로 농산물을 대량 생산하는 것이 불가능하다. 당연히 로메인, 상추, 토마토처럼 기본적인 채소류 대부분을 해외에서 들여온다.

하지만 최근 아랍에미리트는 한국을 비롯해 미국과 유럽 기업들의 스마트팜 개발 기술 수입에 적극적이다. 2023년 1월 윤석열 대통령이 아랍에미리트를 방문했을 때도 한국 기업들의 스마트팜 기

2장 변화하는 중동

술은 현지에서 많은 관심을 받았다. 김건희 여사는 현지에 진출한 국내 스마트팜 기업인 아그로테크사의 시설을 방문해 재배 중인 토마토를 시식하기도 했다.

2022년 1월 문재인 전 대통령이 아랍에미리트를 방문했을 때도 스마트팜에 관심이 쏠렸다. 당시에는 이호승 청와대 정책실장이 국내 기술로 개발된 스마트팜을 방문했다.

아랍에미리트가 스마트팜에 큰 관심을 보이는 이유는 여러 가지다. 상황은 다르지만, 카타르처럼 자국 내 식품 생산을 늘리려는 이유가 가장 클 것이다. 이 과정에서 다양한 IT, 농업, 식품 관련 기술을 얻으려는 의도가 있다.

나라 자체가 '중동의 허브' 혹은 '테스트 베드'를 지향하는 나라다 보니, 적극적으로 '다양하고 개성 있는 프로젝트', 나아가 '세계 최초' '세계 최대' 프로젝트를 추구하는 성향을 보인다. 또한 사막에서 생산된 신선한 채소는 그 자체만으로 '스토리'를 담고 있다.

아랍에미리트의 종합식품 기업인 사리야 그룹Sarya Holdings과 스마트팜 사업을 진행했던 국내 기업인 엔씽에 따르면, 당시 엔씽의 스마트팜에서 생산됐던 로메인과 상추 등 여러 채소가 현지의 유명 레스토랑에 공급됐다. 이 식당에선 '현지의 최첨단 스마트팜에서 생산된 채소'라고 홍보했다고 한다. 이는 물론 현지인 사이에서 큰 인기를 누렸다.

국민의 식생활을 개선해주는 스마트팜

스마트팜 기술은 재정적으로 넉넉하고, 과학기술 역량을 키우는 데 관심이 많은 중동 산유국에서 앞으로도 주목받을 가능성이 높다.

엔씽 아부다비 외부(사진: 엔씽)

엔씽 아부다비 농장 내부(사진: 엔씽)

엔씽 아부다비 작물, 컬리 케일(사진: 엔씽)

식품의 자국 생산이란 의미 외에도 스마트팜 기술은 '보건의료 측면'에서도 그 중요성이 부각된다. 중동에서는 육류, 유제품, 빵과 밥, 탄산음료, 단 디저트가 주 식단이다. 그러니 정도 차이만 있지 많은 나라가 국민건강 측면에서 '빨간불'을 경험하고 있다. 당뇨, 비만, 고혈압 등 심혈관계 성인병 환자가 늘어나는 추세다.

아랍에미리트 일간지인 〈걸프뉴스Gulf News〉는 2021년 4월 아랍에미리트 국민 5명 중 1명이 당뇨를 앓고 있다고 전했다. 카타르의 경우도 TV와 신문 등의 광고를 통해 성인병의 위험과 예방, 치료 방법을 알리는 캠페인을 진행한다. 카타르는 매년 2월 중 하루를 '스포츠데이Sports Day'라는 공휴일로 지정했다. 스포츠데이 지정의 가장 큰 이유는 운동과 건강의 중요성을 알리기 위해서다.

스마트팜을 활용한 채소 산업은 산유국의 젊은 세대 중 적잖은 수가 미국과 유럽에서 공부했다는 점을 감안해보아도 그 성장 가능성이 주목된다. 미국과 유럽에서 교육받고 생활한 산유국 신세대들은 건강한 식단 그리고 채소류의 안정적이고 꾸준한 섭취가 중요하다는 것을 잘 알기 때문이다.

카타르에서 활동하던 시절, 아내가 건강 검진을 받은 적이 있다. 한국인이라는 것을 알고 의사는 말했다.

"당신의 식습관은 평범한 한국인이라고 가정할 때, 별로 지적할 게 없을 것 같아요. 우리보다 야채를 많이 먹고, 생선도 즐기잖아요? 사실 아랍, 나아가 중동 음식은 맛은 몰라도 건강 면에선 좀 별로예요."

'한류'에 관심이 많은 중동의 젊은 세대들은 기본적으로 갈비, 불고기, 비빔밥, 김치를 알고 있다. 아직 소수지만 조금 더 한국에 대한 지식이 많은 이들은 두부 요리, 나물, 쌈 같은 '진짜 건강식(?)'에도 많은 관심을 보인다.

9) 국부펀드, 중동 산유국들의 '경제 영토 넓히기'

2022년과 2023년 국내 콘텐츠 업계와 금융업계에서는 사우디아라비아가 핫이슈 중 하나였다. 정확히, 사우디아라비아의 국부펀드인 PIF에 시선이 집중됐다. PIF가 넥슨, 엔씨소프트, 카카오엔터테인먼트 같은 한국 기업의 주식을 대거 매입했기 때문이다.

PIF는 2022년 게임 기업인 넥슨과 엔씨소프트에 각각 약 2조 3,000억 원, 약 1조 1,000억 원을 투자했다. 그리고 2023년에는 카카오엔터테인먼트에 약 6,000억 원을 투자했다. 단기간에 한국의 대표급 콘텐츠 기업들의 주요 주주로 자리매김한 것이다.

PIF는 캡콤(일본의 게임 회사), 닌텐도, 디즈니 같은 글로벌 콘텐츠 기업에도 대규모로 투자한 경험이 있다. 특히 일본 게임업계의 상징이나 다름없는 닌텐도에도 2022년 5월 약 4조 5,000억 원을 투자해 3대 주주가 되었다.

2023년 9월에는 아랍에미리트 아부다비의 국부펀드 중 하나인 무바달라Mubadala가 KT 자회사인 KT클라우드에 약 3,993억 원 투자를 추진한다는 소식도 전해졌다.

석유와 천연가스 판매로 얻은 '오일 머니'를 바탕으로 조성된 중동 산유국 국부펀드는 오래전부터 세계적인 주목을 받아왔다.

미국 국부펀드연구소Sovereign Wealth Fund Institute, SWFI에 따르면 2023년 3월 기준 자산총액 상위 20개 국부펀드 중 중동 국가의 펀드

쿠웨이트 국부펀드

자산 7,500억 달러

- 보수적인 투자 전략
- 중동 국부펀드 중 최초로 중국에 사무소 설치
- 중국 기업 유치 및 중국과의 경제 협력에 관심

카타르 국부펀드

사산 4,750억 달러

- 영국 해러즈백화점과 더샤드타워, 프랑스 프로축구팀 파리 생제르맹FC 등 문화·스포츠 투자 활발
- 산업 다각화 및 글로벌 기업 유치에 관심

사우디아라비아 PIF

자산 6,100억 달러

- 실권자 무함마드 빈 살만 알 사우드왕세자가 직접 의사 결정
- 우버, 테슬라, 매직리프 등 미국 IT 기업 투자
- 영국 프로축구단 '뉴캐슬', 미국 엔터기업 라이브 네이션 등
- 최근 유럽 석유회사 지분 공격적 매입

아랍에미리트 아부다비 ADIA

자산 7,900억 달러

- 포트폴리오 분산을 통한 안정적 투자 지향

아랍에미리트 아부다비 무바달라

자산 2,321억 달러

- ADIA에 비해 공격적인 투자 성향
- IT·헬스·에너지 분야 투자 활발

아랍에미리트 두바이 국부펀드

자산 2,394억 달러

- 두바이 핵심 산업인 항공·금융에 집중 투자

자료: 국부펀드연구소, 국제금융센터, 대외경제정책연구원 등(2023년 3월 기준)

가 10개를 차지하고 있을 정도다. 이 중 PIF는 약 6,100억 달러 규모로 세계에서 6번째로 자산총액이 큰 국부펀드다.

중동 산유국 국부펀드 중에서도 아랍에미리트 아부다비가 운용하는 아부다비 국부펀드Abu Dhabi Investment Authority, ADIA는 약 7,900억 달러 규모(세계 3위)로 가장 큰 펀드다. 다음으로는 쿠웨이트 국부펀드Kuwait Investment Authority, KIA로 약 7,500억 달러 규모(세계 4위)

이며, PIF는 그다음이다. 카타르 국부펀드Qatar Investment Authority, QIA는 약 4,750억 달러 규모(세계 9위)다. 쉽게 말해, 중동 산유국들의 국부 펀드가 '세계적인 큰 손'이며, 언제든 국제경제와 글로벌 기업에 영향력을 행사할 수 있다는 것을 보여준다.

코로나19 때도 이어진 과감한 투자

중동 산유국들이 대규모 국부펀드를 조성하는 이유는 단순히 높은 투자 수익률을 올리기 위해서만은 아니다. 국제사회에서 자국의 영향력을 키우려는 의도를 담고 있다.

중동 산유국 국부펀드들은 코로나19 시대에도 공격적인 행보로 주목받았다. 특히 PIF는 코로나19가 본격적으로 확산하며 세계 경제에 어두운 그림자가 깔렸던 2020년 1분기(1~3월)에도 로열더치셸Royal Dutch Shell(영국과 네덜란드), 토탈Total(프랑스), ENI(이탈리아), 에퀴노르Equinor(노르웨이) 등 유럽 메이저 석유 회사에 약 10억 달러를 투자했다.

당시 에너지 업계에서는 메이저 석유회사 주가가 저유가로 급락하자 PIF는 이를 저가 매수 기회로 보고 대규모 선제 투자를 단행한 것이라고 본다. 사우디아라비아가 아람코에 만족하지 않고 유럽 석유 기업에 대한 영향력을 키워 세계 시장에서 목소리를 더욱 키우려는 속내를 드러냈다는 평가도 나왔다.

비에너지 분야 투자도 활발하다. PIF는 2021년 잉글랜드 프리미어리그EPL 뉴캐슬 유나이티드Newcastle United FC를 3억 5,000만 파운드에 인수하기도 했다. 그뿐만 아니라, PIF는 차량 공유 업체 우버, 전기차 업체 테슬라, 증강현실AR용 헤드셋 업체 매직리프Magic Leap

등 실리콘밸리를 좌지우지하는 대표 IT 기업에도 투자했다.

아랍에미리트 아부다비는 양대 국부펀드인 아부다비 국부펀드와 무바달라(세계 13위 규모)를 활용해 안정과 고수익을 동시에 추구하고 있다. 아부다비 국부펀드는 보수적이고 안정적인 투자를, 무바달라는 IT, 헬스케어 분야 같은 신기술에 주로 투자한다.

카타르 국부펀드는 영국 런던의 명물 더샤드The Shard 빌딩, 최고급 백화점으로 유명한 해러즈Harrods, 프랑스 프로축구 리그앙의 명문 파리 생제르맹Paris Saint-Germain FC 등을 소유하고 있는 것으로 잘 알려져 있다.

금융위기 속 역발상 전략

중동 국부펀드의 공격적 투자는 과거의 성공 사례에 기반한다. 이들 대부분 2008년 세계 금융위기 때 상당한 재미를 봤다. 한때 부동의 세계 최대 은행이었던 미국 씨티그룹Citigroup이 금융위기 여파로 큰 위기에 몰렸지만, 쿠웨이트 국부펀드와 아부다비 국부펀드의 투자로 회생했다.

카타르 국부펀드 역시 당시 영국 바클리즈은행Barclays, 스위스 은행 크레디트스위스Credit Suisse, 독일 폭스바겐Volkswagen과 포르셰Porsche 등에 수십억 달러를 투자했다. 많은 투자자가 금융주를 꺼릴 때 역발상 전략을 구사한 셈이다.

금융위기 후 세계 경제가 회복세를 보이자 이런 선제적 투자가 빛을 발했다. 이권형 대외경제정책연구원 세계지역연구센터 소장은 "산유국이 산업 다각화와 첨단기술 등 탈석유에 집중하면서 국부펀드 운용 전략도 바뀌었다. 특히 금융, 제조업 투자가 늘고 있다. 코로나19 사태 후에도 이런 추세가 이어질 것"이라고 전망했다.

기획재정부 국제경제관리관(차관보), 세계은행과 국제통화기금 이사, 한국투자공사 사장을 지낸 최희남 SC제일은행 이사회 의장은 중동 산유국 국부펀드와 다양하게 교류했다. 2019년 10월 사우디아라비아 리야드에서 열린 '미래투자이니셔티브Future Investment Initiative' 행사에서는 한국투자공사 사장 신분으로 당시 국부펀드 관련 세션에 패널로 참여해 열띤 토론을 벌이기도 했다.

최희남 의장은 "중동 산유국 국부펀드들이 세계 경제 흐름과 국부펀드를 통한 정책 협의 같은 거시경제 이슈 못지않게 한국 기업에 대한 상세한 정보에 관심이 많았다. 이른바 한국의 글로벌 기업은 물론이고 해외에서는 상대적으로 덜 알려진 기업에 대해서도 많은 관심을 보였다"고 전했다.

이어, "2022년과 2023년 PIF가 국내 콘텐츠 기업들에 대규모로 투자했듯 다른 중동 산유국 국부펀드들도 한국 기업에 적극적으로 투자할 수 있다"라며 "특히 한국이 강점을 보이는 IT와 문화 산업 관련 기업에 관심이 많을 수 있다"라고 내다봤다.

중동 산유국 국부펀드의 '특별한 관계'

중동 산유국 국부펀드에 대한 우려의 목소리도 크다. 무엇보다 불투명한 지배구조 개선이 필수적이라는 지적이 나온다.

사실상 중동 산유국 중 정부, 의회, 중앙은행 등이 국부펀드를 다양한 각도에서 관리 감독하는 경우는 없다. 중동 국부펀드들을 두고 '언제든 왕실의 개인 금고처럼 전락할 수 있다'는 회의론이 제기되는 이유도 여기에 있다.

무함마드 빈 살만 알 사우드 왕세자가 주요 의사 결정을 직접 내리는 PIF가 대표적인 예다.

2018년 10월, 사우디아라비아 반정부 언론인 자말 카슈끄지 Jamal Khashoggi* 가 튀르키예 이스탄불의 사우디아라비아 총영사관에서 처참하게 살해됐다. 당시 배후 인물로 지목받은 무함마드 빈 살만 알 사우드 왕세자는 국제적으로 지탄받았고, 사우디아라비아의 국가 이미지는 바닥으로 떨어졌다. 사우디아라비아는 PIF를 위기의 돌파구로 삼았다. 당시 무함마드 빈 살만 알 사우드 왕세자는 인도를 방문해 나렌드라 모디 Narendra Modi 총리와 경제 협력 방안을 논의했고, PIF를 통한 대규모 투자 의사를 밝혔다. 사실상 PIF를 통해 '이미지 세탁'을 한다는 비판이 제기됐다. 또 국제사회에서 커지는 비난 여론을 잠재우려는 시도라는 지적이 이어졌다.

카타르도 마찬가지다. 2017년 6월 사우디아라비아, 아랍에미리트, 바레인 등 걸프 지역 수니파 왕정 국가들은 카타르의 친이란 및 친튀르키예 행보 등에 반발해 단교했다. 이들은 시아파 맹주 이란과 아라비아반도로의 영향력 확장에 관심이 많은 오스만 제국의 후예 튀르키예를 눈엣가시로 여긴다. 영국 주간지 〈이코노미스트 The Economist〉에 따르면 단교 사태 뒤 타밈 빈 하마드 알 사니 카타르 국왕은 "국부펀드를 이용해 튀르키예에 대한 투자를 늘리겠다"라고 밝혔다. 국부펀드를 단교 국가에 맞서는 도구로 쓸 수 있음을 시사했다.

카타르 국부펀드는 2019년 도널드 트럼프 당시 미국 대통령의 맏사위인 재러드 쿠슈너 Jared Kushner 백악관 선임고문을 간접 지원

---

*   자말 카슈끄지 사건과 관련된 자세한 내용은 4장 '8) 카슈끄지 사건, 아랍권의 언론에 대한 몰이해'에서 다룬다.

해 화제를 모았다. 재러드 쿠슈너 소유 부동산 회사가 투자했다가 큰 손해를 입은 뉴욕의 빌딩을 인수했기 때문이다. 당시 외교가에선 '카타르가 백악관의 중동 정책을 총괄하는 재러드 쿠슈너 백악관 선임고문과 우호적인 관계를 맺으려 공을 들인다'는 반응이 나왔다.

PIF도 2022년 4월 재러드 쿠슈너가 백악관에서 퇴임한 뒤 운용하는 사모펀드인 '어피니티 파트너스Affinity Partners'에 20억 달러를 투자하기로 했다. 〈뉴욕타임스〉 등은 PIF의 투자를 감독하는 전문가 그룹이 어피니티 파트너스에 대한 투자에 부정적이었다고 전했다. 이런 전문가 그룹의 의견에도 PIF가 어피니티 파트너스에 대한 투자를 결정한 게 사실이라면 평소 친한 사이로 알려진 무함마드 빈 살만 알 사우드 왕세자와 재러드 쿠슈너의 '특수관계'가 결국 영향력을 발휘했다는 해석이 나올 수밖에 없다.

2023년 3월에는 무바달라가 어피니티 파트너스에 2억 달러 정도를 투자해 화제가 됐었다. 이를 두고서는 도널드 트럼프 전 대통령이 2024년 재선에 도전할 수 있다는 전망이 힘을 얻으면서 아랍에미리트 아부다비가 '정치적 보험'을 든 것이라는 분석이 나왔다. 도널드 트럼프 전 대통령의 사위로 백악관에서 중동 정책을 담당했던 재러드 쿠슈너가 다시 정계로 복귀할 수 있다는 전망 아래 그가 운영하는 사모펀드에 투자했다는 것이다.

중동 산유국 국부펀드들과 재러드 쿠슈너의 특별한 관계는 다시 한번 이 국부펀드들이 얼마나 불투명하게 운용될 수 있는지를 보여준다.

국부펀드Sovereign Wealth Fund, SWF는 보유 외환 같은 국가 자산을 각종 금융 및 원자재에 투자하는 정부 주도 펀드를 말한다. 높은 투자 수익률 외에도 국제무대에서 자국의 영향력을 키우려는 의도도 있다. 미국, 호주 등은 국가 안보를 이유로 전략 산업에 대한 타국 국부펀드의 투자를 제안하고 있다 정부가 수유한 돈이므로 상장기업과 달리 운용 현황과 실적 등을 분명하게 공개하지 않는다.

10) "우리 포럼에 초대합니다", 국제 포럼 유치 경쟁

"한류 열풍 때문에 한국 미디어와 문화콘텐츠 산업을 바라보는 젊은 세대의 관심이 상당합니다. 한국 미디어 산업과 관련해서 발표해주세요. 이 과정에서 동아일보와 채널A에 대한 설명도 충분히 하셔도 됩니다. 100년 전통의 한국 대표 신문사가 10여 년 전부터 방송 사업을 시작했다는 게 흥미롭습니다."

2019년 10월, 사우디아라비아 리야드에서 '사막의 다보스 포럼'으로 불리는 미래투자이니셔티브를 취재할 때다. 당시 만났던 사우디아라비아 미디어부 관계자는 나와 대화를 나누다 사우디아라비아 최초의 국제 미디어 행사인 '사우디 미디어 포럼'이 12월에 열리니 발표자로 참여해달라고 요청했다. 실제로 나는 약 두 달 뒤, 사우디 미디어 포럼에서 약 20분간 '동아미디어그룹(동아일보와 채널A)과 한국의 미디어 시장'이란 주제로 발표했다. 당시 발표장에는 한류 콘텐츠에 관심이 많은 사우디아라비아 여학생(주로 미디어학 전공 대학생과 대학원생)이 많았다. 이들은 발표가 끝난 뒤, 여러 질문을 던졌다.

두바이 엑스포 사인(사진: Skv282)

'사막의 다보스 포럼'으로 불리는 사우디아라비아의 미래투자이니셔티브 포럼(필자 개인 촬영)

사우디아라비아, 카타르, 아랍에미리트 같은 중동 산유국은 국가 이미지를 개선하고 경제를 활성화하기 위해 치열한 '국제 행사 개최 경쟁'에 나서고 있다.

사우디아라비아는 무함마드 빈 살만 알 사우드 왕세자가 권력을 잡은 2017년부터 미래투자이니셔티브 포럼을 개최하고 있다. 정세에 방점을 둔 포럼답게 해외 기업들로부터 대규모 투자 유치를 이끌어내는 데 초점을 맞추고 있다.

2017년 첫 포럼에는 홍해와 인접한 지역에 대규모 메가시티를 개발하겠다는 '네옴NEOM 프로젝트'가 공개됐다. 요즘 사우디아라비아와 무함마드 빈 살만 알 사우드 왕세자와 관련된 이야기가 나오면 자연스럽게 거론되는 네옴 프로젝트가 미래투자이니셔티브 포럼에서 처음 공개된 것이다.

2019년 10월 말 열린 3회 포럼에는 JP모건, 씨티그룹, 블랙록자산운용, 영국 HSBC 등 세계적 금융사가 대거 참여했다. 국영석유기업 아람코 기업공개IPO와 상장을 앞둔 시점인 만큼 이들의 참여는 관심을 끌었다. 사우디아라비아는 이들 금융사에 수도 리야드에 건설 중인 킹 압둘라 금융지구King Abdullah Financial District, KAFD 진출 가능성 등을 타진한 것으로 알려졌다. 포럼 기간에 사우디아라비아를 방문했던 국내 기업 관계자는 정부 관계자들이 한국 기업의 연구개발 시설 유치에 관심을 보였다고 전했다.

카타르는 2000년부터 매년 말에 외교·안보 이슈를 중심으로 다루는 '도하 포럼Doha Forum'을 열고 있다. 경제적으로는 풍요롭지만 패권 경쟁 중인 사우디아라비아와 이란 사이에 낀 '작은 나라'의 고민을 엿볼 수 있는 행사라는 평가가 나온다. 그동안 도하 포럼에서

'사막의 다보스 포럼'으로 불리는 사우디아라비아의 미래투자이니셔티브 포럼(필자 개인 촬영)

는 시리아 사태, 아랍의 봄, 세계 극단주의 확산과 관련된 주제를 주로 다뤘다.

아랍에미리트도 2008년부터 매년 초 '아부다비 지속 가능성 주간Abu Dhabi Sustainability Week'이라는 경제 포럼을 연다. 지속 가능한 개발을 위한 경제정책 주제들을 주로 다룬다. 최근에는 항공, 사이버 보안, 에너지 등 첨단IT 산업과 과학기술에 초점을 맞춘 포럼도 다수 운영하고 있다.

사우디 미디어 포럼에서 만난 한 유럽 컨설팅사 관계자는 사우디아라비아, 카타르, 아랍에미리트 모두 뿌리 깊은 경쟁의식을 지니고 있어, 상당 기간에 걸쳐 국제 대형 행사 개최 경쟁이 펼쳐질 것이라고 말했다.

카타르 도하 포럼(필자 개인 촬영)

한국 기업인들을 초대합니다

한국 기업의 위상이 올라가면서 본격적으로 한국 기업, 경제인을 포럼에 유치하기 위한 움직임도 나타난다. 2019년 10월 미래투자이니셔티브 포럼 현장에서 만난 최희남 당시 한국투자공사 사장은 중동에서 열리는 여러 포럼에 매년 초청받고 있으며 단순한 참가를 원하는 게 아니라 발표자나 패널로 참여해줄 것을 요청받는다고 했다. 그만큼 한국 경제의 위상이 올라간 것이다.

당시 행사에는 최희남 사장뿐 아니라 홍원표 삼성SDS 사장, 이영호 삼성물산 건설부문 사장, 이영훈 포스코건설 사장, 이우현 OCI 부회장(소속과 직책은 당시 기준) 등이 참석했다. 또한 최희남 사장, 이영훈 사장, 홍원표 사장은 미래투자이니셔티브 포럼의 주요 세션 연설자와 패널로도 나섰다. 당시 최희남 사장은 '장기적으로 국부펀드가 어떻게 글로벌 투자를 바꾸는가' 세션에서 칼리드 알루마이히Khalid Al-Rumaihi 바레인 뭄탈라카트홀딩Mumtalakat Holding(국부펀드) CEO와 파룩 파스타키Farouk Bastaki 쿠웨이트투자청 CEO 등과 토론했다(소속과 직책은 당시 기준).

이영훈 사장도 '인프라 투자가 어떻게 커뮤니티를 새롭게 바꾸고 세계 경제의 성장 속도를 높이는가' 세션에서 김용 전 세계은행 총재(당시 사모펀드 글로벌 인프라스트럭처 파트너스Global Infrastructure Partners 부회장)와 벤 웨이Ben Way 맥쿼리아시아Macquarie Asia CEO와 토론했다. 또 홍원표 사장은 31일 열리는 '글로벌 사회에서 다음은 무엇인가' 세션에서 지능혁신(Intelligent Innovation)을 주제로 발표했다.

발표자나 패널은 아니었지만, 최태원 SK그룹 회장도 미래투자이니셔티브 포럼 현장을 찾았었다. 한국 정부 측에서는 김현종 당시 청와대 국가안보실 2차장이 미래투자이니셔티브 포럼을 찾았다.

11) 사우디는 왜 2030 엑스포에 '진심'일까

한국(부산), 사우디아라비아(리야드), 이탈리아(로마)는 '2030 엑스포' 유치 경쟁을 벌였다. 그 최종 승자는 사우디아라비아가 차지했다.

2023년 11월 28일 프랑스 파리에서 열린 국제박람회기구BIE 총회 투표 결과, 사우디아라비아가 179개 회원국 중 119개 국가의 표를 획득해 '압승'했다. 한국은 29표, 이탈리아는 17표를 얻는 데 그쳤다.

2장 변화하는 중동

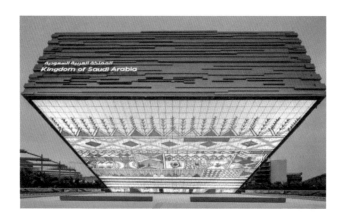

'2020 두바이 엑스포' 중 설치됐던 사우디아라비아의 전시관(사진: 리야드 엑스포 2030)

사우디아라비아에 2030 엑스포는 여러 면에서 특별한 의미를 지닌다. 무엇보다 차기 국왕이며 실권자인 무함마드 빈 살만 알 사우드 왕세자의 개혁, 개방 성과를 전 세계에 알릴 수 있는 이벤트가 될 수 있다. 정확히는 시기적으로 무함마드 빈 살만 알 사우드 왕세자가 직접 기획한 국가 중장기 발전 계획인 '비전 2030'의 피날레를 장식하는 이벤트가 될 수 있는 것이다.

특히 2030 엑스포는 무함마드 빈 살만 알 사우드 왕세자의 개혁, 개방 성과를 '국왕의 신분'으로 알릴 수 있는 절호의 기회다. 아버지인 살만 빈 압둘아지즈 알 사우드 국왕의 나이(1935년생)를 감안할 때, 무함마드 빈 살만 알 사우드 왕세자는 2030 엑스포를 국왕의 신분으로 맞이할 가능성이 매우 높기 때문이다.

'국가 자존심' 차원에서도 2030 엑스포는 특별하다. 사우디아라비아는 지역과 종교 면에서 중동의 중심 국가 면모를 확실히 갖췄고, 국제사회 전반에 걸쳐서도 영향력이 큰 나라다. 그런데 지금까지 국가 브랜드를 높이고 세계적 주목을 받는 국제 이벤트를 유치하지 못했다. 특히 이웃 나라인 아랍에미리트와 카타르가 각각 2020 엑스포(코로나19로 실제로는 2021년 10월~2022년 3월에 열렸다)와 2022 월드컵을 이미 유치해 세계적인 주목을 받았던 것은 사우디아라비아의 아쉬움을 키웠다.

아랍, 나아가 중동 문화에서 부족(집안 혹은 왕실) 간 경쟁의식은 상당하다. 가령, '마즐리스(Majlis, 가족과 친지들이 모여서 대화를 나누고 가족 행사를 여는 일종의 사랑방 같은 공간)'를 화려하고, 독특하게 꾸미는 문화는 일반인들 사이에서도 아직 강하게 남아있다. 사우디아라비아 입장에서는, 다른 나라도 아니고 아랍에미리트나 카타르처럼 '작은 이웃 나라'가 아랍과 중동의 대표처럼 문화산업에서 주목받는다는 사실을 받아들이기 힘들 것이다.

사우디아라비아에서 삼성전자 지사장과 대한무역투자진흥공단 무역관장을 지낸 윤여봉 전라북도 경제통상진흥원 원장은 이렇게 말했다.

"아랍 국가 간에도 경쟁의식은 갈수록 강해지고 있다. 카타르에 월드컵과 아시안게임 '아랍 최초 개최'를, 아랍에미리트에 '아랍 최초 엑스포 개최'를 빼앗긴 만큼 사우디아라비아로서는 2030 엑스포에서 파격적인 규모와 성과를 보여주려는 데 더욱 초점을 맞추려 할 것이다. 특히 왕세자가 절대적으로 이런 성과를 원한다. 그러니 정말 절박하고, 진지한 태도로 2030 엑스포 개최 준비를 할 것이다."

2030 엑스포는 석유 의존도를 줄이려는 사우디아라비아의 '경제 체질 개선' 작업 측면에서도 의미가 있다. 해외 기업과 투자 유치에 공을 들이고 있는 사우디아라비아는 최근 '기업하기 좋은 나라' '개방적인 나라'라는 인식 만들기에 관심이 많다. 한국, 미국, 유럽, 일본의 글로벌 기업에 연구개발과 생산 관련 시설 설립을 적극적으

프랑스 파리에서 열린 리야드 엑스포 공식 홍보 행사에서
참석자들과 인사하고 있는 빈 살만 사우디아라비아 왕세자(사진: 리야드 엑스포 2030 공식 홈페이지)

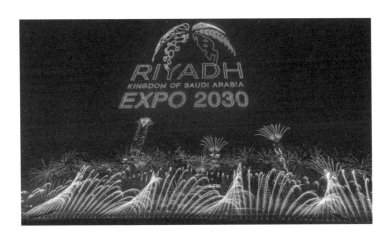

2030 엑스포 유치에 성공한 사우디아라비아의 드론쇼와 불꽃놀이
(리야드 시내, 사진: 리야드 엑스포 2030 공식 홈페이지)

로 요청하고 있다. 그러나 술은 물론이고 대중문화와 국제적인 이벤트도 제대로 즐길 수 없는 '답답하고 닫혀 있는 이미지'를 가진 사우디아라비아에서 글로벌 기업들이 장기간 활동한다는 것은 잘 와닿지 않는다.

2030 엑스포는 사우디아라비아의 장기적인 기업 투자 유치 전략에 힘을 실어 줄 수 있는 이벤트이며 매력 자산이 될 수 있다. 2034년에 사우디아라비아에서 열릴 가능성이 높은 월드컵과의 파급 효과를 감안하면 더욱 그렇다.

2030 엑스포 유치와 개최를 계기로 사우디아라비아의 소프트 파워 역량이 얼마나, 어떻게 성장할 수 있을지 궁금하다.

12) "열심히 일합시다", 자국민 고용 프로젝트

2019년은 개인적으로 사우디아라비아와의 '깊은 인연'을 확인한 시기였다. 많이 달라지고 있기는 하지만 아직은 매우 폐쇄적인 이 나라를 4차례나 방문했기 때문이다. 관광 개방, 방탄소년단 콘서트, 미래투자이니셔티브 포럼, 사우디 미디어 포럼, 아람코 등을 취재하려 참 열심히 돌아다녔다.

사우디아라비아를 방문해서 가장 인상 깊었던 장면 중 하나는 사우디아라비아 사람이 단순 서비스업 혹은 판매업에도 종사하는 모습을 볼 수 있었다는 점이다.

대형 쇼핑몰 슈퍼마켓 계산대와 제과점에서도 사우디아라비아 여성들이 일하고 있었다. 걸프 지역 아랍 여성의 전통 의상인 아바야Abaya를 두르고 목 아래 몸 전체를 가린 채 눈만 노출하는 얼굴 가

리개인 니깝Niqab을 쓰고 계산하는 모습이 인상적이었다.

사우디아라비아 수도 리야드의 킹 칼리드 국제공항King Khalid International Airport 카운터에서 티켓팅을 담당하는 직원이나 안내 데스크 담당자 중에서도 사우디아라비아 출신을 찾아볼 수 있었다. 또한 우버를 탔을 때도 사우디아라비아인 운전자를 만났다. 한국에서야 당연한 것처럼 보이지만, 걸프 산유국에서는 이런 단순 서비스업에 현지인이 일하는 경우는 드물다. 아랍에미리트, 카타르, 쿠웨이트 같은 사우디아라비아 주변 국가에선 상상하기도 어려운 일이다.

대개 카타르, 아랍에미리트, 쿠웨이트에서는 필리핀, 네팔, 인도, 파키스탄, 방글라데시 등에서 온 노동자들이 단순 서비스업에 종사한다. 자국민은 정부부처, 공기업, 외국계 기업의 현지 법인과 지사 등의 '간부급 자리'에 근무한다. 일부는 일하지 않고 정부에서 주는 보조금으로 생활하기도 한다(물론 그 비중은 지속적으로 눈에 띄게 줄어드는 추세다).

사우디아라비아도 과거엔 아랍에미리트, 카타르, 쿠웨이트 등과 크게 다르지 않았다. 하지만 자국민 일자리 확대는 관광 개방, 여성 운전 및 해외여행 허용 등 최근 개혁 개방에 적극 나서고 있는 사우디아라비아의 가장 두드러진 변화상이 됐다. 사우디아라비아는 왜 다른 산유국들보다 더욱 적극적으로 자국민 고용 확대에 나섰을까?

보조금 대신 일자리를 주는 시대

사우디아라비아가 자국민 고용 확대에 나선 가장 핵심적인 이유는 '인구 구조'를 살펴보면 알 수 있다. 사우디아라비아 인구는 약

3,220만 명이며 이 중 자국민은 1,880만 명 정도다. 정부가 국민들에게 제공할 수 있는 혜택도 그만큼 적다는 뜻이다. 즉, 사우디아라비아에서는 아랍에미리트, 카타르, 쿠웨이트같이 인구가 적지만(수 십만에서 수백만 수준) 석유와 천연가스가 풍부한 주변국처럼 자국민에게 풍부하게 재정적으로 지원하는 이른바 '포퓰리즘 정책'을 실시하는데 한계가 명확하다.

사우디아라비아를 포함해 중동 국가에서 오랜 기간 근무한 한국 외교관은 "사우디아라비아는 2011년 '아랍의 봄(아랍권 민주화 운동)' 움직임이 확산할 때 국민의 동요를 막기 위해 한동안 다양한 명목의 보조금을 제공했다. 하지만 그 뒤로는 계속 보조금을 줄이는 추세"라고 말했다.

셰일가스의 대규모 생산 등으로 장기화됐던 저유가 추세도 사우디아라비아 같은 전통적인 산유국이 자국민 고용에 공들일 수밖에 없는 이유로 꼽힌다. 사우디아라비아의 관광 개방을 취재하러 갔을 때 리야드의 유명 호텔에서 만난 대학생 인턴 오마르 씨는 "과거에는 고유가 덕분에 정부가 주기적으로 국민에게 파격적인 재정 지원을 해줬다고 한다. 그러나 우리 세대에서는 기대하기 힘들고 그렇게 좋은 시절이 있었다는 게 솔직히 실감도 안 난다"라며 아쉬움을 드러냈다.

'비밀주의'를 선호한 사우디아라비아 왕실이 우려 속에서도 '왕실 금고' 역할을 해온 국영 에너지 기업 아람코의 상장을 추진한 큰 이유 중 하나도 정부 재정 여건을 개선하기 위해서다.

정부 재정이 부족하다 보니 사우디아라비아의 실세 무함마드 빈 살만 알 사우드 왕세자도 중·장기 경제발전 전략 '비전 2030'을 통해 탈석유 전략과 자국민 일자리 늘리기를 강조하고 있다.

'사우디제이션Saudization (사우디 국민 채용)'을 보면, 사우디아라비아 정부가 얼마나 일자리 만들기에 관심이 있는지 알 수 있다. 정부부처와 아람코 같은 국영기업은 오래전부터 최대한 많은 직원을 사우디아라비아인으로 채용하는 것을 목표로 삼아왔다.

2019년 경제금융 매체인 〈글로벌 파이낸스Global Finance〉 발표에 따르면 사우디아라비아 공공 부문 인력 중 약 95%가 사우디아라비아 출신이다. 은행과 통신회사처럼 공공성이 강조되는 서비스업에서 일하는 인력 역시 약 90%가 사우디아라비아 사람이다(지금도 이 정도 비율이 유지되고 있을 것으로 보인다).

아람코의 경우 사우디아라비아 출신 직원이 전체의 80~85% 정도다. 국영기업치고는 상대적으로 자국민 비율이 낮은 편이다. 이는 사우디아라비아가 현재 첨단 과학기술 분야 인력 수급을 외국인들로 채우는 것과 관련이 있을 가능성이 높다.

민간기업도 사우디제이션을 강력히 추진하고 있다. 현지 영문 매체인 〈사우디 가제트Saudi Gazette〉에 따르면 2019년 사우디아라비아 노동사회개발부는 정부 및 공공기관의 발주로 생기는 일자리 중 안전, IT, 행정지원 등과 관련된 관리·감독직은 사우디아라비아 사람이 100% 담당하는 방안을 추진하기로 했다. 또 정부 및 공공기관 발주 일자리 중 전기, 기계, 장비, 토목 등 해당 분야의 관리·감독직 역시 40%를 사우디아라비아 사람으로 고용해야 한다.

한국 기업이 중동에서 전통적으로 강세를 보여온 건설업에서도 일정 규모로 사우디아라비아 인력을 써야 한다. 현지 건설업체에서 근무하는 한 관계자는 "갈수록 사우디제이션이 더욱 강조되고 있다. 외국계 기업도 사우디아라비아 직원을 고용해야 하는 규정이 강화되고 있다"라고 설명했다.

더 나아가, 사우디아라비아 정부는 글로벌 기업들이 자국 안에서 생산활동과 연구개발을 하는 것도 독려한다. 사우디아라비아에서 대규모 개발 프로젝트를 진행하려면 공장과 연구소를 만들라는 식의 요청 혹은 '압박'을 다양한 방식으로 받는다. 한국 기업들도 대부분 이런 요청을 받아왔다고 입을 모은다.

특히 사우디아라비아 정부는 2024년부터는 자국에 중동지역본부를 두지 않은 기업에 대해서는 정부와 공공기관의 프로젝트 참여를 제한할 계획이다. 쉽게 말해, 사우디아라비아에 중동지역본부를 두지 않은 기업은 이 나라 정부나 공공기관이 발주하는 대규모 프로젝트에 참여가 어려워진다는 뜻이다. 아직 사우디아라비아 정부가 중동지역본부를 정확히 어떻게 규정지을지와 예외 규정* 적용 기준 등은 공개되지 않았다. 하지만 해당 정책은 대부분의 글로벌 기업들에 어떤 형태로든 부담으로 작용할 수밖에 없다.

2023년 2월 당시 박준용 주사우디아라비아 대사는 "중동에 진출해 있는 한국 기업들도 사우디아라비아의 중동지역본부 유치 정책을 예의주시하고 있다.세부 내용이 확정돼 발표되면 기업들도 필요한 대책 마련에 나설 것"이라고 말했다.

산유국의 자국민 우선 채용 전략

아랍에미리트와 카타르도 각각 에미리티제이션Emiritization과 카타리

---

* 특정 분야의 첨단기술을 지닌 기업에 대해서는 중동지역본부가 사우디아라비아에 위치하지 않아도 사업 참여를 허용하는 조치.

제이션Qatarization에 관심을 높이고 있다. 특히 아랍에미리트는 5년 안에 정부 기관 관리·감독직의 90% 이상을 자국민으로 채용하겠다는 계획을 2019년에 발표했다.

현지 매체 〈더내셔널The National〉의 당시 기사에 따르면, 민간 부문의 자국민 채용 비율도 상승세다. 과거에는 아랍에미리트 내 50인 이상 고용 기업의 경우 2%만 자국민을 채용해도 괜찮았지만 그 비율이 은행 4%, 보험회사 5% 등으로 오르고 있다.

에미리티제이션을 강조하는 최고지도자의 발언도 이어지고 있다. 〈더내셔널〉에 따르면 아랍에미리트의 무함마드 빈 라시드 알 막툼Mohammed bin Rashid Al Maktoum 부통령 겸 국무총리(두바이 국왕)는* "에미리티제이션 비율을 못 맞추는 기업들은 아랍에미리트 정부에 재정적으로 기여해야 한다. 우리는 에미리티제이션 관련 연간 지표를 만들고, 이를 잘 지원하는 이들에게는 눈에 띄는 인센티브를 제공하겠다"고 말했다.

아랍에미리트가 적극적으로 자국민 채용에 나서는 배경에는 2009년 발생했던 '두바이 경제위기'도 있다. 당시 두바이에서 파격적인 혜택을 받아가며 근무했던 미국과 유럽 출신 금융 전문 인력 중 많은 수가 위기가 터지자 곧바로 회사를 옮기고, 두바이를 떠났다. 경제위기, 사회 불안은 더욱 심해졌고, '모럴해저드***' 논란이 일

---

* 아랍에미리트는 통상 아부다비 국왕이 대통령, 두바이 국왕이 부통령 겸 국무총리를 맡는다.

** 흔히 '도덕적 해이'로 번역해 쓴다. 엄밀히 말하자면 모럴 해저드는 시장 또는 기업, 공공기관 등 조직에서 계약의 한쪽 당사자가 정보나 자기만 가진 유리한 조건을 이용해 다른 사람들을 희생시켜 이득을 취하는 것을 뜻한다. 자기 행동이 상대방의 정보 부족으로 정확하게 파악될 수 없다는 점을 악용하여 상대방의 입장에서 볼 때 바람직하지 않은 행동을 취하는 것을 의미한다.

었다.

당시 아랍에미리트에서 근무했던 국내 금융사 관계자는 "에미라티*, 나아가 주변 산유국 국민에게 두바이 경제위기는 '외국인에게 너무 의존해서는 안 된다'는 메시지를 강하게 줬다. 산유국의 자국민 우선 채용 전략은 시간이 갈수록 강화될 것"이라고 전망했다.

자국민 채용 확대의 부작용

산유국들의 자국민 채용 늘리기 정책에는 많은 부작용이 있다. 산유국이 강조하는 자국민 채용 확대 의지에 비해 이 나라 인력들의 수준이 그리 높지 않기 때문이다.

중동 산유국은 전통적으로 교육열이 낮다. 치열한 경쟁을 통해 진학과 취업을 하는 문화도 약하다. 그만큼 구조적으로 글로벌 스탠더드에 부합하는 역량을 갖춘 인재를 찾는 게 쉽지 않다는 뜻이다.

그러다 보니 사우디아라비아와 아랍에미리트 등에 진출한 외국 기업들은 해당국 국민을 채용해 간단한 업무만 시키고 주요 업무를 맡기기 위해 외국인을 추가 고용하는 경우가 많다.

외국 기업 사이에서는 '자국민 채용 규정이 가장 큰 규제'라는 불만도 커지고 있다. 사우디아라비아에 진출한 국내 기업 관계자는 "기술 분야는 사우디아라비아 인력 수준이 서비스업에 비해 더욱 많이 떨어지는 편이다. 사우디제이션이 강조될수록 제조업이나 기술 기반 기업이 사우디아라비아에서 활동하는 건 더 힘들어질 수 있다"고 우려했다.

---

* 아랍에미리트 사람이라는 뜻이다.

일각에서는 산유국의 자국민 채용 확대 바람이 주변 나라, 정확히는 중동 비산유국들의 경제적 부담을 키울 수 있다고 전망한다. 이집트, 요르단, 레바논처럼 가난한 중동 비산유국 사람들은 일자리를 찾아 사우디아라비아, 아랍에미리트, 카타르, 쿠웨이트 등으로 간다. 인도, 파키스탄, 방글라데시, 스리랑카, 필리핀에서도 일자리를 찾아 중동 산유국으로 간다. 그리고 이들이 송금하는 돈은 해당 나라 경제의 주요 수입원 중 하나가 된다.

다시 말해, 산유국들이 자국민 채용을 늘리면 외국인 근로자들의 일자리는 줄어들고, 이들의 송금에 의존하는 나라들의 어려움이 자연스럽게 커지는 것이다. 중동의 비산유국과 동남아시아와 서남아시아의 많은 나라들이 산유국의 눈치를 보고, 산유국 경제의 변화에 큰 영향을 받는 이유다.

13) 한국을 바라보는 세대별 시각 차이

"한국이 가난했다고요?"

"한국도 가난한 나라였어!"

중동 주요 산유국에서는 한국을 둘러싸고 벌어지는 '세대 갈등'이 엄청나다. 써놓고 보니 과격하다. 또 도발적이다. 세대 차이, 나아가 세대 갈등이라고 하면 심각한 이야기 같지만, 사실은 '인식 차이'라고 하는 게 더 적합할 것 같다. 그리고 이는 조금 '재미있는 인식 차이'다.

카타르, 사우디아라비아, 아랍에미리트, 쿠웨이트 등 중동의 주요 산유국에서는 한국이나 한류와 관련된 이야기가 나오면 세대 간

인식 차이가 확연히 나타난다.

중동 산유국의 60대 이상 '어르신들'은 '한국인' 하면 여전히 '부지런한 노동자'를 떠올린다. 또 '과거에는 경제적으로 어려웠지만 지금은 잘살게 된 나라'로 생각한다. 실제로 1970년대부터 1980년대 중·후반까지만 해도 현지 대형 건설 현장에서 한국인이 대거 노동자로 근무했다. 하지만 지금은 현대건설, 삼성물산, GS건설 등 한국 유명 건설사들의 현지 공사 현장에서 일하는 노동자는 인도, 방글라데시, 파키스탄 출신이다. 한국인은 엔지니어와 관리자로 근무한다. 큰 건설 현장에서도 한국인은 많아도 수십 명 정도만 근무한다고 생각하면 된다.

중동 산유국에서 과거 한국인의 이미지는 '성실하고 똑똑하며 일을 정말 빨리 하지만 경제적으로는 넉넉하지 않은 사람들'이다. 그리고 당시 중동 산유국 사람들은 한국의 정치, 경제, 사회, 문화에 대한 '디테일한 관심'을 가지지 않았다.

지금 중동 산유국의 2030세대, 넓게는 청소년부터 40대에 이르는 세대에 한국은 말 그대로 '관심 가는 선진국'이다. 매력적인 대중문화를 지니고 있고, 고급 전자제품, 자동차, 화장품, 건축물 등을 생산하는 '잘 나가는 나라'란 이미지가 강하다. 최근에는 의학과 스포츠에서도 경쟁력이 높고, 맛있으면서도 건강에 좋은 음식 문화를 가진 나라로 인식된다. 한국 사람들은 옷을 잘 입고, 자기 가꾸기에 적극적이란 이미지도 강하다. 중동 산유국의 젊은 세대에게 "한국은 일본과 함께 아시아(중동 산유국을 제외한)에서 가장 잘살고, 과학기술이 발달한 나라다"란 말도 많이 들었다.

그러다 보니, 중동 산유국의 젊은 세대에게 부모 또는 조부모

세대가 "한국이 예전에는 가난한 나라였다" "인도, 필리핀, 방글라데시 사람들처럼 한국인들도 건설 현장에서 노동자로 많이 일했다"고 설명하면 이해하지 못하는 경우가 많다고 한다.

현지에서 취재 과정 중 알게 된 산유국의 2030 중에는 "정말 한국인들이 과거에 중동에서 건설 노동자로 많이 일했었냐?"고 묻는 경우가 많았다. "삼성전자, 현대자동차, LG전자 같은 한국 기업들이 질이 떨어지는 저가 제품을 주로 만들었던 시절이 있었다는 게 사실이냐?"라고 묻는 사람도 있었다.

2019년 10월 사우디아라비아 리야드에서 열린 방탄소년단의 공연에서 엄마와 함께 구경 온 현지인 대학생 아미를 만났다. 방탄소년단 공연을 보기 위해 제다에서 비행기를 타고 리야드로 왔다는 이 대학생은, 자신의 엄마를 한국어로 '사우디 아줌마 아미'라고 소개했다. 또 유창한 영어로 자신이 방탄소년단과 한국 대중문화를 얼마나 좋아하는지도 설명했다.

사우디 아줌마 아미도 거들었다. 그는 "한국의 대중문화뿐 아니라 모든 게 궁금하다. 요즘은 내가 딸보다 한국에 대해 더 많이 알아보는 것 같다. 딸과 한국에 대한 이야기를 많이 나누면서 대화도 늘었다. 한국은 사우디아라비아에서 정말 빠르게 이미지가 달라진 나라다. 정말 매력적인 나라다"라고 말하며 엄지를 추켜올렸다.

한국에 대한 관심, 한국을 공부하는 것이 중동 산유국의 젊은세대와 기성세대 간에는 의미 있는 대화, 서로에 대한 이해의 폭을 넓혀가는 과정이 될 수도 있겠다는 생각이 들었다.

3장

아직은 세계의 '화약고'

왜 우리가 중동에 대해 알아야 하지? 중동은 석유와 천연가스를 가져오고, 한국 건설사들이 대형 프로젝트를 따오는 '조금 특별한 시장' 정도로 이해하면 되는 것 아닌가?

일반인은 물론이고 전문가 그룹에서도 꽤 많은 사람이 이처럼 단순하게 중동을 바라본다. 얼핏 보기에 멀리 떨어져 있는 중동에서 발생하는 크고 작은 갈등은 한국의 외교·안보에도 적잖은 영향을 준다.

몇 가지 예를 들어보자. 한국은 해외 파병에 매우 소극적인 나라다. 2022년 2월 발생한 러시아의 우크라이나 침공 사태에 대한 무관심에서도 알 수 있듯 해외에서 발생하는 전쟁에도 관심이 많지 않다. 볼로디미르 젤렌스키Volodymyr Zelensky 우크라이나 대통령이 2022년 4월 11일 화상 연설을 통해 한국 국회에 참담한 상황을 설명하고 지원을 요청했을 때 국회의원들이 어떤 모습이었는지 국제적으로 다뤄지기도 했다. 국회의원 300명 중 50명 정도만 볼로디미르 젤렌스키 대통령의 화상 연설을 지켜봤다. 이 중 일부는 졸거나, 스마트폰을 들여다보는 등 적잖은 수가 집중하지 않는 모습을 보였다. 일본, 미국, 영국에서 비슷한 시기에 진행된 볼로디미르 젤렌스키 대통령의 화상 연설 때와는 사뭇 다르다. 다른 나라에서는 국회의원 전원이 집중해서 지켜보며 기립 박수를 보냈고, 연대감을 표시했다.

이런 모습을 심각한 문제로 볼 것인지 혹은 대수롭지 않게 받아들일 것인지는 개개인의 성향과 가치관에 따라 다를 것이다. 다만, 상식적으로 생각해보자. 한국의 경제구조는 이른바 대외의존도가 높다. 역사적으로도 외부의 침략과 주변국에서 벌어지는 전쟁으로 인한 어려움을 많이 겪었다. 한마디로, 국제 정세의 변화로 인한 어려움을 많이 경험해본 나라다. 그런데도 세계가 관심을 가지는 전쟁에 매우 무관심하다는 것은 어떤 형태로든 한 번쯤 짚고 넘어가야 할 문제다.

한국 군대가 장기간 주둔하는 지역

다시 중동 이야기로 돌아와보자. 해외 파병에, 다른 나라에서 벌어지는 전쟁에도 별다른 관심을 보이지 않는 한국 군대가 오랜 기간 주둔 중인 나라는 중동에 두 군데나 있다.

먼저 아랍에미리트다. '아크부대AKh Unit*'가 현지에 파병되어 2011년부터 주둔하고 있다. 아크부대는 현지 특수부대와 정보를 공유하며 다양한 합동 훈련을 통해 협력하고 있다. 한국은 아랍에미리트의 원자력발전소 건설 프로젝트를 수주하는 것을 계기로 다양한 경제 협력은 물론이고 군사, 안보 협력에도 공을 들이고 있다. 이

---

* 아랍어로 아크는 형제를 의미한다.

UAE 군사훈련협력단 아크부대 헬기침투훈련, UDT seal팀(사진: 대한민국 국방부)

레바논 동명부대(사진: 대한민국 국방부)

란과 영토 분쟁을 포함해 다양한 갈등을 겪고 있는 아랍에미리트는 자국 군대의 역량을 높이는 데 무척 관심이 많다. 그리고 한국 군대를 벤치마킹하기에 적합한 대상으로 보고 있다. 아랍에미리트는 2022년 5월 10일 윤석열 대통령 취임식 때 축하 사절단을 보내기도 했다. 이는 한국과 아랍에미리트의 관계가 매우 가깝다는 것을 잘 보여준다.

한국은 레바논에도 군대를 파병했다. 종교 간 갈등으로 인한 내전과 이스라엘과의 전쟁 등으로 레바논에는 항상 긴장감이 감돈다. 레바논에 파병된 동명부대는 2007년부터 레바논 남부 티르Tyre 지역에서 유엔 평화유지활동UN Peace Keeping Operation을 수행하고 있다. 현지 무장 정치단체들의 불법 무기 유입과 분쟁 발생을 막고 주민들에 대한 각종 인도적 지원을 제공하는 게 주목표다.

2003년 3월 미국과 전쟁을 치른 이라크에도 한국은 2003년 4월부터 2008년 12월까지 다양한 형태의 군부대를 파병했다. 동맹국인 미국을 돕고, 현지 주민들에 대한 지원 활동을 펼치는 게 주목적이었다.

2003년 4월부터 2004년 4월까지 주둔했던 서희부대는 당시 이라크 전후 복구사업에 참여했고, 미군을 중심으로 구성됐던 다국적군의 기지 건설도 지원했다. 같은 기간 중 주둔했던 제마부대는 다국적군 군인들과 이라크 사람들을 대상으로 의료 지원 활동을 펼쳤다.

2004년 4월부터 2008년 12월까지 주둔했던 자이툰부대는 재건 활동을 주로 펼쳤다. 또 2004년 10월부터 2008년 12월까지 활동했던 다이만부대는 항공수송단으로서 물자 운송을 지원했다.

중동의 주요 패권 국가 중 하나이며, 미국, 이스라엘, 사우디아라비아, 아랍에미리트 등과 관계가 좋지 않은 이란은 북한과 매우 가까운 사이다. 특히 미국과 이스라엘은 이란과 북한이 미사일과 핵무기 개발 과정에서 긴밀히 협력한 것으로 본다.

아랍에미리트가 한국군 유치, 나아가 한국과의 다양한 군사 협력에 관심이 많은 이유 중 하나는 한국군이 북한에 대한 정보와 노하우를 다양하게 보유하고 있어서다. 아랍에미리트는 한국과 협력하는 것이 이란의 군사력에 대한 이해를 넓히는 좋은 방법의 하나라고 본다. 왜냐하면 한국이 이란과 군사 협력이 많았던 북한군에 대해 많은 것을 알고 있기 때문이다.

이처럼 한국이 중동에 군대를 많이 파병한 이유는 아랍에미리트를 제외하고는 동맹국인 미국과 유엔을 중심으로 한 국제사회의 요구가 있었기 때문이다.

당장 심각한 이슈가 없더라도 외교·안보 측면에서도 중동은 우리와 생각보다 가까이 있다.

글로벌 파워, 미국의 안보 전략 바로미터

조 바이든Joe Biden 미국 대통령 밑에서 북핵 문제를 담당하는 미국 정부의 외교·안보 라인 인사들은 중에는 '중동 전문가'라고 해도 과언이 아닐 만큼 이쪽 분야에 정통한 사람이 많다. 바이든 행정부의 '안보 컨트롤 타워'라고 할 수 있는 토니 블링컨Tony Blinken 국무부 장관과 제이크 설리번Jake Sullivan 백악관 국가안보보좌관부터가 중동 전문가다. 이들은 버락 오바마Barack Obama 대통령 시절부터 이란 핵 협상 관련 업무를 직·간접적으로 담당했다.

토니 블링컨 장관과 제이크 설리번 국가안보보좌관이 얼마나 중동에 관심이 많은지는 두 사람의 청문회와 간담회 때 발언에서도 그대로 드러났다.

조 바이든 대통령 취임 직후, 당시 한국 외교부 김성훈 중동2과장(현 주유엔대표부 참사관)은 토니 블링컨 장관과 제이크 설리번 보좌관의 발언 내용을 개인적으로 분석해 그 결과를 자신의 소셜 미디어에 올려 화제가 됐다. 이 자료에 따르면 토니 블링컨 장관이 미국 상원 인준 청문회 때 발언한 단어 중 31.4%가 중동과 관련된 단어였다. 중국(14.8%), 유럽과 러시아(11.8%)보다 중동에 관련된 단어가 훨씬 많았다. 북한 등 한반도 관련 단어는 1.3%에 그쳤다. 토니 블링컨 장관이 첫 기자회견 때 발언한 단어 중에는 36.8%가 중동과 관련된 단어였다. 제이크 설리번 보좌관의 경우에는 미국 평화 연구소United States Institute of Peace와의 간담회 때 발언한 단어 중 25.2%가 중동 관련 단어였다.

미국은 북핵 문제 해결, 중국의 팽창 견제 등을 위해 한국이 긴밀하게 협력해야 할 동맹국이다. 그리고 동맹국 미국이 구상 중인 글로벌 외교·안보 전략을 정확하게 파악할 수 있는 지역 중 하나가 중동이다.

1) 중동 무장정파, 하마스와 헤즈볼라, 탈레반을 제대로 이해하는 방법

'케피예keffiyeh*'를 두른 남성들이 러시아제 낡은 AK 소총을 들고 격

---

*   중동 남성들이 머리에 두르는 전통 두건을 의미한다.

앙된 표정과 목소리로 "알라후 아크바르*"를 외친다. 때에 따라서는 자신들의 지도자 사진이 붙어 있는 피켓을 흔들기도 하고, 미국과 이스라엘 국기를 찢고 불태우기도 한다. 중동의 '위기 상황'을 전하는 TV 뉴스와 신문의 사진 기사에서 자주 나오는 장면이다.

특히 젊은 중동 남성들이 "알라후 아크바르"를 외치며 총격전을 벌이는 모습은 중동에서 벌어진 전쟁을 다룬 영화에서도 자주 등장한다.

중동에서는 전쟁 혹은 군사적 충돌이 자주 발생한다. 세계 주요 지역 중 중동만큼 갈등과 전쟁이 많은 곳도 없다. 자원, 영토, 종교, 인종, 패권 경쟁……. 전쟁의 원인도 다양하다.

중동에서는 이렇게나 많은 전쟁이 자주 벌어진다. 그리고 중동에서 벌어지는 전쟁의 많은 수는 '무장정파(무장 정치세력)'과 관련이 있다. 그래서 중동에서의 충돌, 나아가 여러 중동 이슈를 이해하는 데 있어 중요한 키워드 중 하나는 무장정파다.

국가를 경영하며 '테러도 하는' 무장정파들

탈레반Taliban, 하마스Hamas, 헤즈볼라Hezbollah…….

신문과 뉴스에서 자주 접해본 단어일 것이다. 그리고 여러분은 '테러'라는 말을 함께 떠올렸을 가능성이 높다. 이 단체들은 활동 지역, 성향, 주적, 추구하는 목적 등에서 차이가 있다. 하지만 근본주의적 이슬람 정신을 추종하고, 민간인까지 피해를 보는 강경한 무력 행위, 나아가 민간인을 대상으로한 테러도 시도하는 경우가 있다는

---

* 아랍어로 '신은 위대하다'라는 뜻이다.

탈레반 깃발

공통점이 있다.

한국을 포함한 많은 나라의 언론에서 이들을 '테러조직'이라고 자주 표현한다. 실제로 많은 나라에서 탈레반, 하마스, 헤즈볼라를 테러조직으로 규정짓고 있다.

하지만 이 단체들을 그저 테러조직으로만 바라보는 것은 조금 단순한 접근이다. 이들에게 테러 혹은 무력 행위는 하나의 수단일 뿐이다. 정확하고 냉정하게 이들을 이해하고 규정지으려면 좀더 입체적으로 살펴볼 필요가 있다. 그 핵심은 활동 목표에 있다. 이들의 목표는 단순히 테러 혹은 전쟁을 일으키려는 것이 아니다. 특정 지역 혹은 중앙정부 안에서 영향력을 키우고 궁극적으로는 전체 국가를 장악하고 운영하려는 것이 이들의 공통된 목표다. 그러니 선거, 여론 조성, 정책 기획에도 적극적이다.

탈레반과 하마스, 헤즈볼라 등에 대해 좀더 자세히 설명하면, '테러까지 감행할 정도로 극단주의 성향이 강한 무장정파', '이슬람 근본주의를 기반으로 한 정치, 종교 이념을 추구하며 군사력을 갖춘 정치세력'이라고 해야 한다. 이를 바탕으로 위의 조직들을 이해하면 보다 현실적이며 종합적인 접근이 가능하다. 또 중동 이슈를 이해하는 데도 도움이 될 것이다.

2021년 8월, 세계를 놀라게 했던 탈레반의 아프가니스탄 장악 사태를 생각해보자. 당시 미국이 2001년 10월부터 전쟁을 치렀던 아프가니스탄에서 철수하자 탈레반이 기존의 중앙정부*를 어떻게 무너뜨리고, 어떻게 자신들만의 정부를 세워 아프가니스탄을 통치하는지 전 세계가 똑똑히 목격했다. 반대파를 살해하고 체포하는 것을 시작으로, 여성의 외출과 복장을 제한하고 교육 기회를 박탈했다. 또 나라 자체를 외부 세계와 단절시켰다. 그리고 밀려온 극심한 빈곤……. 아프가니스탄이 다시 고대 사회로 돌아가고 있다는 탄식이 나온다.

탈레반은 2021년 8월 아프가니스탄 전역을 장악한 직후, "탈레반은 과거**와 달라졌다" "여성들에게도 교육 기회를 주겠다"는 식으로 발언했다. 하지만 '탈레반 장악' 2년을 넘긴 지금, 아프가니스탄의 현실은 전혀 그렇지 않다. 탈레반이 국제사회로부터 인정받고 나아가 경제 지원을 받으려는 목적으로 던진 '선전용 발언'이었다는 평가가 이어진다.

무슬림 중에는 탈레반의 이런 행태를 보며 "이슬람 사상을 아주 잘못 배웠다"고 비판하는 사람이 많다. 탈레반의 극악한 행태를 두고 '잘못 배웠다'라는 식의 표현이 상대적으로 많이 사용되는 데에는 이유가 있다. 탈레반이 아랍어로 '학생'이란 의미를 지니기 때문

---

* 사실상 미국이 세웠던 정부다. 탈레반이 아프가니스탄을 완전히 장악하기 전부터 영향력이 수도인 카불Kabul에만 미친다는 평가가 많았다. 그래서 아프가니스탄 안팎에선 오래전부터 '카불 정부'로 불렸다.

** 탈레반은 1996년부터 2001년 사이에도 아프가니스탄을 통치했다. 당시에는 9·11 테러를 일으킨 알카에다 리더 오사마 빈 라덴을 보호해줬다. 오사마 빈 라덴을 미국에 넘기지 않아 미국은 아프가니스탄을 공격했고 탈레반은 축출됐다. 하지만 탈레반은 지방을 중심으로 계속 영향력을 유지했고 키워왔다. 그리고 궁극적으로는 다시 아프가니스탄을 장악했다.

이다. 실제로 탈레반이 탄생할 당시 구성원 다수가 이슬람 근본주의를 공부하는 신학생이었다.

탈레반은 '카불 정부'가 정상적으로 작동하던 시기에도 아프가니스탄의 실질적인 지배 세력이었다. 미국은 직접 탈레반을 상대로 '아프가니스탄 주둔 미군의 철수와 전쟁 종료 협상'을 진행했다. 그것도 공개적으로 말이다. 이 과정에서 '공식적인 아프가니스탄이 정부'이며 미국이 지원하는 카불 정부는 철저히 제외되었다. 이미 오래전부터 미국도 아프가니스탄의 가장 막강하고 현실적인 정치세력으로 탈레반을 인정했던 셈이다.

미군의 아프가니스탄 철수도 탈레반과 협상이 마무리된 뒤 진행됐다. 사실 탈레반은 2013년부터 카타르 도하에 '탈레반 정치사무소'라는 공식적인 대외창구(협상창구)까지 운영해왔다. 탈레반과 논의하거나 협상할 사안이 있을 때면 이곳을 통해 다양한 대화가 오고갔다. 미국을 포함한 국제사회가 공식적으로는 탈레반을 합법적인 정부로 인정하지 않고 있으나 실질적으로는 협상 대상으로 여겨왔다는 것을 보여주는 대목이다. 또 결국에는 미국을 중심으로 한 서방이 탈레반의 아프가니스탄 통치를 인정하고, 이들의 행태를 개선하는 데 초점을 맞출 것이라는 전망이 많다.

이스라엘을 주적으로 삼은 하마스와 헤즈볼라

하마스와 헤즈볼라는 '선거'를 통해 정치, 사회적 영향력을 확대해왔다는 특징이 있다.

먼저 두 무장 정치정파에 관해 설명하자면, 하마스는 팔레스타인 자치구역인 가자지구에, 헤즈볼라는 레바논 남부 지방에 거점을 둔다. 둘 다 이스라엘과 국경을 맞대고 있으며 이스라엘을 철천지원수로 삼는다.

　최근 관계가 제법 개선됐지만, 이스라엘은 아랍권을 포함한 이슬람권에서 정도 차이만 있을 뿐 주적 중의 주적 취급을 받아왔다. 유대교를 믿는 이스라엘이 이슬람의 3대 성지 중 하나인 예루살렘을 수도로 나라를 세웠다는 점부터가 받아들일 수 없는 부분이다. 이 외에도 이스라엘은 이슬람권 국가들이 싫어할 특징을 여럿 보유하고 있다. 무엇보다, 유대교를 믿는 사람들이 무슬림인 팔레스타인 사람들을 조직적으로 몰아낸 뒤 나라를 세웠다는 점도 용서하기 힘든 이유다. 이스라엘의 안보와 경제성장을 기독교 국가인 미국이 파격적으로 지원해줬다는 것도 이슬람권에선 불쾌하게 생각하는 부분이다. 이슬람권에서는 예루살렘을 '쿠드스Quds'라고 부른다. 예루살렘의 아랍어 표기다.

　조금 심하게 말하면, 아랍권, 나아가 이슬람권에서 이스라엘이라는 존재는 도지히 용인할 수 없는 존재다. 아랍권 국가의 외교관, 교수, 언론인 등 '엘리트 직종'에 종사하는 이들도 사석에서는 거리낌 없이 이스라엘을 '인조 국가Artificial State' '종양Cancer' '문제아Trouble Maker', '아파르트헤이트 국가Apartheid State*'라는 식의 혐오가 담긴 단어로 표현하기도 한다. 일상생활에서도 생각보다 이스라엘에 대한 증오가 담긴 표현을 하는 모습을 은근히 많이 볼 수 있다. 2020년 8월, 도널드 트럼프 당시 미국 대통령과 '트럼프 백악관'의 문고리 권력으로 통했던 재러드 쿠슈너 백악관 선임고문(도널드 트럼프 전 대통

---

*　아파르트헤이트는 과거 남아프리카공화국에서 추진했던 인종 분리 정책이다. 이스라엘이 팔레스타인인 거주 지역에는 높은 장벽을 세워 분리하는 것을 비판하는 표현이다.

하마스 로고　　　　　　　　　　　　헤즈볼라 로고

령의 사위)이 주도했던 '아브라함 협정Abraham Accords**으로 이제는 적
잖은 아랍권 나라**가 이스라엘과 외교 정상화를 이뤘다. 또 큰 어
려움 없이 왕래한다.

　　하지만 이전에는 이스라엘 방문 기록이 있는 것만으로도 입국
이 거부되는 아랍권 나라가 많았다. 심지어 중동의 관문으로 역할하
고, 아랍권에서 가장 개방적인 나라로 꼽히는 아랍에미리트도 이스
라엘 방문 기록이 있는 사람은 입국을 제한했다.

　　아랍권에서는 일상생활에서 '이스라엘'이라는 단어조차도 최
대한 쓰지 않는다. 가령, 한국인 기자가 이스라엘과 관련된 일을 취
재하고, 이스라엘에 대한 기사를 쓰는 것에 대해서는 문제가 되지
않는다. 또 논문을 쓰거나 외교·안보 이슈와 관련된 이야기를 나눌
때 '이스라엘'이라는 단어를 사용하는 것은 얼마든지 가능하다.

---

*　　　이스라엘, 아랍에미리트, 바레인 간 외교 정상화.
**　　아브라함 협정 체결 전에도 이집트와 요르단은 이스라엘과 정상적인 외교 관
　　　계를 맺고 있었다. 아브라함 협정 체결 뒤에는 아랍에미리트, 모로코, 바레인,
　　　수단이 이스라엘과 외교 관계를 정상화했다.

하지만 일상에서는 조금 다르다. 아랍 사람들과 대화를 나눌 때는 조금은 정무적으로 표현하는 것이 좋다. 가령, "제가 최근에 AI 산업 취재를 위해 이스라엘에 다녀왔어요"보다는, "제가 최근에 AI 산업을 취재하기 위해 예루살렘에 다녀왔어요"라고 설명하는 쪽이 좀 더 아랍권의 정서를 배려하는 표현이다. 여기서, "쿠드스에 다녀왔어요"라고 말하면 더 좋아할 것이다.

"이게 나라냐!" 터져 나온 울분

다시 하마스와 헤즈볼라의 이야기로 돌아가자.

하마스는 좋게 말하면 온건주의, 나쁘게 말하면 실질적으로 이스라엘을 상대로 강경하게 투쟁하지 않는 팔레스타인 파타Fatah 정파와는 다른 성격의 정치세력이다. 하마스는 1987년 12월에 설립될 때부터 강경한 대이스라엘 투쟁을 앞세웠다. 하마스는 '이슬람 저항운동'이란 뜻이다.

파타가 주도하는 팔레스타인 자치정부가 예루살렘 인근의 서안West Bank에 기반을 뒀다면, 하마스는 이스라엘 서쪽의 가자지구Gaza Strip를 주 활동 무대로 한다.

설립 이후, 이스라엘과 크고 작은 무장 투쟁을 벌여온 하마스는 2006년 1월 팔레스타인 총선에서 가장 많은 의석을 확보하기도 했다. 132석 중 74석을 차지한 것. 집권 세력이 될 수 있는 여건이 조성된 것이었다. 그러나 파타 출신으로 팔레스타인 자치정부의 수반인 마흐무드 압바스Mahmoud Abbas가 당시 의회를 해산하며 '하마스 정부 수립'을 인정하지 않았다. 미국과 이스라엘도 하마스 정부를 인정하지 않았다. 특히 미국은 팔레스타인에 대한 원조 중단도 검토했다.

레바논 남부 헤즈볼라 지역에 자리잡고 있는 키암Khiam 박물관 입구,
레바논 내전과 당시 수용됐던 사람들을 추모하기 위한 박물관이다(이경수 한국외대 중동연구소 연구원 제공).

레바논 베이루트 남부에 설치돼 있는
헤즈볼라 지도자 홍보물(한국이스라엘학회 제공)

이후, 하마스와 파타 간 통합 정부 구성에 대한 협상은 있었지만 제대로 된 성과는 없었다. 또한 '서안=파타 주도의 팔레스타인 자치정부' '가자지구=하마스' 식의 팔레스타인 내부 분열은 계속 이어지고 있다.

하마스는 이스라엘의 팔레스타인에 대한 강경 정책, 군사 조치, 봉쇄, 유대인 정착촌* 확장 등이 촉발될 때마다 가자지구에서 로켓포를 쏘며 이스라엘에 대한 공격을 감행한다. 이 과정에서 자신들의 존재감을 톡톡히 과시한다.

그러나 실질적인 대안 없이, 과도한 인명 피해를 감수해가며 이스라엘에 대한 무장 투쟁을 벌인다는 점 때문에 갈수록 팔레스타인 내부에서도 하마스의 입지는 좁아지고 있다. 젊은 층에서도 낙후된 경제 상황 개선에는 관심 없이 무력 투쟁을 강조하는 하마스의 전략에 대한 불만이 고조됐다. 사우디아라비아, 아랍에미리트, 이집트 등 중동 주요 나라들도 하마스에 대해 부정적이다. 하마스가 이슬람 극단주의를 강조하며 국민들을 자극할 수 있기 때문이다. 겉으로는 "하마스가 테러를 저지르기 때문에 용납할 수 없다"라는 식이다. 하지만 속내에는 '하마스가 정부의 부정부패와 비리, 이스라엘에 대한 안이한 대응 등을 강조하고 국민들이 여기에 영향을 받으면 안 된다'라는 강한 우려가 깔려 있다.

반면, 동시에 팔레스타인 사람들 사이에서는 "하마스를 지지하지 않는다(혹은 하마스를 싫어한다). 그러나 이스라엘의 만행에 그나마

---

* 이스라엘 정부는 팔레스타인 사람들이 주로 거주하는 지역에 들어가 사는 유대인들에게 다양한 혜택을 준다. 이는 조직적으로 이스라엘들의 거주 지역을 확장해 팔레스타인 사람들을 다양한 방식으로 압박하고, 실질적인 이스라엘 영토를 늘리려는 목적이다.

하마스라도 강경하게 대응해야 하는 것 아닌가?" "하마스를 안 좋아하지만 하마스가 저렇게 나오는 걸 어느 정도는 이해할 수 있다"는 식의 목소리도 나온다. 그리고 이들은 끝끝내 "이게 나라냐"라는 식으로 울분을 터뜨린다. 팔레스타인, 나아가 아랍권이 뭉쳐서 이스라엘에 대응해도 부족할 판에, 팔레스타인 안에서도 온건파인 팔레스타인 자치정부와 강경파인 하마스로 나뉘어 갈등 중인 현실에 대한 절망감 때문이다.

또 두 진영 모두 경제, 사회 발전보다는 자신들 내부의 이익 확대에 더 치중하고 심한 부정부패의 모습을 보인다는 점도 불만과 절망감을 키운다.

젊은 팔레스타인인들 사이에선 개인적으로 대화를 나누다 보면 이스라엘에 대한 반감 못지않게 '현실을 인정해야 한다'는 목소리도 들린다. 어차피 제대로 된 나라를 구성하기 힘들다면 이스라엘을 상대로 한 전략도 최대한 경제 지원을 받아내고, 자치권을 더 안정적으로 인정받는 방향을 지향해야 한다는 얘기다.

늘 긴장 상태인 신의 정당

헤즈볼라는 아랍어로 '신의 정당'이라는 뜻이다. 주요 정치세력이 이슬람 수니파와 시아파, 기독교 종파인 마론파Maronites로 나뉘어 있어 늘 '긴장 상태'인 레바논에서 헤즈볼라는 시아파를 대표하는 정치세력이다.* 헤즈볼라는 레바논에서 '작은 이란(시아파의 종주국)' '이

---

*   레바논의 독특한 정치구조와 관련된 자세한 내용은 4장 '5) 레바논에서 인구조사가 금기시되는 이유'에서 다룬다.

란의 추종자'로도 불린다. 1982년 설립될 때부터 이란의 많은 재정적, 군사적 도움을 받았다. 사실상 이란이 헤즈볼라 설립을 주도했다고 봐도 과언이 아니다.

반미, 반이스라엘 성향이 강한 헤즈볼라는 레바논 정부와 의회에서도 선거 등을 통해 정식으로 활동하며 정치권의 고위 관계자를 지속적으로 배출하고 있다. 또 레바논 안팎에선 레바논 정규군보다 헤즈볼라의 군사력이 막강하다는 평가를 받고 있다. 실제로 2006년 7월에는 헤즈볼라가 자체적으로 펼친 작전을 통해 이스라엘 군인을 납치했고, 이에 대한 보복으로 공격하는 이스라엘과 34일간 전쟁을 벌이기도 했다.

당시 헤즈볼라는 이란으로부터 지원받은 수백 발의 로켓포를 발사했고 이스라엘인 160여 명이 숨졌다. 2000년대 들어 2023년 10월7일 하마스가 이스라엘을 대대적으로 공격한 '알아끄사Al-Aqsa 홍수 작전'이 발생하기 전까지는 이스라엘이 헤즈볼라나 하마스와 충돌해서 가상 많은 희생자를 기록했을 때가 2006년 헤즈볼라와의 전쟁 때였다. 당시 예상보다 피해가 커지면서 이스라엘 정부가 매우 당혹스러워했고, 물밑에서 헤즈볼라와의 협상을 적극적으로 진행했다는 분석도 있다. 물론 레바논에서는 이스라엘의 대규모 공습으로 이스라엘보다 훨씬 더 많은 1,000명 이상이 사망했다.

이스라엘의 안보 전문가들은 헤즈볼라의 전투력이 하마스보다 훨씬 더 우수한 것으로 평가한다. 특히 2006년 전쟁 이후에도 이란으로부터 꾸준히 무기와 자금을 지원받아, 무기의 질도 좋고, 이란군이나 이란이 지원하는 무장단체들과 함께 이라크, 시리아 일대에서 이슬람국가(IS) 퇴치 작전에도 참여해 실전 경험이 크게 향상한 것으로 본다.

헤즈볼라의 영향력과 조직력은 코로나19 때도 드러났다. 헤즈볼라는 코로나19 확산이 본격화되던 2020년에는 의사 1,500여 명과 간호사 3,000여 명을 동원해 수도 베이루트와 남부를 중심으로 대규모 방역 활동을 펼쳤다. 레바논 정부의 방역 활동이 딱히 두드러지지 않은 상황에서 펼쳐진 헤즈볼라의 이런 조치는 국제적인 주목을 받았다.

레바논 사람들은 프랑스의 영향을 많이 받았다. 아랍권에서 가장 교육열이 높고 서구 스탠더드에도 익숙한 나라로 통한다. 그래서 사우디아라비아, 아랍에미리트, 카타르 등 아랍권 석유 부국에서는 많은 레바논인이 기업인, 교수, 언론인, 의사, 엔지니어 등으로 활동한다. 그리고 이들 중 대부분이 레바논과 헤즈볼라에 대한 이야기가 나오면 "이게 나라냐"라는 식의 반응을 보인다.

다양한 종파가 섞여 있어 레바논이 늘 갈등 상태고 오랜 내전에 이스라엘과의 전쟁을 겪으며 나라가 엉망이 됐다고는 하나, 무장정파가 정치권에서 가장 막강한 영향력을 발휘하는 게 황당하다는 뜻이다. 또한 무장정파가 자체적으로 이스라엘과 전쟁하고, 코로나19 팬데믹 상황에서는 방역도 주도했다는 게 이상해도 너무 이상하다는 것이다.

탈레반, 헤즈볼라, 하마스는 이처럼 군사적으로 영향력이 막강하고 정치, 사회, 경제에서도 존재감이 분명하기 때문에 이들을 바라보는 시각을 더더욱 '테러조직'에서 '무장정파', 혹은 정확히는 '테러까지 감행하는 극단주의 성향의 무장정파'로 바꾸는 게 적합하다. 이런 관점은 현지 정세와 외교·안보 이슈, 특히 무력 충돌이 발생할 때 사태를 제대로 이해하는 데 중요한 키 포인트가 될 수 있다.

여기서 잠깐. 이슬람국가(IS)*에 대해서도 짚고 넘어가야 한다. 어찌 보면 중동의 극단주의 성향 조직 중 이슬람국가(IS)만큼 유명세를 치른 경우도 드물다.

이슬람국가(IS)는 2014년 6월부터 2017년까지 3년 이상 이라크와 시리아 영토의 일부를 장악하고 국가를 선포했다. 비록 짧은 시간이었지만 이슬람국가(IS)가 자칭 이슬람 근본주의 국가를 선포한 뒤 벌인 행태는 여전히 큰 충격으로 남아 있다.

이슬람국가(IS)는 탈레반은 저리 가라고 할 수준의 악행을 저질렀다. 말 그대로, 21세기에는 상상하기도 힘든 국가 운영 및 영토 확장이란 이유로 수없이 많은 전쟁과 테러를 저질렀다. 여성을 노예처럼 부리며 인권을 탄압했으며, 타 종교를 믿는 사람들을 잔혹하게 처벌했다. 또한 문화재 파괴를 일삼고 이교도 여성은 아예 노예로 거래하는 엽기적인 만행도 저질렀다. 당연히 전 세계가 경악했다. 심지어 하마스, 헤즈볼라, 탈레반도 이슬람국가(IS)의 행태에 충격을 받았다는 게 정설이다.

카타르 도하에서 만났던 팔레스타인 출신의 하마스 지지자는 "서방 언론들은 종종 하마스와 헤즈볼라를 이슬람국가(IS)와 별 차이 없이 보는 것 같다. 하마스와 헤즈볼라도 폭력적이기는 하지만 이슬람국가(IS)와는 다르다. 이슬람국가(IS)는 정말 폭력배, 폭력 집단 그 이상, 이하도 아니다"라고 목소리를 높였다.

인남식 국립외교원 교수는 "이슬람국가(IS)는 제도권 안에서

---

* Islamic State of Iraq and the Levant, ISIL이나 Islamic State of Iraq and Syria, ISIS 로도 불렸다. 이라크와 시리아 일대가 거점이었기 때문이다.

이슬람국가(IS) 깃발

조금이라도 합법적인 정치 활동을 하지 않았다. 말 그대로 폭력적 극단주의 집단Violent Extremist Group, 그냥 테러조직일 뿐이다"라고 말했다.

한 이스라엘인은 농담 반, 진담 반 이렇게 말했다.

"하마스와 이슬람국가(IS) 모두 악랄하고, 테러조직이다. 하지만 그래도 다르다고 생각한다. 내가 두 조직 중 하나의 포로가 되어야만 한다면 고민 없이 하마스를 선택하겠다."

실제로 미국을 포함해 이슬람국가(IS)를 형식적으로나마 협상 파트너로 인정한 국가는 없었다. 단순히 보면 비슷한 것 같지만 탈레반, 하마스, 헤즈볼라 등과는 인식이 분명히 달랐다.

중동, 나아가 전 세계적으로 테러조직이 국가를 선포하여 경영한 곳은 이슬람국가(IS)뿐이다.

절대다수의 평범한 무슬림들은 이슬람국가(IS)에 대해서는 언급하는 것조차 꺼릴 정도로 반감이 강하다. 두려움을 넘어서 "저런 놈들 때문에 무슬림과 이슬람이 국제사회에서 온갖 편견에 시달리는 것이다" "이슬람국가(IS)란 이름부터 아주 모욕적이다"라고 입을 모은다.

대부분의 무슬림은 이슬람국가(IS)를 지칭할 때 '다에시Daeshi'라는 말을 쓴다. 다에시는 'Islamic State of Iraq and Syria', ISIS를 아랍어로 옮긴 뒤 다시 앞글자만 따서 순서대로 배열해서 발음할 때 나오는 단어다. 국가라는 의미가 빠질 뿐만 아니라, 아랍어로 '짓밟다' '짓밟는 자' 등의 의미를 담은 '다샤'와도 발음이 비슷하다. 매우 부정적인 의미가 담겨 있는 것이다. 넓게는 '폭력배'라는 의미도 부여할 수 있다. 한마디로, 다에시는 이슬람국가(IS)를 비하하고 경멸하는 의미로 쓰이는 단어다. 이슬람국가(IS)도 다에시라는 말을 자신들에 대한 모욕과 경멸로 받아들였다. 중동에서 취재하던 시절에도 이슬람국가(IS)와 관련된 이야기가 나오면, 최대한 다에시라는 용어를 썼다.

이 과정에서 "무슬림들의 정서를 잘 아시는군요" "중동 취재를 열심히 하셨군요" "악의적인 의도는 아니지만 적잖은 비이슬람권 기자들이 이슬람국가(IS)라는 표현을 너무 고민 없이 쓰는 것 같아요"라며 칭찬 아닌 칭찬을 듣기도 했다.

실제로 중동 국가의 외교부나 국방부 등 안보 관련 부처 관계자들은 공식적인 자리에서도 이슬람국가(IS)를 지칭할 때 다에시라고 표현한다. 미국과 유럽 외교관 및 기자들도 중동 사람들과 대화할 때 이슬람국가(IS)를 다에시로 부르는 경우가 많았다.

이슬람국가(IS)의 테러와 만행이 어느덧 외교가와 언론의 뜨거운 관심에서 멀어졌다. 잔당 혹은 추종 세력의 소규모 테러는 아직 사라지지 않았지만, 이슬람국가(IS)란 '거악'은 일단 붕괴됐다고 볼 수 있다.

이슬람국가(IS)는 이제 '현실'이 아닌 '과거'가 되어가고 있다. 이슬람국가(IS)는 비록 와해되었지만, 적어도 외교, 언론, 학계 등 전문가 그룹에서는 끊임없이 이슬람국가(IS)의 탄생, 성장, 몰락에 대해 연구할 필요가 있다고 본다.

이슬람국가(IS), 그들은 도대체 어떤 목적에서, 누구를 위해 그런 만행을 저질렀을까? 또 그들은 누구를 위한 '국가(State)'였을까? 이슬람국가(IS)와 비슷한 성격과 목표를 지닌 '넥스트 이슬람국가(IS)'가 탄생하지는 않을까?

☾ 시시콜콜 마즐리스

이스라엘 외교부와 국방부, 정보기관 '모사드Mossad'는 하마스와 헤즈볼라 관련 이슈를 다룰 때 북한도 예의주시한다. 이스라엘 측은 "북한산 무기가 하마스와 헤즈볼라에 흘러 들어가고 있다"는 증거가 많다고 입을 모은다. 또한 이들은 하마스와 헤즈볼라가 이스라엘 국경을 넘기 위해 파는 땅굴 기술이 북한으로부터 전수됐을 가능성이 높다는 이야기도 자주 한다.

한국에도 모사드 관계자가 파견근무 중이고 북한 무기와 군사 기술을 파악하는 것이 주된 업무 중 하나로 알려져 있다.

이스라엘 외교관들도 기회가 있을 때마다 한국 기자, 안보 전문가, 외교관들에게 북한산 무기와 군사 기술의 확산, 특히 중동 국가로의 확산에 대한 우려를 강조한다.

이스라엘 외교관과 외교·안보 전문가들은 한국과 북한 간 갈등에 대해서도 궁금해하는 점이 많다. 그중 하나는 북한의 도발이 있을 때 '한국의 반격'이다.

가령, 연평도 포격, 천안함 사태 등 북한의 명백한 무력 도발에 왜 한국이 제대로 된 대응을 하지 않느냐는 것이다. 이스라엘은 하마스, 헤즈볼라 등의 공격이 있으면 원점 타격하는 것을 원칙으로 삼는다. 무장정파의 로켓포 도발에 F-16 전투기까지 동원해 공격하는 경우가 다반사다.

이스라엘의 시각으로는 아무리 북한이 핵무기와 장거리 미사일을 대거 보유하고 있더라도 한국이 강하게 반격하지 않는 것이 이상해 보일 수밖에 없다.

2) '이스라엘판 9·11 테러' 이스라엘과 팔레스타인은 공존할 수 있을까

2023년 10월 7일, 하마스가 이스라엘에 대대적인 공격을 감행했다. 속보를 처음 접했을 땐 별다른 의미 부여를 하지 않았다. 있을 수 있는 일이라 생각했다.

하지만 이스라엘 사망자가 100명을 넘어서고 계속 증가한다는 속보를 접하면서 "큰일이 났네"라는 혼잣말이 나왔다. 또 이스라엘과 팔레스타인 분쟁의 새로운 국면이 열리는구나 하는 생각이 들었다.

이스라엘에서는 하마스의 이번 공격으로 2023년 12월 말 기준 1,200여 명이 숨졌다. 하마스 보건부에 따르면 가자지구에서는 2만 명이 넘는 사람이 숨졌다. 또 240여 명(인질의 국적은 이스라엘, 미국, 태국 등 다양하다)이 인질로 하마스에 잡혀갔다. 이 중 많은 수는 아직도 잡혀 있다.

이스라엘이 하마스나 헤즈볼라 같은 '반이스라엘 무장정파'의 공격으로 이렇게 많은 사망자를 낸 건 처음이다. '이스라엘판 9·11

테러'라는 이야기가 나오는 배경이다. 아이언돔^{Iron Dome} 으로 대표되는 첨단 방공망, 모사드로 대표되는 막강한 정보력을 갖춘 이스라엘이 너무나도 허무하게 하마스의 공격에 뚫린 것에 전 세계가 놀랐다.

이스라엘은 "하마스를 궤멸시키겠다"라고 강조하며 대규모 지상전을 펼치고 있다. 그리고 하마스가 완전히 사라질 때까지 선생을 멈추지 않겠다고 선언했다. 베냐민 네타냐후 이스라엘 총리는 "하마스에게는 항복과 죽음 외에는 선택이 없다"라고 밝혔다.

'이스라엘판 9·11 테러'의 원인

하마스가 이번에 이스라엘을 상대로 대규모 공격을 감행한 이유는 무엇일까?

가장 현실적인 이유로는 이스라엘과 아랍권의 화해 분위기를 깨기 위한 것이 꼽힌다. 최근 이스라엘과 아랍권 사이에서는 2020년 8월 아브라함 협정을 계기로 조금씩 화해 분위기가 조성되고 있었다. 이스라엘과 사우디아라비아 간의 외교 정상화 움직임도 나타났다.

'반이스라엘'이 가장 중요한 가치인 하마스로서는 좌시할 수 없는 변화였다. 고립, 나아가 존립 기반의 위협으로 받아들일 만한 변화였다. 결국 하마스는 대규모 이스라엘 공격을 통해 다음과 같은 변화를 원했다고 보는 게 타당하다.

하마스의 이스라엘 공격 → 이스라엘의 대규모 반격 → 팔레스타인 민간인 피해 급증 → 아랍권의 반이스라엘 정서 고조 →

실제로 이스라엘의 보복 공격으로 가자지구 내 팔레스타인 민간인의 피해가 커졌다. 이에 하마스에 대해 비판적인 아랍 국가의 지인(외교관과 교수 등)들도 이제는 한결같이 이스라엘에 대한 비난의 목소리를 강하게 낸다. 이들은 하마스의 대안 없는 활동, 민간인 공격에 대해 여전히 매우 부정적이다. 다만, "이스라엘이 더 심하다" "1,200명이 희생됐다고 2만 명 넘게 희생시킬 권리는 없다"라는 식의 반응을 보인다.

사실, 아랍 국가에서 이스라엘과 팔레스타인 갈등은 긴 이야기가 필요하지 않은 이슈다. 특히 지금처럼 가자지구에서 민간인 피해가 커지는 상황에서는 아랍권의 반이스라엘 감정은 통제 불가능하다.

일단 하마스의 목표는 성공한 듯하다. 이미 이스라엘과 국교를 정상화한 아랍에미리트, 바레인, 이집트, 요르단, 모로코도 이스라엘의 가자지구 공습을 비판하는 목소리를 냈다. 사우디아라비아, 오만, 카타르, 쿠웨이트도 마찬가지다. 적어도 당분간은 이스라엘의 가자지구 공격에 대한 아랍권의 반감과 냉랭함은 계속될 수밖에 없다.

차원이 다른 분노

아랍권과 이스라엘 간, 화해 분위기가 아니더라도 이번 전쟁은 '언제든 발생할 수 있는 전쟁'이었다. 하마스의 존재 목표 때문이다. 하마스의 존재 목표를 한 줄로 요약하면 결국 '이스라엘을 궤멸시킨

팔레스타인 지지 메시지를 담은 카타르 도하의 건물들(필자 개인 촬영, 2023년 10월 말)

'가자지구 전쟁' 발발 직후 카타르에서는 이스라엘에 저항한 팔레스타인 여성의 실화를 다룬 영화 상영 행사가 열렸다
(필자 개인 촬영, 2023년 10월 말).

카타르 도하의 복합 문화시설인 '카타라Katara'에 설치된 팔레스타인 영화제를 알리는 홍보물.
카타르 도하에서는 '가자지구 전쟁' 발발 이후 다양한 팔레스타인 지지 행사가 열렸다(필자 개인 촬영, 2023년 10월 말).

뒤, 이슬람 국가를 설립한다'라는 것이다.

물론 베냐민 네타냐후 현 이스라엘 총리가 2022년 12월 재집권한 뒤 극우 정당들과 연정을 꾸리며 임용된 인사들(베잘렐 스모트리히 재무부 장관, 이타마르 벤그비르 국가안보부 장관 등)의 팔레스타인과 아랍권을 자극하는 언행이 과거에 비해 상당히 과격해진 것도 사실이다.[*] 하지만 이스라엘에 온건파 정부가 집권한다고 하마스의 공격이 없어지거나, 약해질 가능성은 높지 않다고 본다. 심하게 말하면, 하마스는 절대로 이스라엘과 같은 하늘에 공존할 수 없다.

그렇다면 하마스와 관련 없는 대다수의 팔레스타인 사람은 이스라엘과 공존할 수 있을까?

중동에서 특파원과 연수를 하며 적잖은 팔레스타인 사람을 만났다. 팔레스타인 사람들은 아랍권에서 교육열이 높기로 유명하다. 팔레스타인 사람들 사이에선 희망 없는 팔레스타인(가자지구, 서안 모두)을 벗어나 안정적으로 직장을 구하고 생활하려면 '능력'이 중요하다는 인식이 확실히 자리잡고 있다.

어려운 환경 속에서도 적극적으로 자식들 교육에 투자하려는 성향이 강하다. 요르단처럼 팔레스타인 출신이 많이 사는 나라에선 부유층 자녀들이 진학하는 국제학교와 사립학교를 제외하고는 팔레스타인 학생이 많은 학교가 공부를 많이 시키고, 잘하는 학교라는 인식까지 있을 정도다. 팔레스타인 출신 중 사우디아라비아, 카타르, 아랍에미리트 같은 부유한 산유국에서 교수, 의사, 엔지니어, 금융인 등으로 활동하는 사람은 수두룩하다. 미국이나 유럽에서 활동하는 아랍 사람 중에도 팔레스타인 출신은 많다.

---

[*]   이와 관련된 자세한 내용은 5장 '3) 베냐민 네타냐후의 귀환'에서 다룬다.

이처럼 안정적인 직장에서 일하거나, 전문직인 팔레스타인 사람 중 많은 수는 하마스를 싫어한다. 그런데도 이들의 이스라엘에 대한 분노는 또 다른 차원이다. 이스라엘 사람 개개인에 대한 증오와 민간인 공격에는 분명히 반대하더라도 '이스라엘이란 나라 혹은 집단'에 대해선 어떻게 해서든 부정하려 한다.

팔레스타인 사람들의 정서를 100% 이해한다고 할 수는 없지만 나 스스로도 "팔레스타인과 이스라엘이 공존할 수 있을까" 하는 의문을 많이 던졌다. 지금도 이 의문에 대한 답은 모르겠다.

점점 멀어지는 '두 국가 해법'

한때 국제사회는 '두 국가(2국가) 해법Two-State Solution'에 기대를 걸었다. 1993년 당시 이츠하크 라빈Yitzhak Rabin 이스라엘 총리와 야세르 아라파트Yasser Arafat 팔레스타인 해방기구 의장이 노르웨이 오슬로에서 '오슬로 협정Oslo Accords'을 발표하며 활발히 논의했던 공존 방법이다. 서안과 가자지구에 대한 팔레스타인 자치권을 인정하고 2개의 나라(이스라엘, 팔레스타인)를 세우는 것을 지향한다는 내용이다.

그러나 이츠하크 라빈 총리는 2년 뒤 이스라엘 극우파에게 암살당했다. 팔레스타인 내부에서도 두 국가 해법에 반대하는 의견이 적잖았다. 이스라엘은 오슬로 협정 뒤에도 계속해서 서안을 중심으로 정착촌을 확대해가며 '영토 넓히기, 팔레스타인 지우기 전략'을 구사했다.

2023년에 과연 두 국가 해법에 기대를 거는 사람이 있을까? 그렇다면, 두 국가 해법이 아닌 다른 대안은 있을까? 개인적으로 가까운 한 아랍 나라의 대사급 전직 외교관은 "이스라엘의 정착촌 확장

정책이 완벽하게 폐기되지 않는 이상 두 국가 해법은 조금도 실현 가능성이 없다"라고 잘라 말했다.

'중동의 화약고'는 정말 '세계의 화약고'인가

하마스와 이스라엘 간의 이번 전쟁으로 중동은 원래도 그랬지만 너 심각한 '화약고'가 되어가는 듯하다. 그동안 하마스를 꾸준히 지원한 이란의 개입을 둘러싼 갈등이 심해지고 있기 때문이다. 이스라엘은 하마스의 이번 공격 직후부터 '이란 개입'을 주장했다. 이란은 하마스에 군사적, 재정적 지원을 꾸준히 해왔다. 하마스의 2023년 10월 7일 공격에 직접 개입하지는 않았더라도 큰 범주에서는 개입했다고 보는 게 적절한 것 같다.

하마스의 가자지구 내 땅굴이 북한의 군사용 땅굴과 비슷하다는, 북한산 무기가 이란을 거쳐 하마스에 전달됐다는 주장도 계속 제기된다. 가자지구에서의 전쟁이 큰 틀에서는 한반도 이슈와도 연관될 수 있는 부분이다.

이스라엘과 팔레스타인 중 누구를 지지하는지를 떠나 모두가 우려하고 있는 것은 '중동 전쟁의 확전'이다. 반이스라엘 국가이며 중동에서 가장 막강한 군사력을 갖춘 나라 중 하나인 이란의 직접 개입으로 이스라엘-하마스 전쟁이 전체 중동으로 확산하는 상황은 상상만으로도 끔찍하다.

이란은 이스라엘의 본격적인 가자지구 공격이 시작된 직후부터 '레드라인을 넘지 말라'라는 메시지를 발표했다. 그리고 이스라엘의 가자지구 내 지상군 투입이 크게 확대된 2023년 10월 29일에는 대통령이 나서서 경고 메시지를 날렸다.

당시 에브라힘 라이시Ebrahim Raisi 이란 대통령은 소셜미디어 X(옛 트위터)를 통해 "시오니스트(유대 민족주의) 정권의 범죄가 레드라인을 넘었다. 이것이 모두를 행동하게 만들 수 있다"라고 밝혔다. 그는 또 "미국은 우리에게 아무것도 하지 말라고 압박하지만 그들은 계속 이스라엘에 광범위한 지원을 하고 있다"고 덧붙였다.

아직 이란의 직접적인 개입 움직임은 보이지 않는다. 그러나 여전히 '이란의 대리인'인 헤즈볼라의 개입 가능성이 있다. 이미 헤즈볼라는 2023년 10월 7일 이후 꾸준히 이스라엘을 향해 로켓포를 쏘는 식의 도발을 감행하고 있다.

헤즈볼라는 하마스보다 훨씬 너 체계적이고, 파격적인 이란의 지원을 받아왔다. 이미 15만~20만여 기의 로켓과 미사일을 보유한 것으로 알려져 있다. 특히 헤즈볼라는 시리아 내전, 이슬람국가(IS) 퇴치 작전 등에서 이란 혁명수비대의 최고 정예부대 쿠드스군Quds Force과 공동으로 작전을 수행한 적도 많다. 그만큼 제대로 된 실전 경험도 풍부하다는 뜻이다.

앞에서 설명했지만, 헤즈볼라는 2006년 7월부터 34일간 이스라엘과 전쟁을 벌이며, 이스라엘을 곤혹스럽게 만든 경험도 있다. 당시 이스라엘에서는 군인을 중심으로 160여 명이 사망했다. 이스라엘은 '헤즈볼라를 궤멸시키겠다'라고 강조했지만, 결과적으로 실패했다. 그리고 이스라엘의 공습으로 레바논에서는 1,000명 이상의 민간인 사망자가 발생했다. 당연히 국제사회에서 이스라엘은 크게 비난받았다.

헤즈볼라, 나아가 아랍권에서는 2006년 이스라엘과 헤즈볼라 간 전쟁을 '헤즈볼라가 승리한 전쟁'으로 받아들이는 경우가 많다.

일단 헤즈볼라가 이스라엘의 공언과 달리 궤멸은커녕 여전히 건재하기 때문이다. 또 당시 이스라엘군Israel Defense Forces, IDF의 공격 과정에서 수많은 민간인이 사망했다. 하지만 헤즈볼라의 공격으로 인한 이스라엘 사망자는 거의 군인이었다. 아랍권에서는 당시 상황을 두고 헤즈볼라가 정당성 면에서도 앞선 전쟁이었다고 평가한다.

가자지구는 '가자 지옥'이 되는 것일까

이스라엘은 가자지구를 향한 공격 수위를 계속 높여가고 있다. 대규모 이스라엘 지상군이 투입됐고 하마스 관련 지상 시설은 대다수 파괴된 상황이다. 이스라엘은 하마스의 땅굴 파괴에도 공을 들이고 있다. 또, 하마스가 가자지구 내 대형 병원들을 군사시설로 활용한다며 이 병원들을 포위하고 공격하고 있다.

　가자지구에 거주하는 평범한 사람들의 삶은 말 그대로 '지옥'이다. 일상이 지옥으로 가는 경계로 노출돼 있다. 이스라엘 쪽으로의 탈출은 불가능하다. 이스라엘이 막고 있기 때문이다. 같은 아랍권인 이집트로 탈출하는 것도 현재로서는 불가능하다. 이집트는 하마스 대원들의 입국, 팔레스타인 난민 유입과 이로 인한 자국 영토의 '가자지구화'를 우려한다. 그래서 팔레스타인 사람들에 대한 인도적 지원을 언급하면서도 이들을 받아들이는 건 어렵다며 분명한 선을 긋고 있다. 말 그대로 230만여 명에 이르는 가자지구 일반 주민은 완전히 고립됐다.

　이스라엘이 가자지구를 완전히 장악한다고 해도 문제는 해결되지 않는다. 이미 하마스 최고 정치 지도자인 이스마일 하니예Ismail Haniyeh를 포함한 지휘부는 해외로 피신해 있다. 하마스 완전 궤멸에 필요한 핵심 조치(최고 지도자 체포 또는 사살)를 가자지구 장악으로 해결할 수 없는 상태인 것이다. 다만, 이스라엘은 2024년 1월 2일 레바논 수도 베이루트 외곽에 머물고 있던 하마스 전체 서열 3위의 정치 지도자 살레흐 알아루리Saleh al-Arouri를 드론을 이용해 사살했다. 가자지구 밖에서도 하마스 지휘부 제거 작전을 진행 중인 셈이다. 가자지구를 장악한 다음, 혹은 하마스를 제거한 이후 어떻게 가자지구를 관리할지에 대한 설명도 없다.

인구 밀도가 높고 건물이 촘촘히 들어서 있는 가자지구에서의 시가전은 이스라엘 군인들에게도 지옥이다. 또 가자지구에서의 지상전은 480km 이상 되는 땅굴에서도 신행되어야만 한다. 어떤 면에선 지상의 시설은 하마스의 핵심 시설이 아니다. 하마스의 중요한 시설은 모두 땅굴 속에 있다. 미군과 러시아군도 각각 이라크와 체첸 등에서 과거 시가전을 펼치던 중 큰 피해를 보았다. 이스라엘의 가자지구 지상전도 예외일 수는 없다.

슬프지만 적어도 2024년 1월 초 기준 가자지구가 어떤 형태로든 '가자 지옥'이 되지 않도록 막을 방법은 딱히 없어 보인다.

☾ 시시콜콜 마즐리스

이스라엘과 하마스의 전쟁이 벌어지면서 '여론전'도 만만치 않다. 전쟁 초기 이스라엘은 하마스가 공격하는 과정에서 40명의 영유아를 죽였다고 강조했다. 하마스와 아랍권에선 이스라엘이 사망자 중 정확하게 민간인과 군인이 각각 얼마나 되는지를 밝히지 않는 것에 대해 문제를 제기했다. 한마디로 '군인 사망자가 민간인 사망자보다 훨씬 많은데 이스라엘이 이를 구체적으로 안 밝힌다'라는 것이다.

이스라엘은 하마스가 병원과 종교 시설 안, 혹은 근처에 무기를 숨기고 지휘센터를 마련하기도 한다며 비판한다. 반면, 하마스와 아랍권에서는 이스라엘이 의도적으로 병원이나 종교 시설 인근을 공격하는 것이라고 주장한다.

이스라엘과 팔레스타인 간의 화해, 아니 공존은 정말 가능한 것일까? 양측의 서로를 향한 증오와 분노를 멈추는 건 가능한 일일까?

3) 대통령을 공개 비난하는 '정부 위의 군대', 이란 혁명수비대

페르시아 문명의 발상지, 고대 유적지가 수없이 많은 나라, 석유와 천연가스 매장량에서 모두 각각 세계 '톱5'에 들어가는 나라, 이슬람 시아파의 종주국, 중동 국가 중 혁명을 통해 왕정을 무너뜨린 나라, 중동 국가 중 드물게 넓은 곡창지대와 평야를 갖춘 나라, 중동에서 가장 미사일 기술이 발달한 나라, 핵무기 개발에 관심이 많은 나라, 북한과 외교적으로 가까운 나라, 중동에서 가장 적극적으로 주변국에 대한 영향력을 행사하며 '지역 패권국'을 지향하는 나라, 미국이 사실상 40년간 직간접적으로 봉쇄했지만, 여전히 버티고 있는 나라…….

바로 이란이다.

사우디아라비아, 튀르키예와 함께 '중동의 대국'으로 꼽히는 이란을 이해하는 데 도움이 되는 키워드는 많다. 또 정치, 경제, 문화 등 여러 분야에서 다양한 방식으로 접근해 이해할 수 있다.

하지만 2024년, 지금 이란이라는 나라를 이해하는 데 있어 가장 핵심 혹은 중심부에 놓고 생각해야 할 것은 무엇이냐고 묻는다면 아무래도 '이란 혁명수비대Islamic Revolutionary Guard Corps, IRGC'를 꼽아야 할 것 같다. 혁명수비대는 이란 내부는 물론이고, 이란 밖의 다양한 중동 이슈에서 매우 자주 등장한다.

정부 위의 정부

혁명수비대는 '세계의 화약고'인 중동뿐 아니라, 국제사회에서도 많은 주목을 받는 군사 조직이다. 40년간 지속된 미국과의 갈등에서 최전선에 섰고 이웃 국가인 사우디아라비아, 이스라엘 등과도 자주 충돌하고 있다.

하지만 중동에 대해 어느 정도 지식이 있는 사람이라면 그 누구도 혁명수비대를 '그냥 군대' 혹은 '특수한 군대'로 여기지 않는다. 사실상 이란에서 가장 영향력이 큰 집단, 더 노골적으로는 '정부 위의 정부'로 표현하거나 인식하는 경우가 많다.

혁명수비대는 '이란 이슬람 혁명'Iranian Revolution으로 왕정 체제가 무너진 세 달 뒤인 1979년 5월 탄생했다. 현지에서는 이란어로 '수호군'을 뜻하는 '파스다란Pasdaran'으로도 불린다.

친미 성향으로 세속주의를 지향했던 팔라비Pahlavi 왕조를 무너뜨린 시아파 지도자로 이란의 국가 최고지도자에 오른 아야톨라*Aya-tollah* 루홀라 호메이니Ruhollah Khomeini를 중심으로 한 혁명 세력이 "이슬람 공화국 체제를 보호하려면 정규군과 별도의 군사 조직이 필요하다"며 혁명수비대를 만들었다. 총사령관 등 주요 간부들은 지금도

---

*　'알라(신을 의미)의 증거'라는 의미로 통상 이슬람 시아파의 최고 성직자를 표현할 때 사용되는 호칭이다.

이란 시아파의 최고 성직자 겸 국가 최고지도자인 아야톨라가 직접 임명한다.

혁명수비대는 육해공군, 특수 작전 및 해외 작전을 담당하는 정예부대 '쿠드스군Quds Force*', 민병대 조직 '바시즈Basij' 등 크게 5개 단위로 나뉜다. 전체 병력 규모는 12만 5,000~15만 명 정도로 추정된다. 40만 정규군의 3분의 1 수준이다.

이란 헌법은 혁명수비대의 역할을 '쿠데타 및 외국 간섭을 방어하고 이슬람 체제를 수호한다'고 규정한다. 정규군은 국내 질서 유지 및 국경 방어를 담당한다.

쉽게 말해, '이슬람 체제 수호'를 위해서는 자국 정규군조차 혁명수비대의 제어 대상이 될 수 있다. 미국, 사우디아라비아, 바레인처럼 이란을 주적으로 여기는 나라들이 혁명수비대를 테러조직으로 지정한 이유는 그만큼 이란에서 혁명수비대의 위상과 영향력이 막강하다는 의미이기도 하다.

이슬람 수호라는 명분으로

이란에서 혁명수비대의 힘은 얼마나 셀까? 이란은 종교 지도자인 국가 최고지도자와 대통령을 중심으로 한 신정 공화정이라는 독특한 정치 체제를 지향한다. 신정 체제를 지향하는 국가답게 '이슬람 수호'라는 명분은 그야말로 모든 일에 개입할 수 있는 초법적 권한을 지닌다. 국민이 선거로 뽑은 행정수반인 대통령도 혁명수비대에

---

*　쿠드스는 아랍어로 예루살렘을 의미한다. 쿠드스군에는 이교도인 이스라엘이 차지하고 있는 예루살렘을 탈환하겠다는 의미도 담겨 있다.

게는 '아랫사람' '거리낌 없이 강도 높게 비판할 수 있는 사람'이다.

혁명수비대는 '초강경파'로 분류된 마무드 아마디네자드 Mahmoud Ahmadinejad 전 대통령이 집권하던 2005~2013년 세력을 대폭 불렸다. 외교·안보 정책을 더욱 적극적으로 주도했고, 헌법이 정규군 업무로 규정한 국내 질서 유지도 사실상 이들의 관할로 넘어갔다. 그 계기는 마무드 아마디네자드 전 대통령이 재선에 성공한 2009년 6월 대선이었다. 부정선거 논란이 심했던 탓에 같은 해 12월까지 전국 곳곳에서 반정부 시위가 이어졌다. 혁명수비대는 집권층 내부의 우려에도 유혈 진압을 통해 시위를 끝냈다.

이 과정에서 당시 모하마드 알리 자파리 Mohammad Ali Jafari 총사령관과 마무드 아마디네자드 대통령은 격렬하게 충돌했다. 독일 〈dpa〉 등이 공개한 위키리크스* 문건에 따르면 2010년 초 두 사람은 혁명수비대의 유혈 진압을 두고 언쟁을 벌였다. 이 과정에서 격분한 모하마드 알리 자파리가 마무드 아마디네자드의 얼굴을 가격한 것으로 드러났다. 군사 사령관이 언쟁을 벌이다 화가 나 대통령을 폭행할 수 있고 그런 일을 벌여도 제재가 전혀 없었다는 점은 쉽게 이해하기 힘든 부분이다. 그러나 이란에서는 현실에서 일어난 일이었다. 모하마드 알리 자파리는 2007년 9월부터 2019년 4월까지 무려 12년간 총사령관을 지냈다.

2015년 미국을 중심으로 한 서방 5개국과 핵 합의를 체결한 '온건파' 하산 로하니 Hassan Rouhani 전 대통령과 모하마드 자바드 자리프 Mohammad Javad Zarif 전 외교부 장관 등 고위 인사들에 대해서도 혁명수

---

* 내부고발 전문 인터넷 언론매체로, 정부와 기업, 단체의 불법·비리 등 비윤리적 행위를 알린다는 목적으로 설립되었다. 정부나 기업 등의 비윤리적 행위와 관련된 비밀문서를 공개하는 웹사이트다(Wikileaks.org).

비대는 노골적으로 반대 목소리를 냈다. 이들의 반발은 트럼프 행정부 시절이던 2018년 5월 미국이 이란과의 핵 합의를 일방적으로 깼을 때 극에 달했다. 당시 모하마드 알리 자파리 총사령관은 "정부가 서방이라는 외부의 힘에 의존했던 게 문제"라며 로하니 정부의 정책을 정면으로 비판했다.

2019년 2월 바샤르 알아사드Bashar Al-Assad 시리아 대통령이 2011년 내전 발생 후 처음으로 이란을 방문했을 때도 혁명수비대의 영향력은 주목받았다. 당시 바샤르 알아사드 대통령이 이란 국가 최고지도자인 아야톨라 알리 하메네이Ali Khamenei, 하산 로하니 대통령과 회담할 때 모하마드 자바드 자리프 장관 대신 가셈 솔레이마니Qasem Soleimani 쿠드스군 사령관* 이 배석했기 때문이다.

이란의 '중동 지역 외교'는 외교부보다 혁명수비대의 권한과 영향력이 훨씬 더 큰 것으로 여겨진다. 이란 전문가인 메흐란 캄라바Mehran Kamrava 미국 조지타운대 카타르 캠퍼스 국제지역학연구소장은 "이란의 외교 전략을 이해하는 과정에서 가장 기본적이며, 핵심적인 건 외교부뿐 아니라 혁명수비대도 외교 업무를 다룬다는 점이다. 특히 혁명수비대는 이라크, 시리아처럼 이란과 가까운 나라들에 대한 외교 업무를 많이 담당한다"라고 강조했다. 중동 외교관들도 "이란의 중동 지역 외교는 사실상 혁명수비대의 업무"라고 평가한다.

혁명수비대는 한국과의 외교 갈등을 주도한 적도 있다. 2021년 1월 4일 한국인 5명을 포함해 선원 20명이 탄 한국케미호가 오만 인

---

* 2020년 1월 미국의 드론 공격으로 이라크 바그다드 국제공항에서 사망했다.

근 호르무즈해협에서 환경오염을 일으켰다는 이유로 혁명수비대 해군에 붙잡혔다. 이때 선원들은 억류됐다. 이란 정부는 환경오염을 문제로 지적했지만, 외교가에서는 '한국이 미국의 이란 제재를 따르느라 이란에 지급하지 못하고 있는 원유 수출 대금 60억 달러를 돌려받기 위한 압박 작업이다'는 분석이 지배적이었다.

당시 억류되었던 선원들의 신변에 문제가 생기지는 않았지만, 한국에서는 당시 정세균 국무총리를 비롯해 외교부의 고위 관계자들이 이란을 방문하는 등 선원들의 석방을 위해 적잖은 노력을 기울였다.

유명 기업들을 보유한 '공기업 재벌'

이란 혁명수비대는 군사 조직이지만 경제력도 막강하다. 어떤 면에서는 거대 대기업 그룹을 연상시킨다.

정확한 자료는 공개되지 않았으나 혁명수비대가 직접 소유하거나 간접적으로 경영에 참여하는 국영 및 민간 회사가 이란 경제의 상당 부분을 차지하는 것으로 알려져 있다. 일각에선 이란 국내총생산GDP의 최대 30%에 달할 것이란 분석도 나온다.

건설·에너지사 '하탐 알안비야Khatam al-Anbiya', 석유·천연가스업체 '오리엔탈오일키시Oriental Oil Kish', 자동차업체 '바흐만그룹Bahman Group', 건설사 '하라Hara' 등 이란 유명 기업이 혁명수비대 관할이라는 점은 공공연한 비밀이다. 특히 하탐 알안비야는 철도, 항만, 도로 등 주요 인프라 사업을 독식하는 것으로 알려져 있다.

미국이 2019년 4월 혁명수비대를 테러조직으로 지정하고, 이를 토대로 광범위한 자금 추적과 각종 사업 거래를 못 하게 막은 이유도 여기에 있다. 혁명수비대와 이란 정치권의 고위 관계자들이 출처를 알 수 없는 막대한 돈을 주무르는 만큼 이들의 돈줄부터 차단해야 이란의 강경 노선을 약화할 수 있다는 의미다.*

미국의 이런 조치는 이란 사회, 특히 젊은 세대를 중심으로 팽배해 있는 혁명수비대에 대한 반감을 키우려는 의도도 담고 있다. 반미 전략으로 나라 경제가 휘청거리고, 석유아 천연가스, 고대 문화재, 뛰어난 자연경관 등 보유한 자원도 활용하지 못하는 정부에 대한 이란 젊은 세대의 반감은 크다. 또 혁명수비대는 이란 내부에서 부를 독차지하고, 민간 경제의 자유로운 성장을 방해 혹은 제한하는 부정부패와 탐욕의 아이콘으로도 여겨지는 경우가 많다.

해외에 거주하는 상당수 이란인은 "혁명수비대가 반서방, 반개방 노선을 고수하는 이유는 신앙 때문이 아니다. 시장을 개방하면 유명 외국 기업이 이란에 진출해 자신들이 소유한 회사와 경쟁할 것을 우려하기 때문이다. 저들은 '이슬람 수호'란 명목 하에 자신들의 배만 불린다"고 목소리를 높인다.

한마디로, 서방과의 대화를 거부하는 것은 이란이 폐쇄된 상태로 있어야 자신들이 더 많은 경제적 이익을 취하기 때문이지 애국심이나 신앙 때문이 아니라는 뜻이다.

혁명수비대의 수준급 전투력

혁명수비대가 외교, 정치, 경제 등 사회 각 분야를 주무른다고 해

---

* 바이든 정부가 집권한 뒤 이란과 미국의 핵 협상이 재개됐다. 그리고 혁명수비대를 테러조직 리스트에서 제외하는 건 중요한 협상 안건으로 다뤄졌다.

이란 이슬람 혁명'을 통해 지금의 이란 정치체제를 만든
루홀라 호메이니와 이란 국기를 그린 벽화(사진: 지인 제공)

이란의 반미 메시지, 과거 미국 대사관 담벼락(사진: 지인 제공)

이란 반미 벽화(구기연 서울대 아시아연구소 연구교수 제공)

서 본연의 군사 역량이 뒤떨어지는 것도 아니다. 이란이 사정거리 2,000km 수준의 미사일을 대거 보유한 중동 내 최대 미사일 강국이라는 점에서도 혁명수비대의 역량이 드러난다. 중동 내 미군 기지는 물론이고 사우디아라비아, 아랍에미리트, 이스라엘 등 미국의 주요 우방국을 모두 사정거리 안에 두고 있다. 언제든지 치명적인 대규모 공격이 가능하다.

가장 최근 혁명수비대의 실력이 드러났던 때는 이슬람국가(IS)를 퇴치할 때였다. 2014년 이라크와 시리아에서 국가를 선포한 이슬람국가(IS)는 2017년까지 상당한 군사 역량을 보유했다. 당시 미국과 프랑스 등 서방은 자국 군인들의 인명 피해를 우려해 지상전 개입은 사실상 하지 않았다. 공군력을 동원해 공격에 나섰지만 큰 효과를 보지 못했다.

혁명수비대는 이와 달리 지상군을 직접 투입했다. 자신들의 이웃 국가이며 시아파 인구 비중이 높은 이라크와 시리아에서 영향력을 확대하기 위한 조치였다.

당시 이슬람국가(IS) 퇴치에 나선 쿠드스군의 구성원들은 본인들도 직접 싸웠을 뿐 아니라 이라크와 시리아의 현지 시아파 민병대도 체계적으로 교육했고, 이들을 적극적으로 지휘했다. 쿠드스군으로부터 군사 훈련을 받고 무기 지원까지 받은 현지 민병대는 이슬람국가(IS) 퇴치에 뛰어난 능력을 발휘했다. 미국 워싱턴의 아랍걸프국가연구소The Arab Gulf States Institute in Washington에 따르면 혁명수비대는 시리아와 이라크에서 벌어진 이슬람국가(IS)와의 전투 과정에서 600여 명의 대원을 잃었고, 사망자 중 지휘관*도 많았지만 일전一戰을 멈추지 않았다.

2017년 이후 이슬람국가(IS)는 사실상 궤멸 상태다. 한 외신 중동 전문기자는 "쿠드스군 대원들은 열악한 환경 속에서도 민병대를 단기간에 체계적으로 훈련시켰다. 본인들이 직접 나선 전투에서도 강경하게 이슬람국가(IS)와 맞섰다. 이슬람국가(IS) 퇴치 과정에서 혁명수비대와 시아파 민병대들은 상당한 공을 세웠다"고 전했다.

군사 외교 전문가들은 "중동에서 혁명수비대보다 확실히 나은 역량을 갖춘 군대는 이스라엘군 정도다. 사우디아라비아 등 아랍권

---

* 　장교들을 의미한다.

3장 아직은 '세계의 화약고'

산유국들은 넘쳐나는 오일 달러를 바탕으로 최신식 무기는 많이 확보했지만, 실제 이를 운용할 수 있는 역량과 실전 경험은 부족하다"라고 분석한다.

혁명수비대는 2019년 9월 사우디아라비아 석유 시설 공격의 배후라는 의혹도 받고 있다. 이란의 지원을 받는 예멘 반군인 후티 Houthi가 "드론을 이용해 공격했다"라고 밝혔지만, 중동에서는 이란이 주도한 공격이었다는 평가가 지배적이다. 사태 직후 사우디아라비아와 미국 등은 이란이 주도했다며 반발했었다.

실제로 혁명수비대는 공격용 드론 개발과 운용 역량 높이기에 많은 공을 들여왔다. 드론은 천문학적 비용이 필요한 미사일과 전투기 등에 비해 값싸고 운용이 쉬울 뿐 아니라 파급 효과도 엄청나다. 미국이 주도하고 있는 제재로 경제적 어려움이 크고, 첨단 무기 수입도 용이치 않은 이란으로서는 드론이 비용 대비 효과가 좋은 무기라고 보는 것이다.

1980년대부터 드론을 개발한 이란은 최근 5,000m 고도에서 1,000~3,000km까지 정밀 타격할 수 있는 공격용 드론도 개발한 것으로 알려졌다. 이란이 우크라이나 전쟁에서 고전 중인 러시아에 공격용 드론을 제공하고 있다는 것도 사실로 확인됐다. 또 군사 강국인 러시아에서도 이란산 드론의 성능이 괜찮다는 평가가 나오고, 러시아가 계속 공급을 원한다는 분석도 많다.

이란판 '내로남불 사태'의 원흉

혁명수비대를 보는 이란 사람들의 인식은 상당히 복합적이다.

이란 전문가로 현지를 자주 찾는 구기연 서울대 아시아연구소 연구교수는 이란인 중에서도 보수 이슬람 성향이 강하고 상대적으로 교육이나 소득 수준이 떨어지는 사람일수록 혁명수비대에 긍정적인 성향을 보이며 교육 수준이 높을수록 반감이 강하다고 분석했다. 실제로 이란 안팎에선 혁명수비대가 사회적 불만이 고조되고 폭발하는 것을 막기 위해 경제적 어려움을 겪는 서민층(사회 다수를 차지)을 적극적으로 자신들이 운영하는 기업체에 고용하는 전략을 취해오기도 했다는 분석도 나온다.

반면, 상대적으로 숫자가 적은 고학력 계층에서는 혁명수비대 때문에 이란이 국제적으로 왕따를 당하고 있다거나 혁명수비대 때문에 이란이 경제적으로 발전하지 못한다는 인식이 강하다.

반미, 반서방을 외치는 혁명수비대와 종교계 고위 관계자들의 자식 중 일부가 미국과 유럽에서 공부하고, 현지에서 자유롭고 풍족하게 생활하는 점도 이란 사회에서 큰 논란이 되고 있다. 일종의 이란판 '사회지도층의 내로남불 사태'다.

2022년 1월 초에는 가셈 솔레이마니 사령관의 사망 2주기 무렵, 그의 딸인 제납 솔레이마니Zeinab Soleimani가 미국 기업 애플의 최신형 스마트폰을 가지고 있는 것이 알려져 상당한 논란이 됐다. 미국을 원수로 여겼고, 미국과 대립하다 미국의 공격으로 사망한 혁명수비대 최고위급 지도자의 딸이 미국을 상징하는 기업이라고 할 수 있는 애플의 최신 스마트폰을 사용한다는 것은 아이러니다. 특히 당시 이란에서는 국가 최고지도자인 알리 하메네이가 "값비싼 미국산 스마트폰을 사지 말라"고 당부한 일도 있어 더욱 논란이 됐다.

친정부파, 반정부파 할 것이 없이 황당해하며 비판의 목소리를 높였다. 제납 솔레이마니가 애플 스마트폰을 들고 있는 모습을 담은 사진은 소셜 미디어에서 계속 퍼졌다. 현지에서 애플의 신형 아이폰 가격은 이란 서민 월수입의 10배에 달하기에 서민들의 불만과 허탈감도 상당했다.

☾ 시시콜콜 마즐리스

해외로 파병되는 혁명수비대 병사 중에는 '아프가니Afghani*'가 꽤 많다. 이란에는 1980년대 구소련의 침공, 탈레반의 1차 집권(1996~2001년), 2001년 '9·11 사태' 뒤 미국의 침공**을 겪으며 전쟁을 피해 이주해 온 아프가니스탄인이 많다.

이들은 사실상 전쟁 난민이다. 또 상당수는 이란에서 이른바 '3D 업종'에 종사한다. 이란에 사는 아프가니스탄 출신 중에는 마약 거래 등 범죄 행위에 노출된 사람도 많다. 이처럼 어려운 사정에 놓여 있기에 적지 않은 이란 거주 아프가니스탄 사람들이 군대에 입대하고, 나아가 힘들고 위험한 역할을 담당하는 해외 파병에 지원한다. 안정적인 직업을 얻기 위해 입대와 해외 파병을 일종의 '경제적 기회' '사회적 지위를 높일 기회'로 받아들인다. 입대, 특히 해외 파병의 경우 더 많은 봉급을 받을 수 있고, 기여가 클 경우 이란 국적을 취득하는 것도 쉬워진다. 당연히 아프가니스탄 출신 병사들은 힘든 역할을 담당하고, 혁명수비대 안에서도 위험한 일을 맡을 수밖에 없다. 반면, 이란 정부 입장에서는 '아프가니'들이 사망하거나 다쳐도 정치적 부담이 덜하다. '이란인'이 아니기 때문이다.

상대적으로 자유롭게 발언할 수 있는 해외 거주 이란인, 그중

---

*   아프가니스탄 사람이라는 뜻이다.

**   9·11 사태를 일으켰던 극단주의 무장단체 알카에다의 지도자였던 오사마 빈 라덴을 당시 아프간을 통치하던 탈레반 정부가 보호하고 있었다

에서도 특히 교육 수준이 높은 사람일수록 혁명수비대를 비판할 때 '아프가니 병사 문제'를 언급하는 이가 많다. 이 사람들은 아프가니들의 해외 파병에 대해 "현대판 용병이다" "이란 정부의 행태가 부끄럽다" "국제사회에 더 알려야 할 문제다" "이란 정부의 낮은 인권 의식을 보여주는 사례다"라고 목소리를 높인다.

4) 이란의 전략무기 '시아벨트'

이란 혁명수비대의 핵심 프로젝트 중에서 중동 정세에 큰 영향을 주는 것은 무엇일까? 아니, 이란 혁명수비대가 가진 가장 위험한 무기는 무엇일까? 대부분은 핵무기 개발과 장거리 미사일을 통한 위협을 꼽는다. 최근에는 다양한 공격용 드론을 언급하기도 한다. 하지만 중동 정세를 이해하는 과정에서 이란이 주변 나라들에 끼치는 위협을 핵무기, 미사일, 드론에만 초점을 맞춰서 생각하는 건 다소 단순한 접근이다.

핵무기보다 더 현실적인 무기

이란의 핵무기는 북한의 핵무기와 달리 아직 완성된 상태가 아니다. 현재 주변국들이 이란으로부터 받는 가장 실질적인 위협은 이라크, 시리아, 레바논 등 이른바 '시아벨트Shia Belt*'에서의 정치·군사 영향력이다.

---

*   시아 초승달Shia Crescent 지대로도 불린다.

레바논의 시아파 마을에 설치되어 있는 이란 최고지도자의 사진(이경수 한국외대 중동연구소 연구원 제공)

이란은 1980년에서 1988년까지 이라크와의 전쟁을 겪은 이후 큰 피해를 보았고, 미국과의 관계 악화로 인한 고립도 심해졌다. 이에 따라 이란은 자국 땅에서 전쟁이 발생하는 것을 최대한 방지하고 탈출구를 마련하기 위해 다양한 외교·안보 전략 수립에 나섰다. 이 중 시아벨트에서의 영향력 확장이 핵심이다.

이라크, 시리아, 레바논처럼 인근에 있으면서 정치·사회적으로 혼란을 겪고 이슬람 시아파 인구가 많은 중동 나라의 정치와 안보에 조직적으로 개입하는 것이 시아벨트 전략의 핵심이다. 구체적으로, 현지에 있는 시아파 정치인과 무장정파, 언론사, 종교인 등을 지원하고 자국 군대를 파견하기도 했다. 특히 재정적 지원을 적극적으로 한다. 이를 통해 그 나라의 정치와 외교·안보 전략을 이란에 유리하고 우호적으로 바꾸는 시도를 계속하고 있다.

중동 국가들의 종파별 동맹

　　이란의 시아벨트 전략은 나름대로 성공을 거뒀다. 레바논에서 가장 영향력이 큰 정치세력으로 꼽히는 무장정파 헤즈볼라가 이란의 시아벨트 내 영향력을 보여주는 대표적인 사례다. 헤즈볼라에 대한 이야기가 나올 때마다 자주 언급되는 표현이 있다. '친이란 시아파 무장정파'라는 표현이다. 헤즈볼라의 자금, 무기, 전투 요원 훈련 등을 이란이 지원한다는 것은 이미 잘 알려져 있다.

　　이란은 가자지구의 하마스*에 대해서도 비록 시아파 무장정파

＊　　구성원 다수가 수니파다.

가 아니지만 이스라엘 견제 차원에서 많은 자금과 무기를 지원하고
있다.

이라크와 시리아에서 이슬람국가(IS)가 활개를 칠 때도 이란은
현지의 시아파 무장단체들을 지원했고, 자국 군인들도 파병했다. 사
실상 중앙정부와 정부군이 제 역할을 하지 못하는 이라크와 시리아
에서는 이란이 이슬람국가(IS) 퇴치에 상당히 기여한 것으로 볼 수
있다.

사우디와 이스라엘을 모두 떨게 하는 전략

여기서 중요한 점이 있다. 이란과 경쟁 혹은 적대 관계에 있는 이스
라엘과 사우디아라비아가 시아벨트로 불리는 나라들과 국경을 맞
대고 있거나 인접해 있다는 것이다.

바꿔 말하면, 이란과의 관계가 급격히 악화될 때 이 나라에 위
치한 이란 군대나 친이란 무장정파들이 언제든지 무력 도발을 감행
할 수 있다는 뜻이다. 더 나아가, 시아벨트가 이란의 잠재적 군사 영
향력이 남유럽과 지중해까지 미칠 수 있게 하는 발판으로 작용할 수
도 있다는 분석이 나온다.

헤즈볼라의 경우를 보자. 2006년 이스라엘 병사를 납치한 뒤 이
스라엘군이 보복하자 여기에 다시 로켓포 등을 발사하며 맞섰다. 무
장정파가 세계적으로도 인정받는 전투력을 자랑하는 이스라엘군과
무려 34일간 전쟁을 치를 만큼 만만치 않은 실력을 보여줬다.

또 이란은 이스라엘과 가깝고 적대적인 관계인 시리아에도 자
국 군대의 기지를 만들었다. 당연히 이스라엘은 이란군이 시리아에
서 주요 무기나 병력을 배치하는 움직임을 보일 때 전투기를 동원해

폭격하며 강하게 대응한다. 이란의 시아벨트 전략에 대한 이스라엘의 걱정과 반감을 엿볼 수 있는 대목이다.

버락 오바마, 도널드 트럼프, 조 바이든 대통령을 거치며 이란의 핵무기 개발을 억제하는 것이 미국 외교·안보 분야 '1순위 과제' 중 하나다. 특히 바이든 행정부는 과거 오바마 행정부가 체결했던 이란 핵 합의를 복원하는 데도 관심이 많았다.* 이란 역시 오바마 행정부 시절 때와 달리 현재는 보수 강경파가 집권해 과거보다 핵 합의 복원에 대한 관심이 적다는 분석이 많지만, 극심한 경제난을 감안할 때 무작정 미국과의 협상을 거부하거나 반대할 수만은 없다.

결국 바이든 행정부가 이란과 핵 협상을 진행할 경우 시아벨트 전략 역시 중요한 의제로 다뤄질 것이란 전망도 나왔다. 오바마 행정부 시절에는 미국이 이란과 협상하면서 시아벨트 이슈를 심각하게 다루지 않았다는 평가가 많다. 당연히 당시 이스라엘, 사우디아라비아, 아랍에미리트의 불만은 엄청났다.

다음은 이란 전문가인 메흐란 캄라바 미국 조지타운대 카타르 캠퍼스 국제지역학연구소장의 말이다.

"당시 버락 오바마 대통령과 존 케리John Kerry 국무부 장관은 이란의 시아벨트 전략을 심각하게 바라보거나, 집중적으로 다루지 않았다. 오히려 그들은 선거(개혁을 바라는 이란인들의 의지 반영)와 장기적인 외교 정책을 통해 이란의 온건파가 계속 정권을 잡으면 중동 지역에서의 전략도 바뀌고, 궁극적으로는 대서방 정책도 변화시킬 수 있다고 생각했던 것 같다."

---

* 바이든 행정부는 집권 초기부터 이란 핵 협상을 중요하게 다뤘지만 현재까지는 내세울 만한 성과는커녕 눈에 띄는 중간 결과물도 없다..

반면, 반反이란 성향이 강했던 트럼프 행정부는 이란의 시아벨트 전략을 심각하게 다뤘다. 이스라엘, 사우디아라비아, 아랍에미리트 등도 적극적으로 시아벨트의 심각성을 강조했다. 트럼프 행정부 시절 도널드 트럼프 대통령, 존 볼턴John Bolton 백악관 국가안보보좌관, 마이크 폼페이오Mike Pompeo 국무부 장관은 여러 차례 이란의 '지역 활동Regional Activities*'을 중동의 안정을 해치는 문제로 기떠혔다.

트럼프 행정부는 2020년 1월 3일 시아벨트 전략을 기획·지휘하는 핵심 인물 중 하나인 가셈 솔레이마니 당시 이란 혁명수비대 쿠드스군 사령관을 이라크 바그다드 국제공항에서 드론으로 공격해 살해했다. 이 과정에서 관련 정보를 이스라엘 정보부인 모사드가 제공했다는 이야기도 나온다. 미국이 가셈 솔레이마니를 살해한 것은 이란, 특히 혁명수비대와 시아벨트 전략에 대한 경고 메시지를 전달한 것이나 다름없었다.

그런 만큼, 향후 미국의 대이란 외교, 나아가 향후 중동 정책을 살펴볼 때는 이란의 핵무기 개발 못지않게 시아벨트 전략에 대한 메시지나 대응도 눈여겨볼 필요가 있다.

미국이 이란의 시아벨트 전략에 대한 적극적인 문제 제기에 나설 경우 핵 협상은 난항을 겪을 가능성이 높다. 완성되지 않은 핵무기와 달리 시아벨트 전략은 상당 부분 완성됐고 성과도 나오고 있기 때문이다. 시아벨트 전략을 반미 성향이 강한 이란 혁명수비대가 주관하고 있다는 것도 중요한 포인트다.

다만, 이란의 시아벨트 전략에 다소 변화가 생기는 것 아니냐는 전망도 나온다. 2023년 3월 사우디아라비아와 이란이 7년 만에 외교

---

* 시아벨트 전략을 의미한다.

관계를 복원하기로 한 것에 따른 분석이다. 두 나라는 중국 베이징에서 중국 정부의 중재 아래 대화를 나눴고 2016년 1월 단절됐던 외교 관계를 복원하기로 했다.

사우디아라비아와 이란은 2016년 1월 사우디가 자국 내 시아파 고위 지도자들을 대거 체포하고, 일부에 대해 사형을 집행하자 이란 내 보수 시아파 세력이 주이란 사우디아라비아 대사관과 총영사관을 공격하며 '단교 사태'를 맞이했다.

사우디아라비아의 싱크탱크인 킹 파이잘 이슬람연구센터King Faisal Center for Research and Islamic Studies의 조셉 케시시안Joseph Kéchichian 수석연구위원은 "사우디아라비아와 이란은 2년간 이번 협상을 진행했다. 이 과정에서 헤즈볼라 같은 친이란 무장정파 지원 문제에 대해 강도 높게 토론했을 것이다. 사우디아라비아가 이란과 외교 관계를 복원하기로 한 것을 감안할 때, 두 나라가 이 문제에 대한 합의점을 어느 정도 찾았다고 해석할 수 있다. 다만, 현실에서는 목표 달성(이란이 실제로 친이란 무장정파들에 대한 지원을 줄이는 것)이 쉽지 않은 문제이기 때문에 향후 가장 예의주시해서 살펴봐야 할 사항"이라고 말했다.

☾ 시시콜콜 마즐리스

이란의 시아벨트 전략과 주변국에 대한 영향력은 미국, 정확히는 조지 W. 부시George W. Bush 대통령 시절(2001년 1월~2009년 1월)의 중동 정책이 완전히 실패했다는 것을 보여주는 사례로 꼽힌다.

이란, 이라크, 북한을 '악의 축'으로 규정지었던 부시 행정부는, 2003년 대량살상무기 개발과 테러조직 지원 등을 이유로 이라크를 침공했다. 그리고 사담 후세인 정권을 비교적 쉽게 무너뜨렸다.

하지만 이라크에 '서구식 민주주의'를 이식해 '중동의 제대로 된 민주주의 국가'로 만들고, 주변 나라에도 이런 모델을 확산시키겠다는 전략은 전혀 성공하지 못했다. 미국의 영향력 아래에서도 이라크는 부족, 종파 간 갈등, 나아가 이슬람국가(IS)의 등장으로 나라 전체가 극심한 내전 상태로 빠져들었다.

이 과정에서 이라크 내 정치권과 여론은 이란에 힘을 실어주었다. 같은 시아파이며 지역 대국이기 때문이다. 1980년대에 8년간 전쟁을 치렀던 적대 국가 이란이 이라크에서 더욱 환영받고 영향력을 키울 수 있게 됐다는 것 자체가 아이러니다. 그 배경에 이란을 주적으로 여기고 40년간 다양한 형태로 제재해온 미국이 있다는 것은 더 큰 아이러니다.

5) 사우디는 왜 네옴 프로젝트와 서부 개발에 나섰을까

2023년 2월 19일 오후 1시 사우디아라비아 수도 리야드의 네옴Neom 체험관. 사우디아라비아 건국 이래 최대 개발 사업으로 꼽히는 '네옴 프로젝트'의 이모저모를 홍보하는 시설이다.

네옴의 상징으로 꼽히는 직선 도시 '더 라인The Line'은 길이 170km, 너비 200m에 이르는 초대형 건물 2개로 세워진 직선 도시다. 더 라인이 연상되는 현대적 디자인의 건물 안으로 들어가자, 미디어월이 펼쳐졌다. 네옴 프로젝트가 추진되고 있는 사우디아라비아 북서부 타북Tabuk 주와 홍해 인근의 과거, 현재, 미래 모습을 다양한 영상으로 보여줬다. 앞으로 만들어질 각종 인프라의 모습을 담은 조감도와 모형들도 많았다.

　체험관을 둘러보고 있는 사람은 그리 많지 않았다. 대부분 양복이나 비즈니스 캐주얼 차림을 한 얼핏 봐도 업무를 위해 방문한 사람들이었다. 일반 관광객으로 보이는 이들은 거의 없었다. 재미있는 건 체험관 직원 대부분이 타북 주 출신이라는 것이다. 네옴 체험관 관계자는 이를 두고 정확하고 자세한 정보를 방문객들에게 전달하기 위한 조치라고 말했다.

　K팝과 방탄소년단을 좋아한다며 간단한 한국어로 인사를 하는 직원들도 있었다.

　앞으로 홍해 쪽이 많이 달라질 것 같다고 말하자, 네옴 체험관 직원들은 "사우디아라비아 서부가 완전히 변화하고 있다. 네옴 프로젝트는 물론이고 다른 대형 개발 사업들도 서부 지역에서 진행되고 있다"고 강조했다.

서부 거점 지역에도 불어오는 개발 바람

워낙 사업 규모가 크다는 점 때문에 네옴 프로젝트에 쏠리는 관심은 절대적이다. 하지만 네옴 체험관 직원의 말처럼 사우디아라비아 서부에서는 네옴 프로젝트 외에도 스포트라이트를 받는 개발 사업이 여럿 있다.

　사우디아라비아 정부가 자국의 대표 관광지로 개발 중인 알울라도 북서부에 있다. 사우디아라비아는 이슬람의 3대 성지 중 하나인 메디나에도 2억 달러 이상을 투자해 상업, 엔터테인먼트, 의료 시설 등이 어우러진 복합단지를 개발할 계획이다. 이 외에도 알 바하Al Baha, 아시르Asir, 타이프Taif 등 사우디아라비아가 향후 적극적으로 개발을 추진할 것이라고 밝힌 지역 중 많은 수가 서부에 있다.

사우디아라비아는 왜 서부 개발에 유독 관심을 가지는 것일까? 중동 외교관과 전문가들은 무함마드 빈 살만 알 사우드 왕세자의 시대가 개막되면서 서부 개발에 대한 본격적인 관심도 시작됐다고 입을 모은다.

일단 국내적으로는 국영 에너지 기업인 아람코의 본사의 주요 연구개발, 생산시설이 대거 몰려 있는 동부에 비해 서부가 인프라 측면에서 낙후돼 있다는 게 큰 이유다. 사우디아라비아의 유전과 가스전은 대부분 동부에 자리잡고 있다. 그러다 보니 석유와 천연가스 관련 시설도 자연스럽게 동부에 생겨났다. 동부의 거점 도시인 다란과 담맘은 '아람코의 도시'라고도 할 수 있다. 전력과 담수화 관련 시설 역시 동부에 설치했다. 석유와 천연가스 시설들을 개발, 가동하기 위해서는 전력과 담수화처럼 기본적인 산업 인프라에 대규모로 투자하는 것 역시 필요했기 때문이다. 김종도 고려대 중동이슬람센터장은 "그동안 사우디아라비아로서는 경제, 산업 측면에서 일단 동부를 먼저 생각할 수밖에 없는 구조였다"고 말했다.

반면, 서부는 제2의 도시이며 메카와 메디나 성지순례의 관문 격인 제다 외에는 경제 활동의 중심지라고 할 만한 곳이 없었다. 제다를 중심으로 메디나와 메카로 이어지는 고속철도를 빼고는 특별히 눈에 띄는 인프라도 없다.

한국 대기업에 다니는 한 사우디아라비아인은 "사우디아라비아 사람들 사이에서도 서부는 동부에 비해 낙후돼 있다는 이미지가 강하고 실제로 인프라도 부족한 편이다. 균형 개발과 새로운 성장동력 확보 차원에서 서부에 관심을 가져야만 하는 상황"이라고 말했다.

네옴 전시관(필자 개인 촬영)

네옴 전시관 내부(필자 개인 촬영)

사우디아라비아 서부는 동부나 중부보다 상대적으로 오아시스와 고원 지대가 많아 기후가 좀더 온화하고, 자연경관이 뛰어나다는 점에서 관광 산업 측면의 성장 가능성도 두드러진다.

주적에게서 더 멀어지기 위해

안보 측면에서 사우디아라비아가 서부 개발에 더 공을 들이고 있다는 분석도 많다.

동부의 경우 중동에서 지역 패권, 이슬람 종파(수니파, 시아파), 정치 체제(왕정, 신정 공화정)를 두고 경쟁 중인 '주적' 이란과 밀접해 있다. 걸프만이란 좁은 바다를 두고 이웃해 있는 두 나라는 국제사회에서 대표적인 앙숙, 라이벌로 꼽힌다.

수니파 종주국인 사우디아라비아 입장에서는 자국 인구의 약 5~7%를 차지하며 왕실과 정부의 '수니파 우선 정책'에 불만이 많은 시아파 국민이 대부분 이란과 가까운 지역에 거주한다는 게 부담이다. 이란의 선전전에 쉽게 노출될 수 있고, 대규모 시위 등도 과거 발생했기 때문이다.

특히 동부가 국부인 석유와 천연가스 생산의 중심지라는 것을 감안하면 불안감은 더욱 커진다. 이란과 대규모 충돌이 발생할 경우 지리적으로 가까운 동부 지역부터 공격에 전면 노출될 가능성이 높기 때문이다. 이란은 사정거리 2,000km 수준의 장거리 미사일을 대거 개발했고, 공격용 드론도 다량 보유 중이다. 사우디아라비아와 군사적 충돌이 발생한다면, 가까운 거리에 있는 다란과 담맘 등 동부 지역을 집중적으로 공격할 수 있는 역량이 충분한 것이다.

이희수 한양대 문화인류학과 명예교수는 "사우디아라비아에는 동부의 석유와 천연가스 시설이 대거 파괴되는 것보다 더 두려운 건 이 지역의 전력과 담수화 시설이 공격당하는 것이다. 여름철에 물과 전기 공급이 중단되거나 크게 줄어든다는 건 사우디아라비아로서는 상상하기도 힘든 끔찍한 상황"이라고 말했다.

사우디아라비아는 2019년 9월 동부 지역을 향한 이란의 타격이 얼마나 치명적인지를 경험했다. 이란의 지원을 받는 에멘의 후디 반군(사우디아라비아는 예멘 정부군 지원)이 이란제로 추정되는 미사일과 드론으로 아람코의 아브까이끄의 원유 탈황·정제 시설을 공격했기 때문이다. 이러한 공격으로 사우디아라비아의 일일 석유 생산량은 한때 정상 수준의 절반 정도로 떨어졌다.

당시 사우디아라비아에선 소규모 공격이었는데도 석유 생산에 큰 차질이 빚어진 것에 놀랐다.

이란을 견제하기 위해 이스라엘과 손잡아

아랍권 국가 중에서도 정치·경제적으로 가장 가까운 나라 중 하나인 이집트, 이란 견제를 위해 최근 수년간 빠르게 가까워지고 있는 이스라엘과 지리적으로 가깝다는 것도 서부 개발에 사우디아라비아가 팔을 걷어붙인 이유로 꼽힌다.

이스라엘과의 관계 개선은 무함마드 빈 살만 알 사우드 왕세자가 전면에 등장한 이후 나타난 큰 변화 중 하나다. 공식적으로 외교 관계를 맺은 것은 아니지만 무함마드 빈 살만 알 사우드 왕세자는 이스라엘과의 공존을 여러 차례 공개적으로 언급했다. 확실한, 좀더 심하게는 무조건적인 친팔레스타인 행보를 보였던 이전 사우디아라비아 국왕들과는 달리 '현실론'을 인정한 것이다.

그러던 2020년 8월, 미국 중재 아래 아랍 국가와 이스라엘 간의 외교 정상화를 추진하는 내용을 담은 이른바 '아브라함 협정'이 체결됐다.[*] 그리고 걸프 지역 아랍 산유국 중 사우디아라비아와 가장 가까운 나라로 꼽히는 아랍에미리트와 바레인이 이스라엘과 정식으로 외교 관계를 정상화했다. 중동 외교가에선 사우디아라비아의 동의 아래 두 나라가 이스라엘과 손을 잡았다고 본다. 두 나라 모두 사우디아라비아가 중심이 돼 결성한 정치·경제 연합체인 걸프협력회의의 회원국이다. 중동 외교가 관계자는 "사우디아라비아에 대한 안보 의존도가 높은 바레인이 이스라엘과 수교하는 것처럼 획기적인 일을 자체적으로 결정하기는 힘들다. 사우디아라비아의 확실한 동의가 있었을 것"이라면서 "중·장기적으로는 사우디아라비아도 이스라엘과의 수교를 포함해 협력 수준을 높여나갈 가능성이 높을 것"이라고 전망했다.

사우디아라비아는 이스라엘과 관계 개선, 나아가 수교를 추진하는 과정에서 군사 교류, 협력도 확대할 가능성이 높다. 무엇보다 아이언돔으로 잘 알려진 이스라엘의 미사일 방어 체제 기술을 도입하는 데 관심을 보일 전망이다. 이란의 미사일 공격을 효과적으로 막기 위한 목적이다. 이 외에도 이스라엘과 다양한 군사 협력을 추진하려면 지리적으로 가까운 서부 지역을 개발하는 게 유리하다. 다만, 사우디아라비아와 이스라엘의 협력, 나아가 수교는 2023년 10월 하마스의 도발로 발생한 '가자지구 전쟁' 때문에 당분간은 쉽지 않을 전망이다.

---

[*] 아브라함 협정과 관련된 자세한 내용은 3장 '7) 영원한 적도, 친구도 없다(1): 아브라함 협정'에서 다룬다.

이집트의 경우 인구 1억 명이 넘는 아랍권의 '인구 대국'이다. 또 사우디아라비아에는 오래전부터 이집트인이 많이 거주한다. 이집트에선 석유와 천연가스가 적게 생산돼 경제적으로 어렵다 보니 '돈 많은' 이웃 국가인 사우디아라비아로 일종의 '취업 이민(다만, 산유국들은 시민권이나 영주권은 거의 안 준다)'을 온 경우다.

사우디아라비아에는 200만 명이 넘는 이집트인이 거주 중이며 이들의 직업은 의사와 엔지니어 같은 전문직부터 교사, 공공기관과 기업의 중간관리자, 단순 서비스업 종사자까지 다양하다. 대규모 인프라 건설과 관리에 필요한 인력을 이집트로부터 안정적으로 확보할 수 있다는 것도 사우디아라비아 서부 지역의 장점이다.

또 네옴 프로젝트 내 첨단 산업단지로 바다 위에 떠 있는 옥사곤에서 생산되는 기술과 제품을 수출하는 데도, 수에즈 운하를 보유하고 있고 아라비아반도, 북아프리카, 지중해를 잇는 지역에 위치한 이집트는 활용 가치가 높다.

불편한 나라로부터는 멀어지고, 우호적인 나라와는 더 가까워지려는 목적이 담긴 사우디아라비아의 서부 개발 프로젝트. 이 나라가 가지고 있는 '안보'와 '경제'라는 '두 마리 토끼'를 잡으려는 고민을 상징적으로 엿볼 수 있는 이슈다.

6) 이란 vs UAE, 공존을 택한 앙숙

"형제국의 안보는 우리의 안보다. UAE(아랍에미리트)의 적은, 가장 위협적인 국가는 이란이고, 우리의 적은 북한이다."

윤석열 대통령이 2023년 1월 15일 아랍에미리트 순방 중 현지에 파병된 국군 아크부대를 방문한 자리에서 한 발언이다.

윤석열 대통령의 발언 이후 당연하게도 한국과 이란의 외교 관계는 냉각됐다. 이란 외교부는 "비외교적 발언을 심각하게 지켜보고 평가한다. 한국 측 설명을 기다린다"며 강하게 항의했다. 한국과 이란은 서로 상대국 대사를 초치招致*했다. 한국 정치권에서도 "외교 참사다"(민주당), "기본적으로 맞는 사실관계다"(국민의 힘)라는 주장이 맞서며 논란을 빚었다.

아랍에미리트 연방 수립 때부터 이란과는 '불편한 사이'

결론부터 말해, 이란-아랍에미리트 관계에는 긴장감이 감돈다. 두 나라 간에는 여러 갈등이 있었고, 현재도 진행형이다. 물론 두 나라는 정식으로 외교 관계를 맺고 있다. 인적, 물적 교류도 활발하다. 하지만 이란과 아랍에미리트는 영토, 정치 체제 등 여러 가지 복합적 이유로 갈등을 겪는 사이다.

두 나라 간 갈등은 1971년 11월 아랍에미리트가 영국의 협정국 가에서 완전한 독립 국가로 자리매김하는 과정에서부터 시작됐다. 당시 영국군이 걸프만에서 철수하며 아랍에미리트 연방이 수립됐다. 아랍에미리트는 아부다비와 두바이를 중심으로 샤르자, 라스알카이마, 푸자이라, 움알쿠와인, 아즈만 등 총 7개 토후국으로 이뤄진 연방국이다.

연방 구성 과정에서 발생한 혼란을 틈타 이란은 라스알카이마

---

* 주재국 정부가 외교사절을 불러 견해를 전달하는 것을 말한다.

가 지배하던 소툰브Lesser Tunb와 대툰브Greater Tunb, 샤르자가 지배하던 아부무사Abu Musa 등 총 3개 섬을 '원래 우리 영토였다'고 주장하며 점령했다. 전쟁이나 군사 충돌은 없었다. 그러나 엄연한 영토분쟁의 시작이었다. 이 분쟁은 현재진행형이다. 이란과 아랍에미리트는 기회가 있을 때마다 서로 이 섬들의 영유권을 주장하는 목소리를 내며, 상대방을 강하게 비난하다

영토 분쟁 못지않게 두 나라의 정치 체제 차이도 이란–아랍에미리트 관계를 긴장시키는 원인으로 꼽힌다. 1979년 '이란 이슬람 혁명'이 일어나며 세속주의를 지향하던 팔레비 왕조가 무너지자, 아랍에미리트를 비롯해 주변 아랍 왕정 산유국들은 충격을 받았다.

더욱이 이란은 이 같은 '혁명 경험'을 주변국의 시아파 무장정파, 언론, 종교인 등을 통해 전파하려 했다. 시아파가 많고, 내부 정세가 불안한 나라인 이라크, 시리아, 레바논의 경우에는 이란의 이야기에 귀기울였다. 시아파 맹주가 된 이란은 국익에 맞게 이 나라들의 정치와 외교·안보 정책을 조정하기 시작했다. 유사시에는 현지 무장정파들을 이용해 무력 충돌을 일으키는 일도 있다. 앞에서도 설명한 이른바 시아벨트 전략이다.

아랍에미리트와 이란 간 직접적인 군사 충돌은 없었지만, '대리전'은 있었다. 장소는 예멘이었다. 예멘은 2010년 12월 튀니지에서 시작된 '아랍의 봄'(아랍 국가 국민들의 독재 반대 시위)을 겪으며 2012년 2월부터 정부군(수니파)과 후티 반군(시아파) 간 내전이 발생했다. 아랍에미리트는 사우디아라비아가 2015년 3월 주도한 수니파 아랍 동맹군에게 참여하며 예멘 정부군을 지원했다.

반면, 이란은 후티 반군을 지원한다. 이러한 충돌 속에서 후티 반군은 사우디아라비아와 아랍에미리트의 공항, 석유 플랜트 등 각

종 국가 기반시설을 드론과 미사일을 이용해 공격한 적도 있다. 후티 반군의 아랍에미리트와 사우디아라비아를 대상으로 한 도발 배후에는 이란이 있다는 분석이 많다.

아랍에미리트는 미사일이 무섭고, 이란은 돈이 무섭다

아랍에미리트 전 국토는 이란의 미사일과 드론에 노출되어 있다. 이란은 사정거리 2,000km 수준의 미사일을 대거 개발·생산한 중동 내 '미사일 최강국'이다. 최근에는 러시아가 우크라이나를 공격할 때 쓰는 드론 중에도 이란제가 대거 있는 것으로 알려지면서 '군사용 드론 강국'으로도 인정받고 있다. 그러니 아랍에미리트는 이란과 대놓고 대립하기 힘든 상황이다.

아랍에미리트를 포함한 걸프 지역 아랍 왕정 산유국들은 이란과 전면적인 군사 충돌이 벌어지면, 대규모 미사일과 드론 공격에 노출될 수밖에 없다. 이 과정에서 자국 부의 근간인 석유와 천연가스 생산시설, 국민의 실생활에 꼭 필요한 담수화 시설과 전력 플랜트 등이 대거 파괴되는 것을 각오해야 한다. 이슬람국가(IS) 퇴치와 레바논, 시리아, 이라크 등의 시아파 무장정파 지원에서 역량이 증명된 이란의 지상군도 위협적이다.

박현도 서강대 유로메나연구소 대우교수는 "아랍에미리트, 사우디아라비아 등 아랍 왕정 산유국 국민은 그동안 자원 덕분에 편안하게 살았고, 왕정은 국방을 미국에 의존해 안보 취약점을 자주 드러냈다"며 "1979년부터 줄곧 미국과 유럽의 직·간접 경제 제재를 받은 이란 국민은 1980부터 1988년까지 8년 동안 이라크와 전쟁까지 치르면서 국가적 위기를 견디며 쌓아온 내성이 이웃 아랍 왕정

국민보다 훨씬 강하다"고 분석했다.

아랍에미리트 연방의 핵심인 아부다비와 두바이 중 두바이가 경제적으로 오래전부터 이란과 밀접한 관계를 맺고 있다는 점도 양국의 물리적 충돌을 막는 요인이다. 두바이는 아부다비와 달리 석유와 천연가스가 거의 나지 않는다. 두바이는 이런 한계를 금융, 물류, 항공, 관광 관련 산업을 키우며 극복했다. 미국과 서방의 제재 속에서도 두바이에서 이란 관련 금융과 물류 산업이 발달한 배경이다. 두바이와 테헤란(이란 수도) 간 직항 노선은 주 50여 편(2023년 3월 기준)에 이른다.

이런 특성 덕분에 약 950만 명인 아랍에미리트 인구 중 이란인은 50만 명 정도 된다. 이들은 대부분 두바이에 산다. 부모나 조부모 때부터 아랍에미리트에 거주한 '장기 거주민'도 많다. 당연히 두바이는 이란과 아랍에미리트의 갈등이 고조되는 게 반갑지 않다.

중동 외교가 관계자는 "아부다비와 두바이가 이란을 보는 시각에는 차이가 있고, 아부다비가 이란에 대해 훨씬 강경하다. 하지만 아부다비가 연방의 또 다른 축인 두바이 처지를 무시할 수는 없고, 아부다비 역시 정세 불안은 피하고 싶어 해 결국 이란과 안정적 관계를 지향하는 상황"이라고 말했다.

이란도 세계 최강국인 미국으로부터 제재를 받고 있고, 아랍권의 대표 국가인 사우디아라비아와도 갈등을 겪고 있다. 강도 높은 제재 속에서 경제는 나락으로 떨어지고 있다. 석유와 천연가스 매장량에서 모두 각각 세계 '톱5'에 들어가고, 페르시아 문명의 고대 유적지가 수없이 많아 관광자원도 풍부한 나라가 경제난에 시달리는 상황이다.

가뜩이나 경제위기가 최악으로 치닫는 상황에서 주변국, 특히 그나마 금융과 물류 거래가 활발한 아랍에미리트와 갈등을 키우는 건 이란으로서는 무리수다.

이란 전문가인 구기연 서울대 아시아연구소 연구교수는 "이란에선 젊은 층을 중심으로 '경제가 엉망인데 왜 자꾸 다른 나라에 개입해서 국력을 낭비하느냐'며 시아벨트 전략에 대한 불만도 커지고 있다"며 "그나마 이란 사람들이 손쉽게 외환과 상품 거래를 할 수 있는 아랍에미리트, 나아가 다른 걸프협력회의 국가들과 관계가 더 악화되면 민심이 완전히 돌아설 수도 있다"고 전망했다.

이란은 늘 그 자리에 있었다

카타르에서 활동하던 시절, 가장 관심을 두고 공부하고 또 취재했던 주제 중 하나는 걸프협력회의 국가들과 이란의 관계였다. 특히 걸프협력회의 국가 중 이란과 가장 원만한 관계를 형성한 카타르의 전략이 궁금했다. 카타르는 걸프만에 위치한 세계 최대 해상 천연가스전* 을 이란과 공유하는 사이다. 자국 경제의 핵심인 천연가스를 안정적으로 확보하려면 이란과 친하게 지내야 하는 운명이다.

당시 만났던 많은 카타르 정부 관계자와 외교·안보 전문가는 "지리는 못 바꾼다" "좋든 싫든 이란은 늘 그 자리에 있었고, 앞으로도 있을 것이다"라고 말했다. 결국 지역 안정을 위해선 이란과 관계를 원만하게 가져가길 희망한다는 뜻이었다.

아랍에미리트와 이란 사이에선 2022년과 2023년 들어 변화가 감지된다. 그동안 두 나라는 갈등 속에서 각각의 대사관에 대사를

---

*   카타르령 노스돔North Dome, 이란령 사우스파South Pars.

파견하지 않았다. 하지만 이란은 2023년 4월 아랍에미리트에 다시 대사를 파견하기로 했다. 아랍에미리트는 이보다 다소 앞선 2022년 9월 공석이었던 주이란 대사관에 대사를 파견했다.

인남식 국립외교원 교수는 "최근 아랍에미리트의 움직임은 카타르의 60~70% 되는 수준으로 이란과도 원만한 관계를 형성하려는 시도로 보인다. 결국 두 나라는 불편한 이슈 속에서도 최대한 관계를 개선하려는 태도를 보일 가능성이 높다"고 내다봤다.

한국에도 아랍에미리트와 이란은 모두 중요한 중동 국가다. 아랍에미리트와는 원자력발전소 수출, 군사 협력, 각종 건설 프로젝트 수주 등 다양한 방면에서 교류가 활발하다. 윤석열 대통령의 2023년 1월 방문 때 아랍에미리트는 "한국에 300억 달러를 투자하겠다"라고도 밝혔다. 이미 양국은 '특별 전략적 동반자 관계'도 맺고 있다.

이란과는 서방의 경제 제재 때문에 현재는 괄목할 만한 교류는 없다. 하지만 9,000만여 명에 달하는 인구, 막대한 석유와 천연가스 매장량, 수준 높은 인력과 제조업 역량 등 향후 협력 및 발전 가능성은 무궁무진하다. 한국 대중문화가 오래전부터 큰 인기를 끌고 있는 나라이기도 하다. 바꿔 말하면, 한국의 '대對중동 전략'에서도 두 나라 중 한 나라만을 생각하는 건 적절하지도, 현실적이지도 않다는 뜻이다.

7) 영원한 적도, 친구도 없다(1): 아브라함 협정

아랍계인 팔레스타인인들이 살고 있던 지역에 세워진 '유대인의 나라Jewish State'. 그리고 이슬람의 3대 성지인 메카, 메디나, 예루살렘 중

예루살렘*을 수도로 삼은 나라. 바로 이스라엘이다. 이스라엘에 대한 아랍권 사람들의 인식은 부정 그 자체다. 아랍권에서는 이스라엘 건국을 아랍어로 대재앙이란 의미를 담은 '나크바Nakba'라고 표현한다.

아랍권의 언론사들은 예루살렘발 영문 기사를 쓸 때 '점령된 예루살렘(Occupied Jerusalem)'이라고 표기하는 경우가 많다. 아랍어로 예루살렘을 뜻하는 쿠드스Quds로 표기하기도 한다. 정치나 외교·안보 이슈가 아닌 주제의 기사를 다룰 때도 그렇다.

팔레스타인과 이스라엘 간 충돌이 일어났을 때, 아랍권 나라의 주요 언론사들은 그 충돌의 규모가 크지 않더라도 어지간하면 발생 직후 긴급 속보로 다룬다. '중동의 CNN'으로 불리는 〈알자지라방송〉도 마찬가지다. 이는 아랍권 매체들이 이·팔 분쟁(이스라엘-팔레스타인 간 갈등)에 얼마나 민감하게 반응하는지를 잘 보여주는 예다. 또 이스라엘을 향한 노골적인 반감을 엿볼 수 있는 대목이기도 하다.

아랍권은 아니지만, 이슬람 국가이며 동시에 시아파의 종주국인 이란 역시 이스라엘에 강한 반감을 가지고 있다. 앞서 설명했듯 이란 혁명수비대의 최고 정예부대로 해외 작전과 특수작전을 담당하는 부대의 명칭이 쿠드스군이다. 예루살렘을 탈환하겠다는 의지를 담은 이름이다. 이란은 핵 개발 문제를 둘러싼 이스라엘과의 갈등이 극에 달했을 때, 마무드 아흐마디네자드 전 대통령(2005년 8월~2013년 8월 재임)은 "이스라엘을 지도에서 지워버리겠다"며 과격하게 발언했다. 그는 "홀로코스트Holocaust는 하나의 신화다"라며 제2차 세계대전 중 독일 나치가 조직적으로 진행한 유대인 학살에 대해서도

---

* 이슬람뿐 아니라 유대교, 기독교의 성지이기도 하다.

아브라함 협정(사진: 미 백악관)

의문을 제기했다. 한마디로, 마무드 아흐마디네자드 대통령의 해당 발언은 '독일 나치에 의해 600만여 명의 유대인이 희생됐다는 건 사실이 아니다'라는 주장이다.

마무드 아흐마디네자드 전 대통령은 극단적이고, 거친 언행으로 이란 안팎에서 많은 관심을 받았던 인물이다. 하지만 이같이 강경한 이스라엘 혐오 발언을 한 것은 오랫동안 세계적으로 화제가 됐다. 지금도 이스라엘과 이란 간 갈등이 있을 때마다 마무드 아흐마디네자드 전 대통령의 극단적인 대이스라엘 발언이 거론된다.

앞에서 설명한 것처럼, 아랍권에서 일상적으로 '이스라엘'이란 단어도 가급적 안 쓰는 게 '적합한 행동'인 것을 감안하면 이스라엘에 대한 반감을 굳이 더 자세히 설명해야 할 필요가 있겠느냐는 생각도 든다.

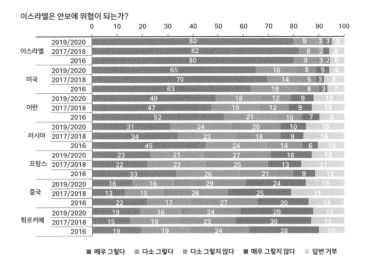

이스라엘은 안보에 위협이 되는가?

		매우 그렇다	다소 그렇다	다소 그렇지 않다	매우 그렇지 않다	답변 거부
이스라엘	2019/2020	80		9	3 3	5
	2017/2018	82		8	2	6
	2016	80		9	3 2	6
미국	2019/2020	65	16	8	5	6
	2017/2018	70	14	5 3		8
	2016	63	19	8	3	7
이란	2019/2020	49	18	12	9	12
	2017/2018	47	19	12	9	13
	2016	52	21	10	7	9
러시아	2019/2020	31	24	20	10	15
	2017/2018	34	23	18	9	16
	2016	45	24	14	6	10
프랑스	2019/2020	23	21	27	16	13
	2017/2018	22	23	25	13	17
	2016	33	26	21	9	12
중국	2019/2020	16	16	29	24	15
	2017/2018	13	15	26	25	21
	2016	22	17	27	20	14
튀르키예	2019/2020	19	16	24	29	12
	2017/2018	15	19	23	30	13
	2016	19	19	24	28	10

여전히 이스라엘을 싫어하는 아랍인들

아랍권 국가에서 이스라엘에 대한 반감이 얼마나 심한지는 일반인을 대상으로 한 대규모 설문조사에서도 잘 드러난다.

카타르의 유명 연구소 겸 싱크탱크인 아랍조사정책연구원Arab Center for Research and Policy Studies, ACRPS이 2011년부터 진행 중인 아랍 여론지수Arab Opinon Index, AOI에서도 이스라엘에 대한 반감은 아주 잘 나타난다. 아랍여론지수는 2만 명 이상을 대상으로 한 대규모 설문조사다. 2019~2020년의 경우 사우디아라비아, 카타르, 쿠웨이트, 이라크, 요르단, 팔레스타인, 레바논, 이집트, 수단, 튀니지, 모로코, 알제리, 모리타니아 국민 2만 8,288명을 대상으로 조사를 진행했다.

이 조사에서 89%가 '이스라엘이 아랍권의 안보에 위협이 된다'고 답했다. 2017~2018년 조사에서는 90%, 2016년에는 89%가 같은 답변을 했다. 아랍권 국가에 군사적, 정치적 영향력을 행사하는 '중동의 비아랍권 대국'인 이란과 튀르키예에 대해선 2019~2020년 조사에서 각각 67%와 35%가 '아랍권의 안보에 위협이 된다'고 답했다. 아랍 국가에 가장 큰 위협이 되는 나라를 꼽는 항목에서도 이스라엘은 2011년부터 매년 1위를 차지하고 있다(표 참고).[*]

데탕트인가, 전략적 협력인가

그러던 2020년 8월, 세상이 바뀌었다.

아랍의 맹주 사우디아라비아와 가장 가까운 나라로 꼽히는 아랍에미리트와 바레인이 이스라엘과 외교 정상화에 합의한 것이다. 이른바 '아브라함 협정Abraham Accords'이다[**]. 정확히는 미국의 중재로 이스라엘이 아랍에미리트, 바레인과 정식 외교 관계를 수립하기로 한 것이다. 이전까지는 이스라엘과 정식으로 수교한 아랍 국가는 이집트(1979년)와 요르단(1994년)뿐이었다.

반기문 전 유엔 사무총장은 2018년 1월 동아일보와의 인터뷰에서 한미동맹의 중요성에 대한 이야기가 나오자, 이스라엘의 미국과의 긴밀한 안보 전략을 설명하며 "이집트와 요르단도 이스라엘이 좋아서라기보다는 미국과의 외교 관계 등을 고려해 이스라엘과 평화조약(수교 포함)을 맺었다"고 말했다. 그만큼 이집트와 요르단도 이스라엘과의 외교 관계 정상화가 전략적이며, 미국으로부터 경제와 안보 지원을 받아내기 위한 일정 부분 어쩔 수 없는 선택이었다는 것

---

[*]   Arab Center for Research and Policy Studies, 〈The 2019-2020 Arab Opinion Index: Main Results in Brief〉.

[**]   유대교, 이슬람, 기독교가 공통의 조상으로 여기는 '아브라함'의 이름에서 따온 것이다. 이스라엘(유대교), 아랍에미리트와 바레인(이슬람), 미국(기독교)의 중심 종교를 모두 아우르는 상징성을 지니고 있다.

을 시사한다.

다시, 이스라엘과 아랍 국가들의 '외교 정상화 움직임'에 대한 이야기로 돌아가보자. 거의 불가능해 보였던 일이 발생할 수 있었던 이유는 어떻게 보면 매우 간단하다. 그리고 지극히 현실적이다.

아랍권 국가들로서는 '불쌍한 팔레스타인 형제와 자매'의 사정도 눈에 밟혔겠지만, 이스라엘과 정상적인 외교 관계를 수립하고 협력을 강화하는 게 그렇지 않은 지금의 상황보다 더 득이 된다고 판단한 것이다.

가장 눈에 띄는 이유는 이란에 대한 견제다. 사우디아라비아를 중심으로 아랍 산유국들이 가장 두려워하는 나라는 이란이다. 혁명수비대의 주변국에 대한 군대 파병과 이를 바탕으로 한 시아파 무장정파 지원과 정치적 영향력 행사 전략, 장거리 미사일과 공격용 드론 개발, 핵무기 개발 가능성, 혁명을 통해 왕정을 무너뜨린 경험, 정기적으로 선거를 통해 대통령과 국회의원을 선출하는 정치 체제 등 이란은 걸프 지역 아랍 왕정 산유국들에 가장 선명한 안보 위협이다.

정치 체제(왕정), 종파(이슬람 수니파), 경제구조(석유와 천연가스 생산) 측면에서 공통점을 지닌 걸프 지역 6개 산유국(사우디아라비아, 아랍에미리트, 카타르, 쿠웨이트, 오만, 바레인)이 1981년 5월 정치·경제 연합체인 걸프협력회의를 구성한 핵심 이유도 이란에서 혁명으로 팔레비 왕정이 무너졌고, 이란의 주변국에 대한 영향력 확장 전략에 불안감을 느꼈기 때문이다.

당시 이란은 이슬람 시아파의 종교 지도자인 루홀라 호메이니가 중심이 돼 팔레비 왕조를 무너뜨리고 '신정 공화국'을 선포하며 걸프협력회의 국가들을 두려움에 떨게 했다. 무엇보다 선거를 통해 대통령과 국회의원을 뽑고, 부패하고 무능한 왕정을 무너뜨린 경험을 가진 이란은 걸프협력회의 국가의 왕실들에는 두려움과 거부감 그 자체나 다름없다. 걸프협력회의 국가들 입장에서는 이란이 언제든 자국 내 시아파 국민들을 선동할 수 있다는 두려움도 컸다.

대부분의 중동 전문가와 외교·안보 전문가들은 아랍권 국가들, 특히 걸프협력회의 국가들이 경우 인구 규모, 위기 경험, 군사 역량 등에서 이란의 상대가 될 수 없다고 평가한다. 이란은 1980년대 이라크와 8년간 전쟁했고, 1979년부터 사실상 미국의 크고 작은 제재 하에 전 국민이 비상사태 상황 속에서 살아왔으니, 위기에 대한 경험치가 걸프협력회의 국가 국민들과는 비교할 수 없을 만큼 높다. 걸프협력회의 국가들은 그동안 국민들의 경직된 정치 체제에 대한 불만을 막는 방법으로 포퓰리즘 정책도 많이 구사해왔다. 위기 상황 속에서 국민의 단합 등을 기대하기 힘든 또 다른 이유다.

이란을 군사적으로 압도할 수 있는 역량을 갖춘 중동 나라는 이스라엘뿐이라는 평가가 많다. 실제로 이스라엘은 이란을 가장 큰 안보 위협으로 여긴다. 2020년 11월, 이란 수도 테헤란 근교에서 핵무기 개발에 참여한 것으로 알려진 핵 과학자 모센 파흐리자데Mohsen Fakhrizadeh(1958~2020)가 원격 조종 기관총으로 암살당한 배경에 이스라엘 정보기관인 모사드가 있다는 것이 암묵적인 사실로 여겨진다.*

결국 '적의 적은 내 친구가 될 수 있다' '이스라엘만큼 이란을 제대로 견제할 수 있는 나라도 없다'는 논리 속에서 아랍권과 이스라엘 간의 화해와 협력 움직임은 시작됐고 또 계속되고 있다.

---

* 　모사드와 관련된 자세한 내용은 아브라함 협정과 관련된 자세한 내용은 3장 '10) 작전에 불가능은 없다, 이스라엘 안보의 핵심 모사드'에서 다룬다.

특히 아랍에미리트의 경우 이스라엘과 수교한 이후 군사 협력에도 적극적이다. 2021년 4월 이스라엘, 그리스, 키프로스의 합동 군사훈련에 참여했고, 같은 해 11월에는 바레인, 이스라엘, 미국과 함께 홍해에서 해상 군사훈련을 진행했다.

이런 배경에는 아무리 도움을 줘도 팔레스타인이 제대로 된 독립 국가를 수립할 수 없다는 현실론도 작용한다. 표면적으로는 이스라엘과 팔레스타인은 라이벌, 앙숙 관계다. 하지만 실질적으로 대등한 경쟁을 펼칠 수 있는 상황이 아니다. 이스라엘이 모든 면에서 압도적이다. 팔레스타인으로서는 조금이라도 더 자치권을 보장받고, 경제적 지원을 받아내는 게 그나마 현실에서 추구할 수 있는, 실현 가능한 목표다.

경제적 효과도 기대할 수 있어

이란을 견제하는 데 도움이 된다는 것 외에도 이스라엘과의 화해는 경제적으로도 여러 가지 이득을 아랍 국가들에 가져올 수 있다.

아랍 국가들은 석유와 천연가스 의존을 줄이고, 더 다양한 산업 포트폴리오를 갖춘 경제 체제를 구축하는 데 관심이 많다. 미국과 유럽은 물론이고 한국과 일본같이 지리적으로 멀리 떨어져 있지만 과학기술 역량을 바탕으로 제조업을 발전시킨 나라들에 중동 산유국들이 관심을 가지는 이유다.

그런 점에서, 지역적으로 가까이 있으며 반세기 만에 세계적인 과학기술 강국이자 스타트업 강국으로 성장한 이스라엘은 아랍 국가들이 관심을 두기에 충분한 나라다. 이스라엘과의 자유로운 왕래, 이스라엘 스타트업과 투자회사들의 아랍 국가 진출은 말 그대로 살

팔레스타인과 이스라엘 간 분리 장벽(사진: ImageBank4u)

아 있는 경제성장 교과서가 될 수 있다. 아랍에미리트 아부다비 국부펀드 중 하나인 '무바달라'는 이스라엘 기업에 적극 투자하고 있다. 이란, 이라크, 아프가니스탄 대사를 지낸 송웅엽 조선대 객원교수는 "걸프 산유국들은 이스라엘과의 수교와 지역 정세 안정을 통해 세계 금융계에서 큰 영향력을 행사하는 유대계 자본을 더 적극적으로 유치하고 싶은 마음도 클 것이다"라고 말했다.

이스라엘의 입장에서도 아랍 국가들과 관계를 개선하는 것은 인구 1,000만 명이 채 되지 않는 작은 시장을 넓힐 좋은 기회다. 특히 걸프 지역 산유국들은 소득 수준 면에서 성장 가능성이 두드러진다. 아랍에미리트와 카타르의 경우, 중동은 물론이고 글로벌 시장에서도 인지도가 높은 '테스트마켓Test Market*' 중 하나다.

---

* 　글로벌 기업들이 가장 먼저 혁신적인 제품이나 기술을 출시하며 소비자 반응, 마케팅 전략 등을 살펴보는 지역을 말한다.

이스라엘의 유명 벤처 캐피털 회사(VC)인 '아워크라우드OurCrowd'의 경우 이스라엘 벤처 캐피털 회사로는 처음으로 2021년 11월 아랍에미리트 아부다비에서 공식 활동을 시작했다. 이스라엘 벤처 캐피털사들이 스타트업과 신기술 육성에 관심이 많은 아랍에미리트, 나아가 주변 산유국 시장을 얼마나 관심 있게 바라보는지 잘 보여주는 예다.

☾ 시시콜콜 마즐리스

이스라엘과 아랍에미리트가 외교 정상화를 추진한 뒤, 왕래가 가능해지자 수많은 이스라엘 사람이 아랍에미리트를 방문하고 있다. 아랍에미리트 양대 도시인 아부다비, 두바이와 이스라엘 텔아비브 간에는 매일 직항이 운영되고 있다. 두바이에서 휴가를 보내고, 심지어 결혼식을 하거나 신혼여행을 즐기는 이스라엘 사람들이 늘어나고 있다. 2020년 8월 전까지만 해도 이스라엘 방문 기록이 있는 사람은 아랍에미리트 입국이 제한될 수 있었다는 게 믿기지 않을 정도다.

코로나19로 서울-텔아비브 대한항공 노선 운영이 중단됐을 때, 이스라엘을 방문하는 국내 기업인 중 대다수가 아부다비나 두바이에서 환승해 텔아비브로 들어갔다. 한국인들도 아브라함 협정을 통해 마련된 '역사적인 항로'를 이용해 이스라엘을 방문했다.

2022년 6월 이스라엘 출장을 다녀온 인남식 국립외교원 교수는 "텔아비브 벤구리온 국제공항에 서 있는 에미레이트항공(아랍에미리트 두바이 국영 항공사)의 항공기 모습을 보면서 아브라함 협정이 현실이라는 게 새삼 느껴졌다. 2020년 8월 전에는 정말 상상하기 힘든 모습이었다"라고 말했다.

그러나 여전히 아랍권의 민심은 싸늘한 편이다. 2022년 14개 아랍 국가의 3만 3,300명을 대상으로 진행한 아랍조사정책연구원의 설문조사에서도 84%가 '이스라엘과의 수교를 반대한다'고 답했다. 찬성은 8%에 그쳤다. 또 76%가 '팔레스타인 문제는 아랍 전체의 문제다'라고 답했다.

아브라함 협정이 체결돼 이스라엘과의 외교 관계 정상화가 이루어졌음에도 아랍권 국가 국민의 이스라엘에 대한 감정은 여전히 부정적이다.

8) 영원한 적도, 친구도 없다(2): 카타르 단교 사태

'세계의 화약고'인 중동에서 국가, 종파, 민족의 차이로 인한 갈등은 특별한 일이 아니다. 그러던 중동에서 2017년 6월 5일, 새로운 갈등이 갑작스럽게 터졌다. 이날 불거진 갈등은 지금까지와는 양상이 사뭇 달랐고 강도가 셌다. 지금도 많은 외교관과 전문가들이 이 갈등을 두고 훗날 역사책에 꽤 비중 있게 기록될 사건이라고 말한다. 이 사건과 관련된 각종 연구논문, 정세보고서, 기사도 이어졌다.

이 사건은 '카타르 단교 사태Blockade of Qatar, Qatar Diplomatic Crisis'다. 이 사태는 사우디아라비아, 아랍에미리트, 바레인이 주도했다. 카타르 단교 사태는 중동, 나아가 국제사회 전체에서도 가장 결속력이 강한 정치·경제 연합체라고 할 수 있는 걸프협력회의의 극심한 분열을 의미했다. 걸프협력회의가 사실상 무너졌다는 평가까지 나왔다. 군사적 충돌은 없었다. 하지만 같은 종파(이슬람 수니파), 언어, 문화, 정치 체제를 지닌 이른바 '형제국'에 대한 외교 및 무역 관계를 한순간에 끊어버리고 외교관 추방과 국경 봉쇄 등의 조처를 했다는 점에서 세계의 이목을 집중시켰다.

반전의 반전을 거듭한 단교 사태

사우디아라비아와 아랍에미리트를 중심으로 단교를 선언한 국가들은 카타르가 극단주의를 방치하고 있다는 점을 강조했다. 그리고 사태를 해결하려면 아래와 같은 사항을 포함한 총 13가지 조건을 이행할 것을 요구했다.

○ 이란과 단교하고 무역 거래를 축소할 것
○ 무슬림형제단*, 헤즈볼라 같은 단체와의 관계를 단절할 것
○ 알자지라방송의 폐쇄
○ 튀르키예와의 군사 협력 중단

이 중에서도 핵심은 사우디아라비아와 지역 패권 경쟁을 노골적으로 벌이는 이란과 카타르가 가깝게 지낸다는 것이었다. 또 사우디아라비아와 아랍에미리트가 자국 왕정에 위험 요소로 보는 무슬림형제단을 카타르가 용인한다는 점이었다.

여기서 잠깐. 카타르는 사우디아라비아, 아랍에미리트와 뿌리가 같다. 특히 사우디아라비아와는 왕실도 같은 지역 출신이고, 근

---

* 이슬람 근본주의 운동 세력으로 왕정에 매우 비판적이다.

3장 아직은 '세계의 화약고'

카타르와 우방국 상품 구매를 독려하는 메시지
(필자 개인 촬영)

카타르 국왕에 대한 충성과 응원 메시지를 적는 이벤트
(필자 개인 촬영)

본주의 이슬람 사상인 와하비즘Wahhabism을 중시한다는 면에서도 관계가 특별하다. 카타르 사람 중 조상이 사우디아라비아에서 넘어온 이들도 꽤 많다. 사우디아라비아인과 결혼한 카타르인도 쉽게 찾아볼 수 있다. 겉으로만 보면 카타르는 이란보다는 사우디아라비아와 가까워야 한다.

하지만 현실적으로 카타르에는 이란과도 가까워야만 하는 이유가 있다. 천연가스 때문이다. 세계 3위 천연가스 보유국이며 액화천연가스LNG 수출 1, 2위를 다투는 카타르는 걸프만의 세계 최대 해상 천연가스전을 이란과 함께 쓰는 사이다. 카타르의 입장에서는 천연가스의 안정적인 확보를 위해 이란과 잘 지내야만 하는 것이다.

이란과의 관계 축소를 비롯해 단교 주도국들이 요구한 사태 해결 조건에 대해 카타르에서는 "단교 선언 국가들이 주권을 침해하는 요구를 하고 있다. 절대 받아들일 수 없다"고 맞섰다.

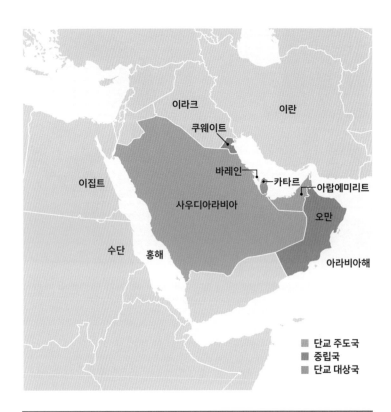

단교 주도국	
중립국	
단교 대상국	

걸프협력회의의 분열	이란을 견제하려던 걸프협력회의 회원국들이 단교 주도국(사우디아라비아, 아랍에미리트, 바레인), 중립국(쿠웨이트, 오만), 단교 대상국(카타르)으로 분열됨
카타르의 친이란 성향 강화	이란이 카타르에 대한 생필품 지원 등에 적극 나서면서 카타르 내 우호적인 이미지가 커짐. 반대로 카타르에서는 사우디아라비아에 대해 반감이 컸음
중동의 맹주 이미지 강화	이란은 이라크와 시리아의 이슬람국가(IS) 확산 억제 등에 이어 카타르 사태에서도 영향력 발휘하며 지역 내 해결사 역할 과시

'카타르 단교 사태' 중 영향력 더 키운 이란

사태 발발 초기에는 '작은 나라' 카타르가 언제 항복하느냐에 관심이 집중됐다. 총인구 약 300만 명 중 자국민이 30만 명을 조금 넘는 정도인 카타르는 러시아와 이란 다음으로 천연가스 매장량이 많은 부국이다. 하지만 카타르가 봉쇄 조치를 주도하는 사우디아라비아를 이겨내기는 쉽지 않을 것으로 관측됐다. 사우디아라비아는 카타르와 비교했을 때 인구수가 약 3,220만 명(자국민은 약 1,880만 명)으로 10배 이상이며, 국토 면적도 훨씬 넓다. 또, 아랍과 수니파의 맹주다. 게다가 걸프협력회의 6개국에서 자국을 제외한 5개 국가 중 3개국(사우디아라비아, 아랍에미리트, 바레인)이 반카타르 대열에 합류했다. 쿠웨이트와 오만은 중립을 취했다.

카타르는 예상을 깨고 '국가 봉쇄' 속에서도 꿋꿋하게 버텼다. 일종의 반전이었다. 봉쇄된 국가에서 보이는 내부 동요도 없었다. 오히려 카타르 정부는 다양한 개혁 및 대응 조치를 취했다. 이 과정에서 국제사회의 관심은 단순히 '언제 사태가 해결되느냐'뿐 아니라 '카타르가 어떤 조치를 취하느냐'에 모이기도 했다. 단교 사태가 터진 직후 힘을 얻었던 '카타르가 일정 부분 단교 선언 국가들의 요구를 받아들이고, 타협안을 모색할 것이다'라는 예상은 완전히 깨졌다.

카타르의 반격

단교 사태가 터진 뒤, 카타르는 항복 대신 단교 주도국들의 신경을 건드리는 다양한 작업을 진행했다.

가장 먼저 취한 조치는 식량을 안정적으로 확보하는 방안을 마련하는 것이었다. 카타르는 전통적으로 육류, 유제품, 채소 등의

80% 이상을 사우디아라비아와 아랍에미리트에서 수입했다. 단교 직후 일시적으로 식료품 부족 및 사재기 현상이 발생한 이유다.

카타르는 '가스머니'를 활용해 식량과 식품 확보에 나섰다. 특히 사우디아라비아의 지역 라이벌이며 평소 자국과 좋은 관계를 유지해온 이란과 튀르키예를 통해 식량 수입을 크게 늘렸다. 단교 사태가 터진 뒤 사우디아라비아와 앙숙 관계인 이란의 항공기가 식료품을 싣고 대거 카타르로 향하는 모습은 외신을 통해 중동 전역에 생생히 보도되었다.

튀르키예와는 상징성이 매우 큰 협력도 진행했다. 큰 규모는 아니지만 튀르키예가 카타르에 군대를 파견하는 군사 협력을 진행했다. 카타르 정부는 튀르키예군의 주둔 목표를 두고 카타르 군대의 훈련과 교육을 지원하기 위한 것이라고 설명했다. 또한 오래전부터 튀르키예와 군사 협력을 추진하려고 계획을 마련해왔다고 주장했다.

하지만 사우디아라비아로서는 경악할 만한 일이었다. 단교를 결정한 직후, 지역 패권을 추구하는 라이벌 국가의 군대가 카타르에 공식적으로 주둔하게 됐기 때문이다. 또한 제1차 세계대전 이후 오스만 제국이 무너지면서 아라비아반도에서 물러났던 튀르키예 군대의 '공식적인 귀환'이라는 의미도 있었다.

단교 사태가 1년 반 정도 지난 시점이던 2018년 12월, 카타르는 석유수출국기구Organization of the Petroleum Exporting Countries, OPEC 탈퇴를 결정했다. 57년 동안 석유수출국기구에서 활동해온 카타르의 탈퇴 결정은 충격적이었다. 중동 주요 산유국으로는 최초로 탈퇴를 선언했기 때문이다.

카타르 측은 일일 평균 석유 생산량이 약 61만 배럴(석유수출국기구 가입 국가 전체 생산량의 2% 수준)에 불과하고 주력 수출 자원이 천연가스라 석유수출국기구 활동이 사실상 무의미했다고 설명했다. 하지만 석유수출국기구를 주도해온 사우디아라비아에 대한 반발과 더욱 적극적인 '마이웨이My Way' 의지를 담은 정치적 결단이라는 해석이 힘을 얻었다.

2018년 12월 열린 카타르 정부의 후원 국제포럼인 '도하포럼 2018Doha Forum 2018'에서는 당시 각각 이란과 튀르키예 외교부를 이끌던 모하마드 자바드 자리프 장관과 메블뤼트 차우쇼을루Mevlut Ca-vusoglu 장관을 메인 세션 중 하나인 '뉴스메이커 인터뷰 세션'에 초청했다.

이란과 튀르키예는 사우디아라비아가 오랜 기간 갈등을 겪어왔고, 외교·안보 측면에서 가장 껄끄럽게 생각한 나라다. 당시 이 두 나라의 외교부 장관을 뉴스메이커 인터뷰 세션에 앉힌 것 자체가 매우 정치적인 이벤트였다. 두 사람은 사우디아라비아에 대한 노골적인 반감을 그대로 드러내는 발언을 쏟아냈다.

"사우디아라비아 전투기들의 폭격으로 예멘에서 수많은 사람이 죽고 있는 것은 모두가 아는 사실이다."(모하마드 자바드 자리프)

"자말 카슈끄지 사건은 계획된 살인이다. 우리는 사우디아라비아가 신속하고 투명한 수사를 진행하길 바란다."(메블뤼트 차우쇼을루)

2020년에는 미국 워싱턴에서 카타르와 아랍에미리트 간 '로비 전쟁'도 벌어졌다. 아랍에미리트가 로비스트를 대거 동원해 "〈알자지라방송〉은 카타르 국익을 위해 활동하기 때문에 언론이 아닌 정부 산하 조직 혹은 로비 기업으로 봐야 한다"고 주장하는 로비전을 펼쳤기 때문이다. 이 과정에서 미국 법무부는 "〈알자지라플러스〉(알자지라방송의 온라인 계열사)는 외국인 에이전트 등록법Foreign Agents Registration Act, FARA에 따라 해외 에이전트로 등록해야 한다"며 아랍에미리트 편을 들었다.

당연히 카타르는 발끈했다. 당시 카타르 측은 "아랍에미리트와 사우디아라비아가 자국 정보기관과 로비 단체들을 이용해 미국에 계속 잘못된 정보를 흘렸다. 트럼프 행정부가 '이스라엘-아랍에미리트-바레인' 3각 수교라는 외교 성과를 내기 위해 일방적으로 아랍에미리트 편을 들고 있다"고 반발했다.

불신의 불씨는 여전히

이처럼 2020년까지만 해도 풀릴 가능성이 잘 보이지 않던 카타르 단교 사태는 2021년 1월 초 바이든 행정부의 출범 직전 해결의 실마리를 찾았다. 당시 사우디아라비아에서 열린 걸프협력회의 정상회담이 계기였다. 타밈 빈 하마드 알 사니Tamim bin Hamad Al Thani 카타르 국왕이 사우디아라비아의 실권자로 통하는 무함마드 빈 살만 알 사우드 왕세자와 만나 외교 정상화 등의 내용을 담은 협정에 서명한 것이다.

이런 화해의 배경에는 미국의 단교 사태 해결을 위한 보이지 않는 노력이 있었다. 걸프협력회의 국가들을 중동 내 핵심 우방국으로 여기는 미국이 단교 사태를 해결하고자 한 것이다. 걸프협력회의 국가 간에도 단교 장기화로 인한 외교적 부담을 덜고, 코로나19 극복 등을 위해 협력해야 하는 일들이 많아 '대승적 합의'가 필요했다.

결국 표면적으로는 단교가 끝나고 걸프협력회의가 다시 정상화를 찾는 모양새였다. 하지만 아랍에미리트가 사우디아라비아의

'단교 사태 종식' 움직임에 끝까지 반대했고, 물밑에서는 카타르에 대한 비난을 강조하고 있다는 소식이 계속 전해졌다. 이에 따라 아랍에미리트와 사우디아라비아 간 관계가 냉랭해졌다는 분석도 있었다.

실제로 사우디아라비아와 카타르 간 항공 노선은 2021년 1월 걸프협력회의 정상회의 직후 다시 복원됐다. 하지만 카타르와 아랍에미리트 간 항공 노선은 한동안 가동되지 않았다.

그리고 사우디아라비아, 아랍에미리트, 바레인이 문제삼아온 카타르의 우호적인 대이란 및 대튀르키예 외교, 무슬림형제단 포용, 〈알자지라방송〉 운영 등은 여전히 유지되고 있다. 아라비아반도 밖에서의 외교 활동에서 카타르와 사우디아라비아, 아랍에미리트가 대척점에 있는 경우도 있다. 리비아 내전이 그렇다. 현재 세속주의 이슬람 세력과 근본주의 이슬람 세력이 갈등 중인 리비아에서 사우디아라비아와 아랍에미리트는 세속주의 이슬람 세력을 지원하고 있다. 반면, 카타르는 튀르키예와 함께 근본주의 이슬람 세력을 지원하고 있다. 갈등의 불씨는 여전한 상황이다. 카타르 단교 사태를 계기로 '앞으로 걸프협력회의는 친목 단체 이상의 기능을 발휘하기 어렵다'라는 전망이 나오는 배경이기도 하다.

걸프협력회의는 중동에서 가장 응집력이 높고 동질적인 정치 결사체였다. 걸프협력회의 안에서도 사우디아라비아와 카타르는 부족 전통이나 이슬람 사상적으로 가장 가까웠다. 카타르 단교 사태와 이로 인한 걸프협력회의의 분열은 국가의 경제적 이익이 부족과 종파 등 정치적 요소보다 훨씬 강력하게 작용할 수 있다는 것을 보여준다.

카타르와 아랍에미리트의 관계는 최근 중동에서 부각되고 있다. 한 마디로 표현하자면 '라이벌' 혹은 '앙숙'이다. 작지만 강한 나라, 중동 내 경제문화 강국, 이른바 소프트파워 강국을 지향하는 두 나라는 카타르가 본격적인 개혁개방 노선을 취하기 시작한 1990년대 후반부터 자주 비교됐다.

카타르보다 앞서 개혁개방 전략을 취한 아랍에미리트는 금융, 물류, 관광 등 경제 중심의 중동 허브를 지향했다. 카타르는 외교, 교육, 문화, 미디어 등을 중심으로 한 중동의 허브를 추구한다. 카타르는 1996년 '중동의 CNN'이란 명성을 얻고 있는 〈알자지라방송〉을 설립했고, 극단주의 성향의 무장정파인 탈레반과 하마스의 공식적인 협상 창구 역할을 하는 정치사무소도 수도 도하에 개설하게 해줬다. 아프가니스탄 사태를 둘러싼 미국과 탈레반의 협상이 카타르에서 진행되고, 카타르 정부가 조정자 역할에 적극적으로 나선 것을 보아도 카타르의 외교에 대한 관심이 드러난다. 2023년 10월 발생한 하마스와 이스라엘 간 '가자지구 전쟁'에서도 인질 석방 문제와 관련한 협상을 카타르가 주도하고 있다.

카타르와 아랍에미리트 간에는 아랍에미리트 연방이 처음 구성될 때도 악연이 있다. 1971년 아랍에미리트가 정식으로 결성될 때, 카타르가 처음에는 합류할 계획이었지만 최종적으로 이를 번복했기 때문이다. 아랍에미리트에서 지금도 "카타르는 신뢰할 수 없는 나라다"라는 인식이 팽배한 근본 이유 중 하나다.

카타르 단교 사태가 터지기 직전 논란이 됐던 '가짜뉴스'들의 배후에 아랍에미리트가 있다는 의혹도 제기됐었다. 당시 〈워싱턴포스트〉는 단교 사태가 터진 직후 "미국 정보당국이 2017년 5월 23일

'타밈 빈 하마드 알 사니 카타르 국왕이 이란을 옹호했다'는 가짜뉴스를 아랍에미리트가 카타르 국영통신사QNA에 올리는 해킹을 감행한 것으로 보고 있다"고 전했다. 한편 카타르는 해당 뉴스가 QNA에 뜬 직후부터 '사실이 아니다'라고 강조했었다.

단교 사태 중 사우디아라비아와 아랍에미리트는 카타르를 상대로 무력 행위를 하지는 않았다. 가장 큰 이유로는 카타르 내 주둔 중인 미군의 존재가 꼽힌다. 미국 본토 밖의 공군기지 중 가장 큰 규모인 '알 우데이드 공군기지Al Udeid Air Base'가 카타르에 있을 만큼 미국과 카타르가 가깝기 때문에* 군사력을 행사하는 건 부담스러웠을 것이란 분석이다. 단교 사태 발생 초기, 일부 사우디아라비아 군대가 카타르와의 국경지대 근처로 이동하고 있었다는 분석도 나왔다. 또한 미국은 단교 사태 직후부터 물밑에서 카타르와 단교 주도국들을 접촉하며 상황 파악에 나선 것으로 알려져 있다.

9) 영원한 적도, 친구도 없다(3): '시리아의 도살자' 국제무대에 복귀하다

'세습 독재자' '시리아의 도살자' '북한 김정은과 가까운 정상'…….

바샤르 알아사드Bashar Al-Assad 시리아 대통령을 설명할 때 많이 쓰는 표현이다.

2000년, 아버지 하페즈 알아사드Hafez Al-Assad 전 대통령으로부터 권력을 물려받은 바샤르 알아사드 대통령은 2011년 내전에 휩싸인

---

* 물론 사우디아라비아와 아랍에미리트도 미국과 가깝다

바샤르 알아사드(출처:www.kremlin.ru)

시리아에서 반대 진영에 속하는 자국민을 잔혹하게 학살한 것으로 전 세계적 유명세를 치렀다.

바샤르 알아사드 대통령은 그해 대통령 퇴진을 요구하는 시위대를 진압하는 과정에서 수백 명을 숨지게 했다. 반정부 인사에 대한 납치, 고문, 암살, 반군 장악 지역을 대상으로 한 무차별 공격은 더 이상 특별한 일로 여겨지지도 않았다. 아랍 국가들의 모임인 아랍연맹이 2011년 11월 시리아를 퇴출한 이유다. 유엔 등에 따르면 내전 발발 뒤 시리아 인구 약 2,200만 명 중 약 50만 명이 사망했다. 시리아를 떠나 이른바 '전쟁 난민'이 된 사람은 550만 명이 넘는다.

알아사드 정권의 잔혹성을 가장 적나라하게 보여주는 사건으로는 자국민을 대상으로 한 무차별 화학무기 공격이 꼽힌다. 알아사드 정권은 2013년 여름 화학무기로 반군 장악 지역을 공격해 민간인

1,400여 명을 숨지게 했다. 2017년과 2018년에도 화학무기로 반군 지역을 여러 차례 공격했다.

인권 감수성이 높다고 볼 수 없는 아랍 국가들도 자국민을 상대로 화학무기를 사용하는 알아사드 정권의 만행에 경악했고 시리아에 대한 제재에 적극 동참했다. 바샤르 알아사드 대통령이 민주주의와 인권을 강조하는 영국에서 유학하며 의사 면허증까지 딴 엘리트란 점 때문에도 국제사회는 경악했다.

아랍권에서조차 '왕따'가 됐지만 바샤르 알아사드 대통령은 살아남았다. 아니 건재하다. 그는 러시아와 이란의 도움으로 지난 10년 동안 반대 세력을 제압했다. 그리고 2023년 5월 7일 아랍연맹은 이집트 카이로에서 열린 회의 때 시리아의 아랍연맹 복귀를 결정했다. 그리고 5월 19일 사우디아라비아 제다에서 열린 아랍연맹 정상회의 때 바샤르 알아사드 대통령은 등장했다. 그가 이끄는 시리아의 국제무대 복귀가 시작된 것이다.

시리아를 향한 사우디아라비아의 행보

시리아의 아랍연맹 복귀를 주도한 건 '아랍의 맹주' '아랍의 큰형' 격인 사우디아라비아다. 그동안 사우디아라비아는 시리아를 복귀시키기 위한 사전 준비 작업을 펼쳐왔다. 2023년 2월 튀르키예 남서부와 시리아 북서부에서 규모 7.8의 대지진이 발생했을 때 사우디아라비아는 시리아를 도왔다. 시리아 내전 발발 뒤 사우디아라비아가 시리아를 지원한 건 처음이었다.

중동 외교가에선 시리아를 향한 사우디아라비아의 행보를 이례적인 모습으로 받아들였다. 사우디아라비아는 2011년 시리아의 아랍연맹 퇴출을 주도했기 때문이다. 또 시리아 내전이 발발한 뒤에는 반군을 지원했다. 반군의 중심 세력이 같은 종파인 수니파였고, 바샤르 알아사드 대통령은 시아파의 분파인 알라위파Alawites란 게 큰 이유였다.

이처럼 사우디아라비아가 이전과 완전히 다른 모습을 보이는 건 시리아 내전의 최종 승자가 결국 알아사드 정권이란 냉정한 현실을 받아들였기 때문으로 풀이된다.

2023년 3월 중국 중재 아래 베이징에서 7년간 단교 상태였던 지역 라이벌 이란과의 외교 관계 정상화를 결정하는 등 '광폭 외교'에 나서고 있는 무함마드 빈 살만 알 사우드 사우디 왕세자의 또 다른 파격 조치란 평가도 나왔다.

무엇보다 사우디아라비아로서는 시리아를 더 이상 불안정한 상태, 특히 '앙숙' '라이벌' 이란의 영향력 아래 두는 건 곤란하다고 판단한 것으로 보인다. 비록 외교 관계 정상화에 합의했지만 사우디-이란 관계는 정치 체제*와 종파 차이로 결코 편안할 수 없다.

그런데 알아사드 정권은 2011년 내전이 발발하자 '반미 국가'이며 강한 군사력을 보유한 이란과 러시아에 도움을 요청했다. 이란과 러시아는 튀르키예, 이라크, 이스라엘, 레바논, 요르단과 국경을 맞대고 있으며 동시에 지중해도 접하고 있는 시리아의 지정학적 가치에 매료됐다. 이란과 러시아가 알아사드 정권을 지원한 배경이다. 두 나라 모두 중동 지역에서 영향력을 확장할 수 있는 교두보로 시리아를 본 것이다.

이란과 러시아의 군사 지원 덕에 바샤르 알아사드 대통령은 반

---

* 사우디아라비아는 왕정, 이란은 신정 공화정이다.

군을 물리쳤다. 러시아는 공군력을 중심으로 반군 장악 지역에 대한 대규모 공습을 주도했다. 러시아군의 공습 중 많은 수는 민간인과 군인을 구별하지 않는 이른바 '융단폭격'이었다.

이란은 국가 최고지도자(시아파 최고 성직자)가 직접 관리하는 정예부대인 혁명수비대의 특수부대를 시리아에 파견했다. 혁명수비대는 시리아의 시아파 민병대를 지원하며 지상군 전력을 끌어올리는 데 기여했다. 특히 이란은 러시아가 우크라이나 전쟁을 치르면서 시리아에 대한 관심이 줄어든 것과 달리 시리아에 계속 공을 들여왔다. 이란에 있어 시리아는 이라크에서 시작돼 레바논까지 영향력을 확장하는 이른바 '시아벨트 전략'의 중간 지점이다.

이처럼 지정학적 가치가 높고 같은 아랍 국가인 시리아에서 이란의 영향력이 10여 년간 계속 커져온 것은 사우디아라비아로서는 당연히 내키지 않았다. 그렇지만 사우디아라비아로서는 반군을 지원했던 과거가 있어 아무렇지도 않게 알아사드 정권과 화해하는 건 한계가 있었다.

그러나 이란과의 외교 관계 정상화란 데탕트(긴장 완화) 무드는 지난 12년간 엉망이었던 시리아와의 관계 복원에 나설 기회였다. '이란과도 화해를 지향하는데, 시리아와 못 할 게 뭐가 있느냐'는 이야기를 할 수 있는 여건이 조성된 것이다. 인남식 국립외교원 교수는 "사우디아라비아로서는 시리아에 대한 전략을 자연스럽게 바꿀 수 있는 명분과 계기가 생긴 것이다. 경제 지원을 통해 시리아 재건 사업을 돕고, 이란의 영향력이 더 커지는 것을 막을 수 있는 절호의 계기로 생각했을 것"이라고 말했다.

반면, 이란은 최근 사우디아라비아의 시리아를 향한 움직임과 시리아의 아랍연맹 복귀가 반갑지 않다. 물론 이란이 시리아의 아랍

페허로 변한 시리아 북부 알레포(사진: FLY&DIVE, 2019)

연맹 복귀를 반대하는 건 아니다. 그러나 2023년 5월 3일과 4일 에 브라힘 라이시가 이란 대통령으로서는 12년 만에 시리아를 방문한 건 예사롭지 않다. 이란 역시 변화하는 시리아 상황을 예민하게 받아들인다는 뜻으로 풀이된다.

시리아 내전에서 반군을 지원했고, 사우디아라비아, 이란과 중동 지역 패권을 놓고 경쟁 중인 튀르키예도 바빠졌다. 튀르키예는 2023년 5월 10일 러시아 모스크바에서 열린 러시아, 이란, 튀르키예, 시리아 외교장관 회의 때 시리아와 별도 회담을 열었다.

튀르키예는 자국민의 약 20%를 차지하는 쿠르드족의 분리 독립 운동을 견제하는 과정에서 시리아를 예의주시한다. 시리아 북부 지역에 반튀르키예 성향, 분리 독립을 지지하는 쿠르드족이 대거 거주하기 때문이다. 튀르키예는 국제사회의 비난 속에서도 2019년 10월 시리아 북부 지역 쿠르드족에 대한 대규모 공격을 진행했고 여전히 군대를 시리아에 주둔시키고 있다.

미국도 못 막는 알아사드의 복귀

결과적으로, 바샤르 알아사드 대통령으로서는 중동 나아가 이슬람 권에서 가장 영향력이 큰 세 나라를 상대로 외교저 기렛데릴 활용하고, 목소리를 낼 기회를 잡은 셈이다.

정확히는, 독재자였던 아버지로부터 권력을 물려받은 뒤 잔인하게 자국민을 탄압하며 아랍권에서조차 고립됐던 바샤르 알아사드 대통령에게 중동의 강대국들이 먼저 다가서고 적극 대화에 나서는 모양새다. 바샤르 알아사드 대통령이 자연스럽게 또 당당하게 국제무대에 복귀할 수 있는 여건이 조성된 것이다.

바샤르 알아사드 대통령의 복귀는 미국 입장에서도 당혹스러운 일이다. 미국은 시리아에 대한 국제사회 제재를 주도했었다. 아랍연맹 복귀 결정에도 노골적으로 반대 목소리를 냈다. 미국 국무부는 "시리아는 아랍연맹에 복귀할 자격이 없다"고 밝혔다. 그러나 이 과정에서 중동 주요 국가들이 미국의 의지대로 움직이지 않는다는 것만 다시 한번 확인했다.

한 중동 외교 소식통은 "시리아의 아랍연맹 복귀는 사우디아라비아를 중심으로 아랍 주요 국가들이 미국의 석유 증산과 중국, 러시아와의 거리두기 같은 요청을 따르지 않는 것과 동일한 맥락에서 봐야 한다. 미국과의 관계를 포기하진 않겠지만 과거처럼 미국에 의존할 생각도 없다는 것을 분명히 보여주고 있다"고 말했다.

아랍 국가들이 마약과 난민 문제 등 자국 내 사회 문제를 해결하기 위해 시리아의 아랍연맹 복귀에 적극적으로 나섰다는 분석도 있다.

〈뉴욕타임스〉와 〈알자지라방송〉 등에 따르면 사우디아라비아는 시리아에서 생산돼 중동 주요 국가에서 광범위하게 유통되고 있는 마약인 '캡타곤Captagon'의 확산을 막는 데 관심이 많다. 캡타곤은 이슬람국가(IS)가 전투 요원들의 두려움을 없애기 위해 대량 생산한 마약으로 알려져 있다. '전투 마약' '이슬람국가(IS) 마약' '지하드Jihad(이슬람에서 성스러운 전쟁을 의미) 마약' 등으로 불리는데 가격이 저렴해 중동 전역에 퍼지고 있다. 알아사드 정권이 경제난을 극복하기 위해 캡타곤의 생산과 유통을 눈감아주고 있고, 나아가 뒤에서는 생산을 부추기고 있다는 지적도 나온다.

이스라엘 싱크탱크인 국가안보연구소INSS의 요엘 구잔스키Yoel Guzansky 수석연구위원과 카르밋 발렌시Carmit Valensi 수석연구위원은 '중동의 데탕트 시대: 재개된 사우디아라비아와 시리아 관계' 보고서에서 "캡타곤 확산은 이란에 의한 위협처럼 아랍권 전체가 위협으로 받아들이고 있는 문제다. 사우디아라비아가 시리아와의 관계 개선에 나서는 이유 중 하나"라고 설명했다.

레바논, 요르단, 이집트 등은 자국에 대규모로 넘어온 시리아 난민들을 다시 돌려보내는 데 관심이 많다. 가뜩이나 경제 사정이 안 좋은데 시리아 난민들까지 계속해서 감당하는 건 불가능하기 때문이다. 시리아 난민들로 인한 일자리 부족과 범죄 증가도 심각한 문제다.

이수정 서강대 유로메나연구소 연구교수는 "아랍 국가들이 마약, 난민 문제 해결을 위해선 시리아가 고립된 것보다는 아랍연맹이란 국제무대에 정식으로 복귀한 뒤 본격적으로 세부 협상에 들어가는 게 낫다고 판단했을 수 있다. 시리아에 복귀를 명분으로 캡타곤

과 난민 문제 해결에 적극 나서라고 요구하는 것도 가능할 것"이라
고 말했다.

북한과 가장 가까운 나라

중동 정세와 직접 연관된 건 아니다. 하지만 시리아의 아랍연맹 복
귀를 북한이 어떻게 받아들일지도 궁금해진다. 북한과 시리아의 '특
별한 관계' 때문이다.

일단 두 나라 사이에는 세습 독재, 국민들의 비참한 상황, 국제
사회의 불신 등 공통점이 많다. 정상 간의 개인적 친분도 특별하다.
하페즈 알아사드(바샤르 알아사드의 아버지)는 살아 있을 때 김일성 주
석과 가까웠고 북한을 방문한 적도 있다. 북한은 1967년과 1973년
아랍권과 이스라엘이 전쟁을 치를 때 시리아와 이집트에 공군 조종
사 등 군인들을 보냈다. 전쟁을 같이 경험한 '혈맹'인 셈. 1990년대,
2000년대 들어서는 미사일 개발 등에서도 서로를 도운 것으로 알려
져 있다.

아랍연맹 소속 22개국 중 유일하게 한국과 수교를 안 한 나라는
시리아다. 시리아를 제외하면 유엔 회원국 중 쿠바만 아직 한국과
수교를 안 했다. 중동 외교가에선 북한과의 친분 때문에 시리아가
한국과의 수교에 특별한 관심이 없다는 게 정설로 여겨진다. 이집트
의 경우 호스니 무바라크 전 대통령은 김일성이 살아 있을 때는 한
국과 수교하지 않았다. 그러나 김일성이 1994년 사망하자 이듬해 한
국과 수교했다.

김정은 북한 국무위원장과 바샤르 알아사드 대통령은 자주 서
한을 주고받는 사이다. 2023년 2월 대지진 때도 김정은 국무위원장

은 시리아에 위로 서한을 보냈다. 북한의 '태양절(김일성 생일)'과 시리아의 독립 기념일에도 두 정상은 축전을 주고받는다.

김정은 국무위원장은 바샤르 알아사드 대통령에 '국제무대 복귀'를 환영 및 축하한다는 내용을 담은 서한을 전달했을까? 시리아와 북한의 관계를 아는 많은 사람들이 궁금해하는 부분이다.

10) 작전에 불가능은 없다, 이스라엘 안보의 핵심 모사드

"요즘 만나는 사람마다 드라마 '테헤란' 이야기를 해. 드라마 내용과 지금 중동 정세가 꽤 비슷하잖아?"

2020년 12월 중순, 개인 사업을 하며 이스라엘 텔아비브에 거주하는 현지인이 들려준 이야기다. 그해 11월 말 이란 핵 과학자 모센 파흐리자데가 테헤란 근교에서 총격으로 암살된 뒤 미국 애플TV플러스에서 상영됐던 이스라엘 드라마 〈테헤란Tehran〉(2022)은 중동 지역을 중심으로 많은 주목을 받았다.

이 드라마는 이란 출신 유대인으로 이스라엘에서 성장한 여성 타마르가 이스라엘 정보기관 모사드 요원이 된 후 이란으로 잠입해 핵 개발 시설을 파괴하는 내용을 담고 있다. 이 드라마가 당시 화제를 모으며 인기를 끌었던 것은 모센 파흐리자데 사건의 배후가 모사드라는 주장이 제기됐기 때문이다.

이란은 사건 발생 직후부터 '이스라엘 소행'이라고 격렬히 반발했고 중동 외교가에서도 모사드 개입설을 기정사실로 받아들이는 분위기였다. 나치 독일의 유대인 학살 주범 아돌프 아이히만Adolf Eichmann을 체포하고, 팔레스타인 테러조직 '검은 9월단Black September

모사드 현황

설립	1949년 12월
본부	텔아비브
모토	'지략이 없으면 백성이 망하여도 모사가 많으면 평안을 누리느니라' (성경 잠언 11장 14절)
수장	다비드 바르니아 국장(2021년 6월-현재)

모사드의 주요 작전부서

메차다 (Metsada)	네비오트 (Neviot)	차프리림 (Tzafririm)	링 (Ring)	테벨 (Tevel)
- 암살, 납치, 폭파 등 - 암살전문 조직 '키돈Kidon' 보유	- 정보기술(IT)을 활용한 도청, 해킹 등 각종 첩보	- 유대인 보호 - 해외 거주 유대인과의 연락 및 정보 업무	- 테러범의 경제·금융 기반 무력화	- 타국 정보기관과의 교류

Organization[**] 요원, 수많은 이란 핵 개발 관계자를 제거한 것으로 유명한 모사드는 과연 어떤 기관일까?

특수 작전 연구소

모사드Mossad는 히브리어로 '정보 및 특수 임무 기관[**]', 일종의 특수 작전 연구소란 의미를 지닌다. 이스라엘 건국 다음 해인 1949년 설립되어 해외정보 수집, 위험인물 납치와 암살, 적대국의 주요 시설 파괴 등 해외 공작을 전담하고 있다. 모사드의 모토는 성경 구절에서 따왔다. 정확히는 잠언 11장 14절 '지략이 없으면 백성이 망해도,

---

[*]   1972년 뮌헨 올림픽 때 이스라엘 선수와 심판 11명을 납치했다.

[**]   모사드의 영어 명칭은 Institute for Intelligence and Special Operations다.

지략이 많으면 평안을 누리느니라'다. 말 그대로 정보, 지식, 전략의 중요성을 강조한 것이다.

조직 및 운영 방식은 철저히 비밀에 부쳐져 있다. 모사드 요원 숫자는 수천 명에서 수만 명까지, 연간 예산은 수십억 달러에 이를 것이란 분석이 나온다. 하지만 정확히 공개되거나, 파악된 건 없다.

모사드의 작전 부서는 크게 메차다Metsada, 네비오트Neviot, 차프리림Tsafririm, 링Ring, 테벨Tevel로 나뉜다.

이 중 암살, 납치, 폭파 등을 전문으로 하는 메차다가 많은 주목을 받는다. 메차다는 산하에 '키돈Kidon**'이라는 암살 전문 조직까지 두고 있다. 드라마 〈테헤란〉의 여주인공처럼 미인계를 이용해 암살 작전을 벌이는 여성 요원도 상당수 있는 것으로 알려져 있다.

이스라엘 언론인 로넨 버그먼Ronen Bergman이 모사드의 암살 작전을 해부해 출간한 『*Rise and Kill First*(일어나서 먼저 죽여라)』(2018)**에 따르면 모사드는 제거 대상의 치약에 독극물을 주입하거나 전화기를 폭발시키는 방식 등으로 2,700번 이상의 암살 작전을 수행했다. 주변국에서는 '살인 기계' '살인 집단'이라고 비판한다. 하지만 이스라엘 현지에서는 적대적인 국가에 포위된 이스라엘의 생존을 위해서는 꼭 필요한 조직이란 주장이 훨씬 많다.

이스라엘 정부가 정권 성향에 상관없이 모사드의 독립성과 전문성을 인정해주는 점 또한 모사드가 세계 최고 정보기관이 된 배경으로 꼽힌다.

역대 수장 12명 중 5년 임기를 못 채운 이는 4명에 불과하다.

---

* 히브리어로 '단검'이라는 뜻이다.

** Ronen Bergman, *Rise and Kill First: The Secret History of Israel's Targeted Assassinations*, Random House, 2018

3장 아직은 '세계의 화약고'

특히 2002~2011년 모사드를 지휘한 메이어 다간 전 국장Meir Dagan(1945~2016)은 직원들에게 "적의 뇌를 삼키라"는 말까지 서슴지 않았을 정도로 모사드 안에서 강한 지휘력을 행사했다. 메이어 다간 본인이 여러 차례 전쟁에 참전해 공을 세운 군인이라 모사드 구성원들에게도 극단적인 표현을 써가며 지휘할 수 있었다.

2021년 6월부터 모사드를 이끄는 다비드 바르니아David Barnea 국장도 특수부대 출신이다. 그는 모사드에서 근무하면서 요원 관리와 침투 작전 등 핵심 업무를 중점적으로 담당했다.

이스라엘 사람들은 군대와 모사드에서 다양한 실전 경험을 쌓았고 투철한 애국심을 지닌 내부 인사가 모사드의 수장이 돼야 한다는 공감대가 사회 전반에 형성돼 있다고 강조한다.

이스라엘의 인구 특성, 모사드의 풍부한 비밀 요원 자원

유럽, 중동, 아프리카, 중남미 등 세계 각지에 흩어져 있던 유대인들이 1948년 이스라엘 건국을 계기로 대거 귀환하는 과정에서 생긴 '인구 특성'도 모사드의 큰 장점이다. 세계 각지에서 살다 이스라엘로 돌아온 이들은 귀국 후에도 과거 거주지의 언어, 문화, 네트워크를 상당 부분 유지하고 있다.

모사드는 이런 인력들을 활용해 각국의 기밀 정보를 빼돌리고 유사시에는 이들을 요원으로 현지에 파견한다. 이스라엘 텔아비브대에서 중동 역사로 박사 학위를 받은 성일광 고려대 중동이슬람센터 정치·경제연구실장(한국이스라엘학회장)은 "유대인들은 수천 년간 세계 전역을 떠돌며 거주했기 때문에 자신 혹은 부모가 머문 지역의 언어와 문화에 익숙하고 외모 또한 현지인들과 유사하다. 모사드로

서는 해외에 파견할 비밀 요원 자원이 그만큼 풍부하다는 뜻"이라고
설명했다.

모사드의 전설적인 스파이로 1960년대 시리아 국방부 차관으
로도 고려됐던 엘리 코헨Eli Cohen(1924~1965)은 이집트 출신 유대인이
다. 아랍어, 아랍 문화와 역사에 능통했던 엘리 코헨은 시리아와 주
변 아랍국의 군사기밀을 줄줄이 빼돌리다 적발돼 사형됐다.

이란 또한 유대인들이 많이 거주했던 나라 중 하나다. 〈뉴욕타
임스〉 등에 따르면 1979년 이란의 이슬람 혁명 전후로 이란에서 이
스라엘로 이주한 유대인과 그 후손들이 최소 13만 5,000명에 이른
다. 이들은 모사드가 이란에서 벌이는 각종 공작에 상당한 도움을
주고 있는 것으로 알려졌다.

액션 영화 같은 모사드의 공작

설립 후 상당 기간 나치 전범이나 팔레스타인 무장정파의 인사 등을
체포하고 제거하는 데 주력했던 모사드는 21세기 들어 이란 핵 개발
대응을 저지하는 것에 공을 들이고 있다.

이스라엘 현지 언론은 모사드가 1993년부터 무려 27년간 모센
파흐리자데 주변에 정보원을 심어 그의 일거수일투족을 파악한 후
치밀한 준비 끝에 암살을 거행했다고 보도했다.

중동 전문가들은 모센 파흐리자데 이전에도 모사드 공작으로
사망한 이란의 핵 개발 인사가 수십 명에 이를 것으로 보고 있다.

2010년 마수드 알리 모하마디Massoud Ali Mohammadi(1959~2010) 테
헤란대University of Tehran 핵 물리학 교수가 숨졌다. 자택 근처 주차장에
서 원격 조종 폭탄을 실은 오토바이가 폭발한 것이다.

2011년에도 이란 혁명수비대에서 미사일 담당 업무를 맡았던 하산 테라니 모가담Hassan Tehrani Moghaddam(1959~2011) 장군과 휘하 인력이 폭사爆死했다.

유명 핵 과학자로 우라늄 농축 업무를 담당했던 무스타파 아흐마디 로샨Mostafa Ahmadi Roshan(1979~2012)은 2012년 오토바이를 타고 지나가던 남자가 차량에 부착한 자석 폭탄에 이해 숨졌다. 제거 방식의 대담성 등을 감안할 때 이런 공작을 자행할 기관은 모사드밖에 없다는 지적이 나온다.

모사드는 2018년 1월 테헤란의 한 비밀 창고에서 약 5만 5,000쪽의 문서, CD 183장 분량의 이란 핵 개발 자료를 탈취해 공개하기도 했다. 베냐민 네타냐후 이스라엘 총리는 당시 직접 기자회견을 열어 "이란이 2015년 미국 버락 오바마 행정부와 핵 합의를 체결했지만 이런 자료들을 숨기며 비밀리에 핵을 개발해왔다"고 주장했다.

모사드는 2020년 7월 이란 중부 나탄즈Natanz 핵시설에서 발생한 대형 화재의 배후라는 의심도 받는다. 당시 화재로 이란이 신형 우라늄 농축용 원심 분리기를 생산할 예정이었다는 사실이 드러났다. 같은 해 1월 미군이 이라크 바그다드 공항에서 가셈 솔레이마니 이란 혁명수비대 쿠드스군 사령관을 드론을 이용해 암살할 때도 모사드가 각종 정보를 미국에 제공한 것으로 알려졌다.

2023년 1월에도 모사드는 이란에 대한 대규모 공격을 주도한 것으로 알려졌다. 테헤란에서 남쪽으로 약 420km 떨어져 있으며 고대 문화 유적으로 유명한 도시 이스파한Isfahan에 위치한 시설들에 대한 공격이었다. 물론 모사드가 배후인 것으로 알려진 이번 공격의 목표가 문화재는 아니었다. 이란은 고원지대인 이스파한의 특성을 이용해 주변 산에 미사일 생산 시설을 운영하고 있었고, 이 시설들이 드론으로 공격당한 것이다.

이스파한 군사 시설에 대한 공격은 극우 강경파인 베냐민 네타냐후 총리가 1년 반 만에 총리직에 복귀한 뒤 벌어진 첫 번째 이란에 대한 직접적인 공격이어서 더욱 화제가 됐다. 그리고 '네타냐후 시대'에 다시 모사드가 이란에 대한 압박을 높이는 것이라는 분석이 나왔다.

북한과 모사드

한국 외교·안보 전문가들 사이에서도 모사드에 대한 관심은 크다. 그리고 모사드가 한국에도 여러 명의 요원을 파견했다는 게 기정사실로 여겨진다. 구체적으로, 국내에서는 모사드 요원들이 북한 핵무기와 미사일 정보를 수집하는 데 공을 들일 것이라는 분석이다.

북한이 이란, 시리아의 핵심 우방이라는 점도 모사드가 북한의 핵무기와 미사일에 신경을 곤두세우도록 작용한다. 특히 북한이 이란 핵과 미사일 개발 과정에서 밀접하게 협력하고 있다는 의혹이 오랫동안 제기된 만큼 이스라엘로서는 이란 핵 개발 저지 차원에서도 북한 동향을 파악할 필요가 있다.

일각에서는 헤즈볼라와 하마스에 북한 무기가 흘러 들어갔고 이들이 이스라엘 국경지대에 침투용 땅굴을 만들 때도 북한이 관련 기술을 제공했다고 본다. 알론 레프코위츠Alon Levkowitz 이스라엘 베이트바렐대Beit Berl College 정치학과 교수는 "대북제재 속에서 외화벌이가 시급한 북한은 중동과 북아프리카에 무기를 계속 팔려고 할 것"이라고 전망했다.

여기서 잠깐! 모사드는 군사, 안보 작전만 펼치지 않는다. 사실상 이스라엘의 모든 위기 상황에 개입한다고 생각하면 된다.

2020년 2월 22일 인천국제공항을 출발해 이스라엘 텔아비브 벤구리온국제공항에 도착한 대한항공 여객기에 탑승한 승객들은 이스라엘 땅을 밟지 못한 채 바로 떠나야 했다. 여객기는 착륙 지후 연료를 채우고 정비만 받은 채 다시 이륙해야 했다. 정확히는 당시 188명의 승객 중 이스라엘 국적자인 11명만 내릴 수 있었고, 나머지 승객은 단 한순간도 이스라엘 땅을 밟지 못하고 비행기 안에서만 2시간 정도 머무르고 떠났다. 당시 한국의 코로나19 감염자 수가 급증하고 전 세계적으로 우려가 커지자, 이스라엘 정부가 갑작스럽게 '한국인 입국 거부'를 결정한 것이다.

한국과 이스라엘은 1962년 수교 이래 특별한 갈등이나 충돌이 없었다. 다양한 분야에서 경제 협력이 진행됐고, 매년 많은 수의 국내 기독교와 가톨릭 신자가 이스라엘을 성지순례차 방문했다. 또한 양국은 2021년 5월, 경제 협력 및 통상 측면에서 긴밀한 관계임을 보여주는 지표 중 하나인 자유무역협정FTA에도 서명했다. 한국은 아시아 국가 중 이스라엘과 FTA를 체결한 첫 번째 나라다. 나름대로 가까운 사이이다. 그리고 텔아비브에 도착한 대한항공기가 입국을 거부당했을 당시에는 FTA 서명 전 막바지 조율 작업이 한창 이뤄지고 있던 때였다.

얼핏 보면 '가까운 관계의 나라'에 조금 지나친 조치라는 느낌도 든다. 물론 당시에 코로나19에 대한 공포감이 급속도로 퍼지고 있긴 했지만 나름 경제적으로 긴밀한 협력관계인 나라에 대해 노골적으로 빗장을 건다는 것은 다소 이례적이다.

당시 사정을 아는 이스라엘 소식통은 이런 결정의 배경에도 모사드가 있었다고 에둘러 설명했다.

"코로나19가 세계적으로 확산하는 과정에서 보건부와 해외 정보를 담당하는 부서*가 방역 전략 수립 및 의사 결정 과정에서 핵심적인 역할을 했다. 이들이 정부 회의에서 가장 큰 목소리를 냈다. 한국발 비행기에 대한 입국 거부 결정을 내리는 과정에서도 외교부와 경제 부처에서는 '코로나19 확산을 이유로 입국을 거부할 수 있기는 하다. 하지만 한국 측에 미리 자세히 알리거나, 너무 갑작스럽게 결정한 부분에 대해선 이해를 자세히 구해야 했다. 그리고 대부분의 탑승객은 사업을 하거나 성지순례를 하는 등 긍정적인 활동을 위해 이스라엘에 왔고, 오랜 비행을 한 만큼 공항 내 제한적으로 공간을 마련해 어느 정도 휴식을 취한 뒤 돌아갈 수 있도록 편의를 제공하는 게 좋을 것 같다'는 의견도 있었다. 한국과의 관계를 고려해 최소한의 편의는 제공하자는 뜻이었다. 그러나 보건부와 해외 정보 담당 부서, 특히 해외 정보 담당 부서가 한국 상황이 매우 심각한 것으로 파악되었기 때문에 '그대로 돌려보내야 한다'는 강경한 목소리를 낸 것으로 알고 있다."

중동 전문매체인 〈알 모니터Al Monitor〉〈뉴욕타임스〉, 이스라엘 현지 매체인 〈타임스오브이스라엘Times of Israel〉 등에 따르면 모사드는 세계 곳곳에 코로나19 감염자가 급속히 늘어나던 시기인 2020년 2월 현지 대형병원에 '워룸War Room'이라는 일종의 비상 지휘센터를 마련하고 다양한 대응 업무를 진행했다.

이 작전에는 전 세계적으로 물량이 부족해진 산소호흡기, 진단

---

* 사실상 모사드를 의미한다고 보면 된다.

3장 아직은 '세계의 화약고'

키트, 마스크 등을 확보하는 작전도 포함돼 있었다. 모사드는 이스라엘과 외교 관계가 없거나 적대적인 나라에서도 이런 의료용품 확보 작전을 진행한 것으로 알려졌다. 이를 두고 당시 아랍권에서도 "역시 모사드다" "정말 다르긴 다르다"라는 식의 감탄이 나왔다.

☾ 시시콜콜 마즐리스

모사드에 비하면 이란, 튀르키예, 사우디아라비아, 아랍에미리트 같은 중동 강국들의 정보부에 대해서 특별히 알려진 바가 없다. 일각에선 이 나라들의 경우 정보부가 오히려 집권자의 국내 정적 탄압에 '악용되고' 있다는 비판이 많다. 국내 정치에는 개입하지 않고, 철저히 국가안보를 위해 해외 공작에만 집중하는 모사드의 '수준 높은 활동'이 다시 한번 부각되는 부분이기도 하다.

다만, 튀르키예 정보부의 경우 2018년 10월 자국 이스탄불의 사우디아라비아 총영사관에서 발생한 사우디아라비아의 반정부 언론인 자말 카슈끄지 살해 사건* 때 다양한 증거를 확보하며 지역 내 라이벌 국가인 사우디아라비아를 전방위로 압박하는 실력(?)을 보여줬다.

아랍에미리트의 경우 정보부 인력 양성에 매우 적극적이다. 미국의 외교·안보 전문매체인 〈포린폴리시Foreign Policy〉에 따르면 아랍에미리트는 미국 중앙정보국CIA과 용병업체인 '블랙워터Black Water'에서 활동했던 인력을 고용해 자국의 정보 요원을 교육하고 있다. 전직 CIA와 블랙워터 관계자들이 아랍에미리트로부터 높은 임금과

---

* 사우디아라비아 정부가 개입한 것으로 알려졌다.

최고급 빌라 등을 제공받으며, 현지 사막에 마련된 훈련소에서 요원들을 양성하고 있는 것으로 알려져 있다.

한편, 2022년 5월 윤석열 대통령이 취임하면서 모사드는 국내에서도 더욱 주목받게 되었다. 윤석열 정부가 국가정보원을 모사드처럼 해외 첩보 업무를 중심적으로 다루는 정보기관으로 개편하겠다는 계획이 있는 것으로 전해졌기 때문이다.

11) 쿠르드족의 유일한 친구는 이스라엘일까

쿠르드족Kurds은 전체 인구가 3,000~4,000만 명 정도로 추산된다. 하지만 독립 국가를 구성하지 못하고 중동 여러 나라에 흩어져 사는 민족이다. 대부분은 한 지역에 정착해 살고 있지만 여러 나라에 흩어져 거주한다는 점 때문에 '중동의 현대판 유랑 민족'이라는 이미지가 강하다. 한국에서도 비교적 잘 알려져 있다.

튀르키예, 이라크, 이란을 중심으로 중동에서 수천 년간 나라 없이 지내며, 대규모로 거주하는 지역에서 자치권 정도를 보장받으며 지내온 쿠르드족. 중동 정세가 불안해지거나 전쟁이 터지면 자기편 확대 차원에서 너도나도 쿠르드족을 '아군'으로 삼으려 한다. 이 과정에서 자치권 확대, 나아가 독립 지원을 제시하기도 하지만 전쟁이 끝나면 자치권을 확대하고 독립을 지원하는 '당근'은 없던 일이 된다. 말 그대로 '버림받는 상황'을 겪게 되는 것이다.

미국과 쿠르드족

그러다 보니 '쿠르드족에게는 산을 제외하고는 친구가 없다'는 말도 나온다. 이는 쿠르드족들이 자신들의 처지를 한탄할 때 많이 쓰는 표현이다.

쿠르드족에게 가장 많은 실망감, 나아가 배신감을 준 나라는 미국이다. 1990~1991년 당시 사담 후세인 이라크 대통령이 쿠웨이트를 침공해 '걸프전'이 터졌을 때, 미국은 사담 후세인을 압박하려는 차원에서 이라크 거주 쿠르드족이 봉기하게끔 자극했다. 하지만 걸프전이 끝나고 권력을 유지하게 된 사담 후세인이 쿠르드족을 무자비하게 탄압했을 때는 이를 방관했다.

2003년 조지 W. 부시 대통령 시절 대량살상무기를 개발한다는 이유로 미국이 이라크를 침공했을 때도 쿠르드족은 후세인 정권에 맞서 치열하게 싸웠다. 쿠르드족이 자체적으로 조직한 군대로, 소위 쿠르드 민병대로 불리는 '페슈메르가Peshmerga*'는 사담 후세인의 정부군에 밀리지 않는 모습을 보였다. 하지만 후세인 정권이 붕괴되고 이라크를 점령한 미국은 2007년 튀르키예가 쿠르드족의 독립 국가 건설을 우려하며 군사 공격을 취했을 때 이를 사실상 용인했다.

2014~2017년 이슬람국가(IS)와의 전쟁이 한창일 때도 미국은 지상전을 적극 펼친 쿠르드족의 도움을 많이 받았다. 인명 피해를 우려해 사실상 공군력에만 집중했던 미국으로서는 페슈메르가의 존재가 이슬람국가(IS) 견제에 큰 도움이 된 셈이다.

하지만 이슬람국가(IS)가 사실상 붕괴하자 쿠르드족에 대한 관심이나 지원은 확연히 줄었다. 2017년 9월 이라크 쿠르드자치정부

---

*   죽음에 맞서는 사람이라는 뜻이다.

Kurdistan Regional Government, KRG가 분리·독립을 위해 주민투표를 진행했을 때도 이라크 중앙정부는 물론, 미국과 유럽연합도 모두 강한 반대와 우려를 표명했다.

전체 인구(8,200만 명)의 18%를 조금 넘는 1,500만 명 정도가 쿠르드계인 튀르키예는 인근 국가인 시리아, 이라크 거주 쿠르드족의 독립 움직임을 자국의 가장 큰 안보 위협이자 사회 불안 요소로 여긴다. 이런 분위기는 '현대판 술탄'으로 불리며 보수 강경 성향인 레제프 타이이프 에르도안Recep Tayyip Erdogan 대통령이 권력을 잡은 뒤 더욱 강해졌다.

튀르키예는 2019년 10월, 미군이 시리아 철수를 발표하자마자 쿠르드족 분리독립 세력이 테러를 조장하고 안보를 위협한다며 시리아 북부의 쿠르드족 집단 거주 지역을 공격했다. 미국에 협력하며 독립 국가를 설립하려 목소리를 냈던 시리아 쿠르드족에 대한 대규모 공격이었다. 이는 사실상 시리아에 대한 침공이나 다름없었다. 그리고 시리아 북부 국경의 길이 444km, 폭 30km 지역을 '안전지대(완충지대)'로 만들겠다는 명목하에 실질적인 영토 확장 작업을 진행했다. 이 과정에서 튀르키예군이 쿠르드 민간인과 어린이들에게 화학무기인 '백린탄*'을 썼다는 의혹까지 제기되었다.

당시 쿠르드족을 향한 튀르키예의 공격은 2주 정도 진행되다 러시아의 중재와 국제사회의 비판 속에 일단 중단됐다. 그리고 전 세계는 다시 한번, 쿠르드족이 처한 딱한 현실을 목격했다.

---

*　인으로 만든 발화용 폭탄이다. 인체에 심한 고통을 주며 대량살상을 초래한다고 알려져 있다.

이렇게 '친구 없는' 쿠르드족에게 기회가 있을 때마다 '긍정적인 메시지'를 발표하는 (거의) 유일한 나라가 있다. 바로 이스라엘이다. 물론 진정성이 의심되기는 하지만.

2019년 10월 튀르키예가 대규모로 시리아 북부 쿠르드족을 공격하기 시작했을 때, 당시 베냐민 네타냐후 이스라엘 총리는 "용감한 쿠르드인에 대한 튀르키예의 침공과 인종 청소를 강력히 비난한다. 이들에 대한 인도적 지원을 늘리겠다"고 밝혔다. 2017년 9월 이라크 쿠르드자치정부가 분리·독립을 위한 주민투표를 진행했을 때도 이스라엘은 공식적으로 쿠르드자치정부의 독립 노력을 적극 지지한다고 뜻을 분명히 밝혔다.

중동 전문 매체인 〈미들이스트모니터Middle East Monitor〉에 따르면, 이스라엘은 1960년대부터 기회가 있을 때마다 쿠르드족에 대한 군사 및 인도적 지원을 단행해왔다. 이라크 거주 쿠르드족 지도자 무스타파 바르자니Mustafa Barzani는 "이스라엘만큼 쿠르드족이 큰 빚을 진 나라는 없다. 유대인만 쿠르드족을 신경쓴다"고 말하기도 했다.

이스라엘이 쿠르드족 지원에 적극적인 데는 이유가 있다. 자국과 사이가 나쁜 이란, 이라크, 튀르키예 등이 자국 쿠르드족을 탄압하고 있어 협력 관계를 맺을 여지가 많기 때문이다. 이른바 '적의 적은 나의 친구'인 상황인 것을 최대한 이용하려는 전략이다.

실제로 이스라엘의 핵심 주적인 이란과 시리아에는 각각 약 600만 명과 200만 명의 쿠르드족이 거주하고 있다. 이라크에도 500만~600만 명이 산다. 이스라엘은 자신들의 안보를 위협하는 나라에 거주하는 쿠르드족이 자치권을 확대하기를 바란다. 나아가 쿠르드족이 독립 국가 '쿠르디스탄Kurdistan**' 설립을 외치며 해당 국가의 혼란을 부추겨야 이스라엘의 안보가 굳건해질 수 있다고 내다보기도 한다.

다만, 이스라엘 사람들이 쿠르드족을 바라볼 때 감정적으로 조금은 특별하다는 분석이 있다. 나라 없이 2,000여 년을 떠돌며, '홀로코스트' 같은 끔찍한 박해를 당하다 1948년에야 어렵게 이스라엘을 건국한 과거의 모습 때문이다.

한마디로, 지금 쿠르드족이 겪고 있는 어려움이 이스라엘 건국전 자신들의 모습과 많은 부분 겹치기 때문이라는 뜻이다.

☾ 시시콜콜 마즐리스

쿠르드족은 살라흐 앗딘 유수프 이븐 아이유브Salah ad-Din Yusuf ibn Ayyub**를 배출한 민족이다. 그는 십자군과 맞서 싸우며 예루살렘을 탈환했던 무슬림 영웅이다. 이라크 북부 티크리트Tikrit에서 태어난 살라딘은 당시 중동권의 상당 지역을 지배했고, 탁월한 전략과 정치력 그리고 용맹함으로 유럽에서도 명성을 크게 얻었다. 또 많은 문학 작품과 영화의 주인공이 되기도 했다.

---

*   '쿠르드족의 땅'이라는 뜻이다.
**   보통 살라딘Saladin이라고 불린다.

12) 유대인 파워, 초강대국 미국의 대외정책을 좌우하다

유대인은 세계에서 인구 대비 가장 많은 노벨상 수상자를 배출한 민족이다. 교육열이 강하고 특히 토론과 분명한 자기주장의 중요성을 강조한다. 수천 년 동안 유랑하면서도 자신들의 종교, 문화, 언어를 지키며 이스라엘을 '뿌리'로 여기고 살아왔다.

　　유대인의 우수성과 영향력에 대해서는 정도의 차이가 있을 뿐 많은 사람이 알고 있다. 그러나 막연하게 유대인의 영향력을 아는 것과 실제 현실에서 '유대인 파워'가 얼마나 크고 어떻게 작용하는지를 아는 것은 조금 다르다. 중동 이슈를 이해하는 과정에서도 유대인들의 영향력에 관심을 가져볼 필요가 있다.

미국을 움직이는 막강한 로비

다양한 종류와 원인을 바탕으로 한 분쟁이 수도 없이 발생하는 중동에서 이스라엘과 팔레스타인 간의 갈등은 제2차 세계대전 이후 가장 많은 주목을 받아온 '핵심 분쟁' 중 하나다. 어떤 면에서 이 분쟁은 현대 중동 갈등의 '고전' 격이다.

　　갈등의 근본 원인은 이스라엘에 있다. 1948년 5월 이스라엘이 건국하면서, 세계 각지에서 모여든 유대인들이 고대 자신들의 '선지자가 약속한 땅'에 나라를 세운다며 이 지역으로 몰려왔다. 그리고 원주민인 팔레스타인인들과 갈등이 심해졌고, 크고 작은 충돌과 전쟁을 겪으며 결과적으로는 팔레스타인 사람들을 조직으로 몰아내는 상황이 조성됐다. 아랍권에서는 이스라엘 건국을 아랍어로 대재앙이란 뜻이 담긴 '나크바Nakba'라고 부른다. 또 이스라엘과 대규모 무력 충돌이 있을 때도 '나크바'라는 표현을 쓴다.

여기에, 종교적 차이*가 겹치면서 팔레스타인, 나아가 아랍권과 이스라엘은 크고 작은 전쟁을 계속 겪어왔다. 2023년 10월 7일 하마스의 공격으로 터진 '가자지구 전쟁'도 연장선상에서 생각하면 된다.

'글로벌 파워'를 가진 미국은 그동안 자국과 우방국들이 석유와 천연가스를 원활하게 확보할 수 있도록, 또 '세계의 화약고' 중동에서 대규모 분쟁이 터지는 것을 막기 위해 이스라엘과 팔레스타인 간 갈등에서 중재자 역할을 하기 위해 힘썼다. 그러나 미국의 '이·팔 분쟁'을 대하는 태도에는 명확한 입장이 있었다. 정권마다 정도 차이만 있었을 뿐 이스라엘의 자주성, 주도권을 확실히 인정한다는 점이었다. 팔레스타인인들이 국가를 설립해 이스라엘과 공존하는 것을 지향하는 내용을 담은 '두 국가 해법'을 지지했고, 그 중요성을 강조했던 오바마 행정부도 크게 다르지 않았다.

오바마 행정부는 사실상 불법적인 이스라엘의 팔레스타인 영토 줄이기 전략이었던 '유대인 정착촌 확장' 정책을 강도 높게 비판했다. 하지만 실질적인 조치는 딱히 취하지 않았다. 이스라엘의 팔레스타인 시위대 강경 진압 등에 대해서도 사실상 구두로 경고할 뿐 실질적인 조치는 없었다.

왜냐하면 이스라엘의 외교 역량이 뛰어나기도 했고, 중동에서 가장 가까운 우방국이라는 특성도 무시할 수 없기 때문이다.

그리고 더 근본적으로, 또 깊게는 미국 정부에 대한 유대인들의 막강한 영향력이 있다. 유대인과 친분을 맺어본 사람이라면 느낄 수

---

* 대부분의 유대인은 유대교, 팔레스타인인은 이슬람을 믿는다.

있다. 정도 차이는 있겠으나 '이스라엘에 대한 특별한 감정'을 모두가 가지고 있다는 것을 말이다. 심지어 이스라엘에 한 번도 가보지 않은 사람이라고 해도 유대인이라는 정체성과 이스라엘이라는 '마음의 고향'에 대해 기회가 있으면 어떤 형태로든 특별한 감정을 표현한다. 이런 면은 미국에 사는 유대인들 사이에서도 비교적 뚜렷하게 나타난다.

특히 미국의 유대인들은 금융계를 중심으로 세계 최강국 미국의 법조계, 정·관계, 언론계, 문화예술계 등에서 어마어마한 인력을 배출했고, 막강한 영향력을 행사하는 집단으로 꼽힌다. 말 그대로, 미국 사회 모든 섹터에서 손꼽히는 로비 파워를 지닌 집단이다.

미국 내 거주하는 유대인들의 단체인 미국·이스라엘공공정책위원회American Israel Public Affairs Committee, AIPAC는 이들이 미국과 국제사회에 얼마나 큰 영향력을 행사할 수 있는지를 보여준다. AIPAC의 주요 행사는 미국의 상·하원의원, 정부 고위 관료, 심지어 대통령 후보들 사이에서 잠깐이라도 참석해 눈도장을 찍어야 할 이벤트로 꼽힌다. AIPAC 내 오피니언 리더들과의 친분을 쌓는 일 역시 마찬가지다.

유대인들의 영향력은 2020년 미국 대선 때도 드러났다. 당시 국무부 장관이었던 마이크 폼페이오는 도널드 트럼프 대통령의 측근이었다. 그는 이스라엘 출장 중 진행된 공화당 전당대회에서 원격화상 시스템을 통해 당시 도널드 트럼프 대통령을 지지하는 연설을 했다. 정확히는 이스라엘의 수도 예루살렘 전경이 내려다보이는 '다윗왕* 호텔King David Hotel'의 루프탑에서였다. 미국 내 유대인들, 나아

---

*   고대 이스라엘의 왕.

가 이스라엘을 특별하게 생각하는 보수 기독교 신자들을 겨냥한 이벤트였다는 평가다. 다만, 전통적으로 미국 거주 유대인들은 공화당보다 민주당 지지 성향이 강하다.

미국 정부를 움직이는 인맥

조 바이든 대통령과 도널드 트럼프 전 대통령을 아주 가까이서 보좌하며 '미국의 글로벌 정책'을 기획하고 움직였던 이들 중에는 유대인이 수두룩하다.

먼저 철저한 친이스라엘 정책을 구사했던 트럼프 행정부 시절에는 재러드 쿠슈너 전 백악관 선임고문이 있었다. 그는 도널드 트럼프 전 대통령의 사위로, 백악관 '문고리 권력'으로 통했고 정통 유대교 교리를 강조하는 집안 출신이다. 사업가였던 부친은 강경 보수 성향인 베냐민 네타냐후 이스라엘 총리와 각별한 사이였다.

베냐민 네타냐후 총리는 미국을 방문했을 때 재러드 쿠슈너의 집에 머무른 적이 있다. 당시 청소년이었던 재러드 쿠슈너는 베냐민 네타냐후 총리가 자신의 방에서 잘 수 있도록 자리를 양보했다고 한다. 도널드 트럼프 전 대통령이 각별히 아낀 딸 이방카 트럼프Ivanka Trump는 재러드 쿠슈너와 결혼한 뒤 유대교로 개종했다.

보수 성향 유대인으로 꼽히는 재러드 쿠슈너는 도널드 트럼프 전 대통령이 당선된 직후부터 '중동 정책의 설계자' 역할을 한다고 평가받았다. 실제로 2020년 8월 이스라엘-아랍에미리트-바레인의 역사적 '3각 수교' 역시 재러드 쿠슈너의 손을 거쳤다는 게 정론이다. 또한 도널드 트럼프 전 대통령이 아랍권과 국제사회의 반대를 무릅쓰고 주이스라엘 미국 대사관을 텔아비브에서 예루살렘으로

재러드 쿠슈너 전 백악관 선임고문
(사진: 유럽연합 대표부)

토니 블링컨 미국 국무부 장관
(사진: 미국 재무부)

재닛 옐런 미국 재무부 장관
(사진: 미국 재무부)

옮기는 것을 결정한 배경에도 재러드 쿠슈너가 있었다고 분석된다.

여기서 잠깐. 이스라엘의 수도는 예루살렘이다. 하지만 이슬람에서도 성지로 여기는 예루살렘을 이스라엘 수도로 인정하는 것에 부담을 느끼는 많은 나라들은 경제 중심지인 텔아비브*에 주로 대사관을 설치했다. 이는 이·팔 분쟁에서 최대한 중립적인 자세를 유지하려 한다는 의미를 담은 조치로도 풀이된다. 도널드 트럼프 전 대통령 이전의 미국 대통령들은 '예루살렘은 이스라엘의 수도다'는 식으로 발언하면서도 대사관을 옮기는 결정은 내리지 않았다.

도널드 트럼프 전 대통령의 주요 연설을 기획했고, 당시 논란이 됐던 반이민, 인종차별 성향의 정책 설계자로 꼽히는 스티븐 밀러 Stephen Miller 전 백악관 선임고문 역시 보수 성향 유대인으로 꼽힌다. 트럼프 행정부 시절 '경제 사령탑'이었던 스티븐 므누신Steven Mnuchin

---

* 예루살렘에서 차로 1시간 정도 거리에 있고, 주이스라엘 한국 대사관도 여기에 위치한다.

당시 재무부 장관도 유대인이다.

바이든 행정부의 핵심 인사 중에도 유대인이 수두룩하다. 우선 조 바이든 대통령을 가까이서 보좌하는 제프 자이언츠Jeff Zients 백악관 비서실장이 유대인이다. 외교·안보 정책을 총괄하는 토니 블링컨 국무부 장관과 경제 사령탑인 재닛 옐런Janet Yellen 재무부 장관도 유대인이다. 론 클레인Ron Klain 전 백악관 비서실장과 웬디 셔먼Wendy Sherman 전 국무부 부장관 역시 유대인이다. 토니 블링컨 장관과 웬디 셔먼 전 부장관은 커리어 측면에서 '중동 전문가'라고 할 만하다. 두 사람 모두 오바마 행정부 시절 각각 국무부 부장관, 국무부 정무차관 등으로 활동하며 이란 핵 협상 등 중동 정책 업무에 개입했다.

물론 트럼프 행정부와 바이든 행정부의 핵심 고위직에 있는 유대인들의 성향은 다르다. 하지만 이 같은 유대인들의 미국 정부 내 활동은 트럼프, 바이든 행정부 할 것 없이 미국의 글로벌 정책에 얼마나 유대인들이 막강한 영향력을 행사할 수 있는지, 그리고 기본적으로 이·팔 분쟁에서 이스라엘이 얼마나 우월한 지위에 있을 수밖에 없는지를 잘 보여준다.

☾ 시시콜콜 마즐리스

미국 금융계의 심장 월스트리트. 그중에서도 대표 아이콘으로 꼽히는 투자은행인 골드만삭스Goldman Sachs의 창업자 마르쿠스 골드만Marcus Goldman과 사무엘 삭스Samuel Sachs, 첨단기술의 성지인 실리콘밸리를 상징하는 기업 구글Google의 창업자 래리 페이지Larry Page와 세르게이 브린Sergey Brin, 메타Meta 창업자인 마크 저커버그Mark Zuckerberg와 '챗GPT'를 개발한 샘 올트먼Sam Altman 오픈AI CEO 역시 유대인이다.

또 현직 미국 대법관 9명 중 2명이 유대인이다. 미국 인구 조사 국과 미국 유대인 연감 등의 자료에 따르면 미국 내 유대인은 760만 명 정도로, 전체 미국 인구의 2.4% 정도에 불과하다. 다시 한번, 이들의 영향력이 얼마나 큰지 느낄 수 있는 대목이다.

13) 아라비아반도에서 가장 아름다운 나라였던 예멘의 비극

예멘은 최근 중동에서 가장 심각한 내전을 겪고 있는 나라다. 국제 사회도 사실상 개입을 포기한 내전 중이다.

고대에 예멘은 아라비아반도와 동아프리카를 잇는 길목에 위치해 번성한 해상 무역 중심지였다. 특히 예멘의 항구도시인 모카 Mocha는 커피 무역의 중심지로, '카페모카'라는 말도 여기에서 나왔다.

중동 많은 나라에서 예멘 음식은 큰 인기를 누린다. 무역 중심 지라 오래전부터 다양한 사람들이 교류하며 문화가 융합됐고, 수준 높은 음식 문화도 탄생할 수 있었다.

아랍권에서 많이 먹는 음식인 캅사Kabsa*도 예멘이 원조라고 한다. 캅사는 아랍권 나라 중에서도 사우디아라비아에서 많이 먹어 '사우디아라비아 음식'이라는 이미지가 강하다. 하지만 예멘 사람들은 캅사는 예멘이 원조라며 목소리를 높인다.

또한 다양한 사람, 문화와 교류했기에 예멘 사람들은 아랍권에 서 개방적이고, 친절한 성향이라는 평가도 받는다.

---

*   쌀, 양고기, 닭고기, 견과류, 채소 등을 함께 찜 형태로 만든 요리다.

예멘과 주변국 지도

　　예멘은 오만과 함께 민담집 〈아라비안나이트〉의 주 무대로 꼽
히는 '이야기의 나라'이기도 하다. 중동 나라 중 보기 드물게 원시림,
오아시스, 사막, 바다 등 다양한 자연환경을 갖추고 있어 아라비아
반도에서 가장 아름다운 풍광을 자랑하는 나라로도 여겨졌다.

생지옥으로 변한 '예멘의 비극'

예멘은 2010년 12월 튀니지에서 시작된 '아랍의 봄'을 겪으며 생지
옥으로 변했다. 33년간 예멘을 이끌던 알리 압둘라 살레^{Ali Abdullah}

Saleh 전 대통령*이 2012년 2월 권좌에서 내려온 뒤 국가 전체가 혼란에 빠진 것이다. 이 과정에서 예멘 국토는 이슬람 수니파인 압드라보 만수르 하디Abdrabbuh Mansur Hadi 대통령이 이끄는 정부군과 자이드파Zaydism(시아파의 분파)인 후티Houthi 반군 간의 내전에 휩싸였다.

예멘 내전은 2014년 8월 후티 반군이 정부군과 대대적으로 충돌하고, 이듬해 1월 반군이 수도 사나Sanaa의 대통령궁을 점령하면서 걷잡을 수 없이 확대됐다. 또 본격적인 '국제전' 내지 '대리전' 양상도 보이기 시작했다. 표면적으로는 예멘 정부군과 후티 반군 간 충돌이 내전의 주요 축이지만, 중동의 패권 경쟁국인 사우디아라비아(정부군 지원)와 이란(후티 반군 지원)의 개입이 조직적으로 이뤄지고 있기 때문이다.

사우디아라비아는 2015년 3월부터 공군력을 대거 동원해 후티 반군 점령 지역에 대한 대규모 공격에 나섰다. 또 수니파 동맹국인 아랍에미리트, 이집트, 수단과 함께 '아랍연합군'을 구성해 이들 나라의 지상군 투입도 독려했다. 반면, 이란은 미사일과 드론 등 무기와 자금을 후티 반군에 대규모 지원하는 형태로 맞서왔다.

내전의 골이 깊어지며 예멘 사람들의 고통은 커지고 있다. 세계은행에 따르면 2022년 기준 예멘의 1인당 국내총생산GDP은 677달러에 불과하다. 인구의 절반 이상인 1,700만 명이 식량난에 고통받고 있다. 특히 200만 명 이상의 어린이가 급성 영양실조를 겪고 있다. 치안 사정도 불안 그 자체다. 심지어 2017년에는 '과거 시대의 전염병'으로 여겨졌던 콜레라가 창궐해 약 90만 명이 감염됐다.

---

* 　그는 대통령 자리에서 물러난 뒤 후티Houthi 반군과 손잡았다. 이후 내부 분열로 2017년 12월 살해됐다.

불행히도 예멘의 비극은 실제 참상에 비해 국제사회에 덜 알려진 편이다. 정부군, 반군, 이슬람국가(IS) 등 '3개 정파'로 나뉘어 전국토가 역시 전쟁터로 변했던 시리아의 경우와는 다르다. 시리아는 육로를 통해 국민들이 튀르키예로 이동이 가능했기에 그 참상이 비교적 쉽게 알려질 수 있었다.

그러나 예멘은 사우디아라비아와 오만의 사막 지역과 바다(아덴만과 홍해)로 둘러싸여 고립되어 있다. '탈출' 자체가 어려운 셈이다. 이는 상대적으로 예멘 난민이 국제적인 주목을 덜 받은 이유다.

예멘을 포기할 수 없는 이유

중동 전문가들과 외교가 관계자들은 예멘의 '지정학적 가치' 때문에 사우디아라비아와 이란 모두 예멘 내전 개입을 포기하기 힘들다고 입을 모은다.

특히 사우디아라비아로서는 이란-이라크-시리아-레바논으로 이어지는 시아벨트에서 막강한 영향력을 행사 중인 이란이 남부 국경과 맞닿아 있는 예멘에서도 영향력을 키우는 것이 극도로 부담스러울 수밖에 없다.

구체적으로, 사우디아라비아 입장에서는 북동쪽으로 직접 국경이 맞닿아 있는 이라크와 요르단을 넘어 북쪽에 위치한 시리아와 레바논에서 이란의 입김이 커진 것만으로도 골치가 아프다. 여기에 남쪽의 예멘에서도 이란의 영향력이 확대되는 것은 안보 면에서 재앙이나 다름없다. 자국 내 석유와 담수화 관련 시설이 밀집해 있고 이란과도 지리적으로 가까운 동부 지역에 전통적으로 시아파 인구가 많다는 것도 사우디아라비아에는 엄청난 부담이다.

인남식 국립외교원 교수는 "예멘에서도 이란의 영향력이 커지면 사우디아라비아는 유사 사태가 발생할 경우 사실상 봉쇄되는 상황을 맞이할 수 있다는 위기감을 느낄 수밖에 없다. 사우디아라비아로선 예멘은 절대 포기할 수 없는 지역이고, 국제사회의 비난을 감수하면서도 강경한 조치를 취해 자국에 유리한 여건을 조성하려 할 것"이라고 분석했다.

동아프리카의 관문 격인 지부티, 에티오피아, 소말리아와 인접해 있다는 부분도 이란과 사우디아라비아가 예멘에서의 영향력 확대에 신경을 쓸 수밖에 없는 이유다.

특이한 것은, 예멘 내전이 지속되는 과정에서 북한의 무기 수출 문제도 부각될 수 있다는 점이다. 이란과 긴밀한 군사 협력 관계를 유지해온 북한의 무기 관련 기술이 후티 반군에 흘러들었다는 주장이 제기되고 있기 때문이다. 실제로 2018년 2월, 국제방송인 〈미국의 소리VOA〉*는 후티 반군이 북한의 미사일 기술을 이용해 단거리 탄도미사일 사거리를 늘렸고, 이를 사우디아라비아 본토를 공격하는 데 사용했다고 보도했다.

유엔 안보리 산하 '2140 예멘제재위원회 전문가 패널'은 2017년 7월 북한산 미사일과 기관총의 후티 반군 유입을 주장했다. 보고서에 따르면, 반군들은 북한의 '73식 기관총'을 보유하고 있다. 또 '화성 5호 미사일'의 복제본인 '스커드-B 미사일'도 최소 90기가 공급됐다.

후티 반군의 특징 중 하나는 극심한 내전을 경험 중인 반군임에

---

* 　미국의 소리Voice of America, VOA는 미국 연방정부 산하 독립 기구인 USAGM(옛 BBG)에서 운영하는 국제방송으로, 북한 관련 뉴스를 많이 보도해 미국 정부의 대북 방송으로 여겨지기도 했다.

도 '국제전' 역시 도발했다는 것이다. 구체적으로, 후티 반군은 사우디아라비아와 아랍에미리트를 상대로 꾸준히 미사일을 이용한 공격을 감행했다. 2017년에는 사우디아라비아 수도 리야드의 국제공항과 2019년에는 아람코 석유생산 시설을 미사일과 드론을 이용해 공격했다.

2022년 초에는 아랍에미리트에 대한 공격으로 세계적인 주목을 받았다. 특히 1월 17일에는 미사일과 드론을 이용해 아부다비와 두바이를 공격했다. 이 공격은 문재인 전 대통령이 아랍에미리트를 방문 중이라 국내에서도 큰 화제가 됐다.

14) '아랍의 봄' 발원지인 튀니지의 아픔과 혼란

2019년 7월 25일 이집트 카이로 도심에 위치한 외신기자클럽 인근 식당이 한순간 술렁였다. 베지 카이드 에셉시Beji Caid Essebsi 튀니지 대통령이 92세로 사망했다는 소식이 속보로 전해졌기 때문이다. 속보를 전하는 TV 뉴스를 뚫어지게 쳐다보는 사람이 여럿이었다.

외신기자클럽 사무실로 돌아오자, 한 직원이 "당신이 카이로에 온 지 얼마 되지도 않았는데 큰일이 터진 것 같다. 튀니지 출장을 갈 예정이냐"고 물었다. 그는 "겨우 안정을 찾은 튀니지가 또 한번 혼란스러워지지 않았으면 좋겠다"고 덧붙였다.

나는 "설마 2010년, 2011년처럼 튀니지가 혼란에 빠지겠느냐" 하고 대답했지만 살짝 걱정됐다.

베지 카이드 에셉시 전 대통령은 아랍권에서 나름 상징적인 인

물로 여겨진다. 중동 민주화 운동 '아랍의 봄'의 발원지(2010년 12월)
인 튀니지에서 2014년 12월 처음으로 민주적인 선거를 통해 대통령
에 당선됐기 때문이다. 튀니지는 아랍의 봄으로 큰 혼란을 겪은 나
라* 중 유일하게 민주주의가 나름대로 정착되고 있던 곳이다.

튀니지는 내전으로 나라가 엉망진창이 된 시리아, 리비아, 예
멘, 잠시 민주화의 움직임이 있었지만 군부독재로 회귀한 이집트와
는 사정이 다르다. 걸프 산유국 중 유일하게 대규모 시위가 벌어졌
지만 역시 왕실이 이를 모두 제압한 바레인과도 사정이 달랐다.

그래서일까? 적지 않은 사람들이 튀니지를 중동 민주주의의 모
델이라고 치켜세우기도 했다. 2013년 튀니지의 노동계와 산업계, 시
민단체, 법조계 등 4개 부문의 대표 조직이 결성한 연합 시민사회단
체로 2014년 12월 튀니지의 민주적인 선거를 진행하는 데 크게 기
여한 '튀니지 국민4자대화기구Tunisian National Dialogue Quartet'는 2015년
노벨 평화상 수상자로 선정됐다.

특히 베지 카이드 에셉시 전 대통령은 집권 이후 자신에게 적대
적이었던 이슬람주의 정치세력을 포용하려 했고, 여성 인권을 개선
하기 위해 노력했다. 이를 통해 튀니지의 정치적 안정을 이루어냈다
고 평가받았다.

베지 카이드 에셉시 전 대통령의 장례식에는 에마뉘엘 마크롱
Emmanuel Macron 프랑스 대통령, 펠리페 6세Felipe VI 스페인 국왕, 타밈
빈 하마드 알 사니 카타르 국왕, 마흐무드 압바스 팔레스타인 자치
정부 수반 등 많은 정상이 참석했다.

---

*   튀니지, 리비아, 시리아, 이집트, 예멘, 바레인 등.

베지 카이드 에셉시 튀니지 전 대통령
(사진: Magharebia)

카이스 사이에드 튀니지 대통령
(사진: Quirinale)

정치보다 빵이 더 중요해

베지 카이드 에셉시 전 대통령에 대한 일반 튀니지인과 다른 아랍
나라 사람들의 평가는 그리 긍정적이지 않다. 부정적인 평가의 핵심
은 결국 '경제를 살리지 못했다'는 것이다. 튀니지 젊은 층에서는 베
지 카이드 에셉시 전 대통령을 두고 '아무것도 한 게 없는 무능한 대
통령'이라고 평가한다.

실제로 민주화된 튀니지의 경제 성적표는 엉망이다. 세계은행
에 따르면 튀니지의 청년 실업률은 2022년 기준 37.1%를 기록했다.
같은 기간 전체 실업률은 16.1%였다. 아랍의 봄이 터진 큰 이유 중
하나가 만성적인 일자리 부족을 견디지 못한 청년층의 분노였는데,
10년이 지났어도 현실은 크게 달라지지 않았다.

카타르에서 연수하던 시절 같은 연구소에서 알고 지냈던 튀니
지 출신 연구원은 "아랍의 봄 이야기만 나오면 서방 언론과 학자들
이 튀니지를 칭찬한다. 하지만 그들이 튀니지에서 살아본 적이 있는

가? 튀니지 경제는 과거보다 더 어렵고, 여전히 사람들은 희망을 못 찾고 있다"라고 말했다.

이집트에서 만났던 사람들도 "처음에는 민주화를 이룬 튀니지가 부러웠지만, 이제는 아니다. 경제적으로는 우리보다 더 어려우면 어렵지, 나은 것 같지 않다"라고 말했다.

아랍의 봄은 튀니지에서 대학을 나왔지만 일자리를 구하지 못해 과일 행상을 하던 무함마드 부아지지Mohamed Bouazizi(당시 26세)가 2010년 12월 경찰 단속에 리어카를 빼앗기고 벌금까지 부과받자 절망을 이기지 못하고 분신한 것이 도화선이 되었다.

'이슬람국가(IS) 용병 배출 1위'라는 오명

튀니지는 이슬람국가(IS)가 한창 영향력을 발휘하던 시기, 이슬람국가(IS)의 본거지였던 이라크와 시리아를 제외하고는 가장 많은 가담자(약 6,000명)*를 배출하기도 했다. 이슬람국가(IS) 가담자 중 상당수는 역시 일자리 부족으로 희망을 잃고 극단주의에 매료된 사람들이다. 이들에게 성전聖戰인 '지하드'에 참여하면 월 수백 달러를 받을 수 있다는 이슬람국가(IS)의 유혹은 탈출구나 다름없었다.

민주화 운동을 경험했고, 그래도 비교적 정상적으로 민주주의가 작동한 나라의 젊은이들이 대규모로 이슬람국가(IS)에 가담했다는 것은 아이러니다. 일각에서는 이슬람국가(IS)가 서구식 민주주의를 정립하고 있는 튀니지에 불만이 많고, 이를 흔들기 위해 더욱 적극적으로 튀니지 출신 가담자를 모집하려 했다는 분석도 나왔다.

---

*   안보컨설팅업체 수판 그룹Soufan Group, 'IS의 외국인 용병 자료' 기준(2016)

베지 카이드 에셉시 전 대통령의 사망은 결국 민주주의가 제대로 뿌리내리고 나아가 좋은 평가를 받기 위해서는 경제가 얼마나 중요한지를 보여주는 사례. 가뜩이나 민주주의 경험이 부족한 중동에서 경제적 안정이 뒷받침되지 않는 민주화는 더욱 불안정할 수밖에 없다.

새로운 대통령과 흔들리는 민주주의

베지 카이드 에셉시 전 대통령이 사망하고 3개월 뒤, 튀니지에서는 정치 신인이며 법학 교수 출신인 카이스 사이에드Kais Saied가 대통령에 올랐다.

카이스 사이에드 대통령은 당시 18~25세 유권자로부터 90%의 지지를 얻으며 젊은 층 유권자를 사로잡았다. 허름한 곳에 선거사무소를 차리며 부정부패에 물들지 않은 깨끗한 이미지에, 소셜 미디어를 통해 선거운동을 하면서 좋은 호응을 얻었다는 평가가 많았다. 또 철저한 법 집행의 중요성을 강조해 '로보캅'이란 별명을 얻기도 했다.

하지만 최근 그에 대한 평가는 튀니지에서 상당히 부정적이다. 무엇보다 경제난은 여전히 나아질 기미가 보이지 않고, 정치적으로도 안정을 이룩하지 못했다. 특히 2021년에는 총리의 권한을 축소하고 해임했다. 또 야당의 비판 목소리가 거세지자 의회 활동을 정지시켰다. 말 그대로, 독재자의 모습을 보이는 것이다.

2022년에는 독재자의 행보를 더욱 노골적으로 드러내고 있다. 법 개정을 통해 총리를 비롯한 행정부 수반과 판사 임명권, 의회 해산권, 군 통수권 등을 장악한 것은 물론이고 '급박한 위험'이 있을 때는 대통령 임기도 임의로 연장할 수 있도록 했다. 사실상 튀니지는 카이스 사이에드 대통령이 '마음만 먹으면' 지속해서 대통령직을 유지할 수 있게 됐다.

카이스 사이에드 대통령을 바라보는 국민들의 시선은 싸늘하다. 2022년 12월 진행된 총선 투표율은 8.8%에 그쳤다. 튀니지 사람들의 '정권과 정치에 대한 외면'이 얼마나 심각한지를 잘 보여준다.

2023년에는 결국 야권의 핵심 인사 중 하나로 정부와 여권에 대한 강도 높은 비판을 해온 라체드 가누치Rached Ghannouchi를 체포하기에 이르렀다.

아랍의 봄 발원지로 그래도 민주주의를 정립해가는 것 같았던 튀니지가 완전히 흔들리는 상황이다. 사람들은 불안하고, 안타까운 심정으로 이런 튀니지의 모습을 지켜보고 있다.

☾ 시시콜콜 마즐리스

튀니지는 한국에 잘 알려지지 않은 중동 나라다. 북아프리카에 위치한 이 나라는 중동권에서 가장 개방적인 나라 중 하나다. 여성의 교육 기회 보장, 일부다처제와 조혼 금지 등을 아랍권에서 가장 먼저 법으로 정했다. 튀니지 수도 튀니스Tunis에는 아프리카 국가들을 대상으로 개발 자금과 정책 컨설팅을 제공하는 국제기구인 아프리카개발은행African Development Bank 본부도 2003년부터 2014년까지 있었다. 아프리카개발은행은 원래 코트디부아르의 경제 중심지인 아비장Abidjan에 본부를 두고 있었다. 코트디부아르에서 내전이 터지자 임시로 튀니지로 본부를 옮겼었다. 이후 코트디부아르 정세가 다시 안정되면서 아프리카개발은행은 본래의 본부 자리로 돌아온 것이다.

아프리카개발은행이 잠시지만 튀니지에 있었다는 것은 이 나라의 개방성이나 국제화 수준이 높다는 것을 보여준다.

튀니지는 로마 시대 유적지가 많고, 남유럽과 중동 식단에 항상 오른다고 해도 과언이 아닌 올리브 생산지로도 유명하다. 중동에서 올리브가 가장 많이 생산되는 나라가 튀니지다. 튀니지산 올리브는 프랑스, 이탈리아, 스페인, 포르투갈 등에도 많이 수출된다.

15) 우크라이나 전쟁은 중동을 어떻게 바꾸고 있나

"중동은 앞으로 어떻게 될까?"

2022년 2월 24일. 러시아가 우크라이나를 침공했다는 소식을 들은 직후 혼잣말이 나왔다. 비록 유럽에서 벌어지는 전쟁이지만 중동 나라들에도 많은 영향을 줄 게 분명했기 때문이다.

실제로 러시아의 우크라이나 침공 뒤 중동 정세는 바쁘게 돌아가고 있다. 러시아에 대한 대규모 경제 제재 속에 러시아산 석유와 천연가스 구매를 줄이려는 나라들은 중동 산유국들에 대한 의존을 높일 수밖에 없다.

러시아 제재를 주도한 미국은 사우디아라비아와 아랍에미리트를 중심으로 아랍권 산유국들에 석유 증산을 요청했다. 또 카타르에는 천연가스의 원활한 생산과 공급 필요성을 강조했다. 이 과정에서 사우디아라비아와 아랍에미리트는 조 바이든 미국 대통령의 전화 통화를 거부하는 등 '러시아 제재'에 분명히 선을 그었다. 미국의 다양한 경로를 이용한 석유 증산 요청에도 사실상 거부 반응을 보인다. 반면, 카타르는 유럽 국가들에 대한 천연가스 공급 확대에 일단

우크라이나 전쟁, 마리우폴의 파괴된 모습(사진: 우크라이나 내무부)

긍정적으로 반응하고 있다.

사우디아라비아와 아랍에미리트처럼 친미, 친서방 성향인 산유국들이 러시아 제재에 적극 참여하지 않는 이유는 무엇일까?

사우디아라비아와 아랍에미리트 입장에서는 미국이 2021년 8월 아프가니스탄에서 철수한 것과 관련하여 미국의 '탈중동 전략'에 대한 걱정과 불만도 크다. 반면, 미국과 글로벌 패권을 두고 경쟁 중인 러시아와 중국은 최근 중동에 대한 개입과 진출에 적극적인 모습을 보인다. 결국, 전통의 우방이며 그동안 두터운 신뢰를 쌓아온 나라는 미국이지만, 지금처럼 탈중동 움직임을 보이는 상황에서는 미국에 의존하는 안보 전략에 변화를 둘 수도 있다는 의사를 내비치는 것이다. 또 바이든 행정부에서 사우디아라비아와 아랍에미리트가 부담스러워하는 인권 문제를 계속 거론하는 것도 원인으로 꼽힌다.

대표적인 예로, 2021년 9월 미국의 제이크 설리번 백악관 국가안보보좌관과 무함마드 빈 살만 알 사우드 사우디아라비아 왕세자와의 대화를 들 수 있다. 〈월스트리트저널〉에 따르면 당시 제이크 설리번 보좌관이 '자말 카슈끄지 살해 사건'에 대해 언급하자 왕세자가 그 자리에서 소리를 지르며 격노했다.

미국의 핵심 동맹국이며, 중동 국가 중 미국과 가장 가까운 나라인 이스라엘도 러시아에 대한 제재에 참여하지 않고 있다. 이스라엘 역시 미국의 중동 정책이 변화하는 것을 예의주시할 수밖에 없다. 이스라엘 입장에서는 주적인 이란과 시리아를 우선 견제하기 해서는 두 나라와 가까운 관계에 있고 직간접적인 영향력을 행사할 수 있는 러시아와 긴밀한 관계를 유지할 필요가 있다. 이스라엘도 중동에 대한 관심을 줄이려는 미국의 전략에 반감이 크다.

러시아의 글로벌 전략에는 특징이 있다. 특히 중동 국가에 대한 정책에서는 '이해관계만 일치하면 인권 문제 등 민감한 이슈에 대해서는 전혀 언급하지 않는다'는 특징이 있다.

러시아는 반군과 이슬람국가(IS)의 동시 공격에 몰려 위기에 처했던 시리아 정부(바샤르 알아사드 대통령)를 지원하면서 반인권적 행위를 방치했다. 민간인에 대한 무차별 공격은 물론, 시리아 정부가 화학무기를 사용해 반군 장악 지역에 거주하는 민간인을 살해한다는 비판이 제기됐을 때도 아랑곳하지 않았다. 러시아군은 자신들이 직접 시리아 반군을 공격할 때도 민간인 피해를 신경쓰지 않고 한 지역이나 도시를 완전히 파괴하는 이른바 '초토화 작전*'을 자주 시행

---

* 러시아군은 우크라이나를 침공해 주요 항구도시이며 인구가 많고 사회 인프라 시설도 잘 갖춰진 마리우폴Mariupol에서도 초토화 작전을 감행해 엄청난 인명과 재산 피해를 초래했다는 비판을 받았다.

했다.

러시아는 '바그너그룹Wagner Group'으로 불리는 용병 부대를 해외 군사 활동에 대거 투입하는 것으로도 큰 논란을 빚고 있다. 바그너그룹은 중동, 중앙아시아, 아프리카 분쟁 지역에 파견돼 러시아군 배후에서 주로 활동한다. 민간인 학살, 자원 탈취, 고문, 선전전 등을 전개하면서 '악명'을 떨치고 있다. 특히 러시아 규대를 대신해 민간인 학살과 고문을 자행한다는 비판도 많다. 바그너그룹은 러시아군 소속이 아니다. 이들이 국제법이 금지한 행위를 해도 러시아 정부에 항의하는 데 한계가 있다는 뜻이다. 물론 러시아는 바그너그룹의 행태에 대해서도 '모른 척'하는 자세를 보인다. 우크라이나 침공 때도 바그너그룹은 당연히 악명을 떨쳤다.

그런데 러시아 정부와 바그너그룹 간에는 2023년 들어 심각한 균열이 발생했다. 2023년 6월 바그너그룹의 수장 예브게니 프리고진Yevgeny Prigozhin이 러시아군의 처우에 불만을 터뜨리며 무장 반란을 일으켰기 때문이다. 당시 바그너그룹은 러시아 수도 모스크바 200km 앞까지 진격하기도 했다. 하지만 예브게니 프리고진이 '철군'을 결정하며 바그너그룹의 반란도 자연스럽게 수습했다. 그리고 2023년 8월 예브게니 프리고진은 타고 있던 비행기가 추락해 사망한다. 전 세계는 사실상 블라디미르 푸틴Vladimir Putin 러시아 대통령이 사망 배경에 있다고 생각한다. 과거에도 블라디미르 푸틴 대통령은 자신의 정적들을 다양한 '사고'를 통해 제거했다는 비판을 받아왔다.

다시 러시아의 전략에 대한 이야기로 돌아오자. 러시아의 외교·안보 전략은 인권과 민주주의에 대한 기준이 높지 않거나, 없다시피 한 중동 나라들에는 오히려 '현실적인 대안' 혹은 '매력적인 대안'으로 여겨질 수 있다. 과거 중동 국가들은 미국과의 관계를 중시하면서도 미국의 인권 기준이나 민주주의 수용 요구(사실 미국이 강하게 주장한 것도 아니었다)에는 부담스러워했다.

하지만 많은 외교관과 중동 전문가는 "그래도 미국이 감시하고, 다양한 경로로 메시지를 전달했기 때문에 많은 중동 나라에서 최소한의 인권과 민주적 정치 활동이 보장될 수 있었다"고 목소리를 높인다.

자국 내 셰일가스 생산과 이용 증대, 전쟁에 대한 피로감, 중국과 러시아와의 갈등 심화 등으로 중동에 대한 개입을 과거보다 줄이려는 미국의 모습이 자연스러워 보이면서도 동시에 걱정스러울 수밖에 없는 이유다.

그리고 우크라이나 전쟁에서 만약 러시아가 승리하는 상황이 벌어진다면 이런 걱정은 더욱 커질 것이다.

16) 중국은 중동에서 '새로운 해결사'가 될 수 있을까

2023년 3월에는 중국발 중동 뉴스에 전 세계가 놀랐다. 앞에서 설명했지만, 사우디아라비아와 이란이 7년 만에 외교 관계를 복원하기로 했고, 두 나라 간 협상을 중국이 중재했기 때문이다.

과거라면 '당연히' 미국, 좀더 범위를 넓혀도 미국을 중심으로 영국과 프랑스처럼 중동과 인연이 깊은 서유럽 주요 국가들이 중재했을 만한 이슈다.

중국 중재 아래 중동의 라이벌이며 앙숙인 사우디아라비아와 이란이 베이징에서 외교 관계 복원에 합의했다는 소식이 전해지자,

중동 국가들의 탈미국 현상을 다시 한번 보여주는 것 아니냐는 전망이 나왔다.

특히 '중국이 사우디아라비아와 이란에 모두 대규모 경제 지원을 약속했을 수 있다'는 전망에도 힘이 실린다. 중국의 경우 두 나라의 경제적 니즈를 동시에 만족시킬 수 있는 역량과 배경을 지닌 나라다.

먼저, 이란은 계속되고 있는 미국과 서유럽의 경제 제재를 이겨내려면 이들의 제재를 따르지 않는 '글로벌 파워' 중국에 끌릴 수밖에 없다.

사우디아라비아 입장에서도 네옴 프로젝트 등 국가 핵심 프로젝트를 원활히 진행하려면 대규모 투자 여력과 개발 노하우가 있는 중국은 든든한 협력 파트너.

박현도 서강대 유로메나연구소 대우교수는 "이란과 사우디아라비아 모두 중국과의 경제 협력이 필요한 상황이며 중국의 중재 아래 두 나라가 일단 '차가운 평화'를 도모하기로 한 것으로 보인다"고 언급했다.

물론 미국은 중국 중재 아래 중동의 맹주들이 화해했다는 게 못마땅하다. 겉으로는 사우디아라비아와 이란 간의 외교 관계 정상화 노력을 지지한다고 하면서도 한계가 있을 것이란 반응을 보였다. 존 커비John Kirby 백악관 국가안전보장회의NSC 조정관은 당시 브리핑을 통해 "(이번 합의에 대해) 지켜봐야 한다. 이란 정권은 자기 말을 지키는 정권이 아니다"라고 말했다.

중동 내 중국의 군사 역량

물론 아직 중동에서 중국의 영향력을 미국과 비교하는 건 무리다. 특히 안보 면에서는 군대 주둔, 무기 수출, 실제 협력 사례 등 미국은 중국의 상대가 안 된다.

자세히 짚어보자. 2020년 아프가니스탄에서 전면 철수했지만, 여전히 미국은 중동 곳곳에 대규모 군사기지를 보유하고 있다. 사우디아라비아와 이란 사이에 위치한 카타르에만 1만 명 이상의 미군이 주둔 중인 대형 공군기지 알 우데이드 기지를 운영하고 있다. 걸프만의 섬나라 바레인에는 미국 해군 5함대가 주둔하고 있다. 아랍에미리트, 튀르키예 등에도 미군이 주둔한다. 아랍에미리트는 한국에서 배치를 놓고 심각한 사회적 갈등이 초래됐던 미국의 사드 THAAD(고고도미사일방어체계)를 가장 먼저 도입한 나라다.

이에 비해, 중국은 동아프리카 지부티에 있는 해군기지가 유일한 중동권 내 군사기지다. 지부티 해군기지는 중동은 물론이고 중국이 해외에 보유하고 있는 유일한 군사기지다.

러시아에 비해서도 중국의 중동 내 군사 역량은 부족하다. 러시아는 세습 독재자인 바샤르 알아사드 시리아 대통령의 요청에 따라 2015년부터 시리아에 군대를 주둔시키고 있다. 바샤르 알아사드 대통령은 2011년 반군과의 내전이 전면적으로 확대되자 러시아에 도움을 청했다.

러시아는 이라크, 튀르키예, 요르단, 이스라엘, 레바논과 국경을 맞대고 있고, 지중해도 접하고 있는 시리아의 지정학적 가치에 매료돼 군대 파병과 알아사드 정권을 지원했다.

한마디로, 중국은 미국이나 러시아처럼 중동의 핵심부에 자리잡은 군사기지가 없다. 중동에서 실제 군사 작전을 펼친 경험도 없다.

경제적으로도 중국이 중동에 대한 투자와 지원을 늘리고 있지만 한계가 있다는 평가가 나온다.

외교관 출신으로 아프리카·중동국장, 주이스라엘 대사, 초대 주팔레스타인 대표부 대표를 지난 마영삼 전 대사는 이렇게 말한다.

"얼핏 보면 중동에서 미국의 영향력이 줄어들고, 중동 산유국들의 '탈미국' 움직임이 나타나는 것 같다. 그러나 산유국들이 오일 달러로 운용 중인 국부펀드는 여전히 미국 실리콘밸리와 금융사에 많은 돈을 투자하고 있다. 그리고 중국이 중동 국가의 안보를 미국처럼 안정적으로 보장해 줄 수 있는 의지와 능력이 있는지는 검증되지 않았다. 그동안 미국과 긴밀한 관계를 맺어온 중동 국가들이 미국에 대한 의존을 쉽게 줄이지는 못할 것이다."

그럼에도 중동 갈등에서 가장 첨예한 문제로 꼽히는 사우디아라비아와 이란 간의 갈등을 어떤 형태로든 중국이 봉합했다는 건 심상치 않다. 일시적이나마 '차가운 데탕트'를 이루어냈다는 것 자체가 특별한 일이다.

나아가 2023년 4월에는 당시 중국 외교부 부장(외교부 장관)이었던 친강Qin Gang이 이스라엘과 팔레스타인 외교부 장관과 각각 전화 통화를 하고 "평화 회담 재개를 위한 조치가 필요하다"고 밝혔다. 또 다른 중동의 오래된 갈등인 이스라엘과 팔레스타인 분쟁에도 중국이 관심을 가지고 개입하려는 움직임이라는 해석이 나올 수밖에 없다.

이에 앞서 중국은 '달러'로 통했던 원유 결제 수단에 자국 '위안화'를 확대하는 것을 적극 추진 중이다. 사우디아라비아는 위안화를 원유 결제 통화로 인정하기 시작했다. 이집트의 신행정수도 건설 등 다양한 경제개발 프로젝트에도 이미 중국은 중요한 역할을 담당하고 있다.

중국의 대중동 전략을 전 세계가 계속 주목할 수밖에 없는 이유다. 중동에 대한 중국의 관심은 식지 않을 가능성이 높다.

문홍호 한양대 국제학대학원 명예교수(중국학)는 이렇게 말했다.

"글로벌 패권국으로서 자리매김하길 원하는 중국은 중동에 늘 관심을 가져왔다. 중국은 중앙아시아, 서남아시아, 유럽으로 영향력을 확대하려면 중동에서도 분명한 존재감이 있어야 한다고 여겨왔다. 그리고 2021년에 미국의 전격적인 아프가니스탄 철군이 있었다. 중국으로서는 '중동에 공백이 생겼고, 미국이 빠진 부분을 우리가 차지할 수 있다'는 기회의 순간으로 봤다. 이런 관심과 목표를 실현하기 위한 다양한 전략은 계속될 것이다".

17) 훔무스는 어디 음식인가, 이스라엘과 아랍권의 음식 전쟁

개인적으로 중동 음식을 좋아한다. 지금도 종종 서울 이태원에 있는 아랍 사람이 하는 식당을 찾는다. 하지만 음식 대부분이 채소보다는 고기(양고기와 닭고기)와 빵(혹은 밥) 위주라 먹고 나면 상당히 몸이 무거워지는 느낌이 든다. 또 소금, 기름, 향신료가 많이 들어가 있어 맛은 있지만 다소 자극적이다. 그래서 중동 음식을 먹을 땐 평소보다 더 많은 탄산음료를 마시기도 한다. 하지만 갓 구운 양고기와 따끈따끈한 아랍 빵(인도식 빵인 '난'과 비슷한 모양이다)을 같이 먹는 맛이란 긴 설명이 필요 없다. 훔무스Hummus, 샐러드, 올리브까지 있다면 금상첨화다.

팔라펠Falafel과 훔무스는 중동 전역에서 '국민 먹거리'로 인식될 만큼 인기가 많고 누구나 즐기는 요리다.

둘 다 주재료는 병아리콩이다. 팔라펠은 병아리콩을 곱게 갈아서 반죽하고 동그란 모양으로 기름에 튀긴 요리다. 고로케 같은 모양이다. 따뜻할 때 먹으면 정말 고소함과 담백 그 자체다.

훔무스는 이제 한국에서도 제법 알려져 있다. 병아리콩을 으깬 뒤 올리브유를 섞은 요리로, 빵에 찍어서 많이 먹고 올리브, 토마토, 고기와 함께 즐기기도 한다.

팔라펠과 훔무스는 오래전부터 중동 전역에서 즐긴 음식이지만, 팔레스타인과 레바논 지역에서 생긴 음식이라는 이야기가 많다. 즉, 아랍권에서 탄생한 음식이다.

하지만 최근 이스라엘 내 많은 '전통 음식점'과 이스라엘 유명 셰프들이 쓴 요리책들을 보면, 팔라펠과 훔무스를 '이스라엘 요리'로 소개한다. 당연히 아랍인들은 이에 반발한다.

심지어 이스라엘과 레바논 간에는 '훔무스 전쟁'도 펼쳐졌다. 이 전쟁은 2008년 10월 프랑스에서 열린 '국제식품박람회' 때 많은 사람이 훔무스를 이스라엘 음식으로 알고 있다는 것에 레바논 정부 관계자들이 분노하면서 벌어졌다. 당시 파디 아부드Fadi Abboud 레바논 관광부 장관은 귀국한 뒤 곧바로 "세계에서 가장 큰 훔무스를 만들라"라고 지시했다. 그리고 레바논 식품업계에서는 2009년 10월 무게가 3,000kg에 이르는 초대형 훔무스를 만들었다.

이스라엘도 가만히 있지 않았다. 이스라엘은 2010년 1월 무게 4,090kg, 지름 6m짜리 훔무스를 만들었다. 레바논은 다시 2010년 5월 무게 1만 452kg, 지름 7.17m짜리 훔무스를 만들었다. 이는 현재

팔라펠(사진: Viktoria Hodos, shutterstock)

홈무스(사진: Anna Shepulova, shutterstock)

샤와르마(필자 개인 촬영)

쿠나파를 만드는 모습(필자 개인 촬영)

까지 가장 큰 훔무스로 기네스북에 등록돼 있다.

유대인과 아랍인이 동시에 많이 거주하는 미국과 유럽에서도 음식을 둘러싼 갈등이 일어난다. 유대인들이 운영하는 이스라엘 전통 음식점에서 훔무스와 팔라펠 등을 '이스라엘 음식'이라고 소개하는 일이 꽤 있고, 이에 따라 심심치 않게 갈등이 벌어진다.* 한국인이 중국의 '김치 공정'에 불쾌해하고, 반감을 품는 것과 비슷한 맥락인 셈이나.

이스라엘에서는 샥슈카Shakshuka**와 샤와르마Shawarma***도 '이스라엘 요리'로 소개하는 경우가 많다.

취재차 이스라엘에 방문했을 때 현지인들과 식사하는 과정에서도 위의 음식들을 먹으며 "이스라엘 요리다"라는 설명을 들을 때가 많았다. 이스라엘에서 만났던 한 취재원은 현지인들이 줄 서서 사 먹을 정도로 인기가 있는 오래된 팔라펠 전문 식당으로 직접 안내해주며 "팔라펠은 이스라엘에서 가장 인기 있는 전통 길거리 음식이다. 그리고 이 식당은 현지인들에게 늘 사랑받는 곳이다"라며 강조했다.

이 문제에 대한 아랍 사람들의 논리는 비교적 간단하고 명확하다. 카타르에서 같은 연구소에 근무하며 가깝게 지냈던 팔레스타인 출신 교수, 연구원, 대학원생들은 이렇게 목소리를 높였다.

"이스라엘 사람들은 이스라엘이 건국한 1948년 이후, 세계 곳

---

* 팔라펠과 훔무스는 중동 출신 이민자들이 많은 유럽과 북미에서는 오래전부터 큰 인기를 끌고 있는 음식이다.
** 북아프리카와 지중해 지역에서 많이 즐기는 요리로 토마토소스, 가지, 피망, 양파 등을 주재료로 삼은 음식이다.
*** 시리아가 원조로 여겨지며 양고기나 닭고기를 야채와 함께 빵으로 싸서 먹는 음식.

곳에 흩어져 있다 모였다. 이전에는 모두 자신들이 거주하는 나라의 음식을 먹었다. 가령, 유럽에 살다 이스라엘로 온 유대인들이 유럽에 살 때도 팔라펠이나 훔무스를 즐겨 먹었고, 자신들의 전통 음식이라고 강조했다는 기록은 없다."

"이스라엘이 건국되기 전에도 중동에 거주하던 유대인들은 팔라펠, 훔무스 등을 즐겼을 수 있다. 하지만 당시 중동에서 유대인들만 이 음식을 먹은 건 아니다. 또 유대인으로부터 팔라펠, 훔무스, 샤와르마 등이 다른 나라와 민족으로 전파됐다는 기록은 없다. 지금 이스라엘의 행태는 수백 년, 수천 년간 아랍 사람들, 넓게 보면 중동 사람들이 먹던 음식을 갑자기 '이스라엘 음식'이라고 강조하는 것이나 마찬가지다. '우리가 팔레스타인을 점령했으니 이제 팔레스타인 사람들이 먹던 음식도 우리 음식이다'라고 주장하는 것이나 다름없다."

내가 가장 좋아하는 중동 음식은 쿠나파kunafah다. 쿠나파는 팔레스타인 지역의 고유 음식으로, 버터와 기름을 듬뿍 두른 뒤 바짝 구운 페이스트리 형태의 빵이다. 안에는 치즈가 녹아 있다. 쿠나파는 중동 전역에서 가장 인기 있는 디저트다. 팔레스타인 이슈를 다루는 세미나나 회의에 가면 쿠나파가 간식으로 나올 때가 종종 있다. 커피 혹은 우유 한 잔에 쿠나파를 곁들이는 것은 정말 최고의 조합이다.

카타르에서 인기 있는 쿠나파 전문점 체인인 '알 아커Al Aker'에 가면 매장마다 팔레스타인 지역 사진이 여럿 걸려 있었다. 그리고 그것에 대해 아는 체하면 점원들이 무척 좋아했다. 한번은 점원이 자신을 팔레스타인 출신이라고 소개하며 "한국 사람들에게도 쿠나파가 팔레스타인 전통 음식인 것을 많이 알려달라"며 주문한 것보다 훨씬 더 많이 주기도 했다. 어떻게 해서든, 자신들의 전통을 알리고, 인정받기 위한 '작은 몸부림' 같아 마음이 짠했다.

4장

더 가까이 중동

한국인의 눈으로 볼 때 중동 나라들은 신기한 면모가 있다. 그리고 나름 역동적이다. 생각보다 많은 변화가 일어나고 있다는 뜻이다. 물론 우리의 시각으로 보면 이상하게 느껴지고 뒤처져 있는 부분도 많다. 사실이다. 하지만 그 자체의 고유성을 인정하고 변화에 의미를 부여한다면, 많은 것을 배우고 느낄 수 있다. 또 우리가 전혀 모르고 있었던 것을 알 수 있거나, 완전히 잘못 알고 있었던 내용을 바로잡을 수도 있다.

그동안 모르고 있던 중동의 다양한 사회적, 문화적 현상을 조금씩 알아가는 것, 그 의미와 신기함을 알아채고 여기에 관심을 가져보는 것은 중동을 이해하는 데 도움이 될 만한 또 하나의 '중동 공부'다.

1) 아랍어를 잘 못 쓰는 아랍인, 히브리어를 잘 못하는 이스라엘인

사우디아라비아, 카타르, 아랍에미리트 등 아랍권 산유국에서 취재하는 과정에서 만난 아랍인 중 많은 수는 현지의 엘리트였다. 외교부와 공보부 등 정부부처의 공무원, 대학과 연구소의 전문가, 아람코 같은 유명 기업의 관계자였기 때문이다. 대부분은 미국이나 영국 유학파다. 나아가, 각자 자기 나라에서 학교에 다닐 때도 이르면 유치원부터 미국이나 영국계 국제학교에서 교육받은 사람이 많았다. 그 이유는 간단했다.

"좀 부끄러운 이야기이지만, 현지 학교의 수준이 높지 않아요."

"현지 학교에서는 열심히 공부하고, 경쟁하는 문화가 약해요."

아랍어 글쓰기에 약한 젊은 세대

아랍권 나라에서는 부모가 지적 수준이 높고 교육열이 강할수록 자식을 최대한 외국계* 국제학교에서 교육하려고 한다. 남학생의 경우에는 어릴 때부터 유학을 보내는 경우도 많다.

문제는 집에서 아랍어를 쓰고 별도로 가르치기도 하지만 기본적으로 어렸을 때부터 영어를 주 언어로 삼아 공부한다는 점이다. 결국 모국어에 대한 이해와 지식을 깊이 있게 기르는 것은 구조적으로 한계가 있을 수밖에 없다. 집안에서 따로 철저히 아랍어를 교육하거나, 본인이 스스로 아랍어 공부를 열심히 하기 전에는 더더욱 그렇다.

심지어 아랍 산유국에서는 어릴 때부터 집에서 부모보다 보모들이 하나하나 챙겨주는 문화가 강하다. 아이들을 돌봐주는 보모들

---

* 미국이나 영국계뿐 아니라 스위스, 프랑스 등 유럽계도 많다. 또 일부는 현지 사립학교지만 영어를 중심으로 수업을 진행한다.

은 대부분 필리핀* 출신이다. 역시 아랍어는 거의 못하고, 영어는 잘하는 사람들이다.

결국 자의 반, 타의 반 '좋게 말하면' 어릴 때부터 이중 언어에 노출되는 구조다. 하지만 '나쁘게 말하면' 집에서조차 모국어인 아랍어를 심도 있게 그리고 안정적으로 배울 기회가 부족한 여건이다.

아랍 산유국의 젊은 엘리트 중에 어느 정도 친해지니 아래와 같이 이야기하는 이들이 있었다.

"아랍어로 말하는 데는 지장이 없지만 쓰는 건 솔직히 영어가 더 편하다."

"내가 쓴 영어 보고서는 고등교육을 제대로 받은 성인이 쓴 것 같다. 하지만 내가 쓴 아랍어 보고서는 중고교생이 쓴 느낌이 난다."

"어릴 때부터 영어로 공부하다 보니 컴퓨터로 아랍어를 쓸 때는 어지럽다. 영어는 왼쪽에서 오른쪽으로 쓰지만, 아랍어는 그 반대로 쓰니까……"

그리고 이들의 부모들은 다음과 같이 지적한다.

"우리 애가 아랍어로 쓴 글을 보면 창피하다. 아랍어 과외를 시키려고 한다."

"외교관이라 해외 근무를 많이 할 수밖에 없는데, 집에서 아이들에게 가장 강조하는 게 아랍어 공부다."

"지금부터라도 아랍어 교육을 체계적으로 해야 한다."

그러다 보니 아랍 산유국의 정부부처, 기업에서는 상대적으로 공교육의 전통이 더 길고, 이에 따라 '아랍어 글쓰기 교육'도 잘 시키는 시리아, 이라크, 이집트, 레바논, 팔레스타인 등에서 온 인력들을

---

* 인도, 스리랑카 출신도 일부 있다.

채용해 쓰기도 한다.

　기본적으로 산유국 국민들은 적극적으로 일하지 않는 경우가 많기 때문에 외국 인력을 써야 하는 상황이다. 이 과정에서 주변 아랍권 국가 사람을 뽑을 땐 원활한 아랍어 쓰기 능력을 중요한 평가 요소로 보는 경우도 많다.

　개인적으로는, 중동 산유국들의 글로벌화 속에서 벌어지는 아이러니하고 다소 황당한 모습 중 하나가 바로 '아랍어 글쓰기를 잘 못하는 젊은 세대'들이라고 생각한다.

이스라엘의 소통 문화

이스라엘에서도 히브리어가 능숙하지 않거나, 능숙하더라도 네이티브 발음이 아닌 이스라엘 사람을 비교적 쉽게 볼 수 있다.

　이들 중　많은 수는 1980년대 후반부터 1990년대 초반 사이 구소련과 동유럽의 공산권 국가들이 무너질 때 '뿌리'를 찾아 혹은 '더 안정된 환경'을 찾아 이스라엘로 온 사람들이다.

　영미권 국가인 미국, 호주, 캐나다의 유대인 중에도 '뿌리'를 찾아 이스라엘로 온 이들이 꽤 있다. 주한 이스라엘 대사관에 따르면 이스라엘 국민 중 22.4%가 다른 나라에서 이스라엘로 이민을 온 이들이다. 이스라엘에서 태어난 사람은 77.6%다.

　그래서일까? 이스라엘에선 여전히 러시아어와 영어가 공용어는 아니지만 광범위하게 통한다.

　개인적으로, 러시아어가 어느 정도로 잘 통하는지는 러시아어를 모르기 때문에 체감할 수 없었다. 하지만 영어로 이스라엘에서 소통하는 데는 전혀 어려움이 없었다. 러시아어로 대화하는 사람들

---

1) 아랍어를 잘 못 쓰는 아랍인, 히브리어를 잘 못하는 이스라엘인

을 이스라엘에서 발견하는 것도 어렵지 않았다. 러시아어를 할 줄 알면 생활에 큰 어려움이 없다고 말하는 현지인도 여럿 만났다.

이스라엘 사람들은 일하거나 토론하는 과정에서 Yes, No가 다소 지나치리만큼 명확하다. 한국인의 정서로는 조금은 냉정 혹은 불편하게 들릴 때도 꽤 있다.

하지만 이런 이스라엘의 '소통 문화'는 그들이 꼭 냉정하거나 남을 배려하지 않기 때문은 아니다. 큰 이유 중 하나로는 이스라엘 건국 초기, 사람들의 언어가 제각기 달랐던 것을 꼽을 수 있다. 제2차 세계대전 이후 1948년 이스라엘이 건국됐을 때 전 세계에 흩어져 있던 수많은 유대인이 이스라엘로 모여들었다. 이들 중 많은 수는 히브리어를 잘 구사하지 못했다. 히브리어를 능숙하게 한다고 해도 발음, 억양 등에서 큰 차이가 있었다.

그럴 수밖에 없다. 수천 년 동안 유럽, 북미, 중동, 아프리카 등에서 흩어져 살며 현지 언어, 문화에 상당 부분 동화됐기 때문이다. 뿌리가 이스라엘이고 유대교를 믿는다는 점 외에는 사실상 여러 면에서 공통점이 없었고, 언어적으로도 소통이 쉽지 않았다.

이들은 문화와 언어뿐 아니라 심지어 생김새도 다르다. 중동, 서유럽, 동유럽, 북유럽 등 이스라엘 건국 전 어디에 거주했느냐에 따라 외모도 달라진 것이다. 이스라엘 건국 뒤 이스라엘에서 태어나고 성장한 이들의 생김새 역시 조부모 혹은 부모가 살던 나라가 어디냐에 따라 각양각색이다.

결국, 의사소통을 명확히 하고 오해를 줄이려면 업무든 일상생활에서든 간결하면서도 분명하게 자기표현을 할 필요가 있었다. 물론 이 배경에는 '자기주장을 분명하고 적극적으로 해야 한다'고 가정과 학교에서 강조하는 유대인 교육의 영향도 있다.

참고로, 해외에서 취재하면서 가장 취재 협조가 잘되는 나라가 이스라엘이다(개인적으로는 그렇게 생각한다). 이메일이든 전화든 연락하면 금방 답변이 온다. 그리고 명확하다. "취재에 응하겠습니다" "이번에는 어려울 것 같습니다" "취재에 응하기 전에 당신의 이력서와 회사에 대한 소개 자료를 먼저 보내주세요. 보고 판단하겠습니다"……

아랍권 나라의 정부나 기업을 취재할 때 "긍정적으로 검토하고 있습니다(사실은 언제 어떻게 결과가 나올지 모른다)"라고 답변받고 아무리 다시 연락해도 뚜렷한 대답을 듣지 못했던 것과는 매우 비교되는 모습이다(종종 포기하고 있을 때 갑자기 연락이 와서 '큰 기쁨'을 주기도 한다).

이스라엘 현지에서 구소련에 속해 있던 동유럽 나라 출신의 취재원을 만났다. 1990년대 초반, 소련이 붕괴할 때 이스라엘로 이주한 사람이다. 본인은 초등학교 고학년 때 이주한 경우라 그래도 학교에서 히브리어를 제대로 교육받았다. 본인의 표현에 따르자면, 러시아어 억양이 담겨 있지만 이제 거의 완벽하게 히브리어를 구사할 수 있다고 했다. 하지만 부모님은 여전히 히브리어를 능숙하게 구사하지 못한다고 한다. 그래서 그는 부모님과 대화할 때는 러시아어를 사용한다고 했다. 또 이스라엘에서 태어나고 자란 아내와 부모님 간의 대화를 자신이 통역해야 할 때도 많다고 덧붙였다. 가족 모임을 할 때는 자신이 평소보다 말을 많이 해야 하며, 갈등이나 오해가 있을 때는 통역하는 과정에서 '톤'을 조정하기도 한다며 웃었다. 자신의 아이들은 다양한 언어에 노출되어 히브리어, 러시아어, 영어(유치원 때부터 가르쳤다고 한다)를 능숙하게 한다고 자랑했다. 그리고 이스라엘에는 이런 경우가 많다고 강조했다.

이스라엘에서는 최고위급 공직자 중에서도 모국어가 히브리어가 아닌 이들을 찾아볼 수 있다. 아비그도르 리베르만Avigdor Lieber-man 전 재무부 장관이 대표적이다. 아비그도르 리베르만 전 장관은 1999년 국회의원에 당선된 뒤 2001년 국가기반시설장관을 시작으로 2022년까지 외교부, 교통부, 국방부, 재무부 등의 장관도 지냈다.[*] 말 그대로 외교·안보 부처와 경제산업 부처를 넘나들며 최고위직에 오른 엘리트 정치인이다.

아비그도르 리베르만 전 장관은 1958년 몰도바(구소련)에서 태어났다. 그의 모국어는 러시아어다. 1978년 이스라엘로 가족과 함께 건너온 뒤 본격적으로 히브리어를 배웠다. 이스라엘의 명문대인 히브리대를 나왔고, 군대도 다녀왔지만, 여전히 그의 히브리어에는 강한 러시아 억양이 남아 있다.

2020년 11월부터 주한 이스라엘 대사로 활동 중인 아키바 토르 대사Akiva Tor의 모국어도 히브리어가 아니다. 미국 출신인 아키바 토르 대사의 모국어는 당연히 영어. 랍비(유대교의 지도자)인 아버지 덕분에 어릴 때부터 히브리어를 배웠고, 중·고교도 유대인 학교Yeshiva School를 나왔다. 미국 컬럼비아대를 졸업한 뒤 1988년부터 이스라엘 외교관으로 활동했다. 하지만 여전히 그의 히브리어에는 영어를 모국어로 하는 사람들에게서 나타나는 억양이 남아 있다. 아키바 토르 대사는 "히브리어를 잘한다고 생각했지만 외교부에 처음 들어갔을 때 꽤 오랜 기간 선배와 동료 외교관들이 종종 '너는 더 열심히 히브리어를 배워야 한다'고 조언했다"며 웃었다. 이어 "이스라엘에서는 다양한 지역에서 이민 온 사람들이 여전히 많기 때문에 네이티브가

---

[*] 중간에 장관을 맡지 않았던 시기도 있었다. 하지만 오랜 기간 다양한 핵심 부처를 이끈 '장수 장관'이었다.

아닌 히브리어 발음이 사회생활을 할 때 문제가 되는 경우는 거의 없다"고 덧붙였다.

텔아비브의 기업들이 밀집해 있는 도심의 식당이나 카페에서는 키파Kippah*를 쓴 이들이 영어로 대화하는 모습을 종종 볼 수 있다. 어떨 때는 대화를 나누는 사람들의 영어 억양이 미국식, 호주식, 동유럽식, 아랍식으로 각각 다를 때도 있다. 얼마나 이스라엘에 모국어가 히브리어가 아닌 사람이 많은지, 영어를 많이 사용하는지를 잘 보여주는 일상적이지만 의미 있는 장면이다.

2) 신의 뜻대로! IBM과 ASAP

"언제쯤 연락이 오려나…… 연락이 와야 할 텐데……."

아랍권 나라의 정부나 기업 관계자에게 인터뷰 또는 방문을 위한 이메일을 보낼 때 나도 모르게 자주 나왔던 혼잣말이다.

반면, 이스라엘의 정부나 기업에 역시 취재를 목적으로 이메일을 보낼 때는 위와 같은 혼잣말은 안 나왔다. 보낸 뒤로 수시로 답장이 왔는지 체크할 뿐이다.

앞에서도 설명했지만, 아랍 국가와 이스라엘 사이에는 차이점이 많다. 역사, 정치, 외교, 경제, 종교처럼 '진지한 분야'뿐 아니라 일상에서도 정말 차이기 많다. 개인적으로는 취재(일반 기업체 기준으로는 비즈니스 미팅이라고 하면 될 것 같다)하기 위해 연락하고 사전 조율을 할 때도 이 차이를 크게 느꼈다.

---

* 유대인 남성들이 쓰는 동그랗고 납작한 모자.

인터뷰 스케줄을 잡고 자료를 요청하는 등의 과정에서 나타나는 사람들의 답변 태도와 '답변 속도'는 "정말 아랍과 이스라엘은 다르구나"란 말을 또 한번 하게 만든 기억으로 남았다.

아랍권은 '신의 뜻에 따라'

먼저 아랍권 국가에선 정도 차이만 있지, 정말 많이 '인샤알라Inshaal-lah'란 표현을 쓴다. '신의 뜻이라면'이란 의미를 지닌 이 단어는 "내일 인터뷰가 가능할까요?"라는 내 질문에 "3시쯤 가능할 겁니다. 인샤알라~" 하는 식으로 나온다. 일상생활에서도 정말 많이 쓰인다.

"내일까지 세탁물을 찾을 수 있을까요?" "아마 가능할 것입니다. 인샤알라~."

문제는, 이 말에 일이 잘 안되거나, 약속이 잘 지켜지지 않을 수도 있다는 의미가 담겨 있다는 점이다. 아닌 말로, "나는 말한 대로 하려고 했는데, 신의 뜻이 그게 아니었나 봐"라는 식으로 설명될 수 있다.

서구식 교육을 받았고, 해외에서 오래 활동한 사람들은 상대적으로 덜하지만, 적잖은 아랍권 사람이 인샤알라를 남발하며 약속을 제대로 지키지 않거나 일을 제대로 안 한다.

특히 이집트에서는 인샤알라에 더해 '부크라Bukra'와 '말레시Malleshi'까지 함께 쓰이는 경우가 많다.

'부크라'는 '내일'이라는 뜻이다. 아랍 사람들이 자주 쓰는 말로, 무엇인가를 부탁하면 "내일 알려줄게요" "내일 줄게요" 하고 대답하는 것이다. 문제는 그 내일이 꼭 '내일'이 아닐 수 있다는 것. 이쯤 되면 어떤 느낌일지 짐작이 되시리라.

'말레시'는 한국어로 표현하기가 약간 어렵다. "그럴 수도 있지요" "문제는 아니에요" "걱정 안 해도 됩니다" 식의 뉘앙스라고 보면 될 것 같다. "어제 이야기한 게 왜 안 됐죠?" "왜 갑자기 약속을 어겼나요?"라고 물으면 "말레시"라고 응답하는 경우가 많다. 역시 어떤 느낌일지 짐작이 될 것이다.

약간 성격이 급한 한국인이라면 아랍권에서 생활하는 동안 혈압이 오를 일이 많을 수밖에 없다.

이집트 유명 언론사에서 활동하며 한국의 경제발전과 문화에 관심이 많은 한 기자는 이렇게 말했다.

"한국은 '빨리빨리'에 대한 논란이 많죠? 우리는 'IBM(인샤알라, 부크라, 말레시를 의미)'이 문제입니다. 조금만 생각이 있는 사람들은 'IBM 문화를 없애야 한다'는 데 모두 동의할 거예요."

나는 이렇게 답했다.

"한국에서는 요즘 '빨리빨리'가 오히려 경쟁력이고 장점이라는 평가도 나옵니다. 우리는 대신 'TMI(Too Much Information)'와 'TMD(Too Much Detail)'에 대한 논란과 불평이 많습니다."

환경에 따라 시각을 달리하면 장점이 단점이 될 수도, 단점이 장점이 될 수도 있다.

이스라엘은 '가능한 한 빨리'

같은 중동에 있지만 이스라엘은 아랍권 나라들과 참 많이 비교된다. 이곳은 일단 연락하면 상당히 빠르고 정확하게 답변이 온다. 그리고 이메일에는 자주 'ASAP(As Soon As Possible)'이란 문구가 붙는다. '가능한 한 빨리 답변해주겠다' '가능하면 빨리 알려달라' 식인 것이다. 직접 대화를 나눌 때도 "As Soon As Possible"을 강조할 때가 많다. 그렇다고 평균적인 일 처리 속도가 한국만큼 빠르지는 않은 것 같다. 또 한국 사람들처럼 속도에 집착하지 않는다. 그런데도 중동 나라는 물론이고 유럽이나 아시아권의 많은 나라와 비교할 때 이스라엘의 업무 처리 속도는 상당히 빠른 편에 속한다.

대화 내용이나 질문도 '직접적이고, 구체적'일 때가 매우 많다. 가령, 인터뷰를 요청하면, "몇 분이나 만나길 원하십니까?" "기사는 신문과 인터넷에 모두 나오나요?" "독자 수가 몇 명이나 되죠?" "신문의 발행 부수와 정치적 성향은 어떻죠?" "우리 회사 관계자 외에 다른 기업 관계자와도 인터뷰하시나요?" "위키피디아에 나와 있는 당신 회사에 대한 설명은 다 맞는 내용인가요?"…….

어떨 때는 조금 지나칠 정도로 자세하고 직접적으로 물어본다. 또 어떨 때는 약간 무례하게 느껴질 때도 있다. 하지만 이른바 'Yes or No'가 명확해서 일단 약속이나 일정이 잡히면 걱정이 안 된다.

취재나 비즈니스 미팅을 할 때 또 하나 구별되는 차이가 있다. 통상적으로, 이스라엘 사람들의 경우 티타임을 하면서 평범하게 혹은 말 그대로 업무적으로 진행하는 경우가 많다. 시간 약속도 정확하게 지키는 편이다.

반면, 아랍권 사람들은 티타임을 해도 일단 차려놓는 게 많다. 대개는 여러 종류의 커피나 차, 과일과 과자 등을 내놓는다. 취재 과정에서 친해지거나, 처음부터 취재(인터뷰)가 마음에 들었다면 집으로 초대하는 경우도 꽤 있다. 다만, 약속 시간보다 20~30분 늦게 시작될 때가 많다. 아니, 이 정도면 그래도 양반이다. 1~2시간 늦어지거나, 당일 갑자기 약속이 바뀌거나 취소되기도 한다.

그래서일까? 중동에서 활동하는 적잖은 외국인(한국인 포함)들은

4장 더 가까이 중동

농담 반, 진담 반 "아랍 사람들은 비즈니스 미팅을 하기 전에는 엄청 짜증나게 만들어놓을 때가 많다. 그런데 만나면 그런 감정을 불식시킬 만큼 친절하고 인간적이다."

나 역시 이 말에 동의한다. 그리고 아랍 사람들과 이스라엘 사람들의 업무 태도를 합쳐도 괜찮은 조합이 될 수 있겠다는 생각도 든다.

3) 산유국 사회의 어두운 그림자, '외국인 노동자'

회사를 1년간 떠나 카타르의 유명 연구소 겸 싱크탱크인 아랍조사정책연구원Arab Center for Research and Policy Studies에서 방문연구원Visiting Researcher으로 근무할 때였다. 매일 오전 8시경 나의 일과는 M과 함께 시작했다.

M은 방글라데시 출신으로, 밝고 선한 인상의 청년이었다. 조금은 왜소한 체형의 그는 아침이면 늘 흰색 셔츠에 나비넥타이를 깔끔하게 매고 내 연구실에 나타났다. 아침을 깨우기에 딱 좋은 진한 아메리카노 한 잔을 들고는, "Good Morning Sir! How are you?"라는 인사말과 함께.

카타르를 비롯해 사우디아라비아, 아랍에미리트, 쿠웨이트 등 중동 산유국의 정부, 기업, 대학, 연구소에는 통상 'Tea Boy*'라고 불

---

* 널리 쓰이는 표현이지만, 존중하는 표현은 아니다. 그래서 개인적으로는 이런 표현은 안 썼다. 다만, 정확히 이들을 어떻게 호칭해야 하는지가 어려웠다. 그래서 그냥 그들의 이름을 불렀고, 경우에 따라선 my friend 혹은 my colleague 라고 표현했다.

리는 외국인 노동자들이 대거 근무한다. 주로 방글라데시, 인도, 스리랑카, 파키스탄 등에서 온 사람들이었다.

이들의 업무는 직원과 손님들에게 커피나 차를 가져다주고, 사무실을 청소하거나 물품을 정리하는 등의 잡무다. 'Sir'라는 호칭이 부담스러워 그냥 '세(영문 이름 Se Hyung의 앞 글자)' 혹은 '미스터 리'라고 부르라고 했지만, M은 항상 Sir라고 불렀다. 나뿐만 아니라 다른 교수, 연구원들에게도 항상 Sir 또는 Madam이라는 호칭을 사용했다. M뿐만 아니라, 카타르의 외국인 노동자들은 전통 아랍 복장(주로 카타르 사람)이나 정장을 입고 있는 사람들(주로 전문직 종사자들)에게는 항상 'Sir'이나 'Madam'으로 호칭한다.

그리고 교수, 연구원들과는 같은 엘리베이터를 타지 않는 경우가 많았다. "괜찮으니 타라"고 해도 어지간히 바쁘지 않으면 사양했다. 무거운 상자를 들고 가는 게 버거워 보여 도와주려고 했을 때는 정색하고 "괜찮다"고 했다.

굳이 누가 뭐라고 하지 않아도, 스스로를 지나칠 정도로 낮추고, 선을 긋는 모습이었다. 그래서 M을 보면 늘 마음이 짠했다.

이주노동자들의 열악한 생활

중동 산유국의 대형 공사 현장에서 일하는 외국인 노동자들의 경우도 절대다수가 M처럼 인도, 파키스탄, 방글라데시, 스리랑카, 필리핀, 네팔처럼 가난한 서남아시아 또는 동남아시아에서 온 이들이다. 이들은 산유국의 공항, 백화점, 호텔, 은행 등 서비스 직종에도 다수 근무한다. 가정마다 주로 필리핀 여성들을 보모나 가사도우미로 고용해 아이들을 키우기도 한다.

정도 차이는 있지만, 외국인 노동자 대부분은 비좁고 열악한 공동 숙소에서 생활한다. 보모나 가사도우미들은 그래도 경제적으로 넉넉한 현지인의 집에서 머물기 때문에 비교적 좋은 환경에서 거주한다. 중동 산유국에서는 외국인 노동자 집단 숙소를 중심으로 코로나19가 대규모로 확산하기도 했다.

중동 산유국에서 일하는 서남아시아, 등 남아시아 출신 노동자들의 임금은 대부분 월 수백 달러 수준이다. 자국에 있을 때보다는 상당히 많이 버는 것일 수 있다. 그러나 중동 산유국의 높은 물가와 노동량, 그리고 은연중에 나타나는 차별 등을 감안하면 괜찮은 임금이라고 보기 어렵다.

중동 산유국의 화려한 마천루, 풍족함에 가려져 잘 드러나지 않지만, 외국인 노동자들의 열악한 생활은 적잖은 국제인권단체들이 꾸준히 지적하는 '주요 이슈' 중 하나다. 2022 카타르 월드컵 준비 과정에서도 외국인 노동자들의 열악한 생활환경, 업무 중 부상과 사망(주로 공사 현장에서 벌어졌다)은 국제기구와 인권단체에서 꾸준히 문제를 제기했던 이슈다.

특히 중동 산유국 건설 현장에서, 한여름 40~50도 수준의 기온 속에서 일하다가 사고를 당하거나, 심장마비 증세로 사망하는 외국인 노동자들이 많은 것으로 알려졌다. 영국 일간지 〈가디언〉은 2021년 2월 10년간 6,750명의 아시아 출신 노동자가 카타르에서 사망했다고 전했다. 국가별로는 인도 2,711명, 네팔 1,641명, 방글라데시 1,018명, 파키스탄 824명, 스리랑카 557명 순으로 사망자가 많았다. 아랍에미리트 두바이와 아부다비에서도 과거 다양한 혁신 프로젝트를 진행할 때 외국인 노동자들의 열악한 생활 여건이 자주 큰 문제로 지적됐다.

지금도 국제앰네스티Amnesty International 등 주요 인권 단체들은 기회가 있을 때마다 중동 산유국의 외국인 노동자들에 대한 처우 및 인권 개선의 필요성을 강조한다. 또 다양한 문제 사례를 발표한다.

중동 산유국들은 "우리는 선진국이다" "우리는 세계 최첨단을 지향한다" "우리는 글로벌화를 지향한다"고 강조한다. 그러나 기본적인 인권 의식 혹은 사회적 약자에 대한 배려는 글로벌 스탠더드에 크게 미치지 못한다는 지적이 나오는 배경에는 외국인 노동자에 대한 처우와 복지 문제가 있다.

멀어지는 '중동 산유국 드림'

중동 산유국에서 외국인 노동자들의 목표는 하나다. 열심히 돈을 벌어 고향에 있는 가족들에게 최대한 많은 돈을 송금하는 것. 열악한 거주 환경, 고된 업무를 이겨낼 수 있는 원동력은 결국 돈을 조금이라도 더 벌고, 더 많이 송금하는 것이다. 대형 쇼핑몰의 환전소와 은행의 해외송금 창구에 줄을 서 있는 동남아시아와 서남아시아 출신 노동자들의 모습은 '흔한 풍경'이다.

하지만 여러모로 볼 때, 외국인 노동자들의 '중동 산유국 드림'은 앞으로 점점 더 이루기 어려워질 전망이다. 저유가 기조가 이어지면서 중동 산유국들의 재정이 예전 같지 않기 때문이다. 이 과정에서 중동 산유국들은 자국민들에 대한 파격적인 재정 지원을 줄이고 있다. 고유가 시절에는 일을 사실상 전혀 하지 않아도 먹고사는데 지장이 없도록 해주었고, 지금도 그런 문화가 꽤 남아 있다.

그러나 중동 산유국들의 전반적인 정책과 사회 분위기는 사뭇 달라졌다. '이제는 자국민들도 적극적으로 일해야 한다'는 방향으로

카타르 도하 웨스트 베이에서 휴식을 취하는 외국인 노동자(사진: Alex Sergeev)

흐르고 있다.

특히 인구가 많아 재정 부담이 큰 사우디아라비아가 자국민을 일하게 만드는 데 적극적이다. 인구가 적어 아직은 재정적으로 여유가 있는 카타르, 아랍에미리트, 쿠웨이트도 사우디아라비아처럼 절박하지는 않지만 '포퓰리즘적 정책'을 조정하겠다는 의지는 분명하다.

나아가 파격적인 인프라 개발, 석유와 천연가스 생산시설에 대한 속도 조절에도 나서고 있다. 특히 코로나19 사태까지 겹쳐 이런 움직임은 오랜 기간 계속될 수 있다. 여러 측면에서 과거처럼 많은 외국인 노동자가 필요하지 않은 상황이 조성되고 있다. 이 과정에서 최대한 적은 외국인 노동자로 효율성을 높이는 방안도 적극적으로 고민하고 있다.

M과 조금 친해졌을 때, 그가 진지한 얼굴로 상담을 청해 왔다. 느지막한 오후였다.

그는 한국에서 어부로 일하면 돈을 많이 벌 수 있다는 이야기를 들었다며 조심스럽게 말했다. 이게 사실인지, 한국 생활이 어떤지 이것저것 물었다. 최대한 솔직하게 말해주는 게 맞을 것 같다는 생각이 들었다. 그리고 이야기해줬다. 다만, M의 왜소한 체격, 한국의 봄가을 정도 날씨에도 너무 춥다며 두꺼운 점퍼를 입는 모습이 눈에 아른거렸다.

"자세한 건 모르겠지만, 돈은 지금 버는 것보다 많이 벌 수도 있을 것 같아요. 그런데 지금보다 훨씬, 훨씬 육체적으로 힘들 것이고, 한국의 겨울 바다는 M씨의 기준으로는 상상할 수 없을 만큼 추울 겁니다. 게다가 한국 사람들은 카타르 사람들보다 훨씬 빠르게 일하고 업무량도 많아요. 목표를 달성할 때까지 몰아붙이는 문화도 강하고. 그래도 괜찮겠어요?"

M은 잔잔한 미소를 지으며 말했다.

"아무래도 카타르에 계속 있는 게 더 나을 것 같아요."

그리고 더는 한국에서 일하는 것에 관해서 묻지 않았다.

☪ 시시콜콜 마즐리스

중동 산유국, 특히 자국민 수가 수십만에서 수백만 명에 불과한 카타르, 아랍에미리트, 쿠웨이트에는 외국인이 자국민보다 더 많이 산다. 쉽게 말해, 정부부처, 공공기관, 민간기업 모두 의사 결정을 내리는 자리에는 자국민이 있지만 실무를 담당하는 일은 주로 외국인들의 몫이다.

외국인들 사이에서도 차이가 있다. 주로 현지인 고위층과 가까운 곳에서 일하며 전략, 기획 등의 업무를 담당하는 인력 중에는 미국, 영국, 호주 등 영미권 출신이 많다. 실무 업무를 담당하는 인력 중에는 아랍어와 영어, 때에 따라서는 프랑스어까지 모두 능통한 레바논, 시리아, 요르단, 이집트 같은 아랍권(더 정확히는 석유와 천연가스가 나지 않는 아랍 나라들) 출신이 많다. 의사, 교수, 교사, 엔지니어 중에도 아랍권 비산유국 출신이 많다.

호텔, 은행, 백화점, 가사도우미, 보모 등 서비스업에 종사하는 사람 중에는 필리핀 출신이 상대적으로 많다. 건설 노동자, 각종 기술자로는 인도, 파키스탄, 방글라데시, 스리랑카 출신이 많다.

쿠웨이트, 카타르, 아랍에미리트에는 공사 현장을 중심으로 북한 노동자들도 상당히 많이 근무했다. 2017년부터 북한의 핵 개발에 대한 국제사회의 경제 제재가 한층 강화되면서 현재는 거의 모두 철수한 상태지만, 북한 노동자가 한창 많던 시절 쿠웨이트에 4,000~5,000여 명, 카타르와 아랍에미리트에는 2,000~3,000여 명이 근무했다.

북한 노동자들 역시 서남아시아와 동남아시아에서 온 공사 현장의 노동자들처럼 열악한 집단 숙소에 머물며 한 달에 수백 달러 수준의 임금을 받은 것으로 알려져 있다. 북한 노동자들은 북한 당국이 파견한 정보 요원의 감시도 받아 외출도 자유롭지 못하고 다른 나라 노동자들보다 훨씬 제약이 심했다. 그리고 이들의 임금 대부분은 당연히 북한 당국이 가로챘다.

카타르에서 활동했던 팔레스타인 출신 교수 중 북한 노동자들을 본 이가 있다. 그는 "북한 노동자들은 매우 왜소했다. 경직된 표정으로 여러 명이 함께 다녔고, 가슴에는 최고지도자의 얼굴이 그려진 배지를 달고 있었다. 북한 사람들에게 가서 말을 걸었다. 그들은 옅은 미소를 지으며 영어로 인사하고 대답했다. 하지만 북한 사람들이 달고 있는 최고지도자 얼굴 배지가 너무 신기하고 가지고 싶어 '하나 얻을 수 있겠냐'고 묻자 바로 표정이 굳어지며 더는 대답하지 않았다. 어이없다는 표정을 짓는 이들도 있었다"고 말했다.

4) 이란 히잡 시위, 단순히 히잡 때문만은 아니다

마사 아미니Mahsa Amini. 아마도 그녀는 2022년에 가장 유명세를 치른 이란 여성일 것이다.

마사 아미니는 2022년 9월 13일 이란 수도 테헤란에서 히잡을 제대로 쓰고 있지 않다는 이유로 '도덕 경찰morality police'에 체포됐고 3일 뒤인 9월 16일 사망했다.

이란 정부는 고문 등 가혹행위가 없었다고 주장한다. 하지만 이란 전역에서는 진상 규명, 나아가 국가 최고지도자(종교 지도자)와 대통령의 퇴진을 요구하는 반정부 시위가 확산했다. 이 과정에서 이란 경찰이 시위대를 향해 발포해 사망자가 계속 발생하고, 수천 명이 체포됐다는 분석도 나온다.

히잡은 무슬림 여성들의 억압을 상징하는 아이템으로 여겨진다. 특히 이란의 경우 아프가니스탄과 더불어 법으로 히잡 착용을 의무화한 나라다. 외국인 여성도 이란을 방문할 때는 히잡을 써야 한다.

사우디아라비아도 법으로 히잡 착용을 강제하지는 않는다. 다만, 정서, 분위기상 사우디아라비아에 거주하는 다수의 자국민 혹은 무슬림 여성들은 히잡을 착용한다. 하지만 무함마드 빈 살만 알 사우드 왕세자가 실권을 잡은 뒤 개혁개방 정책을 적극 추진하면서 확실히 과거보다는 히잡을 안 쓴 여성이 늘었다. 2019년 10월 방탄소년단의 리야드 콘서트 취재를 위해 사우디아라비아에 갔을 때도 히잡을 안 쓴 현지 여성들을 일부 만났다. 외부에서 온 외국인 남성인데도 '한국 유명 언론사의 기자'란 이유로 사우디아라비아 여성으로 구성된 '아미(방탄소년단 팬클럽) 모임'에 초대받기도 했다. 이곳에서 그들의 한국 문화, 나아가 외국 문화에 대한 호기심을 더 생생하게 느낄 수 있었다.

2023년 2월 다시 리야드를 방문했을 때는 히잡을 안 쓴 여성이 더 많아진 게 느껴졌다. 그리고 짧은 머리를 한 여성들도 있었다.

타이어 쓴 사람들과 군화 신은 사람들에 대한 반감

다시 이란으로 돌아와보자. 이번 사태를 둘러싸고 이란의 뿌리 깊은 여성 억압 문화와 사회제도, 과도한 종교적 관행에 대한 이란인의 불만이 폭발하고 있다는 분석이 많다.

실제로 이란 여성 중에는 마사 아미니의 사망 뒤 벌어진 시위에서 히잡을 벗거나, 머리를 자르는 행위를 보이기도 했다. 소셜미디어를 통해서도 이런 모습을 보였다. 시위대에는 적잖은 수의 남성도 참여했다. 심지어 이란 국가대표 축구팀 선수들은 2022 카타르 월드컵에서 국가를 제창하지 않는 방식으로 이란 정부의 강경한 조치에 반대하는 메시지를 전했다.

그러나 마사 아미니 사망으로 인한 이란 내 시위와 혼란을 단순히 여성 차별로 인해 불거졌다고 보는 건 지나치게 단편적인 접근이다. 물론 시대에 뒤떨어진 여성 차별과 억압도 국민을 분노케 했다. 하지만 보다 본질적인 원인은 이란 사회의 오래된 독재, 경제난, 양극화 등에 있다고 볼 수도 있다. 좀처럼 개선되지 않는 어려운 경제상황, 삶의 질에 대한 불만도 사태를 키우는 데 크게 작용했다는 것이다.

이란은 세계적인 자원 부국이다. 영국의 에너지 기업인 BP에 따르면 이란의 석유 매장량은 1,560억 배럴로 베네수엘라와 사우디아라비아 다음으로 많다. 천연가스 매장량에서는 32.1조m³로 러시아에 이어 세계에서 두 번째로 많다.

중동 국가 중 드물게 대규모 농업과 목축업이 가능한 땅도 풍부하다. 고대 페르시아 문명의 발상지이며 사막부터 고산지대까지 다양한 자연경관을 갖추었다. 관광자원의 개발 가능성도 무궁무진하다는 뜻이다. 튀르키예와 더불어 중동에서 자체적으로 각종 공산품을 생산해 낼 수 있는 제조업 역량을 제대로 갖춘 나라이기도 하다.

그러나 이란은 1979년 이란 이슬람 혁명을 계기로 '폐쇄적인 길'을 걷고 있다. 이른바 주요국이라고 할 수 있는 나라 중 거의 유일하게 조부모, 부모 세대가 지금의 2030세대보다 더 자유로운 환경에서 성장한 나라다. 지금은 히잡이 법으로 필수인 나라지만 이란 이슬람 혁명 전까지는 미니스커트, 반바지, 나이트클럽, 외국의 대중문화 등을 아주 자유롭게 즐길 수 있던 나라였다. 석유와 천연가스 판매를 통해 얻은 수입으로 생활이 여유로웠다. 국민들의 교육열은 지금도 상당하다. 중동에서 가장 교육 수준이 높은 나라 중 하나다.

이런 상황에서 불만이 터져 나오지 않는 게 이상한 것 아닐까? 오래전부터 많은 이란 사람, 특히 해외 거주 이란인들은 "타이어를

4장 더 가까이 중동

쓴 사람들과 군화를 신은 사람들 때문에 나라가 이 모양이 됐다"는 식으로 말했다. 이번 사태 중에는 "히잡을 쓰든 안 쓰든 아무 문제 없다. 타이어를 쓰는 게 문제다"란 식으로 말하는 이들도 있었다. 여기서 '타이어를 쓴 사람들'은 이슬람 시아파 지도자(성직자)들을 의미한다. 그들이 머리에 쓰는 검은색 터번을 타이어라고 비하한 것이다. '군화를 신은 사람들'은 군인, 정확히는 정부를 지지하는 혁명수비대 군인들을 의미한다.

이란의 국가 최고지도자는 항상 시아파 성직자가 맡는다. 대통령은 종교인이 아닌 이들도 당선될 수 있다. 현재는 보수 성향의 시아파 성직자인 에브라힘 라이시가 대통령이다. 그리고 이들의 손발 역할을 하는 이들은 혁명수비대다.

해를 넘어서도 계속되는 '히잡 시위'의 여진은 쉽게 가라앉지 않았다. 외신과 시민단체들은 마사 아미니가 사망한 지 6개월이 된 2023년 3월까지 이란에서 히잡 시위로 2만 명 이상이 체포됐고, 500명 이상이 사망했다고 전했다. 또 히잡 시위가 거세지며 이란 정부가 히잡 착용과 검사를 다소 완화할 수 있다는 얘기도 나온다. 하지만 실제 이란 정부가 히잡 착용 기준을 크게 완화해도 국민들의 누적된 불만을 해결하진 못할 것이다. 이란이란 나라가 지닌 가능성과 자원을 제대로 활용할 수 있는 상황이 되어야만 한다. 즉, 국민의 생활 여건이 나아지기 전에는 히잡 시위에서 나타난 불만도 가라앉기 어려울 것이다.

한편 2023년에 들어서는 이란 전역에서 여학교를 대상으로 한 '독가스 테러'가 큰 충격을 주었다. 전국적으로 수십 곳의 여학교에서 구토, 피로감, 호흡 곤란, 손발 마비 등을 불러오는 역겨운 냄새가 퍼진 사태가 자주 발생했다. 이란 안팎에선 이러한 독가스 테러의 배후로 보수 이슬람주의를 지지하는 남성들을 꼽는다. 이들이 히잡 시위에 대한 반감으로 유독 물질을 여학교에 퍼뜨리고 있다는 것이다.

일각에선 '음모론'도 제기된다. 이란 정부가 여성들이 학교에 가는 것을 두렵게 만들고, 궁극적으로는 교육 기회 자체를 줄이기 위해 공포 분위기를 조성하려 한다는 것이다. 정부가 주도해 독가스 테러를 기획했거나 사실상 방치해 여성들이 교육받는 것을 스스로 포기하도록 조성한다는 것이다.

5) 레바논에서 인구 조사가 금기시되는 이유

중동에서 가장 서구화된 나라, 가장 미남 미녀가 많다는 이야기를 듣는 나라, 중동과 유럽 스타일을 조화시킨 음식문화를 만든 나라, 중동 사람들 사이에서 '자신들이 유럽 국가, 유럽 사람이라고 착각하고 있다'는 우스갯소리(때에 따라서는 비꼬는 소리)를 듣는 나라. 레바논이다.

레바논 수도 베이루트Beirut는 중동을 잘 아는 사람들 사이에서 꼭 가봐야 하는 곳으로 꼽힌다. 프랑스 식민지였던 지역에 세워진 나라라 중동과 프랑스풍의 건축물이 묘하게 어우러진 풍광은 레바논에서만 볼 수 있는 모습이다. 또 바다와 산이 한데 어우러진 모습과 따뜻한 지중해성 기후는 매력 그 자체다.

2018년 10월 베이루트를 처음 갔을 때 "여기는 중동이야? 유럽이야?" "상당히 매력적인 나란데?"라는 말이 자주 나왔다.

레바논은 중동권에서 우수한 대학(미국이나 유럽 대학의 현지 캠퍼스를 제외할 경우) 중 하나로 꼽히는 베이루트 아메리칸대학American University of Beirut을 중심으로 수준 높은 대학도 여러 개 보유하며, 언론의 자유도 잘 보장돼 있다.

앞에서 말했던 것처럼, 사람들의 외모도 남다르다. 미남 미녀를 정말 쉽게 볼 수 있다. 실제로 레바논을 여행하면서 "사람들 비주얼이 정말 괜찮다"란 혼잣말이 자주 나왔다. 더욱 신기한 것은, 미니스커트와 반바지를 입은 젊은 여성 중에도 무슬림이 많다는 것이다.

높은 교육 수준과 글로벌 스탠더드에 부합하는 사회 환경 속에서 한때 레바논은 중동의 금융, 교육 중심지 역할을 했다. 지금으로 치면 아랍에미리트와 카타르 역할을 했던 셈이다.

수준 높은 문화적 토양을 지녔고, 사회 분위기도 열린 편이지만, 오래전부터 레바논에서 '인구 조사'는 사실상 금기에 가깝다. 이는 국민들의 종교가 기독교(주로 마론파*), 이슬람 수니파와 시아파, 유대교 등으로 복잡하고 또 이런 복잡한 종파 문제로 오랜 사회적 갈등을 겪어왔기 때문이다.

실제로 1975~1990년에 레바논에서는 기독교와 이슬람을 믿는 국민 간에 대규모 충돌이 발생하여 극심한 장기 내전으로 이어졌다. 이에 따라 국민의 종교를 정확히 파악할 수 있는 인구 조사는 심각한 사회적 갈등을 유발할 수 있는 요소로 인식되었다.

하지만 레바논에서 인구 조사가 더더욱 금기시되는 건 과거 인구 비율을 토대로 대통령은 기독교(마론파), 총리는 수니파, 국회의장은 시아파 출신 중에서 선출하는 독특하면서도 불안정한 정치 시

---

* 시리아에서 탄생한 기독교의 한 종파로 동방 가톨릭교회에 속해 있다. 시리아와 레바논의 기독교인들이 대부분 마론파에 속한다고 보면 된다.

스템을 구축했기 때문이다. 현재도 레바논은 이 제도를 유지하고 있다.

레바논에서 국가 차원의 공식적이고 체계적인 인구 조사가 진행된 것은 지난 1932년이 마지막이었다. 당시 인구 조사는 약 105만 명을 대상으로 진행됐으며, 기독교인 비율이 58.7%로 가장 많은 것으로 나타났다. 무슬림은 40% 정도였다. 그러다 보니 레바논은 '아랍 국가 중 유일하게 기독교인이 더 많은 나라'로 불려왔다.

그러던 2019년 7월, 베이루트에 본사를 둔 조사기관 '인포메이션 인터내셔널Information International'이 레바논 인구 조사를 시행했다. 그 결과, 약 550만 명(해외 거주자 약 130만 포함)의 국민 중 시아파와 수니파를 믿는 비율이 각각 31.6%로 나타났다. 기독교인은 30.6%를 기록했다. 당시 중동 전문매체 〈미들이스트모니터〉와 〈톰슨로이터 Thomson Reuters〉 계열 중동뉴스매체 〈ZAWYA〉 등은 인포메이션 인터내셔널의 조사 결과를 기사로 다루며 관심을 보였다.

비록 국가 차원의 공식적인 인구 조사도, 권위를 확실히 인정받는 기관의 조사도 아니었지만 인포메이션 인터내셔널의 조사 결과, 기독교 인구 비율이 크게 줄어든 점이 드러났다는 것 자체가 화제이자 논란거리였다. 소셜 미디어에서는 "인포메이션 인터내셔널은 사드 하리리Saad Hariri 총리*가 소유한 회사인가?" 식의 반응도 나왔다. 무슬림 인구가 눈에 띄게 많은 것으로 나타났기 때문에 이런 반응이 더 많았을 것이다. 일각에서는 종교 간 분쟁이 다시 벌어지는 것 아니냐는 우려도 나왔다.

당시 인포메이션 인터내셔널의 설립자인 자와드 아드라Jawad

---

* 당시 총리로, 이슬람 수니파다.

Adra는 "사람들이 이런 반응을 나타낸다는 게 놀랍다. 지난 50년간 선거를 지켜본 사람이라면 누구나 이런 결과가 나올 것임을 알 것이다"라고 말했다.

레바논에서는 기독교인들이 다수였던 시절에도 기독교인들의 불안감이 컸다. 지속적인 종교 간 갈등으로 사회적 혼란과 내전이 발생하고, 주변 아랍 국가들은 모두 무슬림들이 국민의 절대다수를 차지했기 때문이다. 팔레스타인계 무장세력과 시리아 군대가 레바논에 들어왔을 때는 이스라엘로부터 대대적인 공격을 당하기도 했다. 이에 따라 레바논 기독교인 중 적잖은 수가 유럽, 북미, 중남미 등으로 이민을 떠났다.

콜롬비아 출신 유명 가수 샤키라Shakira를 보자. 그녀의 조부모는 레바논 출신 기독교인이다. 이들은 레바논을 떠나 처음 미국에 정착했고, 다시 콜롬비아로 이주했다. 내전 이후 레바논에서는 사실상 거주지 분리 분위기도 강해졌다. 무슬림과 기독교인이 서로 다른 지역에 거주하는 경우가 많다. 종교를 물어보는 것만큼, 거주지와 그곳에 얼마나 오래 살았느냐를 물어보는 것도 레바논에서는 조심해야 할 질문으로 여겨진다. 물론 이름이나 옷차림(히잡 등)으로 종교를 알아보는 경우도 있다.

2018년 10월 베이루트에서 평소 친분이 있던 현지인 중동학 전문가와 식사했다. 점심 식사 자리였는데, 레바논에서 헤즈볼라의 영향력이 실제로 얼마나 큰지 궁금했다. 나는 많은 질문을 던졌다. 그는 대화를 나누는 과정에서 헤즈볼라, 시아파, 수니파, 이스라엘이라는 단어를 쓸 때마다 주위를 둘러보며 "이 지역은 시아파 특히 헤즈볼라 지지자들이 많은 것으로 알려진 곳이야. 정치, 안보, 종교를 주제로 이야기할 때는 조금 조심할 필요가 있어"라고 속삭였다.

레바논 베이루트에 대형 모스크와 성당이 나란히 서 있는 모습.
기독교와 이슬람이 동시에 영향력을 발휘하고 있는 현실을 상징적으로 보여준다(필자 개인 촬영).

세련된 중동의 파리 베이루트(필자 개인 촬영)

2020년 8월 4일 레바논은 전 세계의 주목을 받았다. 베이루트 항구의 창고에서 대규모 폭발이 발생한 것이다. 내가 중동에서 특파원 활동을 마치고 귀국하기 직전이었다. 당시 베이루트 시내 전역의 건물들이 큰 피해를 보았을 정도로 폭발 규모가 상당했다. 제2차 세계대전 중 일본 히로시마에 떨어졌던 원자폭탄으로 인한 폭발의 20% 정도 되는 폭발력이었다는 분석도 있었다. 이 폭발로 200명 이상이 숨졌고, 6,000명 이상이 다쳤다.

최종적으로 폭발의 원인은 사실상 제대로 관리하지 않고 질산암모늄을 창고에 보관했기 때문인 것으로 드러났다. 하지만 폭발이 발생한 직후 적잖은 외교 소식통과 중동 전문가가 이스라엘 모사드가 헤즈볼라의 무기 창고를 공격했을 것이라고 분석했다. 그만큼 레바논 내부의 갈등이 심각하고, 중앙 정부 상황이 엉망임을 의미한다. 또한, 헤즈볼라의 영향력이 크다는 뜻이기도 하다.

카타르 도하에서 활동하던 시절 친분이 있었던 레바논 출신의 젊은 대학교수에게 연락했다. 그는 이렇게 말했다.

"폭발이 발생했을 때 '이스라엘이 다시 침공했다'란 생각이 들었어요. 하지만 위험한 화학 물질을 제대로 관리하지 않아 폭발이 발생했다는 소식을 접했을 때는 정말 한숨과 눈물이 나왔습니다. 레바논에는 정말 미래가 없어요."

현재 레바논 경제는 사실상 마비 상태다. 베이루트 같은 대도시도 전력 공급이 끊길 때가 많다. 가뜩이나 어려웠던 경제가 폭발 사태 이후 더욱 악화된 것이다.

레바논발 뉴스를 접할 때마다 2020년 8월의 참혹한 모습과 2018년 10월 방문했을 때의 아름다운 모습이 교차한다. 그리고 다시 레바논이 안정되면 여행을 가고 싶다는 생각이 든다.

앞서 언급했듯, 레바논은 중동에서 가장 개방적인 나라로 꼽힌다. 무슬림들도 그렇다. 베이루트처럼 큰 도시에선 일상생활에서 히잡을 안 쓰는 여성이 많다. 심지어 반바지나 미니스커트 차림으로 돌아다니는 여성 무슬림도 많다.

레바논을 방문했을 때, 베이루트 아메리칸대학 앞의 한 식당을 찾았다. 다양한 종류의 햄버거와 샌드위치 등 '미국 스타일 음식'을 팔고 있던 이 식당에는 대학생과 교수로 보이는 사람들이 여럿 있었다. 이 식당의 메뉴판 하단에는 작은 글씨로 '재미있는 문구'가 적혀 있었다.

'우리 식당에서 제공하는 베이컨은 돼지고기로 만든 것입니다. 혹시 원하지 않으면 미리 말씀해주세요.'

원칙적으로 무슬림은 돼지고기를 먹지 않는 것은 물론, 돼지고기를 요리한 식기도 사용해선 안 된다. 하지만 개방적이고 세속적인 성향이 강한 레바논에선 햄버거 사이에 끼어 있는 베이컨 정도는 별로 신경쓰지 않고 받아들이는 무슬림들이 꽤 있다는 것을 보여주는 대목이었다. 작지만 레바논의 독특한 모습을 느낄 수 있는 특별한 경험이었다.

개인적으로 중동, 나아가 세계에서 가장 독특한 모습과 분위기를 지닌 나라 중 하나가 레바논이라고 생각한다. 2020년 8월 베이루트 항구 폭발 사건 전까지는 '중동에서 여행해볼 만한 나라'로 꼭 추천하던 곳이었다.

레바논의 회복과 평화를 기원한다.

6) 고요한 낮, 화려한 밤의 시간 '라마단'

고요한 낮, 화려한 밤의 시간이다. 이슬람의 성월聖月 '라마단Ramadan' 기간이 그렇다. 라마단은 아랍어로 '더운 달'이라는 뜻으로, 이슬람력에선 9번째 달을 의미한다. 이슬람의 창시자 무함마드가 신으로부터 '쿠란(이슬람 경전)'의 계시를 받은 신성한 시간으로 여겨신다. 1년이 354일 또는 355일인 이슬람력을 기준으로 날짜를 계산하기 때문에 매년 약 10일씩 앞당겨진다.

라마단을 상징하는 키워드 중 하나는 '절제'다. 해가 떠 있는 동안에는 철저히 금식하고 금욕해야 한다. 흡연은 물론 물도 마시지 못한다. 라마단 기간의 금식은 이슬람 신앙의 다섯 기둥으로 불리는 의무 사항 가운데 하나인 만큼 무슬림이라면 반드시 지켜야 한다.

말이나 행동도 조심해야 한다. 질투, 시기, 음란한 생각도 하면 안 된다. 다툼과 싸움도 멈춰야 한다. 심지어 전쟁도 중단하는 게 바람직하다고 여긴다. 이슬람권 나라마다 차이가 있지만, 많은 중동 나라에선 정부부처와 회사의 업무시간도 대략 오전 8~9시부터 오후 1~2시까지로 짧아진다. 솔직히 근무 시간대에도 많은 사람이 자리를 비우거나, 회사 내 기도실에 모여서 기도하는 등 라마단 기간에는 '사실상 일이 잘 안 되는' 경우가 많다. 말 그대로 조용한 시간이다.

낮과 다른 밤

해가 지면 다른 세계가 펼쳐진다. 물론 해가 진 뒤에도 말, 행동, 생각을 경건하게 해야 한다는 건 변함없다. 다만, 음식을 자유롭게 즐

라마단 이프타르, 두바이 그랜드 모스크 거리(사진: Gabby Canonizado)

라마단 이프타르, 이란(사진: Shahab Ghayoumi)

기고 가족이나 친지 간 교류가 활발해지는 시끌벅적한 시간이 된다. 한 달 내내 일종의 '저녁 잔치'가 열린다.

전통시장, 공원에는 다양한 색깔과 크기의 전구와 등불이 반짝인다. 초승달* 모양의 조형물도 곳곳에서 찾아볼 수 있다. 어떤 면에서는 크리스마스트리처럼 분위기를 연출하기도 한다.

공원, 광장 등에 커다란 천막이 세워진다. 천막 아래에는 전통 요리인 코프타Kofta(양고기, 닭고기 등을 다진 뒤 향신료를 넣고 길쭉하게 빚어 구운 요리), 샤와르마Shawarma(양고기나 닭고기와 채소를 다양한 소스와 함께 납작한 아랍 빵에 싸서 먹는 요리), 캅사Kabsa(쌀, 양고기, 닭고기 견과류, 채소 등을 함께 찜 형태로 만든 요리)를 파는 식당이 가득 들어선다. 낮에는 사람이 거의 없지만 밤에는 새벽 1~2시까지 사람들로 북적인다.

2019년과 2020년, 라마단을 각각 카타르와 이집트에서 보냈다. 이집트에서 보냈던 라마단은 썰렁함 그 자체였다. 코로나19가 확산하던 시기였고, 보건의료 인프라가 열악한 이집트는 락다운Lockdown(이동봉쇄) 상태였기 때문이다. 당시 이집트에서는 오후 6시 이후에는 이동이 제한되는 상태라 '라마단의 밤'을 제대로 체험할 수 없었다.

코로나19 이야기가 나온 김에 당시 이집트 상황을 잠시 설명하겠다. 전 세계적으로 마스크 부족 현상이 벌어졌던 2020년 3~6월 이집트에서는 얇은 치과용 마스크 1장이 한국 돈으로 2,000~3,000원 하는 경우가 다반사였다. K94 마스크는 1장에 8,000~1만 2,000원에 이르기도 했다. 한 나라의 보건의료 수준, 나아가 제조업 역량이 얼마나 중요한지 체험한 시기였다.

---

* 이슬람 상징, 라마단의 시작 시점을 달의 모양으로 판단한다.

카타르 도하의 라마단 거리 장식(필자 개인 촬영)

이집트 카이로 전통시장에 펼쳐진 라마단 장터(필자 개인 촬영)

다시 라마단 이야기로 돌아가자. 이집트에서의 우울했던 라마단과 달리 카타르에서 보낸 라마단의 화려함은 지금도 생생하다. 라마단을 중동, 그것도 이슬람 발생지인 아라비아반도에서 경험했다는 것부터 신기했다. 한낮 35도를 웃도는 5~6월의 날씨에 무슬림들이 어떻게 생활하는지를 살펴보기에도 좋은 기회였다(저런 날씨에 어떻게 물을 안 마실 수 있는지 지금도 상상하기 힘든다).

카타르는 천연가스와 석유가 풍부한 나라답게 냉방시설은 어느 곳을 가도 잘 되어 있다. 그러나 5월부터는 강렬한 햇볕과 더운 사막 바람 때문에 낮에는 야외활동을 하는 게 쉽지 않다. 음식을 안 먹는 건 어느 정도 참을 수 있지만, 목마름은 또 다른 문제였다. 그러나 당시 카타르에서 만난 무슬림들은 대수롭지 않게 말했다.

"요즘 같은 날씨에 갈증을 참는 건 솔직히 좀 힘들어요. 그래도 라마단을 지키는 건 무슬림의 의무죠!"(언론학 전공 대학원생)

"영국 대학에서 석·박사 과정을 공부했습니다. 영국은 여름에 해가 밤 9시 넘어서 집니다. 그에 비하면 여기(카타르의 최근 일몰 시각은 오후 6시~6시 30분)는 아무것도 아니죠."(민간 연구소의 박사급 연구원)

"현대인은 모두 커피 중독 아닌가요?(웃음) 커피를 업무시간 중 못 마신다는 게 좀 힘이 들지만, 이 정도는 참을 수 있어요."(카타르 정부 관계자)

참고로, 북유럽의 무슬림 중에는 한여름, 한겨울에 라마단 시기가 오면 이슬람 3대 성지(메카, 메디나, 예루살렘) 중에서도 가장 성지 격인 사우디아라비아 메카의 시간에 따라 금식을 지키는 이들도 많다. 북유럽의 경우 한여름에는 해가 자정을 넘어서도 떠 있고, 한겨울에는 해가 하루에 3~4시간만 떠 있기도 하기 때문이다. 쉽게 말해, 극단적인 상황에선 메카의 시간을 따른다는 합의가 있는 것이다.

카타르를 비롯한 대부분의 중동 나라에서 비非무슬림은 라마단 때 금식할 필요가 없다. 공공장소에서 음식을 먹고, 음료수를 마시는 것만 자제하면 된다. '타인의 취향'을 존중하는 개방적인 모습의 의미도 담겨 있지만, 미국, 유럽, 아시아에서 온 외국인이 워낙 많기 때문에 사실상 사회 전체적으로 금식을 강제하기는 어렵다.

카타르의 경우, 정부부처와 기업이 몰려 있는 수도 도하의 도심 지역에는 라마단 기간 중 낮에도 음식과 음료를 판매할 수 있도록 허가받은 음식점들이 꽤 많다. 호텔 식당도 대부분 문을 연다.

그러나 이 식당들은 문을 닫아놓고 불도 끈 채 조용히 영업한다. 일부 식당은 출입문을 닫은 채 문을 열었다는 뜻으로 'Open' 팻말을 붙여놓기도 한다.

커피숍 중에는 낮에 테이크아웃 판매만 하는 곳도 있다. 역시 불을 꺼놓고 종업원도 한두 명만 있어 얼핏 봐선 문을 닫은 것 같다. 평소와 달리 커피를 사면 사람들 눈에 안 보이게 잔을 속이 비치지 않는 종이봉투에 담아준다.

많은 회사와 학교는 라마단 기간이 되면 커피나 간식을 먹는 휴게실의 문을 닫아놓는다. 커피, 차와 같이 냄새가 나는 음료는 아예 치운다. 다만, 생수는 계속 두는 곳이 많다. 비무슬림이거나, 무슬림이더라도 건강상 문제 등으로 물을 마셔야 하는 이들을 위해 일종의 '운용의 묘'를 발휘하는 것이다.

비무슬림이 더 많은 회사에선 물은 자유롭게 마시고, 커피나 차는 휴게실에서 마실 수 있는 분위기다. 카타르에 지사를 둔 유럽계 기업에서 일하는 한 한국인은 무슬림 동료와 현지 문화를 존중하는 차원에서 커피나 간식은 최대한 자제한다고 말했다.

무슬림은 라마단 기간에 자신의 삶을 되돌아보는 것을 중요하게 여긴다. 금식에는 가난한 사람들의 배고픔을 이해하는 의미도 담겨 있다.

라마단이 끝난 뒤에는 '자카트Zakat'라고, 재산의 2.5% 이상을 가난하고 어려운 사람을 위해 쓰는 것 역시 무슬림의 의무다.

퇴색한 라마단의 의미

최근에는 라마단의 의미가 온전히 지켜지지 않는다는 지적도 많다. 특히 기계적으로 금식에만 신경쓰고, 본연의 취지는 깊이 고민하지 않는 사람이 너무 많다는 비판이다.

카타르에서 활동 중인 시리아 출신의 대학교수는 반문했다.

"해가 떠 있을 때만 굶고, 저녁에는 아무 생각 없이 엄청난 양의 음식을 먹는 게 과연 절제를 강조하는 시기에 어울리는 모습일까?"

그리고 이어서 말했다.

"신이 그런 모습을 본다면 흐뭇해할 것 같지 않다."

실제로 라마단 때 폭식으로 병원을 찾는 사람이 더 늘어나고, 음식물 쓰레기도 평소보다 증가한다는 이야기도 나온다.

2010년대에 들어서는 라마단 기간에 이슬람국가(IS)나 탈레반 혹은 이들을 추종하는 세력의 테러가 자주 발생했다. 이들은 '성스러운 시기인 라마단 때 이교도를 공격해야 한다'라는 식의 논리로 테러를 조장했다. 평범한 무슬림들은 이에 대해서도 안타까워한다.

사우디아라비아, 아랍에미리트, 바레인 등이 주도한 '카타르 단교'(2017)와 도널드 트럼프 전 미국 대통령의 '주이스라엘 미국대사관의 예루살렘 이전 조치'(2018, 라마단 시작 이틀 전) 같은 외교 갈등도 라마단 기간에 터졌다.* 절제, 화해, 평화를 강조하는 라마단 때 결코 일어나서는 안 되는 일들이다.

라마단 기간에 가장 흔히 쓰는 인사말은 '라마단 카림Ramadan Kareem'과 '라마단 무바라크Ramadan Mubarak'다. 전자는 '너그러운(여유 있는) 라마단', 후자는 '축복의 라마단'이라는 뜻이다. 이 의미를 라마단 때 제대로 되새겼다면 세상을 놀라게 한 안타까운 사태들도 터지지 않았을 것이라고 무슬림들은 강조한다.

7) 축구에 '정치'와 '국가홍보'를 담은 중동 산유국들

2022년 11월 20일, '2022 카타르 월드컵'이 시작됐다. 아쉽게도 현지에 가지 못했다. TV를 통해서 본 개막식은 화려함 그 자체였다. 과거 아랍의 유목 문화를 눈길이 가게 구현해냈고, 카타르의 발전상도 아주 화려하고 세련되게 보여줬다.

타밈 빈 하마드 알 사니 국왕과 그의 아버지인 하마드 빈 칼리파 알 사니Hamad bin Khalifa Al Thani 상왕을 중심으로 아랍권의 주요 리더들이 개막식 현장을 찾았다. 아랍 국가들의 '큰형' 격인 사우디아라비아의 무함마드 빈 살만 알 사우드 왕세자도 개막식에 참석했다.

재미있는 건 아랍에미리트다. 아랍에미리트에서는 아부다비

---

* 당시 아랍권, 나아가 이슬람권 국가들은 미국이 이슬람의 성지이기도 한 예루살렘을 일방적으로 이스라엘 입장에서 '이스라엘의 수도'로 인정한다고 강하게 반발했다. 이스라엘의 외교부를 비롯한 정부부처들은 대부분 예루살렘에 있지만 한국을 포함해 여전히 많은 나라가 텔아비브에 대사관을 설치했다. 이슬람권 국가들을 자극하지 않기 위한 조치다.

국왕인 무함마드 빈 자이드 알 나하얀Mohammed bin Zayed Al Nahyan 대통령 대신 두바이 국왕인 무함마드 빈 라시드 알 막툼 부통령 겸 국무총리가 개막식에 왔다. 단교 사태 뒤에 여전히 불편한 두 나라의 관계를 보여주는 대목이다.

멋진 개막식 뒤에 펼쳐진 '홈팀' 카타르와 에콰도르 간의 개막전은 실망 그 자체였다. 이전까지 한 번도 월드컵에 나가보지 못했던 카타르는 졸전을 거듭하며 에콰도르에 2대 0으로 패했다. 월드컵 개최국이 첫 경기에서 패한 건 카타르가 처음이었다. 더 나아가, 월드컵 개최국이 예선 세 경기 중 한 경기도 이기지 못한 것 역시 카타르가 최초였다.

카타르 국기 색깔인 짙은 와인색(자주색) 티셔츠(영어와 아랍어로 카타르라고 쓰인)를 입고 열광적인 응원을 펼치던 이들은 나중에 레바논 등 다른 아랍 나라에서 돈을 주고 동원한 '아르바이트 응원단'이었던 것으로 드러났다.

이들을 처음 TV에서 봤을 때부터 "카타르 사람들 아니네"란 말이 저절로 나왔다. 일단 카타르 사람들은 현지에서 철저히 전통 의상을 입는다. 전통 의상은 자신들이 외국인과 다르다는 표현이기도 하다. 그리고 카타르 사람들 사이에는 우리처럼 열광적으로 응원하는 문화가 없다.

그래서 처음부터 카타르 응원단이 카타르 사람들이 아니란 생각이 들었고 카타르에 오래 산 이집트, 시리아, 레바논, 팔레스타인 출신들인 줄 알았다. 그런데 돈으로 동원된 아르바이트 응원단이었다니.

중동 나라 중에서는 개방적인 편이고 소프트파워 강국을 지향하지만, 아직 카타르가 월드컵처럼 국제적인 대회를 치르기에는 축구 실력은 물론이고 응원 문화도 부족하다는 생각이 든다. 2022 카타르 월드컵의 응원 모습 중에서 기억에 남는 것 중 하나는 팔레스타인 국기다. 관중석에서 팔레스타인 국기를 흔드는 팬들이 꽤 보였다. 특히 아랍권 나라의 경기에서 그랬다. 카타르에 팔레스타인 출신들이 꽤 많이 살고, 아마도 평소에는 팔레스타인 국기를 마음놓고 흔들 기회가 별로 없어서였을 것이다.

이런 응원 모습을 보며 2019년 1월, 카타르에서 활동할 때가 떠올랐다. 당시에도 축구는 카타르에서 화제였다. 카타르 대표팀이 '2019 아시안컵'에서 우승을 차지했기 때문이다. 월드컵에는 진출해본 적이 없고 올림픽, 심지어 아시안게임에서도 이렇다 할 성적을 낸 적이 없는 카타르인지라 아시안컵 우승에 기뻐하는 현지인들의 마음이 이해가 갔다. 또 2022년 월드컵 개최국으로서, 실력이 부쩍 좋아진 자국 대표팀에 대한 애정과 관심이 좋아 보였다.

비록 8강에서 한국을 이기고 올라갔지만, 카타르 대표팀의 선전에 흐뭇하고 즐거웠다. 이후로도 카타르를 응원했다.

정치가 가미된 축구 열기

기자로서 2019년 아시안컵 당시 더욱 재미있게 그리고 의미 있게 카타르의 축구 열기를 살펴봤던 이유는 '독특한 상황' 속에서 카타르가 우승이란 성과를 일궈냈기 때문이다.

당시 카타르의 상황을 살펴보자. 2017년 6월, 카타르는 이슬람 수니파, 언어, 문화에서 한 뿌리인 '형제국' 사우디아라비아, 아랍에미리트, 바레인으로부터 단교를 당했다. 외교, 통상, 교통까지 단절되는 조치였다. 카타르가 이 나라들과 달리 이슬람 시아파의 맹주인

이란과 정치단체인 무슬림형제단과 가깝게 지낸다는 게 큰 이유였다. 또〈알자지라방송〉을 통해 이들 나라를 비판한다는 것도 주요 원인이었다.

쉽게 말해, 형제국들로부터 '왕따'를 당하는 상황에서 카타르가 아시안컵 우승을 차지한 것이다. 당시 아시안컵은 아랍에미리트에서 열렸고, 카타르는 예선전에선 사우디아라비아, 4강전에서 아랍에미리트를 이기고 올라갔다.

단교 상태라 당시 아랍에미리트에서는 카타르 응원단을 찾아볼 수 없었다. 카타르인의 아랍에미리트 방문이 허용되지 않기 때문이다. 심지어 아랍에미리트는 아시안컵이 열리기 직전 당시 카타르축구협회장이자 아시아축구연맹Asian Football Confederation, AFC 부회장인 사우드 알 모한나디Saoud Al Mohannadi의 방문을 허락하지 않아 논란을 초래했다. 당시 사우드 알 모한나디 부회장은 오만 무스카트에서 대기하다 아랍에미리트가 당초 방문 예정일보다 하루 늦게 입국을 허락해 겨우 아랍에미리트에 들어갈 수 있었다.

그래서일까? 카타르가 한 경기, 한 경기 승리할 때마다 카타르 지인들은 팬들의 응원도 없는 상태로 단교국인 아랍에미리트에서 승리를 이어나가니 정말 기쁘다고 연이어 말했다.

축구는 단순한 스포츠가 아니다

카타르는 물론 중동에서 축구는 단순한 스포츠가 아니다. 경제가 어려운 비산유국이나 고질적인 내전을 겪고 있는 중동 사람들에게 축구는 훌륭한 스트레스 해소 창구다. 재능 있는 중동의 축구 꿈나무들에게 축구는 '풍요롭고 안전한 땅' 유럽으로 이주하고 거액의 돈도 벌 수 있는 희망의 통로다.

크고 작은 갈등을 겪었거나, 지정학적으로 라이벌 관계인 나라 간 경기는 애국심을 표출하는 계기가 되기도 한다. 2019 아시안컵에서는 사우디아라비아와 카타르 간 경기 못지않게 이란과 이라크 경기도 관심을 끌었다. 비록 예선에서 탈락했지만, 분쟁을 겪는 와중에도 대회에 참가한 팔레스타인, 예멘, 시리아의 경기도 화제였다.

카타르나 아랍에미리트처럼 풍부한 석유와 천연가스 덕분에 재정이 넉넉하고, 상대적으로 개방적인 중동 국가에 축구는 국가 브랜드 상승의 수단이다. 자국의 경제력과 스포츠 분야에서 '최고'를 지향한다는 점을 과시하기 위한 아이템이다.

카타르의 경우, 중동 국가로는 최초로 월드컵을 유치한 것을 국가적 자랑거리로 내세운다. 자국 프로축구 리그에선 사비 에르난데스Xavi Hernandez*와 가비 페르난데스Gabriel Fernandez**같이 전성기가 지났지만 세계적인 인기를 누렸던 스타플레이어를 영입하기도 했다.

2023년 들어 사우디아라비아가 자국 스포츠 산업을 키우기 위해 유명 축구 선수를 영입하는 전략의 '원조'가 사실은 카타르이다.

한국 축구 국가대표팀의 주전 출신인 정우영, 남태희, 구자철, 이정수 등의 선수들도 카타르 리그에서 활동했다. 카타르투자청은 프랑스 리그1(리그앙)을 대표하는 명문팀이며 리오넬 메시Lionel Messi(아르헨티나), 킬리안 음바페Kylian Mbappe(프랑스), 네이마르Neymar(브라질) 같은 '월드 스타 중의 월드 스타'들이 뛰었거나 뛰고 있는 파리 생제르맹 FCParis Saint-Germain FC을 인수했다. 파리 생제르맹 FC에서는

---

*   스페인, 전 FC 바르셀로나 선수이며 현재는 FC 바르셀로나 감독.
**   스페인, 전 아틀레티코 마드리드 소속.

한국의 차세대 스타로 떠오르는 이강인이 뛰고 있다.

　반면, 아랍에미리트는 1990년대 이후 유일하게 아시안컵을 두 번(1996, 2019)이나 개최한 나라다. 또 북아프리카의 아랍국(이집트, 모로코 등)과 사우디아라비아, 이란을 제외하면 중동에선 드물게 월드컵 본선(1990 이탈리아월드컵)에 진출했다. 특히 세계 최고 프로축구 리그로 꼽히는 잉글리시 프리미어리그*에서 큰 영향력을 발휘한다. 아부다비 왕실 구성원인 만수르 빈 자이드 알 나하얀Mansour bin Zayed Al Nahyan은 2008년 프리미어리그 명문팀인 맨체스터 시티**를 인수했고, 아랍에미리트 두바이의 국영항공사 에미레이트항공Emirates은 또 다른 프리미어리그 명문팀인 아스널Arsenal의 경기장인 에미레이트 스타디움Emirates Stadium 건설을 후원해 크게 주목받았다.

국가 브랜드 키우기의 수단

카타르는 주변국에 비해 축구를 국가 브랜드 전략에 활용하려는 의지가 강한 편이다. 1990년대 중반 카타르가 본격적인 개혁·개방에 나서면서부터 지향한 '중동의 교육·문화·지식 허브' 이미지를 강조하는 데 도움이 되기 때문이다. 카타르는 사우디아라비아(종교 중심지)와 아랍에미리트(물류·금융·관광 중심지)와는 구별되는 국가 이미지를 구축하기 위해 공들였다. 이 과정에서 2022년 월드컵 유치에 총력을 기울였다.

　이합 마하르메Ihab Maharma 아랍조사정책연구원 연구위원은 "축

---

*　　English Premier League, EPL 프리미어리그.

**　Manchester City FC, 맨시티.

'2022 카타르 월드컵' 결승전이 열린 루사일 스타디움(사진: 카타르 월드컵 조직위원회)

구의 경우 워낙 대중적이고 파급력이 큰 스포츠라 문화·지식 허브를 지향하는 카타르의 국가 브랜드는 물론, 소프트파워 역량을 높이는 데도 많은 도움이 된다"고 말했다. 카타르는 자국 스포츠 방송 '비인BeIN'을 통해 중동권 국가들에 월드컵과 아시안컵 등 국제대회를

중계하는 역할도 하고 있다.

축구를 둘러싼 중동 국가 간 경쟁과 갈등이 2022년 월드컵에서 판도 변화를 가져올 것이란 관측도 나왔다. 단교 사태가 터진 뒤 사우디아라비아와 아랍에미리트가 "카타르 월드컵은 취소돼야 한다"는 주장을 제기했기 때문이다.

단교 사태가 한창이던 2018년과 2019년에는 국제축구연맹FIFA이 2022년 월드컵 참가국을 32개국에서 48개국으로 늘릴 수도 있다는 소문도 돌았다. 자연스럽게 주변국(사우디아라비아, 아랍에미리트, 바레인 등)과 공동 개최를 추진할 수 있는 분위기를 조성해 단교 사태를 해결해보자는 이야기였다.

그러나 카타르에서는 '공동 개최는 절대 불가능하다'는 반응이 지배적이었다. 또한 카타르가 공동 개최를 검토하더라도 단교 주도국인 사우디아라비아, 아랍에미리트, 바레인 대신 중재국이던 쿠웨이트와 오만을 공동 개최 대상으로 고려할 것이란 주장도 나왔다.

결국 2022년 월드컵은 카타르 단독으로 개최했다. 하지만 축구를 둘러싼 중동 산유국 간의 경쟁은 앞으로도 계속될 것이란 전망이

이어진다.

카타르와 아랍에미리트보다 축구 투자에 소극적이었던 사우디아라비아도 2020년 국부펀드인 PIF를 통해 3억 파운드를 들여 잉글랜드 프리미어리그^{EPL}에서 오랜 전통을 자랑하는 팀 중 하나로 꼽히는 뉴캐슬 유나이티드*를 인수하는 등 '축구 투자'에 시동을 거는 모습이다.

중동 외교가 관계자들과 전문가들은 "젊은 왕세자가 권력 기반을 다지고 있는 사우디아라비아, 그리고 최근 대규모 개발 프로젝트를 추진하는 쿠웨이트도 향후 축구를 국가 브랜드와 소프트파워 향상의 도구로 활용할 수 있다. 중동에서 축구를 둘러싼 경쟁은 어떤 형태로든 한동안 계속될 것으로 보인다"라고 입을 모은다.

아르헨티나와 프랑스의 카타르 월드컵 결승전은 축구와 중동을 아는 사람들에게는 작지만 의미 있는 사건이었다. 아르헨티나의 최고 선수 리오넬 메시와 프랑스를 대표하는 킬리안 음바페가 모두 당시 카타르가 소유한 파리 생제르맹 FC 소속이기 때문이다. 경기 뒤 타밈 빈 하마드 알 사니 국왕은 리오넬 메시와 킬리안 음바페와 반갑게 대화를 나누고 포옹했다. 중동 전문가들 사이에선 "타밈 빈 하마드 알 사니 국왕이 카타르 월드컵의 최고 승자"라는 우스갯소리도 나왔다.

이는 축구에 관심 많은 사우디아라비아와 아랍에미리트 왕실 관계자들을 자극할 만한 장면이었다. 카타르 못지않게 다양한 국제 이벤트 유치에 관심 많은 사우디아라비아와 아랍에미리트가 월드

---

* 뉴캐슬 유나이티드는 기성용이 2018년 7월부터 2020년 1월까지 뛰었던 팀이기도 하다.

컵 유치 경쟁에 나서는 것은 시간문제라는 이야기도 나왔다.

실제로 사우디아라비아는 2023년 10월 '2034 월드컵' 유치를 선언했다. 그리고 유력한 경쟁자였던 호주는 개최 신청을 하지 않기로 최종 결정했다. 특별한 이변이 없는 한 사우디아라비아는 2034 월드컵을 유치하게 될 전망이다.

☪ **시시콜콜 마즐리스**

중동 최초의 월드컵인 '2022 카타르 월드컵'을 생각하면 지금도 흥분된다. 축구팬으로서 요즘도 종종 당시의 감동스런 장면을 다시 찾아보기도 한다.

포르투갈, 우루과이, 가나와 한 조에 편성됐던 한국은 대회 내내 좋은 경기력을 보였다. 특히 우루과이와의 첫 번째 경기는 경기 결과(무승부)와 상관없이 "한국이 세계 정상권의 축구 강국을 상대로 경기 처음부터 끝까지 이 정도로 대등, 나아가 압도하는 수준의 경기를 할 수 있다니……"라는 말이 나오게 할 정도였다.

한국은 우승 후보권 나라 중 하나인 포르투갈을 2 대 1로 꺾는 극적인 전개를 펼치며 12년 만에 16강 진출에 성공했다. 또 한번 '도하의 기적'을 이룬 것이다.* '축구 황제' 리오넬 메시가 이끈 아르헨티나가 명승부 중의 명승부를 보여주었다는 평가를 받으면서 결승

---

* 1993년 10월 카타르에서 열린 '1994 미국 월드컵' 아시아 최종 예선전에서 한국은 일본에 밀려 탈락이 유력했다. 하지만 마지막 경기에서 한국은 북한을 3 대 0으로 이겼고, 종료 직전 이라크가 일본과 비겨 골 득실에서 일본을 앞서 월드컵에 진출할 수 있었다. 한국 언론과 축구계에선 당시 상황을 '도하의 기적'이라고 표현했다.

전에서 프랑스를 제치고 우승한 것도 놀라웠다.

한국 대표팀의 선전, 30대 중반의 나이로 은퇴를 앞둔 리오넬 메시의 첫 번째이자 마지막 월드컵 우승. 오랜 기간 '중동에서 열린 첫 월드컵'이 많은 사람의 대화거리가 된 이유다.

카타르의 가스머니가 얼마나 대단한지 그 위력이 월드컵 내내 느껴졌다. 아랍 문화를 담아낸 고급스럽고 독특한 디자인의 경기장에는 에어컨까지 나왔다. 세계적인 부자 나라 카타르의 화려한 모습에 사람들은 주목했다.

빌드업 축구를 선보이며 한국 축구의 수준을 높였고, 선수들의 깊은 신뢰를 받았던 포르투갈 출신의 파울루 벤투Paulo Bento 감독이 카타르 월드컵 이후 아랍에미리트 국가대표팀 감독으로 부임했다는 것도 흥미롭다. 경제, 안보 못지않게 축구에서도 중동은 한국과 가까이 있다.

8) 카슈끄지 사건, 아랍권의 언론에 대한 몰이해

아랍권 주요 나라의 공통점 중 하나는 현지에서 발행되는 신문(주로 영문 매체)을 보면 "참 재미없다"라는 말이 어느 순간 나온다.

한국, 미국, 유럽 신문에서 매일 보는 '노골적인 정부(정치인) 비판'과 '대형 사고(사건) 보도' 같이 이른바 '민감한 기사'는 상상도 할 수 없다. 정부 정책이나 사회 현상을 다양한 각도에서 분석하고, 평가하는 기획 기사도 거의 찾아보기 힘들다. 그저 밋밋한 기사들, 특히 정부 최고지도자의 발언이나 정부부처의 정책 발표를 요약해서 전달하는 내용이 많다. 중동의 불안하고 복잡한 정세를 자세히 다루는 기사도 그다지 많지 않다.

'재미없다' '볼 게 없다'라는 느낌은 어느 순간 "그렇지. 아직 아랍권에선 대부분의 나라가 왕정 혹은 권위주의적 정권 아래 있으니 언론의 자유가 한국, 미국, 유럽, 일본만큼 보장되고 있지 않지"란 혼잣말로 이어졌다.

후진적인 언론관

국제적인 명성을 자랑하는 방송사인 〈알자지라방송〉을 설립(보유)한 나라, 카타르도 예외는 아니다. 〈알자지라방송〉도 카타르 정부와 사회 문제에 대해선 거의 보도하지 않는다.

아랍권 국가들의 후진적인 언론관을 보여준 대표적인 사례로는 2018년 10월 발생한 '자말 카슈끄지Jamal Khashoggi 살해 사건'을 꼽을 수 있다. 이 사건은 한동안 국제적인 주목을 받은 동시에 큰 충격을 줬다.

2018년 10월 2일, 사우디아라비아 당국의 사주를 받은 인력들이 언론인 자말 카슈끄지를 튀르키예 이스탄불 주재 사우디아라비아 총영사관에서 살해한 뒤 시신을 훼손하고 유기한 것으로 알려졌다. 자말 카슈끄지는 미국 〈워싱턴포스트The Washington Post〉 등 해외 유명 언론에 활발히 글을 실은 저명한 언론인이다. 그는 사우디아라비아 정부에 매우 비판적이었다.

자말 카슈끄지 살해 사건이 터진 뒤 사우디아라비아 측은 '전혀 개입된 바 없다'는 입장을 강조했다. 하지만 튀르키예 당국의 다양하고 광범위한 조사를 통해 사우디아라비아 당국이 개입했다는 증거들이 나왔다.

당시 중동 외교가와 전문가들 사이에선 "여전히 사우디아라비아에서는 '정상 국가' 혹은 '지역의 중심 국가'에 어울리는 모습이 안 보인다" "21세기에 이런 식의 보복 살인이 어떻게 일어날 수 있냐" "사우디아라비아가 겉으로만 개혁·개방을 강조하면서 부족 국가 수준의 전근대성을 벗어나지 못했다"란 비판이 쏟아져 나왔다.

사우디아라비아 실권자이며 개혁가로 주목받는 무함마드 빈 살만 알 사우드 왕세자가 여성의 운전을 허용하고 탈석유 경제개발 정책을 시행하는 등 파격적인 조처를 하고 있지만 여전히 극단적이고 폐쇄적인 그리고 상식적이지 못한 모습을 보인다는 의미였다.

자말 카슈끄지 살해 사건을 계기로 무함마드 빈 살만 알 사우드 왕세자가 실권을 장악한 뒤 사우디아라비아에서 발생한 다양한 형태의 반대파 숙청 방식에 대한 관심이 커졌다. 2017년 11월 사우디아라비아 내 최고위급 인사 수십 명을 부정부패 등 혐의로 체포해 수도 리야드의 리츠칼튼호텔에 감금한 이른바 '리츠칼튼 사태'와 사드 하리리Saad Hariri 당시 레바논 총리를 억류했던 일도 재조명받았다. 리츠칼튼 사태는 국제적 사업가이자 억만장자인 알 왈리드 빈 탈랄 알 사우드Al Waleed bin Talal Al Saud 왕자 등 현재 왕세자에게 비판적이거나 잠재적 위협이 될 수 있는 고위 인사들을 겨냥한 일종의 '숙청 조치'였다. 이들 가운데 많은 수는 충성 서약을 하고 상당 부분의 재산을 국가에 강제 헌납한 뒤에야 풀려났다.

2017년 11월 사우디아라비아를 방문했다 억류된 사드 하리리 전 총리는 사우디아라비아 정부의 압박으로 현지에서 "헤즈볼라 때문에 생명에 위협을 느낀다"며 사퇴 성명을 발표했다. 레바논의 친이란 성향 무장정파인 헤즈볼라에 강경하게 대응하지 못하고 협력을 모색했다는 괘씸죄로 일국의 총리를 협박해 벌인 일이라고 분석된다.

에마뉘엘 마크롱 프랑스 대통령의
중재로 사드 하리리 전 총리가 겨우 풀려
나 해프닝에 그치긴 했지만, 국제사회는
주변국 정상까지 감금시키고 강제로 사
퇴 성명을 발표하게 만드는 사우디아라
비아의 모습에 큰 충격을 받았다.

자말 카슈끄지(사진: April Brady)

자국에 비판적인 해외 언론 차단

사우디아라비아보다 세속적인 성향이 강하고 개방적인 아랍에미리
트와 이집트도 언론의 자유는 제대로 보장되지 않는다. 〈알자지라방
송〉이 비판적인 기사를 자주 보도한다는 이유로 아랍에미리트와 이

사우디 리야드 리츠칼튼 호텔(사진: Rannie boots tomalon)

집트 정부는 한동안 자국에서 〈알자지라방송〉이 방영되지 않게 막았다. 인터넷 접속도 막았다.

심지어 이집트는 자국에 비판적인 보도를 했던 자국 출신 〈알자지라방송〉 기자인 마흐무드 후세인Mahmoud Hussein을 2016년 12월부터 2021년 2월까지 제대로 된 기소와 재판 절차 없이 감옥에 억류하기도 했다. 또 이집트는 2020년 3월, 이집트 내 코로나19 확진자 수가 정부 공식 발표보다 훨씬 많을 수 있다고 보도한 영국 일간지 〈가디언The Guardian〉의 특파원을 추방하기도 했다.

종종 언론학계 등에서 '한국 언론이 중동 이슈를 보도할 때 영미권 언론이나 연구소의 자료를 너무 많이 인용한다'라고 지적한다. 현지 언론, 즉 중동 언론을 인용하는 것이 더 적합하지 않냐는 지적이다.

하지만 위에서 설명했듯, 중동 언론을 인용하기에는 한계가 너무 많다. 현지 기자의 자유로운 취재와 기사 작성이 보장되지 않는 상황이기 때문이다. 상대적으로 기자의 신분과 안전이 보장되며 영향력도 있는, 또 중동 취재 역사가 긴 영미권 미디어의 중동 뉴스를 더욱 예의주시할 수밖에 없는 이유이기도 하다.

☾ 시시콜콜 마즐리스

사망한 지 5년이 넘었지만 자말 카슈끄지의 죽음에는 여전히 많은 의문이 남는다. 현재까지 제대로 드러난 사실도 '약혼녀 하티제 젠기즈Hatice Cengiz와의 결혼에 필요한 서류를 발급받기 위해 이스탄불의 사우디아라비아 총영사관을 찾은 자말 카슈끄지를 사우디아라비아 정부 관계자들이 살해한 뒤 시신을 유기했다'라는 것뿐이다.

자말 카슈끄지 사망 1주년, 사우디 정부에 항의하는 인권단체 메시지(사진: POMED)

사우디아라비아 당국은 이 사실조차 처음에는 완강히 부인했다. 튀르키예 정부의 집요한 조사가 지속되고 전 세계적으로 비난 여론이 커지자 마지못해 일부 사실만 인정했다.

시신의 행방도 오리무중이다. 시신을 토막 낸 후 화학약품을 이용해 완전히 녹였다는 설, 총영사관 관저 정원의 불가마에서 태웠다는 설 등이 난무하다.

자말 카슈끄지가 살해당하기 오래전부터 사우디아라비아 당국으로부터 위협받았다는 이야기도 나온다. 자말 카슈끄지가 살해되기 약 한 달 전에 그를 만났다는 이집트 출신의 대학교수와 카타르에서 대화를 나눈 적이 있다. 그 교수는 자말 카슈끄지와 함께 찍은 사진을 보여주며 자말 카슈끄지와 마지막으로 만났을 때 나눈 이야기를 전했다. "자말을 마지막으로 만났을 때, '이제는 과거처럼 정부 비판을 활발하게 할 수 없을 것 같다. 갈수록 부담이 커진다'라고 말하더군요. 살해 위협을 받고 있다고 말하지는 않았지만 뭔가 불안해한다는 건 느껴졌죠. 돌이켜보면, 이미 오래전부터 상당한 정도의 살해 위협에 시달렸던 것 같습니다."

9) 크리스마스트리와 돼지고기

중동 국가 국민 대부분이 이슬람을 믿는다는 것에는 긴 설명이 필요하지 않다. 그리고 이슬람은 한국에서 상당히 배타적인 이미지다. 특히 돼지고기와 술을 금기시하고, 다른 종교에 적대적이라는 인식이 강하다.

일정 부분 그런 면이 있다. 하지만 한국에 형성된 이슬람의 이미지가 꼭 실상과 같지는 않다. 대부분의 종교와 사람들의 생활이 그렇듯, 상황에 따라 꽤나 다르다.

원칙적으로 무슬림은 돼지고기를 먹어서는 안 된다. 먹어도 되는 양고기, 소고기, 닭고기의 경우도 이슬람 규율에 따라 도축된 동물의 고기여야 한다. 이른바 '할랄Halal 식품'이어야 하는 것이다.

돼지고기가 이슬람에서 금기시되는 이유는 쿠란 등에서 불결한 동물로 돼지를 취급하기 때문이다. 하지만 돼지고기가 중동의 기후나 유목 생활에 적합하지 않다는 게 실질적으로는 더 큰 이유로 꼽힌다. 양, 낙타, 소는 오아시스를 중심으로 이동시키며 풀을 먹일 수 있지만 돼지는 이처럼 방목시키기가 용이하지 않다. 양, 낙타, 소는 젖과 고기를 제공하지만 돼지는 고기만 제공한다. 양고기, 낙타고기, 소고기에 비해 변질되기 쉽다는 것도 돼지고기의 특징이다. 말 그대로 돼지는 사막이 많은 중동 지역에서 대규모로 기르기에 적합하지 않은 가축이다. 특히 지금처럼 목축이나 식품 가공 및 보관 기술이 발달하기 전인 과거에는 더욱 그러했을 것이다.

다시 현재 이야기로 돌아와보자. 오늘날 중동을 포함한 이슬람권 국가에서 판매되는 고기들은 모두 '할랄 인증'을 받은 고기라고 보면 된다. 한국인들도 자주 이용하는 글로벌 항공사인 카타르, 아랍에미리트, 튀르키예 항공사에서 제공되는 기내식에서도 할랄 인증을 받은 고기를 쓴다.

그렇다고 해서 이슬람권 국가에서 돼지고기가 무조건 금지되는 건 아니다. 가령, 카타르, 아랍에미리트처럼 외국인이 많이 거주하고 개방성을 강조하는 나라에서는 외국인 전용 대형 마트에서 돼지고기를 제한적으로 판매한다. 햄과 소시지같이 돼지고기를 가공해 만든 식품도 구입할 수 있다.

레바논 베이루트의 크리스마스 소품 매장(이경수 한국외대 중동연구소 연구원 제공)

그러나 식당에서는 돼지고기를 쓸 수가 없다. 한국 식당에서도 돼지고기가 들어간 김치찌개와 짜장면을 기대할 수 없다. 이런 음식에는 돼지고기 대신 소고기가 들어가는데, 그 맛은 상당히 아쉽다. 중동에서 살아보면 돼지고기의 '위력'을 실감할 수 있다. 또 돼지고기를 대체할 수 있는 식재료가 마땅치 않다는 것을 알게 된다.

이집트의 경우는 조금 다르다. 1억 명이 넘는 국민 중 10~15% 정도가 콥트 기독교를 믿는다. 이들은 돼지고기를 먹어도 된다. 그러다 보니 이집트에서는 콥트 기독교를 믿는 현지인이 운영하는 정육점이 있고, 여기에서는 돼지고기를 판매한다. 이러한 정육점에는 한국인들도 많이 들리는 편이라 '삼겹살' '목살'처럼 한국인이 주로 소비하는 부위에 해당하는 명칭을 알아듣는 점원들도 있다. 물론 한국 식당에서도 돼지고기를 이용한 음식을 제공한다. 다만, 이집트에서도 일반 슈퍼마켓과 마트, 식당에서는 돼지고기를 찾아볼 수 없다.

그렇다면 '크리스마스트리'는 어떨까? 먹는 것보다 민감할 수 있는 종교적 상징물인데, 중동 국가에서 크리스마스트리를 찾아볼 수 있을까?

정답은 '그렇다'이다. 사우디아라비아와 이란처럼 종교적 보수성이 강한 나라에서 크리스마스트리는 상대적으로 흔하지 않다. 공공장소에서도 보기 어렵다.* 크리스마스 캐럴을 트는 것도 마찬가지다.

---

* 사우디아라비아에서는 최근 이 원칙이 많이 느슨해지는 추세다. 이란의 경우, 기독교를 믿는 소수의 아르메니아계인 거주 지역을 중심으로 크리스마스트리를 볼 수 있다.

하지만 기독교를 믿는 사람들이 오래전부터 많이 있었던 레바논, 이집트에서는 전혀 문제될 게 없다. 교회와 기독교를 믿는 사람들 집에서 크리스마스트리를 쉽게 찾아볼 수 있다. 크리스마스 캐럴 콘서트도 열린다. 십자가, 산타클로스, 아기 예수와 그 부모(요셉과 마리아)의 모습을 담은 그림이나 장식도 크리스마스트리나 그 주변에서 얼마든지 볼 수 있다.

카타르와 아랍에미리트에서는 호텔이나 쇼핑몰에서 화려한 크리스마스트리를 볼 수 있다. 이는 철저히 상업적인 목적으로 설치한 것이다. 카타르에서 본 크리스마스트리에 십자가와 '다윗의 별(이스라엘 깃발에 그려진 모양의 별)'이 연상되는 모양을 한 장식은 없었다. 천사의 모습을 나타낸 장식도 없다. 십자가와 천사의 모습을 표현한 장식물은 기독교, 다윗의 별을 연상시키는 모양의 별은 유대교를 상징하기 때문이다. 아기 예수의 모습을 보여주는 그림과 장식도 당연히 없다.

대신, 카타르의 크리스마스트리에는 종, 물방울, 선물상자, 솔방울, 눈 결정체 등의 모양을 한 장식이 화려하게 걸려 있다.

참고로, '아랍 사람=무슬림'이라는 공식은 성립하지 않는다. 위에서도 이야기했지만 기독교는 레바논, 이집트에 오래전부터 뿌리 내렸다. 시리아와 팔레스타인 지역도 마찬가지다. 시리아와 팔레스타인 출신 중에도 기독교를 믿는 이들을 비교적 쉽게 찾아볼 수 있다(여기서 기독교는 가톨릭, 정교, 마론파, 콥트 기독교, 개신교 등을 모두 포함한 것이다).

특히 예수가 태어난 기독교의 '성지' 베들레헴Bethlehem은 전체 인구의 90% 이상이 무슬림인 팔레스타인 영토다. 하지만 베들레헴에 거주하는 팔레스타인인 중에는 기독교를 믿는 사람이 약

16%(2016년 기준)나 된다. 이들 대부분은 조상 대대로 기독교를 믿어왔다. 이스라엘 건국 전인 1947년에는 베들레헴에 거주하는 팔레스타인인 중 약 85%가 기독교를 믿었다고 한다. 그러나 이스라엘의 팔레스타인에 대한 탄압, 팔레스타인 내부에서 종교적 소수파로 인해 겪는 어려움, 경제난 등으로 다수가 다른 지역 나아가 다른 나라로 떠난 상황이다.

☾ 시시콜콜 마즐리스

무슬림들은 중동 밖으로 나가면 어떻게 식사할까? 이는 개인마다 다르다. 철저히 할랄 식품만을 이용하는 '독실한' 이들도 있지만, 동시에 크게 신경쓰지 않는 이들도 있다.

가령, 한국에서 취재차 만난 한 무슬림은 주로 생선이나 야채를 먹었다. 반면, 돼지고기는 안 먹지만 할랄이 아닌 닭고기와 소고기는 개의치 않고 즐기는 이도 있었다. 율법에 따르면 무슬림들은 술을 마셔서는 안 된다. 하지만 맥주나 와인을 가볍게 즐기는 무슬림도 있었고, 돼지고기를 먹는 무슬림도 본 적이 있다. 정확히는 시저 샐러드에 뿌려진 베이컨 가루를 자연스럽게 먹는 모습이었다.

크리스마스트리를 집에 꾸며놓은 무슬림은 보지 못했다. 하지만 산타와 루돌프가 그려진 그릇처럼 '크리스마스 소품'을 사는 무슬림은 많이 봤다. 또 크리스마스 때 소셜 미디어나 문자 메시지를 통해 기독교를 믿는 지인들에게 '메리 크리스마스' 메시지를 전하는 무슬림도 많다. 반대로 기독교를 믿는 사람 중에서도 라마단 때 '라마단 카림' '라마단 무바라크'라며 무슬림들에게 축하 메시지를 보내는 이도 많았다.

10) 영화로 보는 중동

보다 쉽게 중동을 이해하기에는 책보다는 영화가 더 편할 수 있다. 특히 구체적으로 중동의 현실을 잘 담아냈거나 디테일을 살린 영화가 그렇다. 개인적으로 재미있게 봤거나, 최근에 나온 영화들 몇 개를 공유하고자 한다.

먼저, 〈크레센도Crescendo〉*가 떠오른다. 이 영화는 세계적인 지휘자로 문명 간 화합을 강조해왔고, 실제로 이스라엘과 아랍권 출신 단원들로 구성된 '웨스트이스턴 디반 오케스트라단West-Eastern Divan Orchestra'을 1999년에 창단한 다니엘 바렌보임Daniel Barenboim의 이야기를 소재로 했다.

웨스트이스턴 디반은 2005년 8월, 팔레스타인 자치정부의 행정 수도 라말라Ramallah에서 공연을 펼치는 등 다양한 활동을 하면서 많은 사람에게 깊은 인상을 남겼다. 한국에도 와서 공연한 적이 있다.

영화 〈크레센도〉의 결말은 슬프다. 살짝 이야기하자면, 영화에서는 대형 사고가 발생해 단원들이 결국 공연하지 못하게 되기 때문이다. 자세한 내용이 궁금하면 직접 영화를 보시면 된다.

〈크레센도〉에는 생생하면서도 격한 장면이 종종 나온다. 가령, 팔레스타인과 이스라엘 출신 단원 간에 갈등이 발생했을 때 상대방을 향해 노골적으로 내뱉는 표현이 그렇다.

"아랍인과의 평화는 없다."*(이스라엘 단원들의 발언)*
"아랍인은 테러리스트다."*(이스라엘 단원들의 발언)*

---

*   드로 자하비Dror Zahavi, 〈크레센도Crescendo〉(2019)

"시온주의자*들은 사라져라!"(팔레스타인 단원들의 발언)

사랑에 빠지는 팔레스타인 남자 단원과 이스라엘 여자 단원을 지켜보는 팔레스타인 여자 단원의 발언도 냉정하다. '동네 누나'인 이 단원은 이스라엘 여자 단원과 사랑에 빠지는 '동네 동생'을 걱정하며(?) 몹시 아프게 충고한다.

"머지않아 저 아이가 이스라엘군에 입대(이스라엘에서는 여성들도 군대에 간다)하면 검문소**에서 우리를 조사할 거야."

또 예루살렘을 이스라엘 단원들은 '예루살렘', 팔레스타인 단원들은 '쿠드스'로 표현하는 것 역시 현실을 잘 담아냈다고 본다.

아프가니스탄에서 탈레반과 미군 간 전투를 주 내용으로 다룬 영화 〈아웃포스트The Outpost〉***는 중동의 외교·안보 이슈와 관련된 작지만 강렬한 디테일을 담았다.

영화 마지막 부분에 나오는 치열한 전투 장면에서는 미군 지휘관의 "지금 카타르에서 B-1 폭격기****가 이륙해 오고 있다"는 대사가 나온다.

중동 외교·안보 이슈에 관심 있는 사람들에게는 미국의 최대 해외 공군기지 중 하나인 알 우데이드 공군기지Al Udeid Air Base가 자연

---

*　유대인 민족주의를 의미하지만 아랍권에선 이스라엘인들을 통칭하는 개념으로도 많이 사용된다.

**　이스라엘은 팔레스타인 지역에 거대한 벽을 세워놓고 이곳을 나가 이스라엘 지역으로 가려는 팔레스타인 사람들을 대상으로 신분증, 무기 소지 여부, 나가려는 목적 등을 꼼꼼히 체크한다.

***　로드 루리Rod Lurie, 〈아웃포스트The Outpost〉(2020).

****　미 공군의 주력 장거리 전략 폭격기 중 하나다.

스럽게 떠오른다. 알 우데이드 공군기지는 카타르의 미국에 대한 안보 의존과 군사 협력 의지를 보여주는 상징적인 장소다. 또 카타르가 2021년 8월 미국의 아프가니스탄 철수 과정에서 중재 역할을 했던 나라라는 사실을 떠올리게 한다.

예루살렘을 놓고 벌어지는 십자군과 무슬림들의 전쟁은 〈킹덤 오브 헤븐Kingdom Of Heaven〉*을 통해 엿볼 수 있다. 중동의 유목 문화도 중간중간에 흥미롭게 묘사된다.

〈모로코 요리사:타제카Tazzeka〉**는 모로코 요리***와 가난한 아랍 나라(영화에서는 모로코) 시골 청년의 이야기를 담았다. 프랑스 파리로 가서 요리사가 되고 싶었던 청년은 원하는 일자리를 찾지 못해 공사장에서 일한다. 불법 이민자를 단속하는 경찰을 피해 다니는 주인공의 모습은 아랍의 비산유국 출신 청년들의 어려움을 잘 보여준다.

주인공의 고향 마을에 사는 삼촌 집에 잠시 온 여자 주인공의 불평도 재미있고 의미가 있다. 남자 주인공과 '썸' 타는 사이인 여자 주인공은 파리에서 살다 왔다(자세한 배경은 영화에서 설명하지 않지만 합법적으로 프랑스에 이민 간 것으로 보인다). 모로코 시골을 지루해하고, 자신

---

*　리들리 스콧Ridley Scott, 〈킹덤 오브 헤븐Kingdom Of Heaven〉(2005).

**　장-필립 고드Jean-Philippe Gaud, 〈모로코 요리사:타제카Tazzeka〉(2017)

***　모로코는 프랑스의 식민지였고, 지리적으로는 포르투갈, 스페인과 매우 가깝다. 당연히 이런 유럽 나라들의 영향을 많이 받았다. 음식 문화도 예외는 아니다. 다양한 양념과 식재료를 이용한 모로코 요리는 중동과 유럽에서 모두 큰 인기를 누리고 있다. 대표적인 모로코 요리로는 타진Tajine이 꼽힌다. 쟁반 모양의 그릇에 고기(닭, 양, 소, 생선, 새우 등), 각종 야채(양파, 감자, 파프리카, 당근, 타모토 등), 향신료(후추, 샤프란 등)를 넣고 찐 찜 또는 스튜 같은 요리다. 한국 음식 중에서는 갈비찜과 다소 비슷하다.

의 자유분방한 옷차림과 행동을 보며 수군거리는 동네 사람들을 마음에 안 들어 한다. 아니, 우습게 본다. 하지만 자신도 파리에서는 임대 아파트에서 힘들게 살고, 이런 가난한 현실을 잊으려 명품 매장을 구경 다닌다.

프랑스, 벨기에, 영국 등 유럽 국가에서는 아랍계 이민 1.5세 혹은 2, 3세들 중 일부가 이슬람국가(IS) 같은 극단주의 무장 조직에 가담해 큰 물의를 일으켰다. 대표적인 예는 2015년 11월 13일 이슬람국가(IS)가 주도한 '11·13 파리 테러'다. 극장, 축구경기장, 음식점에서 민간인을 공격 대상으로 삼았던 11·13 파리 테러는 프랑스에서 발생한 가장 참혹했던 '소프트 타깃 테러(민간인을 대상으로 한 무분별한 테러)'였다. 이 테러 가담자의 대부분은 아랍계 이민자 가정 출신으로 프랑스에서 성장한 이들이었다. 일자리와 삶의 질을 위해 중동을 떠나 유럽으로 왔지만 제대로 적응하지 못하고 가난 속에서 허덕이다 반사회적 생각과 행동을 하는 아랍계 이민자들의 문제는 프랑스를 포함한 많은 유럽 나라에서 심각한 사회적 이슈로 부각되고 있다.

한국 영화 중에서는 1991년 소말리아 내전 당시 한국과 북한 외교관들의 현지 탈출을 주제로 한 〈모가디슈〉*에도 의미 있는 중동 정세 이야기가 등장한다.

영화에서는 한국과 북한 대사가 탈출하기 위해 각각 이탈리아와 이집트 대사관에 접촉하는 모습이 나온다. 남북한 모두 당시에 접촉할 수 있는 나라 중 친하고(수교 중이며 외교적으로도 가까운) 영향력이 있는 곳을 먼저 접촉했다.

---

*   류승완, 〈모가디슈Escape from Mogadishu〉(2021).

아랍권의 주요 국가인 이집트는 1963년 북한과 외교 관계를 수립했다. 그리고 상당히 가깝게 지냈다. 1973년 이스라엘과의 전쟁에서는 북한 공군 조종사들이 직접 참전해 이집트를 도왔다. 호스니 무바라크 전 이집트 대통령은 김일성 북한 주석과 개인적으로도 가까웠고 북한을 4번이나 방문했다. 호스니 무바라크는 생전에 "김일성 주석이 살아 있는 동안에는 한국과 수교하지 않겠다"라고 발언한 것으로 알려져 있다.

실제로 한국과 이집트의 외교 관계는 김일성 주석이 사망한 뒤인 1995년에 이뤄졌다. 이전에는 대사관이 아닌 총영사관만 이집트에 설치돼 있었다.

〈모가디슈〉에는 이집트를 둘러싼 1991년의 한국과 북한의 모습이 잘 담겨 있다. 당시 상황은 북한의 태준기 참사관(구교환)이 한국의 강대진 참사관(조인성)과 말싸움하는 장면에서 나타난다.

태준기가 "이집트 카이로를 통해서 빠져나가게 되면 불편하겠다?"(한국이 이집트와 수교가 안 되어 있다는 것을 의미한다)라고 비꼬며 말하자, 강대진이 "우리도 (카이로에) 총영사관 있거든?"(수교는 안 되어 있지만 교민 수가 꽤 많고, 한국 외교관들도 활동하고 있다는 의미다)이라고 받아치는 대목이다.

물론 이제는 이집트에서 한국과 북한의 위상을 비교하기란 어렵다. 1995년 한국과 수교 뒤 이집트 대통령 중 북한을 방문한 사람은 없다. 오히려 2014년 6월 취임한 압둘팟타흐 시시 이집트 대통령은 한국을 2016년 3월 방문했고, 양국 간 경제 협력을 강화하는 데 관심이 많다.

주이집트 한국문화원에는 K팝, K드라마, K푸드, 한국어 배우기 등에 관심 있는 이집트 젊은이들로 늘 북적인다. 이집트에 근무하는 한국 외교관과 기업 주재원들 사이에선 "이집트에서 근무하는 한국인 중 가장 인기 있는 사람은 한국문화원장이다"란 우스갯소리도 나올 정도다.

북한의 위상이 예전 같지 않지만, 여전히 주이집트 북한 대사관은 꽤 큰 규모로 개설돼 있다. 하지만 이집트에 있는 북한 외교관들의 활동은 그리 활발하지 않다. 그리고 다른 나라도 마찬가지겠지만 생활은 궁핍하다. 현지 소식통들에 따르면 북한 외교관들은 기회가 될 때마다 각종 약을 적극적으로 구입한다. 북한으로 복귀할 때도 약을 많이 사 간다고 한다. 국제 제재와 경제난으로 북한에서는 대부분의 약을 구하기 어렵고, 특히 항생제가 귀하기 때문이다. 이집트는 약값이 상대적으로 싸고, 항생제 등 의사 처방전이 보통 필요한 약도 일반 약국에서 쉽게 구입할 수 있다. 북한 외교관들이 이집트에서 약을 적극적으로 구입할 수밖에 없는 이유다.

11) '루루 하이퍼마켓', 중동의 인도 경제 아이콘

카타르의 한 대형 슈퍼마켓. 겉모습은 일반적인 대형 슈퍼마켓이다. 하지만 슈퍼마켓 안은 항상 전통시장처럼 왁자지껄하다. 시끄러운 것이 '가격 흥정'을 하는 사람이 있기 때문만은 아니다. 이 슈퍼마켓도 엄연히 다른 슈퍼마켓처럼 정해진 가격으로 각종 식음료와 공산품을 판매한다. 하지만 어딘지 모르게 다른 대형 슈퍼마켓에 비해 어수선하다.

가장 큰 특징은 규모다. '까르푸Carrefour'와 '모노프리Monoprix'처럼 아랍 산유국에서 쉽게 찾아볼 수 있는 글로벌 슈퍼마켓 체인에

카타르 도하의 루루 하이퍼마켓(필자 개인 촬영)   카타르 도하의 루루 하이퍼마켓 계산대(필자 개인 촬영)

비해 일단 건물이 크거나 공간이 넓다. 글로벌 슈퍼마켓 체인에 비해 규모는 거대하지만 인테리어는 더 서민적이다. 그리고 판매하는 채소나 과일 종류가 다양하다. 양도 더 많다. 중동, 아프리카, 유럽, 아시아, 호주 등에서 온 채소와 과일 중 유독 인도, 파키스탄 산이 눈에 많이 띈다.

재미있는 것은 대추야자 열매, 포도, 납작 복숭아*, 자두, 오렌지 등 과일을 직접 맛보는 사람들도 쉽게 찾아볼 수 있다는 점이다.

---

* 납작한 모양의 복숭아로 주로 지중해 지역에서 생산된다. 크기는 우리가 먹는 복숭아보다 작은 편이다.

처음 이 슈퍼마켓에 갔을 때, 오렌지 껍질을 벗겨 맛을 보고 있는 나이 지긋한 어르신을 보고 깜짝 놀랐다. 점잖은 인상이었다. 입고 있는 전통 의상으로 볼 때 파키스탄 또는 인도 출신 같았다. 대형 슈퍼마켓에서 전통시장처럼 직접 과일 맛을 보고 있다는 게 신기해 계속 쳐다봤다. 순간, 눈이 마주쳤다. 그는 전혀 당황하지 않고 내게 이리 오라며 손짓했다. 다가가자 그는 내게 오렌지 한쪽을 건네주었다. 그러고는 "Very good"이라고 말하며 '엄지척'을 내보였다. 얼떨결에 어르신이 건넨 오렌지 조각을 받아먹으며 나도 엄지척을 내보이며 "Thank you. Very good" 하고 대답했다. 이런 '정겨운 모습'에도 슈퍼마켓 직원이나 주변 사람들은 눈초리를 주지 않았다. '과일 맛을 보는 사람들'의 모습은 이 슈퍼마켓에 들를 때마다 목격할 수 있었다.

이 슈퍼마켓에는 중동에서 쉽게 보기 힘든 한국식 배추(보통은 양배추만 있다)와 무(역시 품종이 달라서 생김새나 맛이 다르다)도 자주 있다(까르푸와 모노프리에는 거의 없다). 고기도 까르푸와 모노프리보다 훨씬 다양한 형식이나 두께로 잘라서 판다. 까르푸와 모노프리에는 주로 두꺼운 스테이크용 고기가 있다면 여기서는 불고기나 샤부샤부를 요리하기에 좋은, 얇게 썬 고기도 많다. 생선 역시 종류도 다양하고 소비자가 원하는 형태로 손질해준다.

다양한 인도 요리를 살 수 있다는 것도 이 슈퍼마켓의 특징이다. 여러 가지 종류의 카레, 비리아니*, 탄두리 치킨 같은 요리를 즉석에서 포장해 판다.

전반적인 가격대가 까르푸와 모노프리 등에 비해 저렴한 편이

---

* 쌀에 사프란 등 각종 향신료와 재료를 넣고 만든 쌀요리다.

4장 더 가까이 중동

란 것도 장점이다.

이 슈퍼마켓의 이름은 '루루 하이퍼마 켓Lulu Hypermarket'이다. 사우디아라비아, 카 타르, 아랍에미리트, 바레인, 쿠웨이트, 오 만 등 아랍 산유국에서 까르푸, 모노프리 못 지않게 시장 영향력이 있는 슈퍼마켓 체인 이다.

루루 하이퍼마켓의 지주회사 격인 루 루그룹은 아랍 산유국을 중심으로 중동과 서남·동남아시아(인도, 말레이시아, 인도네시아

유수프 알리 루루그룹 회장(사진: KM Adhil)

등) 23개국에서 235개의 대형 슈퍼마켓, 24개의 쇼핑몰을 운영 중이 다. 연 매출 약 80억 달러, 직원 수 6만 명 정도 되는 유통 대기업이 다. 본사는 아랍에미리트 아부다비에 있다.

특이한 건, 루루그룹의 창업주이며 대표가 아랍에미리트 사람 이 아니라는 것이다. 루루그룹 회장 유수프 알리Yusuff Ali 는 인도인 이다. 그는 1955년 인도 트리수르Thrissur의 무슬림 가정에서 태어났 고 1973년 삼촌이 사업하고 있는 아랍에미리트 아부다비로 이민을 갔다.

삼촌의 사업을 돕던 유수프 알리 회장은 1990년대 초 현지에서 다양한 유통 기업이 생겨나고 글로벌 슈퍼마켓 체인이 중동에 본격 적으로 진출하던 시기에 루루 하이퍼마켓 사업을 시작했다. 그리고 크게 성공했다.

아랍 산유국에서 루루 하이퍼마켓과 쇼핑몰은 '성공한 인도 기 업', 유수프 알리 회장은 '성공한 인도 기업인'의 대표 아이콘이다. 본사가 있는 아랍에미리트를 포함해 사우디아라비아, 카타르, 쿠웨

이트 등에는 인도 사람이 많이 산다. 주로 노동자들이다. 그러다 보니 아랍 산유국 국민들이나 화이트칼라 계층의 외국인 중에는 인도 출신을 깔보는 이들도 있다. 이런 현실 속에서 인도 사람들, 더 나아가 파키스탄, 방글라데시, 스리랑카 등 인도 주변 나라에서 온 노동자들에게 루루 하이퍼마켓은 '고향의 음식'과 '고향에서 생산한 채소와 과일'을 파는 장소다. 동시에 '산유국 드림'을 생각하게 만드는 곳이다.

유수프 알리 회장이 아랍에미리트와 인도에서 적극적으로 기부 활동을 펼치고 있다는 점도 루루 하이퍼마켓의 이미지를 긍정적으로 만드는 요소다. 그는 아랍에미리트에 인도인을 위한 대형 장례식장을 만드는 데 기여했고, 장애인들이 재배한 야채도 적극적으로 판매해 화제가 됐다.

루루 하이퍼마켓은 중동 나라들과 인도, 특히 두 지역 간의 복잡하고 긴밀한 경제 관계를 보여주는 아이콘으로 꼽힌다. 주로 유럽과 미국 계열의 글로벌 유통 업체들이 강세를 보이는 상황에서 유독 중동 지역에서 인도계 현지 유통업체가 강세를 보인다는 점도 독특하다.

12) 사우디와 BTS

#케이스 1

2023년 2월 19일 오후 3시 반(현지 시각) 사우디아라비아 수도 리야드에 위치한 테마파크 '블러바드 월드Boulevard World'.

12.19m² 규모의 인공 호수를 중심으로 프랑스, 이탈리아, 미국,

블러바드 월드(필자 개인 촬영)

그리스, 모로코, 일본, 중국, 인도, 스페인, 멕시코, 영국 등 총 11개 나라의 유명 건물과 문화재를 테마로 만든 건물들이 가득했다. 경쾌한 음악 속에서 회전목마가 움직이고 롤러코스터가 오르내리는 사이로 사람들의 신나는 목소리가 들려왔다. 한가로이 케이블카도 오갔다. 중동 나라 대부분은 금요일과 토요일이 휴일이다. 현지에서는 월요일 격인 일요일이었는데도 블러바드 월드 안은 사람들로 북적였다. 현지 여성 전통 의상인 아바야(대개 긴 검은색이나 회색)와 현지 남성 전통 의상인 토브(보통 흰색)를 입은 사람들이 삼삼오오 모여 걷고 있었다. 어린이를 데리고 나온 사람들도 많았다.

2022년 11월에 문을 연 블러바드 월드는 사우디아라비아 최초의 테마파크다. 정확히는, 보수적인 이슬람 사상과 전통 아랍 문화를 강조하는 사우디아라비아에서 처음 문을 연 '서양식 테마파크'다. 이런 특성 때문에 사우디아라비아는 물론이고 국제적으로도 주목받고 있다.

블러바드 월드(필자 개인 촬영)

블러바드 월드(필자 개인 촬영)

블러바드 시티(사진: Slayym)

블러바드 월드는 사우디아라비아 사람들이 가장 방문하고 싶어 하는 장소로 꼽는 곳이기도 하다. 리야드에 거주하는 사람들은 사실상 모두 방문해본 '핫 스폿'으로 통한다. 블러바드 월드 인근에는 공연장과 쇼핑몰 등을 갖춘 종합 엔터테인먼트 시설인 '블러바드 시티'도 자리잡고 있다.

#케이스 2

2023년 2월 20~21일 리야드 힐튼호텔에서는 '제2회 사우디 미디어 포럼Saudi Media Forum2'이 열렸다. 사우디 미디어 포럼은 사우디아라비아 기자협회와 방송위원회SBA 등이 주관하는 미디어와 콘텐츠 관련 국제행사다. 2019년 12월에 처음 진행됐고, 그동안 코로나19 사태로 중단됐다 3년 2개월 만에 다시 열렸다.

저널리즘, 콘텐츠 산업, 미디어 기업, AI 등 다양한 주제를 놓고 중동을 중심으로 전 세계에서 1,000여 명의 전문가가 참석했다. 사우디 미디어 포럼은 비석유, 비천연가스 분야를 육성하고 싶어 하는 사우디아라비아의 미디어와 콘텐츠 산업에 대한 관심을 보여주는 행사다.

행사장의 미디어월에선 전 세계적 관심을 끌었던 K콘텐츠의 모습이 자주 등장했다. 〈오징어 게임〉의 장면이 나오기도 했다. 내가 발표한 'K콘텐츠의 수출 트렌드와 한국 미디어기업들의 전략' 세션도 큰 인기를 끌었다. 세션에 참석한 현지 전문가들과 K콘텐츠 팬들은 한국 미디어 기업들이 드라마와 대중음악(K팝)뿐 아니라 푸드, 뷰티, 피지컬 서바이벌 게임, 교육 등을 테마로 한 콘텐츠도 다양하게 제작한다는 점에 관심을 보였다.

왕자인 압둘아지즈 빈 살만 알 사우드Abdulaziz bin Salman Al Saud 에

너지부 장관, 칼리드 알 팔레Khalid Al Falih 투자부 장관, 마지드 알 카사비Majid Al Qasabi 상무부 장관 등 현지에서 '실세 장관'으로 통하는 인사들도 행사장을 찾아 발표와 인터뷰에 참여하며 미디어와 콘텐츠 산업의 중요성을 강조했다. 영국, 일본, 싱가포르의 주사우디아라비아 대사도 참석했다.

아시아와 태평양 지역의 방송 산업 발전을 위해 1977년 설립된 국제기구로 말레이시아 수도 쿠알라룸푸르에 본부를 두고 있는 아시아태평양방송개발기구Asia-Pacific Institute for Broadcasting Development, AIBD의 필로미나 냐나프로가슴Philomena Gnanapragasam 사무총장을 행사장에서 만났다. 한국 미디어에 관심이 많고, 한국 정부부처(과학기술정보통신부, 방송통신위원회) 관계자들과도 오랫동안 교류해온 그가 "사우디아라비아가 콘텐츠 산업 육성에 얼마나 관심이 많은지를 확인할 수 있었다. 사우디아라비아에서 앞으로 어떤 콘텐츠 산업 전략이 추진되고, 얼마나 큰 변화가 나타날지 궁금하다"라고 말했다.

사우디 왕가의 발상지도 콘텐츠 인프라로

2017년 6월 왕세자에 오른 '실권자' 무함마드 빈 살만 알 사우드 왕세자는 기회가 있을 때마다 "석유 중심의 경제구조를 바꾸겠다"고 말했다. 석유와 천연가스 대신 무함마드 빈 살만 알 사우드 왕세자는 IT, 신재생에너지, 로봇, AI 등 첨단기술 육성의 중요성을 강조해 왔다.

비록 이런 산업보다 규모는 작지만 문화, 관광, 스포츠, 미디어 등을 종합적으로 활용한 이른바 콘텐츠 산업 역시 무함마드 빈 살만 알 사우드 왕세자가 특별히 관심을 두는 분야다. 현지에서는 사우디아라비아 왕가의 발상지로 통하는 리야드의 '디리야Diriyah' 지역에 대한 대규모 개발 프로젝트도 왕세자의 콘텐츠 산업에 대한 관심을 보여주는 상징적인 움직임으로 여긴다. 과거 디리야에는 왕가의 궁전과 유적지만 있었다. 하지만 최근 디리야 일대에는 대규모 공원과 행사장이 조성되었다. 이 행사장은 공연과 각종 행사가 가능한 장소이기도 하다. 또 왕실의 유물과 각종 문화재를 전시할 박물관도 설립될 예정이다.

단순히 시설을 정비하고 세우는 것뿐 아니라, 디리야에서 열리는 행사도 많은 주목을 받고 있다. '사우디아라비아 같지 않은 행사'가 많이 열리고 있기 때문이다. 가장 관심이 쏠리는 행사는 자동차 경주대회인 '포뮬라E'다. 포뮬라E는 2018년부터 꾸준히 디리야에서 열리고 있다. 2019년에는 사우디아라비아 출신 여성 카레이서가 대회에 참가해 더욱 주목받았다.

2019년에는 '사막의 혈투'로 불린 WBA·IBF·WBO·IBO 헤비급 통합 타이틀전이 펼쳐져 전 세계적으로 화제가 됐다. 역사는 짧지만, 파격적인 상금으로 유명 테니스 선수들 사이에서 주목받는 '디리야 테니스컵'의 주무대도 디리야다. 사우디아라비아 관광청 관계자는 "디리야에 대한 하드웨어적 투자와 관리는 기본이다. 디리야가 세계적 명성과 가치를 계속 인정받고, 화제의 중심이 될 수 있도록 소프트웨어적 투자에도 계속 공을 기울일 예정"이라고 말했다.

사우디아라비아가 2019년 10월 방탄소년단, 2023년 1월 블랙핑크의 대규모 콘서트를 허용한 것도 같은 맥락에서 이해할 수 있다.

4장 더 가까이 중동

'무함마드 왕세자 시대'에 사우디아라비아가 이처럼 콘텐츠 산업에 적극적으로 나서는 이유는 무엇일까? 중동 전문가들은 석유 의존도 줄이기와 지속 가능한 개혁·개방을 위한 일종의 '체질 개선 작업'으로 이해해야 한다고 분석한다.

일단 내부적으로는 보수 이슬람 사상과 문화에서 벗어나고 싶어 하는 자국민, 특히 20, 30대 등 젊은 세대의 바람을 반영한 조치다. 테마파크 방문과 공연, 스포츠 경기 관람의 경우도 많은 부분 '해외여행'에 의존해야 했던 사우디아라비아인들의 불만은 적지 않았다.

사우디아라비아가 해외 투자를 적극적으로 유치하는 과정에서 큰 문제 중 하나는 콘텐츠나 문화 인프라가 부족하다는 것이다. 최근 사우디아라비아는 글로벌 기업의 중동 지역 본부와 법인을 대거 유치하겠다는 전략을 마련했다. 그동안 아랍에미리트와 카타르가 강세를 보인 '중동 경제 허브'의 판도를 바꾸겠다는 전략이다.

하지만 발전 가능성, 시장 규모, 상징성 등을 인정하면서도 정작 유명 기업들이 사우디아라비아로 중동 본부를 이전하는 조치를 취하지 못하는 이유 중 하나는 각종 문화콘텐츠 인프라가 부족하다는 점이다. 이슬람의 발상지인 사우디아라비아의 특성상 아랍에미리트와 카타르처럼 외국인들에게 이슬람에서 금지하는 돼지고기와 술을 제한적으로 판매하기는 어렵더라도, 테마파크처럼 가족들과 시간을 보낼 수 있는 인프라가 부족하다는 것은 더 이상 예외를 인정받을 수 없는 약점이다.

이권형 대외경제정책연구원 세계지역연구센터 소장은 "콘텐츠와 소프트파워 역량은 기업하기 좋은 환경을 만드는 데 꼭 필요한 요소다. 사우디아라비아도 외국 기업을 유치하고, 이곳의 인력들이 장기간 거주하려면 콘텐츠와 문화 인프라를 개선해야 한다는 것을 안다"라고 분석했다. 이어, 사우디아라비아가 외국 대중가수의 공연을 허용하고, 아시안게임과 엑스포 같은 국제 이벤트를 유치하려고 나서는 것도 소프트파워 역량을 개선하려는 의지로 해석했다.

사우디아라비아의 콘텐츠 생산 경쟁력

사우디아라비아 정부는 장기적으로 자국 내 콘텐츠 산업의 성장 가능성을 높게 보는 듯하다. 사우디아라비아는 이슬람의 3대 성지 중 메카와 메디나를 보유한 만큼 이슬람 관련 콘텐츠가 많다. 무슬림에게 메카와 메디나로의 성지순례는 일생 중 꼭 실천해야 하는 의무 중 하나다. 또 아랍권의 중심 국가로서 다양한 뉴스가 발생하는 나라이기도 하다.

필로미나 냐나프로가슴 AIBD 사무총장과 대화할 기회가 있었다. 그는 사우디아라비아가 이슬람과 아랍을 주제로 한 콘텐츠 제작에 유리한 조건을 지녔으며, 인력과 노하우 등이 갖춰진다면 중동권의 콘텐츠 생산 중심지로 성장할 수 있을 것이라고 밝혔다.

실제로 사우디아라비아는 콘텐츠 산업과 연관된 정부부처 구조도 문화부, 미디어부, 스포츠부, 관광부, 관광청, 엔터테인먼트청 등으로 세분화시켰다. 콘텐츠 산업 전반에 대한 정부 지원과 관리를 강화하기 위한 조치다. 그동안 소극적이었던 외국 언론사의 중동 특파원 유치에도 관심을 보인다. 현지 소식통은 "최근 사우디아라비아 정부 관계자들이 아랍에미리트와 튀르키예 등에 중동 지국을 두고 있는 언론사에 '특파원 주재지를 리야드로 옮기는 것을 검토해보라'

는 이야기를 많이 한다"고 말했다.

워낙 오랜 기간 '은둔의 왕국'으로 통했던 나라가 지니는 신비감도 콘텐츠 제작 장소로서 매력적인 조건이다. 2019년 9월 본격적인 관광 개방을 선언한 뒤에는 적잖은 콘텐츠들이 사우디아라비아에서 제작되고 있다. 한국에선 tvN 제작진과 슈퍼주니어 멤버들이 사우디아라비아를 찾는 예능 프로그램도 나왔다.

콘텐츠 산업에 대한 육성은 무함마드 빈 살만 알 사우드 왕세자가 실권을 잡으며 강조하고 있는 여성들의 사회 진출 확대와도 연관돼 있다. 콘텐츠 산업 특성상 젊은 세대, 특히 여성들의 관심이 많고, 전통적으로 여성이 좋은 성과를 내는 업종이기 때문이다.

라이벌 이란을 의식하다

사우디아라비아가 중동 지역 내 패권과 이슬람 종파를 놓고 갈등 중인 이란과의 체제 경쟁에서 우위를 점하기 위해 당분간 더욱 콘텐츠 산업 육성과 대중문화 개방에 공을 들일 것으로 보인다.

이란의 경우 1979년 '이란 이슬람 혁명'이 터지기 전까지는 중동에서 가장 자유로운 나라로 꼽혔다. 이슬람권 국가 중 가장 세속주의 성향이 강한 나라 중 하나였고, 대중문화도 발달했다. 하지만 시아파 종교 지도자들이 중심이 돼 왕정을 무너뜨리고 신정 공화정 체제를 수립한 뒤에는 여성의 히잡 착용을 의무화하고, 외국의 대중문화 수입과 자국 콘텐츠 산업 육성에도 제약을 만드는 등 '보수 이슬람 성향'으로 회귀했다.

이희수 한양대 문화인류학과 명예교수는 "무함마드 빈 살만 알 사우드 왕세자를 포함해 현재 사우디아라비아 집권층은 어떤 형태로든 국민들에게 이란에 대한 체제 우위를 강조하는 데 관심이 많다. 콘텐츠 산업에 대한 투자와 대중문화 개방 움직임도 이런 맥락에서 당분간 이어질 가능성이 높다"고 내다봤다.

내가 사우디 미디어 포럼2에서 발표할 때도 사우디아라비아가 이란을 의식하는 모습이 나타났다. K콘텐츠가 중동에서 얼마나 인기인지를 보여주는 사례로 사우디아라비아와 이집트 등 아랍권뿐 아니라 이란의 예도 들려고 했다. 발표 자료에도 이란 시장에 대한 내용이 있었다.

발표 전날, 행사 주최 측에서 "알다시피 이란과 사우디아라비아는 여러 가지로 민감한 관계다. 혹시 발표 자료(파워포인트)에서 이란과 관련한 내용이 담긴 슬라이드는 빼줄 수 있느냐"고 문의해왔다. 두 나라 사이가 얼마나 민감한지를 실감할 수 있었다.

사우디 콘텐츠 산업은 얼마나 성장할 수 있을까?

사우디아라비아의 콘텐츠 산업 육성에는 어려움도 따를 수 있다. 가장 우려되는 것은 중동 국가들의 고질적인 문제로 지적되는 예측 불가능성이다.

아직까진 무함마드 빈 살만 알 사우드 왕세자가 추진하고 있는 개혁·개방 정책과 여기에 따른 콘텐츠 산업 육성 정책에 심각한 반발은 없어 보인다. 그러나 사우디아라비아는 이슬람에서도 보수적 교리를 강조하는 와하비즘을 주요 이념으로 삼고 있는 나라다. 그런 만큼, 수십 년간 다양한 방법으로 정부 정책에 크고 작은 영향력을 행사해온 종교 지도자들과 보수파 사이에서는 변화에 대한 우려와 반발이 나올 수 있다.

장지향 아산정책연구원 중동센터장은 "현재 사우디아라비아에서 나타나는 변화 의지와 파격적인 움직임이 앞으로도 순탄하게 유지될 수 있을지는 복잡한 내부 상황을 고려할 때 장담하기 힘들다. 자유로움과 개방적인 자세가 중요한 콘텐츠 산업의 성장 여부는 변화 의지가 지속 가능한지 여부에 달려 있다"고 말했다.

콘텐츠 산업의 핵심으로 여겨지는 전문 인력 부족도 중ㆍ장기적으로 극복해나가야 할 문제다. 사우디아라비아와 같은 정치, 경제, 문화 여건을 지닌 나라 중 가장 먼저 미디어와 콘텐츠 산업 투자에 나선 카타르는 각각 '중동의 CNN과 ESPN(스포츠전문채널)'으로 꼽히는 〈알자지라방송〉과 〈비인BeIN〉을 1996년과 2012년 설립했다. 2008년에는 미국의 명문 저널리즘 스쿨 중 하나로 꼽히는 노스웨스턴대의 미디어학 캠퍼스도 수도 도하 인근의 국제 교육연구특구인 '에듀케이션 시티'에 유치했다. 그러나 카타르가 아직은 양질의 미디어, 콘텐츠 인력을 배출하지는 못하고 있는 듯하다. 아랍권 전반의 오래된 문제인 낮은 교육열과 인적자원 육성 노하우 부족이 주요 원인이다.

일각에선 무함마드 왕세자가 국왕 자리에 오르고 왕실과 정부를 완전히 장악한 뒤에도 콘텐츠 산업 육성을 비롯한 다양한 개혁 정책이 이어질지는 지켜봐야 한다는 주장도 나온다. 현재는 젊은 세대의 지지 기반을 공고히 하기 위해 무함마드 왕세자가 이들의 입맛에 맞는 콘텐츠 산업과 인프라 육성 정책에 공을 들이고 있다. 그러나 권력을 완전히 장악한 뒤에도 이런 기조가 계속 이어질지는 지켜볼 필요가 있다는 것이 이희수 교수의 분석이다.

13) 쿠란이 뭐길래

2023년 6월 28일 스웨덴 수도 스톡홀름. 이라크 출신 기독교인으로 알려진 살완 모미카Salwan Momika가 모스크 앞에서 '표현의 자유'를 강조하며 이슬람 경전인 쿠란Quran을 태웠다. 그는 이슬람에서 금기시하는 돼지고기로 만든 베이컨 조각을 쿠란 사이에 끼워 넣기도 했다. 살완 모미카는 한 달여 뒤인 7월 20일에도 주스웨덴 이라크 대사관 근처에서 시위를 벌이며 쿠란을 발로 밟고 걷어찼다.

이슬람권은 부글거렸다. 이라크 정부는 자국 주재 스웨덴 대사를 추방했다. 또 이라크 수도 바그다드에서는 수백 명의 시위대가 주이라크 스웨덴 대사관 앞에서 시위를 벌였다. 일부 시위대는 대사관에 난입해 불을 지르기도 했다.

튀르키예, 이란, 아랍에미리트, 카타르 등도 자국 주재 스웨덴 대사를 불러 항의 메시지를 전달했다. 이란은 자국의 신임 주스웨덴 대사 파견도 보류하기로 했다. 무슬림이 국민 대다수를 차지하는 전 세계 57개국으로 구성된 국제기구 이슬람협력기구Organization of Islamic Cooperation, OIC도 스웨덴을 비판하는 성명을 발표했다.

이슬람 국가들이 스웨덴에서 벌어진 쿠란 모욕 시위에 이렇게 민감하게 반응하는 데는 이유가 있다. 그동안 스웨덴에서 쿠란 소각 시위가 여러 차례 있었기 때문이다. 그러나 스웨덴은 표현의 자유 등을 이유로 쿠란 모욕 행위가 나타나는 시위에 그동안 특별히 조처하지 않았다.

무슬림들에게 쿠란은 '신의 말씀'을 적은 책이다. 그러니 말 그대로 '성스러운 책'이다. 함부로 훼손해서는 안 되며, 만질 때도 손을 씻은 뒤에 청결한 손으로 만진다. 그리고 오른손으로 조심스럽게 책장을 넘기는 것이 원칙이다. 또 쿠란을 읽을 때는 조용하고 깨끗한 장소에서 반듯한 자세로 읽어야 한다. 일상에서 쿠란을 호칭할 때도 '성스러운 쿠란Holy Quran' 혹은 '성스러운 책Holy Book'이라고 하는 경우가 많다.

심지어 집이나 사무실의 책장에 꽂을 때도 각별히 신경쓴다. 잘 정돈된 책장에 쿠란만큼은 가급적 별도의 칸에 꽂아야 한다. 성스러운 책이니 세속적이거나 가벼운 내용의 대중서 근처에 두는 것은 적절하지 않다고 보아서, 대개는 이슬람 관련 도서와 함께 정갈하게 꽂아둔다.

오래되어 사용할 수 없다고 그냥 버리는 것도 있을 수 없는 일이다. 낡은 쿠란은 보통 모스크에 준다. 개인이 직접 처리할 때는 조용하고 깔끔한 곳에 묻는 방법이 있다. 너무 낡아서 사용하기 힘든 쿠란을 소각할 수도 있지만 이때는 사람이 없는 조용하고 깨끗한 곳에서 엄숙한 마음으로 소각해야 한다.

이렇게 소중하고 중요하게 다루는 쿠란을 공개적으로 불태우고 밟는 것은 평범한 무슬림 입장에서는 용납하기 힘든 행동이다. 반대로, 가장 쉽게 이슬람을 모욕할 수 있는 행위가 쿠란을 불태우거나 밟는 것이다. 이슬람은 신이나 선지자의 모습을 그림이나 조각으로 표현하는 것을 엄격히 금지한다. 사실상 가장 작은 크기로 손쉽게 구할 수 있는 상징물이 쿠란이다.

쿠란을 태우거나 밟는 것 못지않게 무슬림에게 모욕적인 행위가 또 있다. 바로 이슬람의 창시자인 무함마드를 풍자하거나 희화화하는 것이다. 프랑스에서는 이로 인한 테러도 발생했다.

2015년 1월 주간지 〈샤를리 에브도Charlie Hebdo〉가 무함마드를 풍자하는 만평을 실어 테러 대상이 됐다. 당시 〈샤를리 에브도〉는 이슬람에서 형체를 표현해서는 안 되는 무함마드의 얼굴을 그렸고, 이를 희화한 만평을 잡지에 게재했다. 이를 이슬람에 대한 모욕으로 받아들인 프랑스 출신 이슬람 극단주의자들이 〈샤를리 에브도〉의 사무실을 찾아가 편집장을 비롯해 10명을 총으로 살해했다. 2020년 10월에는 〈샤를리 에브도〉의 무함마드 만평을 수업 시간 자료로 활용한 중학교 교사 사뮈엘 파티Samuel Paty를 이슬람 극단주의자가 살해했다.

무슬림 이민자가 늘어나는 나라의 정부에서 가장 우려하는 것이 있다. 바로 이슬람에서 금기시하는 행위가 부각되는 시위다. 이 경우 극단주의자는 물론이고 평범한 무슬림들도 자극하고, 이는 더 과격한 행동으로 이어질 가능성이 높기 때문이다.

한국에서도 최근 동남아시아와 서남아시아 출신 노동자가 늘어나면서 심심치 않게 반이슬람, 반무슬림 여론이 조성되고 있다. 대구에서는 모스크 건립을 둘러싸고 지역 주민들의 시위도 발생했다. 이슬람에서 금기시하는 행위가 부각되는 시위와 이로 인한 파장을 둘러싼 우려도 계속 커지는 상황이다.

14) 기후변화가 불러온 또 다른 '기름 전쟁'

2023년 여름, 중동에서는 '기름 전쟁'이 터졌다. 정확히는 기름을 확보하기 위한 전쟁이었다. 이 전쟁으로 여러 나라가 시끄러웠다.

갑작스럽게 기름 생산이 부족해진 나라는 기름을 확보하려고 노심초사했다. 기름이 넉넉한 나라는 기름을 수출하면서 더 많은 외화를 벌려고 했다. 하지만 기름을 수출하는 나라도 혹시나 국내 소비용 기름이 부족해지고, 가격이 폭등하는 것을 우려했다.

이 기름은 석유가 아니다. 중동과 남유럽에서 흔히 볼 수 있는 작은 초록색과 검은색 나무 열매에서 추출하는 '식용 기름', 올리브유다. 올리브유는 필수 요리 재료다. 주식인 빵을 찍어 먹을 때도 자주 쓴다. 올리브 열매 절임은 중동과 남유럽에선 기본 반찬 중 하나다. 다른 야채를 절일 때도 올리브유를 많이 사용한다. 말 그대로 '국민 먹거리'로, 생활필수품이나 다름없다.

2023년 여름, 전 세계적으로 기후변화에 따른 더위와 가뭄이 기승을 부리면서 스페인, 이탈리아, 그리스 등 남유럽 주요 국가의 올리브 수확이 크게 줄었다. 심한 가뭄으로 올리브 나무들이 이전만큼 열매를 맺지 못한 것이다. 자연스럽게 올리브유 생산도 크게 줄었다.

올리브유 생산에 '빨간불'이 켜진 남유럽 국가들은 올리브유 확보를 위해 중동으로 눈을 돌렸다. 상대적으로 가뭄 피해가 적었고, 중동의 올리브 나무 품종들이 기후변화에도 잘 버텼기 때문이다.

중동산 올리브유를 확보하라

올리브 수확이 줄어 가장 큰 어려움을 겪고 동시에 가장 바쁘게 움직인 나라는 스페인이다. 스페인은 세계 1위 올리브유 생산국이다. 그 명성에 어울리게 국제올리브협회International Olive Council, IOC 본부는 스페인 수도 마드리드에 있다.

스페인은 2022년부터 2023년 여름까지 약 62만 톤의 올리브유를 생산했다. 이는 같은 기간 중 통상 150만 톤의 올리브유를 생산했던 예년과 비교할 때 절반에도 못 미치는 양이다.

스페인 식품 업계에는 비상이 걸렸다. 스페인 식품 업체들은 중동에서 부족한 올리브유를 확보하기 위해 공을 들였다. 그러다 그동안 아랍권에서 가장 많은 올리브유를 생산한 튀니지로 향했다.

스페인을 중심으로 남유럽 국가의 식품기업들이 적극적으로 올리브유를 구입한 덕분에 튀니지의 올리브유 수출량은 2023년 여름 기준 30% 늘었다. 튀니지는 가뭄으로 피해를 본 올리브 나무들이 상대적으로 적었다. 현지 올리브 수출업자들은 언론과의 인터뷰에서 "튀니지의 올리브 나무들이 스페인산보다 가뭄에 강했다"고 입을 모았다.

레바논도 유럽 식품 업계에서 많은 관심을 보였다. 레바논은 전체 농경지의 23% 정도가 올리브 나무 경작지인 나라다. 스페인 식품기업들은 레바논 현지에서 올리브유를 대거 구입했다. 레바논에서는 "도매상들이 보유 중인 올리브유를 스페인 식품기업들이 모두 사간다"라는 이야기까지 나왔다.

워낙 유럽 식품기업들이 활발히 올리브유를 구입하다 보니 레바논에선 걱정도 생겼다. 국내 소비용 올리브유와 레바논 식품기업들이 자체 브랜드로 수출하는 올리브유가 부족해질 수 있기 때문이다. 레바논의 올리브 나무들은 튀니지에서처럼 가뭄으로 인한 피해를 덜 입었다.

올리브유를 좋은 품질로 유지하면서 그간 국내 판매에만 집중했던 요르단의 식품기업들도 유럽 수출량이 늘었다.

튀니지 올리브 농장(사진: Nicholas.gosse)

튀르키예의 올리브유 수출 규제

올리브 농업이 발달한 튀르키예도 유럽발 올리브유 특수가 반갑다.
국제올리브협회에 따르면 2022년부터 2023년 여름까지 튀르키예
의 올리브유 생산은 예년보다 약 62% 늘었다. 튀르키예 무역부는
2022년 11월부터 2023년 7월까지 스페인과 이탈리아로 수출된 올
리브유가 전년 동기 대비 각각 21배와 44배 늘었다고 밝혔다.

　　튀르키예 이즈미르Izmir에 본부를 두고 있는 '에게해 올리브와
올리브유 수출협회Aegean Olive and Olive Oil Exporters Assocaition'에 따르면 튀
르키예의 2023년 올리브유 수출 규모는 10억 달러를 넘어설 전망이

다. 사상 최대치다. 외화벌이 측면에서는 분명한 호재다. 지난 20년 간 튀르키예에서 재배되는 올리브 나무 규모가 9,900만 그루에서 1억 8,900만 그루로 두 배 가까이 늘어난 덕을 톡톡히 본 셈이다.

하지만 2023년 7월 튀르키예 정부는 3달간 올리브유 수출과 관련된 긴급 규제를 적용하겠다고 밝혔다. 내수용 올리브유 가격이 급등하며 물가 불안을 야기하고 있다고 판단했기 때문이다. 튀르키예 무역부에 따르면 2023년 상반기(1~6월) 올리브유 가격은 지난해 같은 기간 대비 102%나 올랐다. 올리브 수확에 큰 어려움을 겪고 있는 스페인(82%), 그리스(72%), 이탈리아(58%)에 비해서도 월등히 높은 수치다.

튀르키예 정부는 자국 내 올리브유 부족 상황이 발생하는 것을 막고, 식품업계가 국내 시장을 먼저 고려하도록 해외로 수출되는 올리브유에 추가 세금을 매기기로 했다.

또 튀르키예 정부는 올리브유 생산 및 가격 변화에 따라 추가 수출 규제를 마련하는 것도 검토 중이다. 향후 올리브 수확이 기대보다 적을 경우, 올리브유 관련 수출 규제를 더욱 강화할 가능성이 크다.

레바논에서도 올리브유 가격이 상승하고 있다. 독일 공영방송 DW에 따르면 최근 레바논에서는 1리터당 5달러 정도 하던 도매상 판매 올리브유가 10달러로 두 배나 올랐다. 가뜩이나 경제 사정이 좋지 않은 레바논에서 생활필수품인 올리브유 가격 상승은 더욱 고통스럽게 받아들여질 수밖에 없다.

최근에는 올리브유보다 저렴한 식용유를 구입하는 사람도 늘어나고 있다. 올리브유가 많이 생산되고 품질도 좋은 것으로 유명한 레바논에서는 상상하기 어려웠던 일이다. 레바논에 사는 지인은 "올리브유 가격이 계속 빠르게 오르고 있고, 이제는 매우 비싸다. 레바논에서 올리브유가 비싸다고 느껴진 적은 처음이다"라면서 한숨을 쉬었다.

생필품 가격 폭등, 정부에 대한 불만으로

'올리브유 확보 전쟁'과 '올리브유 가격 상승 현상'은 당분간 계속될 가능성이 크다. 기후변화로 인한 어려움이 지속되고 있고, 전 세계적인 인플레이션도 쉽게 잦아들 기미가 안 보인다.

올리브유 가격 상승은 남유럽 국가들의 올리브유 생산에 문제가 없었더라도 인플레이션을 감안할 때 피하기 어려웠다. 물론 정도의 차이는 있었겠지만 말이다.

문제는 지금처럼 올리브유 생산이 불안정하고 인플레이션도 지속되는 상황에서 중동의 가난한 나라들의 경제 사정이 더 나빠질 가능성이 크다는 점이다. 레바논처럼 정국이 불안한 나라는 더욱 그렇다. 이슬람 수니파와 시아파 그리고 기독교 간 종교 갈등이 심한 레바논은 1인당 국민총소득GNI이 4,970달러(2021년 세계은행 기준)밖에 안 된다.

구기연 서울대 아시아연구소 연구교수는 "기후변화와 인플레이션이 겹치며 중동 비산유국의 경제 사정은 더욱 안 좋아졌고, 국민 생활도 계속 어려워지고 있다. 올리브유를 비롯해 빵과 양고기 같은 생활필수품 부족 혹은 가격 폭등 현상은 정부에 대한 극심한 불만이 폭발하는 계기가 될 수 있다"고 말했다.

쉽게 말해, 최악의 경우 2010년 12월 튀니지에서 시작돼 이집트, 리비아, 예멘, 시리아로 확산했던 '아랍의 봄(아랍권의 민주화 운동)'

같은 상황도 발생할 수 있다는 뜻이다. 아랍의 봄도 결국 국민의 먹고사는 문제가 너무 심각해지면서 민심이 폭발한 것이 핵심 원인이었다. 당분간 중동의 올리브유 문제가 많은 주목을 받을 수밖에 없는 이유다.

☪ 시시콜콜 마즐리스

돌이켜보면, 올리브유는 중동 음식 대부분에 들어간다. 그리고 중동 사람들은 음식 이야기가 나올 때 "우리나라 올리브와 올리브유가 최고다"라는 말도 은근히 많이 했다. 레바논, 튀니지, 요르단, 튀르키예, 이스라엘, 팔레스타인, 모로코……. 하나같이 올리브와 올리브유에 대해 관심이 많았고 적극적으로 이를 드러내 보였다.

카타르에서 연수하던 시절, 기초 아랍어 강좌를 들었다. 당시 강사였던 레바논 출신의 제이나Zeina도 레바논 이야기와 아랍 음식 이야기를 하며 올리브를 소재로 삼았다. 특히 레바논에는 올리브를 이용한 다양한 음식이 있고, 지역마다 고유의 올리브유도 있다고 강조했다.

카타르에서 방문연구원으로 활동했던 아랍조사정책연구원 캠퍼스에도 올리브 나무가 있었다. 당시 교수와 연구원 중에는 "팔레스타인 출신인 아즈미 비샤라Azmi Bishara 원장이 올리브 나무를 좋아했다. 팔레스타인 전역에 올리브 나무가 많고, 특히 아즈미 비샤라 원장의 고향인 나사렛Nazareth도 올리브로 유명한 지역이다"라고 말하는 이들이 있었다.

아즈미 비샤라 원장은 아랍권에서 유명한 정치철학자인 동시에 정치가다. 그는 팔레스타인계 아랍인이지만 종교는 기독교다. 나사렛은 예수가 성장한 곳이며 이 지역 팔레스타인 사람 중에는 기독교도(가톨릭, 정교, 개신교 등)가 많다. 이스라엘 정부로부터 '국가 안보를 위협하는 반이스라엘 인사'로 찍혀 사실상 고향 방문이 불가능한 상태다. 어쩌면 아즈미 비샤라 원장에게 올리브 나무는 고향을 떠올리게 하는 작은 아이템이지 않았을까 하는 생각도 든다.

기독교의 성경과 이슬람의 쿠란에도 올리브 나무는 자주 등장한다. 그러니 중동 사람들에게 올리브는 더욱 친숙하고 특별하게 여겨질 수밖에 없다.

5장

중동의 '스트롱
이슈 메이커'들

1) '미스터 에브리싱', 그는 사우디를 어떻게 바꿀까

무함마드 빈 살만 알 사우드Mohammed bin Salman Al Saud.

그는 사우디아라비아 왕세자다. 2017년 6월 사촌 형인 무함마드 빈 나예프 알 사우드Muhammad bin Nayef Al Saud를 사실상 몰아내고 왕세자 자리에 오른 뒤 그는 중동에서 가장 많은 관심을 받는 사람이 되었다.

무함마드 빈 살만 알 사우드 왕세자는 1985년 사우디아라바아의 살만 빈 압둘아지즈 알 사우드Salman bin Abdulaziz Al Saud 국왕과 그의 세 번째 부인 사이에서 장남으로 태어났다. 그는 중동 안팎에서 '사우디아라비아를 완전히 바꾸고 있다'고 평가받고 있다. 그가 왕위에 오르면 그동안 형제간 왕위를 승계하던 사우디아라비아 역사상 처음으로 '아버지로부터 아들'로 왕위가 이어지는 '역사'도 만들게 된다.

무함마드 빈 살만 알 사우드 왕세자를 부르는 말은 많다. 이름의 알파벳을 따 'MBS'로 불리는 건 기본이다. 사우디아라비아의 절대 권력자답게 모든 것을 할 수 있다는 의미에서 '미스터 에브리싱 Mr. Everything'이라고도 불린다. 사람들은 다양한 개혁 정책을 발표한 그를 사우디아라비아의 개혁가, 실권자, 젊은 리더라고도 부른다.

2015년 국방부 장관으로 임명되면서 본격적으로 영향력을 과시하기 시작한 무함마드 빈 살만 알 사우드는 2017년 6월 왕세자 자리에 오르면서 부총리로 활동하기 시작한다. 그리고 2022년 사실상 국가수반으로 통하는 총리 자리에 올랐다. 연로한 아버지(1935년생)의 왕좌를 이어받으려는 마지막 준비 절차에 돌입한 것이나 다름없다는 평가를 받는다.

한국에 특별한 관심을 보이는 사우디의 개혁가

무함마드 빈 살만 알 사우드 왕세자가 실질적인 국가 최고 권력자로 활동하기 시작하면서 사우디아라비아에서는 여성의 운전과 축구 경기 관람 등이 허용됐다. 여성들의 옷차림 등을 단속하는 '종교경찰'도 대폭 축소했다. 방탄소년단과 블랙핑크의 사우디아라비아 공연도 무함마드 빈 살만 알 사우드 왕세자가 권력을 잡은 뒤에 이뤄진 이벤트다.

'MBS 시대'에는 석유와 천연가스 의존도를 줄이고 산업 다각화를 추진하는 내용을 골자로 한 경제·사회 발전 계획인 '비전 2030'이 발표됐다. 외국인에 대한 관광 개방, 국영 석유기업이며 동시에 사우디아라비아 왕실과 정부의 '비밀금고'로 여겨졌던 아람코의 기업공개와 주식시장 상장도 이뤄졌다. 모두 이전까지는 사우디아라비아에서 상상하기 힘든 모습이었다.

2022년 무함마드 빈 살만 알 사우드 왕세자는 한국에서 '투자자'로 큰 스포트라이트를 받았다. 그가 경영에 깊숙이 개입하고 있는 PIF는 한국 콘텐츠 기업에 큰돈을 투자했다. 2023년 초 PIF는 카카오엔터테인먼트에 약 6,000억 원을 투자했다. 또 2022년 3월에는 게임 기업인 넥슨과 엔씨소프트에 각각 약 2조 3,000억 원, 약 1조 1,000억 원을 투자하며 단번에 두 회사의 주요 주주가 됐다.

무함마드 빈 살만 알 사우드 왕세자는 게임을 즐기고, 다양한 해외 문화와 콘텐츠에도 관심이 많다. 또 사우디아라비아의 콘텐츠 산업을 키우는 데도 적극적이다. 그가 실권을 잡은 뒤 '사우디 미디어 포럼' 같은 콘텐츠 산업 행사도 꾸준히 열리고 있다. 한국 콘텐츠 기업에 PIF가 파격적인 투자를 한 배경에도 무함마드 빈 살만 알 사우드 왕세자의 의중이 실려 있다는 게 중론이다.

2019년 6월 한국을 처음 방문한 뒤 "한국 기업과 시장에 대한 사우디아라비아 왕세자의 관심이 상당히 커졌다"는 소문도 자자하다. 당시 무함마드 빈 살만 알 사우드 왕세자는 삼성그룹의 영빈관인 '승지원'에서 이재용 삼성전자 부회장, 정의선 현대자동차그룹 회장, 최태원 SK그룹 회장, 구광모 LG그룹 회장, 신동빈 롯데그룹 회장과 만났다. 그는 좋은 인상을 받았다고 한다. 특히 이재용 삼성전자 부회장과는 한국 방문 뒤에도 여러 차례 만나는 등 긴밀한 관계를 이어가고 있다.

사우디아라비아 사정에 정통하고 무함마드 빈 살만 알 사우드 왕세자의 2019년 6월 방한 업무를 담당했던 정부와 재계 관계자들

5장 중동의 '스트롱 이슈 메이커'들

은 "왕세자가 2019년 6월 방한을 통해 이전까지 주로 '듣거나' '읽었던' 한국 경제와 기업의 이야기를 직접 보고 경험하며 매우 좋은 인상을 받았다"고 입을 모았다.

또 다른 소식통은 "무함마드 빈 살만 알 사우드 왕세자가 한국의 방위 산업에도 큰 관심을 보였다. 특히 한국이 군복부터 자주포, 전차, 장갑차, 미사일 등 사실상 주요 군사용품을 거이 모두 자체 생산할 수 있다는 데 깊은 인상을 받았다. 일부 측근들에게 '한국에 더 머물면서 한국 방위 산업과 무기 개발 역량에 대해 자세히 알아보라'고 지시했다"고 말했다. 무함마드 빈 살만 알 사우드 왕세자는 2019년 6월 방문 때 대전에 있는 국방과학연구소ADD도 방문했다. 그리고, 2022년 11월 한국을 두 번째 방문했다.

무함마드 빈 살만 알 사우드 왕세자에 대한 관심은 당연히 엄청났다. 윤석열 대통령은 무함마드 빈 살만 알 사우드 왕세자를 서울 용산구 한남동 관저로 초대해 정상회담을 가졌고 오찬을 함께 했다. 윤석열 대통령이 한남동 관저로 입주한 뒤 첫 번째 초대한 해외 귀빈이 무함마드 빈 살만 알 사우드 왕세자였다.

한국 기업인들도 무함마드 빈 살만 알 사우드 왕세자의 마음을 잡기 위해 공들였다. 무함마드 빈 살만 알 사우드 왕세자와 한국 기업인들 간의 티타임 때는 사실상 재계 총수들이 총출동했다. 1시간 반 정도 되는 짧은 만남을 위해 이재용 삼성전자 회장, 최태원 SK그룹 회장, 정의선 현대자동차그룹 회장, 김동관 한화그룹 부회장, 정기선 HD현대 부회장, 이재현 CJ그룹 회장, 박정원 두산그룹 회장, 이해욱 DL그룹 회장 등이 모두 현장을 찾았다.

무함마드 빈 살만 알 사우드 왕세자의 방한을 계기로 건설, 에너지 분야를 중심으로 26개 사업에서 약 40조 원 규모의 투자계약

및 양해각서MOU가 체결됐다.*

　한국 밖에서, 정확히는 국제사회 전체적으로도 무함마드 빈 살만 알 사우드 왕세자는 자신의 존재감을 확실히 드러내고 있다. 그는 러시아의 우크라이나 침공으로 유가가 폭등하던 시절 인플레이션을 막기 위한 조 바이든 미국 대통령의 적극적인 증산 요구를 사실상 거절했고, 러시아에 대한 경제 제재에도 동참하지 않았다.

　오히려 2022년 10월 사우디아라비아는 석유수출국기구OPEC와 러시아 등 비OPEC 산유국 모임인 OPEC+를 통해 11월부터 원유 생산량을 하루 평균 200만 배럴씩 감산하는 계획을 주도했다. 중요한 순간에 사우디아라비아가 '전통의 우방국'인 미국 편이 아닐 수도 있다는 것을 확실히 보여줬다.

　사우디아라비아의 이런 행보에 크게 실망한 미국이 향후 사우디아라비아에 대한 무기 판매 제한과 군사 협력 축소 등 '사실상의 보복 조치'를 검토할 수 있다는 전망까지 나올 만큼 '미-사우디 관계'는 한때 냉각됐었다.

　외교·안보 측면에서도 과거의 사우디아라비아와는 확연히 다른 모습을 보인다. 2023년 3월에는 중국의 적극적인 협상 중재를 토대로 이란과의 외교 관계를 7년 만에 정상화했다. 또 4월에는 10년 만에 러시아 해군 군함의 제다 입항을 허용했다. 제다는 사우디아라비아의 제2도시이며 홍해의 관문으로 통한다.

　미국으로서는 중동의 대표적인 협력국이며 가까운 관계를 유

---

* 　MOU는 법적 강제성이 없다. 엄청난 규모의 MOU가 체결됐고, 사우디아라비아가 한국 기업을 긍정적으로 인식한다는 것은 확인됐지만 MOU를 맺은 계약이나 사업이 모두 추진될 것으로 예상해서는 곤란하다. 언제든 양쪽 중 어느 한쪽이 '마음을 바꾸면' 큰 부담 없이 파기할 수 있는 게 MOU다.

지해온 사우디아라비아의 이런 '튀는 행보'가 못마땅할 수밖에 없다. 동시에 부담스럽다. 중동의 가장 중요한 협력국이 '위기의 순간'에 과거와는 달라진 모습을 보이고 있기 때문이다.

자신만의 피라미드를 만드나

무함마드 빈 살만 알 사우드 왕세자는 사우디아라비아의 '초대형 개발 프로젝트'로도 스포트라이트를 받고 있다. 그가 주도해서 기획한 '네옴NEOM 프로젝트'와 관련된 더욱 구체적인 청사진이 공개되고 있기 때문이다.

네옴 프로젝트는 2017년 10월 '사막의 다보스 포럼'으로 불리는 사우디아라비아의 경제 포럼 '미래투자이니셔티브Future Investment Initiative, FII' 때 처음 공개됐다. 무함마드 빈 살만 알 사우드 왕세자가 왕세자에 오른 직후였다. 또 미래투자이니셔티브 포럼이 처음 열렸을 때이기도 하다.

먼저 네옴에 대해서 알아보자. 이 프로젝트는 사우디아라비아 북서부 지역인 타북Tabuk 주와 홍해 인근에 서울의 44배 규모 면적(2만 6,500km²)의 최첨단 미래 도시를 건설하는 것을 주요 내용으로 담고 있다. 네옴은 길이 170km, 너비 200m에 이르는 직선 도시 '더 라인The Line', 바다 위에 떠 있는 팔각형 산업단지인 '옥사곤Oxagon', 산악 관광단지 '트로제나Trojena' 등 3개 세부 프로젝트로 구성된다. 예상 총사업비는 5,000억 달러지만 실제로는 1조 달러 이상이 들어갈 것으로 전망된다.

이 중에서 핵심 격인 더 라인은 사업의 규모뿐 아니라 사막 한가운데에 엄청나게 큰 건물 두 개를 길게 이은 모습으로 구성됐다는 '특이점' 때문에 큰 주목을 받았다. 높이 500m의 고층 건물 2개가 200m 간격으로 서 있는데 그 길이는 170km에 이른다. 이는 서울과 대전 간 거리보다 길다. 두 건물 사이에는 숲, 공원, 광장 등이 있고, 다양한 종류의 로봇, 고속철도, 에어택시, 드론 등이 가동된다. 인공달이 도시를 밝히고, 녹색 에너지 기술로 쾌적한 온도와 환경이 유지될 예정이다. 완공 시기는 2030년으로 예정되어 있다.

말 그대로 '새로운 세계'나 다름없다. '사우디아라비아판 혹은 MBS판 피라미드'라는 평가가 나온다. 전문가들 사이에선 "지나친 상상이다" "기술적으로 불가능할 것 같다" "중동 산유국들은 원래 계획은 거창하지만, 디테일에 약하다" "저렇게까지 특이하게 개발할 필요가 있는지 모르겠다"라는 식의 부정적인 반응도 많다.

중동에서 다양한 초대형 건설 프로젝트를 수주해온 한국 주요 건설사들의 관심도 크다. 비록 지금 계획과 달라지더라도, 어쨌든 네옴 프로젝트는 엄청난 규모의 프로젝트라는 것이 분명하기 때문이다. 여기에 다양한 IT 기술이 적용될 예정이라 역시 이 분야에서 글로벌 경쟁력을 보유한 한국 IT 기업들의 관심도 커지는 추세다.

기대와 함께 커지는 우려

보수적인 왕실과 정부, 나아가 사우디아라비아를 바꾸려면 파격적인 계획과 개혁 조치가 필요하다. 무함마드 빈 살만 알 사우드 왕세자가 보여주고 있는 경제, 사회 개혁에 사우디아라비아와 중동, 나아가 세계가 관심을 가지는 이유다. 한 사우디아라비아 전문가는 "보수적인 이슬람 사상에 경도돼 있고, 불과 몇 년까지만 해도 여성 운전도 허용하지 않던 나라가 어지간한 조치로 바뀔 수 있겠냐"라고

사우디아라비아 리야드에서 만난 폼페이오 전 미국 국무부 장관과 빈 살만 왕세자(사진: 미국 국무부)

반문했다. 이어 "무리가 있더라도 파격적이고, 어떤 면에선 다소 과격해 보이는 개혁도 필요하다"라고 말했다.

그러나 무함마드 빈 살만 알 사우드 왕세자의 영향력이 확대되면서 걱정 역시 커진다. 전 세계적으로 논란이 됐던 '라이벌 국가' 이란과의 관계 악화, 예멘 내전 개입, 반정부 언론인이었던 자말 카슈끄지 살해 사건, 왕실과 정부의 경쟁 관계에 있는 고위관계자들에 대한 감금 조치 등은 모두 'MBS 시대'에 발생했던 일이다. 그 배후에 사실상 무함마드 빈 살만 알 사우드 왕세자가 있다는 주장이 힘을 얻고 있다.

무함마드 빈 살만 알 사우드 왕세자 주변에 비판자나 조언자 역할을 할 수 있는 인물이 사실상 없다는 점도 문제로 여겨진다. 사우디아라비아 정세에 밝은 현지 소식통은 "살만 빈 압둘아지즈 알 사우드 국왕도 왕세자의 정책이나 방침에 특별하게 지적하지 않는다는 소문이 많다. 국정 경험이 부족한 30대 젊은 리더가 주변에 강력한 조언자나 비판자가 없다는 건 위험하다. 또한 무함마드 빈 살만 알 사우드 왕세자를 만나본 많은 사람은 그가 똑똑하고 실용적이며 소탈한 면도 있다고 이야기한다. 하지만 그가 신중함과 인내심을 갖췄다고 이야기하는 경우는 드물다"라고 말했다.

아버지가 직접 무함마드 빈 살만 알 사우드 왕세자의 행보에 제동을 건 적이 있다. 2018년 4월 초, 무함마드 빈 살만 알 사우드 왕세자의 '친이스라엘 발언'이다. 당시 그는 미국 매체 〈더 애틀랜틱The Atlantic〉과 인터뷰를 하면서 "이스라엘과 많은 이익을 공유하고 있다" "이스라엘은 자국 영토에 대한 권리를 가지고 있다"고 말했다. 아랍권의 '큰형' 격인 사우디아라비아 왕실의 최고위 리더가 공개적으로 이런 발언을 하자 큰 화제가 되었다. 아랍권에서는 파장이 커졌다.

결국 같은 달 말에 열린 아랍연맹 정상회담에서 살만 빈 압둘아지즈 알 사우드 국왕은 "팔레스타인 문제는 우리의 최우선 과제이며, 앞으로도 그럴 것이다"라며 기존 입장을 다시 강조하면서 혼란을 수습했다.

☾ **시시콜콜 마즐리스**

무함마드 빈 살만 알 사우드 왕세자는 한국 방문 이후 '작은 서프라이즈'를 또 한번 선사했다. 일본 방문을 돌연 취소했기 때문이다. 정확히 어떤 이유로 무함마드 빈 살만 알 사우드 왕세자의 일본 방문이 취소됐는지는 밝혀지지 않았다.

그래서일까? 일각에선 '사우디아라비아 왕세자가 한국을 더 좋아한다'는 말도 나왔다. 하지만 이런 반응은 너무 일본을 의식한, 어찌 보면 너무나 순진한 발상이다. 사실 무함마드 빈 살만 알 사우드 왕세자의 한국 방문 전에도 사우디아라비아 측에서는 명확히 '온다' '안 온다'를 밝히지 않았다. 한국 정부도 혼란스러워했다. 많은 중동 산유국은 정도 차이만 있지 매우 자기중심적인 모습을 보인다. 특히 사우디아라비아는 그중에서도 그 정도가 가장 심하다. '한국은 좋아해서 방문했고, 일본은 덜 좋아해서 방문하지 않았다'라는 식의 접근은 정말 단순한 발상이다.

그리고 너무 당연한 이야기지만, 일본은 국제사회에서 큰 영향력과 높은 위상을 지닌 나라다. 또 정부와 민간 모두 한국에 비해 훨씬 중동에 대한 관심도 크다.

일본의 중동 연구자와 중동 전문 외교관 중에는 주요 산유국의 왕실 구성원들과 가계도에 대한 연구 및 조사를 집중적으로 하는 '디테일한 전문가들'도 있다. 미국과 이란 간 갈등이 고조됐던 2019년 6월에는 아베 신조^{Abe Shinzo} 당시 일본 총리가 이란을 방문해 알리 하메네이 국가 최고지도자와 회담하며 '중재 작업'을 진행하기도 했다.

무함마드 빈 살만 알 사우드 왕세자는 어린 시절부터 일본 문화, 콘텐츠, 기업에 대한 관심이 컸던 것으로 잘 알려져 있다. 그는 신혼여행도 일본으로 다녀갔다.

2) 튀르키예, 현대판 술탄의 시대 맞이하다

최근 중동에서 가장 큰 관심의 대상이 되고, 변화가 많은 나라는 튀르키예다. 그 변화의 중심에는 레제프 타이이프 에르도안Recep Tayyip Erdogan 대통령이 있다.

레제프 타이이프 에르도안 대통령은 '대통령'이라는 공식 직책 못지않게 '절대 권력자'를 의미하는 현대판 '술탄Sultan'으로 불린다. 레제프 타이이프 에르도안 대통령은 2003년 총리에 오르며 실질적인 튀르키예의 최고지도자가 됐다.

레제프 타이이프 에르도안은 2023년 5월 28일 치러진 대통령 선거 결선 투표에서 승리했다. 그는 튀르키예 대통령 선거 결선 투표에서 52.16%의 득표율을 기록하며, 6개 야당 연합 후보였던 케말 클르츠다로을루Kemal Kılıçdaroğlu 공화인민당CHP 대표를 물리쳤다. 케말 클르츠다로을루의 득표율은 47.84%였다.[*]

레제프 타이이프 에르도안 대통령의 새 임기는 2028년까지다. 그러나 조기 대선을 치러 승리하면 5년을 더 재임할 수 있어 합법적으로 최대 2033년까지 국가를 이끌 수 있게 된다.

보기 드물게 '선거'를 통해 30년이란 시간 동안 최고 권력자로 활동할 수 있게 된 것인데, 1954년생인 레제프 타이이프 에르도안 대통령의 나이를 감안하면 사실상 '종신 집권'에 성공했다고 봐야

---

[*] 튀르키예 대통령 선거는 1차 투표에서 절반을 넘는 득표율을 얻는 후보가 있으면 그대로 종료되지만, 그렇지 못할 경우 결선 투표를 치르는 구조다. 레제프 타이이프 에르도안 대통령은 2023년 5월 14일 진행됐던 1차 투표에서는 49.52%의 득표율을 보여 근소한 차이로 과반의 득표율을 기록하는 데 실패했다.

한다. 그의 집권 중 이슬람주의, 민족주의, 과거의 화려한 역사(오스만 제국)를 강조하며 이른바 '국뽕'을 자극하는 정책이 많았다. 이 과정에서 튀르키예는 국제적으로도 많은 화제가 됐고 또 논란의 중심에 서기도 했다. 튀르키예가 어떠한 큰 변화를 맞이했는지 살펴보자.

나라 이름을 바꾸다

사람이나 기업의 이름을 바꾸기도 어려운데, 한 나라의 이름을 바꾸는 것은 어떨까? 결코 쉬운 일이 아니다. 그런데도 2022년, 터키는 나라 이름을 '튀르키예'로 바꿨다. 레제프 타이이프 에르도안 대통령은 2021년 12월 국호 변경 성명을 발표하며, '튀르키예'는 터키의 문화, 문명, 가치를 가장 잘 표현하는 단어라고 말했다.

튀르키예 사람들 사이에서 칠면조를 뜻하는 영어 단어 'Turkey'와 나라 이름이 같아 적절치 않다는 의견이 꽤 있었다. 하지만 갑자기 나라 이름을 바꾸겠다고 선언하고 실제로 이를 추진한 것은 이례적이다. 이를 두고 급격한 인플레이션과 화폐 가치 하락으로 인한 경제난, 지나치게 강경한 외교·안보 정책으로 인한 불안감 등으로 레제프 타이이프 에르도안 대통령이 크게 인기를 잃고 있는 상황에 대한 분위기 전환용, 보여주기식 조치라는 평가도 많았다.

아야 소피아 박물관을 모스크로 바꾸다

튀르키예를 상징하는 문화재는 아야 소피아Hagia Sophia다. 아야 소피아는 비잔틴제국 시절인 537년 콘스탄티노플(지금의 이스탄불)에 지어진 정교회의 대성당이다. 1453년 이슬람을 믿는 오스만 제국이 콘스탄티노플을 점령하면서 아야 소피아를 대성당에서 모스크로 개조했다.

제1차 세계대전이 끝난 뒤 오스만 제국은 붕괴했고, 초대 튀르키예 대통령을 지낸 무스타파 케말 아타튀르크Mustafa Kemal Atatürk가 세속주의를 강조하며 1934년 아야 소피아는 박물관이 됐다.

2020년 7월, 레제프 타이이프 에르도안 대통령은 아야 소피아를 박물관으로 정한 1934년 내각회의의 결정을 취소한다고 밝혔다. 사실상 레제프 타이이프 에르도안 대통령이 주도해 강경하게 밀어붙였다고 볼 수 있다. 그는 아야 소피아를 모스크로 바꾸는 행정명령에 서명했다. 아야 소피아의 성격이 '문화재(박물관)'에서 '종교 시설'로 바뀐 것이다.

레제프 타이이프 에르도안 대통령은 보수 이슬람주의 성향이 강하다. 이를 토대로 정치적 영향력을 키운 경험도 있다. 보수 이슬람주의 지지자들을 결집하려는 시도로 아야 소피아의 지위를 변경했다고 보는 사람들이 많은 이유도 여기에 있다. 또 레제프 타이이프 에르도안 대통령이 이슬람권에서 가장 자유롭고 세속주의 성향이 강한 나라였던 튀르키예를 보수적인 이슬람 국가로 바꾸려는 작업을 본격적으로 시작하려 한다는 우려도 나왔다.

'반에르도안' 진영에서는 아야 소피아를 모스크로 바꾼 것도 레제프 타이이프 에르도안 대통령이 경제적으로 얼마나 무능한지를 잘 보여주는 예라고 비꼰다. 아야 소피아가 박물관일 때에는 세계 곳곳에서 밀려오는 관광객들에게 관람료를 비싼 값으로 받았다. 하지만 '모스크는 모두에게 열려 있어야 한다'는 이슬람 율법 때문에 이제는 누구나 무료로 아야 소피아를 관람할 수 있게 되었다. 이에 따라 튀르키예의 관광 수입은 감소했다.

　　　　　　　　　　　　5장 중동의 '스트롱 이슈 메이커'들

러시아 모스크바에서 만난 블라디미르 푸틴 러시아 대통령과 레제프 타이이프 에르도안 튀르키예 대통령
(사진: 러시아 정부)

아야 소피아 모스크(사진: Adli Wahid)

튀르키예는 미국과 서유럽이 제2차 세계대전 이후 구소련의 팽창을 견제하기 위해 만든 안보기구인 북대서양조약기구North Atlantic Treaty Organization, NATO 가입국이다. 나토 가입국답게 군사 및 무기 운용 면에서 미국과 밀접한 관계를 맺었다.

하지만 '아랍의 봄' 움직임을 기점으로 러시아가 본격적으로 중동에 진출하자 튀르키예는 상당한 친러시아 행보를 보인다. 가장 대표적인 예는 2019년 '러시아판 사드THAAD(고고도미사일방어체계)'로 불리는 S-400 미사일 체계를 도입한 것이다. 미국과 유럽의 전투기와 미사일을 견제하는 용도로 만들어진 미사일 체계를 도입한 것은 단순한 무기 성능과 가격 적절성을 떠나 상징적인 측면에서도 튀르키예의 외교 전략이 많이 달라졌다는 것을 의미한다.

레제프 타이이프 에르도안 대통령은 2019년 10월 시리아 북동부의 쿠르드족 거점 지역을 대대적으로 공격한 뒤, 이를 수습하는 과정에서도 러시아와 손잡았다. 튀르키예 국경과 인접한 시리아 북부 지역에 길이 444km, 폭 30km 지역을 '안전지대(완충지대)'로 만들고 군대를 주둔시켰다. 그리고 시리아 정부와 가까우며 시리아에 군대를 주둔시키고 있는 러시아와 공동 순찰을 진행하기로 했다. 튀르키예의 이런 행보를 두고, 나토의 존재 이유인 러시아 견제를 사실상 포기하는 조치라는 분석이 나왔다.

레제프 타이이프 에르도안 대통령은 2016년 7월 군사 쿠데타를 진압한 후, 최대 정적政敵인 이슬람 지도자 겸 교육자인 펫홀라흐 귈렌Fethullah Gülen을 배후로 지목했다. 펫홀라흐 귈렌은 1999년부터 20년째 미국에 망명 중으로, 미국은 튀르키예 정부의 송환 요구를 거부하고 있다. 튀르키예 안팎에서 레제프 타이이프 에르도안 대통령이 미국에 대한 불만을 제기하고 나아가 러시아의 적극적인 중동 진출 의지를 이용하기 위해 더욱 적극적인 미·러 줄타기 전략을 구사하리라 전망한다.

2022년 10월에도 튀르키예는 러시아와 '중요한 순간'에 손을 잡는 모습을 보였다. 레제프 타이이프 에르도안 튀르키예 대통령과 블라디미르 푸틴 러시아 대통령은 정상회담을 통해 유럽을 중심으로 한 제3국에 천연가스를 수출하는 '가스 허브'를 튀르키예에 구축하기로 합의했다. 러시아의 우크라이나 침공으로 독일 등 유럽 국가들이 러시아산 천연가스 수입을 최소화하는 상황에서 두 나라 모두 천연가스를 통한 국제사회의 영향력을 키울 수 있는 대안을 찾는 조치라고 볼 수 있다.

나토의 게임 체인저

2022년 러시아의 우크라이나 침공에 두려움을 느낀 스웨덴과 핀란드는 서둘러 나토 가입을 추진했다. 이 과정에서 복병은 튀르키예였다. 튀르키예가 두 나라의 나토 가입을 반대하는 자세를 취하면서 가입이 불투명해진 것이다. 나토 규정은 새로운 회원국을 받아들이는 과정에서 기존 회원국 모두가 찬성해야 한다는 내용을 담고 있다.

튀르키예가 스웨덴과 핀란드의 가입을 반대한 이유는 두 나라가 쿠르드족의 분리 독립 세력을 지원했기 때문이다. 결국 두 나라는 튀르키예가 안보 위협으로 꼽는 쿠르드족 분리 독립 세력에 대한 지원을 중단하고, 튀르키예의 범죄인(주로 반체제 인사들) 인도 요구가 있으면 일정 부분 협력하기로 합의했다. 2019년 10월 쿠르드족 공격을 계기로 부과했던 무기 수출 금지 조치도 풀었다.

미국도 튀르키예가 아쉬워했던 점을 들어줬다. S-400 미사일 체계 도입 이후 금지했던 미국산 전투기 판매를 다시 검토하기로 했기 때문이다.

이처럼 원하는 바를 상당 부분 달성한 뒤 튀르키예는 스웨덴과 핀란드의 나토 가입에 못 이기는 척 동의했다. 미국 등 다른 나토 회원국들도 핀란드와 스웨덴의 나토 가입을 위해 다양한 채널을 가동해 튀르키예를 설득하는 작업에 나섰다.

이 과정에서 튀르키예의 '몸값'은 계속 높아졌다. 그러다 보니 스웨덴과 핀란드의 나토 가입을 둘러싼 논쟁과 변화의 가장 큰 수혜자는 결국 튀르키예라는 이야기가 나온다.

다시 꿈꾸는 오스만 제국

'에르도안 시대'에 튀르키예는 지역 영향력 확장 정책에 공을 들이며 외부로 나가고 있다. 시리아 쿠르드족 거주 지역에 대한 군사 개입뿐 아니라 리비아와 아제르바이잔에서도 전쟁에 참여했다.

2011년, 독재자 무아마르 카다피Muammar Gaddafi가 사망한 후 내전에 돌입한 리비아에서 튀르키예는 수도 트리폴리와 서부 인근을 장악한 이슬람 원리주의 성향의 통합정부GNA를 지원 중이다. 이들은 사우디아라비아, 이집트, 아랍에미리트의 지원을 받으며 리비아 동부 유전지대를 장악한 세속주의 군벌 리비아국민군LNA과 맞서고 있다.

리비아에서는 '승패'가 결정되지 않았지만, 2020년 9~10월 아제르바이잔과 아르메니아 간 전쟁은 튀르키예가 도운 아제르바이

잔의 승리로 마무리되었다. 이 전쟁에서 튀르키예가 결정적인 역할을 했다. 당시 아제르바이잔은 군사력도 앞섰지만 성능이 우수한 튀르키예산 드론을 앞세워 아르메니아의 지상군 전력을 초토화했다. 아르메니아는 영토 일부를 아제르바이잔에 넘겨줘야 했다. 이는 사실상 튀르키예의 영향력 확대 현상이나 다름없다.

참고로, 아제르바이잔은 문화, 언어, 종교 등에서 튀르키예아 매우 가까운 나라다. 중동과 유럽에선 '작은 튀르키예' 혹은 '튀르키예 동생 국가'로 인식된다. 반면, 아르메니아는 튀르키예와 불편한 관계다. 오스만 제국의 지배를 받던 시절에는 대학살도 경험했다.

남쪽으로 긴 국경을 맞대고 있는 시리아에서도 튀르키예는 존재감을 분명히 보여준다. 2011년 시리아가 '아랍의 봄' 여파 속에서 내전에 빠졌을 때 튀르키예는 바샤르 알아사드 시리아 대통령과 맞서는 반군 편에 섰다. 비록 반군이 알아사드 정권에 패했어도 지난 10년간 튀르키예는 시리아에서 영향력을 키웠다.

앞에서 언급했듯 2019년 10월 튀르키예에 적대적이며 독립 국가 건설을 지향하는 시리아 북동부(튀르키예 기준으로는 남부)의 쿠르드족에 대한 대대적인 공격을 감행하며 사실상의 영토 확장 작업에 나섰다.

2021년 11월에는 튀르크어족으로 분류되는 중앙아시아 국가들과 함께 '튀르크어 사용국가 기구Organization of Turkic States, OTS'도 결성했다. 정식 회원국은 튀르키예를 중심으로 카자흐스탄, 아제르바이잔, 우즈베키스탄, 키르기스스탄이다. 투르크메니스탄과 헝가리는 참관국이다. 튀르키예의 또 다른 지역 영향력 확장, 특히 동유럽과 중앙아시아권으로 확장하려는 전략을 본격화하는 것으로 분석할 수 있다.

러시아와 중국은 튀르키예의 이런 행보를 불편하게 생각할 가능성이 높다. 중국의 경우 이슬람을 믿는 신장 위구르의 반정부 세력이 튀르키예의 영향력을 받을 수 있다는 점을 의식할 수밖에 없다. 러시아도 옛 소련 연방에 포함됐던 중앙아시아 국가들이 튀르키예와 더욱 밀접한 관계를 맺게 되는 게 탐탁지 않다.

이 외에도 튀르키예는 에르도안 시대를 맞이해 오스만 제국의 재건을 향한 움직임이 계속되고 있다. 유럽 국가들이 지중해 유명 휴양지인 키프로스* 인근 해역에서 천연가스를 탐사 중인데, 이 작업을 방해하는 것을 예로 들 수 있다.

시리아 내전을 피해 튀르키예로 넘어온 시리아 난민만 360만여 명이다. 이들을 수용하는(정확히는 유럽으로 가는 것을 막아주는 것을 의미한다고 봐야 한다) 것을 조건으로 유럽의 경제 지원을 최대한 받아내려는 것도 에르도안 시대에 튀르키예가 취하는 전략이다.

레제프 타이이프 에르도안 대통령이 권좌에 있는 한 튀르키예의 거친 움직임은 계속될 가능성이 높다. 그리고 과거 오스만 제국의 지배를 받은 경험이 있는 중동, 동유럽, 중앙아시아 국가들은 계속해서 '에르도안의 튀르키예'가 언제, 어떻게 움직일지를 예의주시할 수밖에 없다. 경우에 따라선 상당한 공포감도 느낄 것이다.

2023년 5월 튀르키예 대선을 국제사회가 주목했던 핵심 이유는 경제난, 인권 탄압, 독재처럼 튀르키예 내부에서 일어난 문제가 아

---

* 남쪽은 그리스계, 북쪽은 튀르키예계가 주로 거주하는 섬나라로, 일종의 분단 국가다. 하지만 국제사회는 그리스계가 주로 사는 남부 지역만 정식 국가로 인정한다. 북키프로스는 튀르키예만 인정한다. 사실상 튀르키예 땅이나 다름없다. 튀르키예 대통령은 취임 직후 북키프로스를 방문하는 경우가 많다. 말 그대로 북키프로스에 대한 관심을 표명하고, 자국 영향력 아래에 있다는 것을 분명히 강조하는 것이다.

니었다. 국제사회, 더 정확히는 튀르키예 주변국 혹은 밀접한 관계를 지닌 나라들은 레제프 타이이프 에르도안 대통령의 오스만 제국 재건을 향한 움직임에 긴장하고 있다.

지진으로 민심을 얻고 잃고

레제프 타이이프 에르도안 대통령의 권좌 지키기는 잠시나마 2023년 2월 6일 튀르키예 남부 시리아와의 접경 지역에서 발생한 대지진으로 위기를 맞았다.

규모 7.8, 7.5의 강진이 연이어 발생하며 총 5만여 명의 사망자를 낸 것이다. 대재난 자체야 예상하기 어렵지만, 에르도안 정부는 지진 발생 지역에 대한 지원과 피해자 구조에서 무능한 모습을 보였다. 특히 건물이 대거 무너진 배경에 부실 설계를 걸러내지 못했거나 사실상 눈감아준 당국의 무능과 안이함이 있었던 것으로 드러나 튀르키예 국민의 분노는 더욱 커졌다.

더군다나 튀르키예 정부는 1999년 이스탄불에서 가까운 서부 해안 도시인 이즈미르에서 대지진이 발생한 뒤 지진 대응 명목으로 지금까지 약 6조 원 규모의 '지진세'를 걷었다. 그런데도 이번 지진에 효과적으로 대응하지 못했다. 당연히 지진세가 어떻게 쓰였는지에 대한 의심도 커졌다. 튀르키예 정부는 그동안 지진세로 걷은 돈을 어떻게 사용했는지 제대로 설명하지 못하고 있다.

레제프 타이이프 에르도안 대통령은 피해 지역을 방문해 "이처럼 큰 재난에는 준비가 돼 있기 불가능하다"라고 발언해 튀르키예 국민들의 분노를 사기도 했다.

아이러니한 것은, 레제프 타이이프 에르도안 대통령이 2003년 총리로 등극할 때 호재로 작용한 것이 1999년에 있었던 대지진이라는 점이다. 당시 튀르키예 정부가 대지진으로 인해 민심을 잃는 과정에서, 레제프 타이이프 에르도안 대통령이 강력한 카리스마를 앞세워 총리에 오를 수 있었다.

그로부터 20년이 지나 레제프 타이이프 에르도안 대통령은 지진으로 위기를 맞았다.

한편, 레제프 타이이프 에르도안 대통령이 '세습'을 준비 중이란 분석이 나왔다. 2023년 6월 스웨덴의 비영리 매체인 〈노르딕모니터Nordic Monitor〉에 따르면 레제프 타이이프 에르도안 대통령의 2남 2녀 중 차남인 빌랄 에르도안이 후계자로 거론되고 있다. 미국 유학파인 빌랄 에르도안은 해양 운송업체를 운영하는 사업가로 아버지의 사우디아라비아, 아랍에미리트 순방에 공개적으로 동행했다. 이 과정에서 그는 아버지와 함께 순방국의 주요 인사들과 대화를 나누는 장면도 공개됐다. 레제프 타이이프 에르도안 대통령은 대통령 선거운동이 막바지에 접어들었던 2023년 4월 방송 인터뷰 중 복통을 호소했고, 한동안 외부 일정을 취소해 '건강 이상설'이 튀르키예 안팎에서 퍼졌다.

3) 베냐민 네타냐후의 귀환

2022년 12월 29일, 이스라엘 총리가 바뀌었다. 새 총리는 베냐민 네타냐후Benjamin Netanyahu. 그의 세 번째 총리 임기가 시작됐다. 그는 이스라엘의 최장수 총리다. 1996년 6월 처음 총리 자리에 올라 1999년

7월까지 활동했다. 두 번째 총리 임기는 2009년 3월에 시작됐다. 그리고 12년을 넘겨 2021년 6월에 마무리됐다. 그리고 그는 1년 반 만에 다시 돌아왔다.

"이스라엘이 꽤 시끄러워지겠네. 중동 특파원들 기사 쓸 일 많겠네……"라는 말이 저절로 나왔다. 현재 동아일보와 채널A 카이로 특파원으로 활동 중인 후배와는 신년 인사를 나누며 "베냐민 네타냐후 때문에 이스라엘 갈 일이 좀 생길지도 모르겠다"고 말하기도 했다.

논란이 많은 사람

베냐민 네타냐후 총리는 이슈 메이커다. 이스라엘의 대표적 보수 정당인 리쿠드당Likud 소속인 그는 팔레스타인에 대해 일말의 양보도 안 하는 강경 정책을 구사한다.

베냐민 네타냐후 총리는 실질적인 이스라엘 영토 늘리기란 비판을 받아온 정착촌 확장 정책을 적극 지지한다. 정착촌 확장 정책은 팔레스타인 자치 지역에 유대인을 이주시키는 조치다. 팔레스타인, 나아가 아랍권에서 가장 민감하게 반응하는 정책이다. 유엔을 중심으로 국제사회에서도 불법 행위로 간주한다. 하지만 베냐민 네타냐후 총리는 아랑곳하지 않고 꾸준히 이 정책을 추진하고 있다.

또 시리아, 레바논, 가자지구(팔레스타인 강경 무장정파인 하마스의 주활동 지역)에서 이스라엘을 향한 무력 행위 혹은 움직임이 있으면 대규모 공습을 감행한다. 가령, 조잡한 수준의 로켓포가 날아와도 전투기까지 동원해 다양한 지역을 공습한다.

오랜 동맹국인 미국과도 필요할 경우 '맞짱'을 뜬다. 버락 오바

베냐민 네타냐후 이스라엘 총리
(사진: 주이스라엘 미국 대사관)

마 대통령 재임 중 미국은 전통적인 중동 친미국인 이스라엘, 사우디아라비아와는 거리를 뒀다. 오히려 반미 국가인 이란과의 관계 개선에 적극적이었다.

오바마 행정부가 이란과의 핵 협상에 공을 들이던 2015년 3월, 베냐민 네타냐후 총리는 미국 의회에서 상원과 하원 합동 연설을 진행했다. 당시 하원을 이끌던 공화당 출신의 존 베이너John Boehner 의장의 초청을 받아 이뤄진 연설에서 베냐민 네타냐후 총리는 노골적으로 오바마 행정부를 비판했다. 특히 "이란 핵 협상은 이란의 핵무장을 불러올 것"이라고 목소리를 높였다.

비록 조 바이든 당시 부통령을 비롯해 50여 명의 민주당 의원들이 불참했지만 베냐민 네타냐후 총리는 그해 1월 버락 오바마 대통령이 신년 국정연설에서 받은 기립박수보다 더 많은 기립박수를 받았다.

좁게는 워싱턴 정가, 넓게는 국제사회에 베냐민 네타냐후 총리와 이스라엘의 힘이 얼마나 막강한지를 보여주는 사건이었다.

베냐민 네타냐후 총리는 문제가 많은 사람이다. 그가 2021년 6월 총리직에서 물러날 수밖에 없었던 원인은 부정부패 혐의 때문이었다. 그는 사업가들로부터 고급 양복, 가족 해외여행 비용, 고급 샴페인과 시가 등을 선물로 받고 이들의 민원 해결에 도움을 주었다는 혐의를 받았다. 현지 일간지와 통신회사에 자신에게 우호적인 기사를 싣는 대가로 규제 완화 등의 혜택을 주겠다고 한 혐의로 수사받기도 했다.

부인인 사라Sara 여사도 만만치 않다. 사라 여사는 해외 방문 때 탑승했던 비행기의 조종사가 기내 환영 방송 중 자신의 이름을 거론 하지 않았다는 것에 화를 크게 내는 '갑질'로 논란을 빚은 적이 있다. 또 전속 요리사가 있는데도 정부 돈으로 비싼 음식을 주문해 먹고, 관저에서 일하는 직원들을 함부로 대했다는 비판도 받았다.

역대 최장수 이스라엘 총리

베냐민 네타냐후 총리가 이슈 메이커임에도 역대 최장수 이스라엘 총리로 활동할 수 있는 이유는 간단하다.

이스라엘 보수 진영에 베냐민 네타냐후 총리만큼 강력한 리더 십과 과거의 성과를 가진 인물이 없기 때문이다.

베냐민 네타냐후 총리가 재임 기간 중 이뤄낸 주요 성과를 짚어 보자.

> 주이스라엘 미국 대사관의 예루살렘 이전
> 미국의 이란 핵 합의 전면 백지화
> 미국의 골란고원*에 대한 이스라엘 주권 인정
> 아브라함 협정을 통한 아랍 국가들과의 외교 정상화
> 유대인 정착촌의 지속적인 확대
> 팔레스타인 무장정파, 이란, 시리아 등에 대한 군사 조치 강화

---

*   이스라엘과 시리아 국경 지역에 위치한 고원 지대. 1967년 6월 제3차 중동전 쟁 당시 이스라엘이 시리아로부터 빼앗은 땅이다. 군사 전략적으로도 중요한 지역이다.

하나같이 이스라엘의 숙원 과제였던 일들이다. 대부분은 도널드 트럼프 미국 대통령 재임 시절(2017년 1월~2021년 1월) 이뤄졌다. 도널드 트럼프 대통령이 친이스라엘 성향이었고, 특히 그의 사위이며 정통 유대인인 재러드 쿠슈너 백악관 선임고문이 중동 정책을 담당한다는 '기회'를 제대로 살렸다.

특별한 정치 성향이 없거나, 베냐민 네타냐후란 정치인에 대해 비판적인 이스라엘 사람 중에서도 많은 수는 그가 안보 관련 성과만큼은 많이 냈다고 인정한다.

카타르에서 연수하던 중 만난 전문직(교수, 기업인 등) 팔레스타인 사람 중에서도 "베냐민 네타냐후를 정말 싫어하지만 내가 이스라엘 사람이라면 그의 안보 성과에 대해서 호의적일 수 있을 것 같다"라고 평가하는 이가 꽤 있었다.

카타르에서 유학 중이던 한 팔레스타인 대학원생은 "베냐민 네타냐후를 증오한다. 하지만 냉정히 생각해보자. 팔레스타인 지도자라고 하는 사람 중 솔직히 베냐민 네타냐후 정도로 지식이 많고 역량이 있는 사람이 있는지 잘 모르겠다"라고 말했다.

실제 이스라엘은 물론이고 미국과 유럽의 주류층에서도 최고로 통할 수 있는 스펙을 갖추고 있다는 것도 베냐민 네타냐후 총리의 특징이다.

베냐민 네타냐후 총리는 역사학 전공 대학교수였던 아버지를 따라 고등학교 때 미국으로 이주했다. 어릴 때부터 유복한 환경에서 성장한 것이다. 세계적 명문대인 매사추세츠공과대MIT 건축학과와 경영대학원을 졸업했고, 하버드대에서는 정치학 박사 과정을 밟았다(졸업은 안 했다). 물론 영어도 유창하다.

이스라엘 국민답게 군대도 다녀왔다. 정확히는 특수부대에서 복무했다. 그리고 그의 친형 요나탄 네타냐후Yonatan Netanyahu는 1976년 7월 팔레스타인 테러범들이 에어프랑스 항공기를 우간다 엔테베에서 납치해 발생한 '엔테베 작전Operation Entebbe*' 중 사망했다.

요나탄 네타냐후가 사망하면서 베냐민 네타냐후 총리는 테러에 대한 관심이 커졌다고 한다. 한동안 테러 관련 책과 연구보고서에 빠져 지낸 것으로 알려져 있으며, 그의 강경하고 보수적인 안보관, 팔레스타인과 아랍권에 대한 반감을 키우는 데도 형의 죽음이 크게 기여했을 것이다.

긴장하는 중동

베냐민 네타냐후 총리가 돌아오면서 중동 나라들은 긴장하는 모양새다. 이는 임기가 시작된 직후인 2023년 1월 2일 압둘팟타흐 시시 이집트 대통령이 베냐민 네타냐후 총리와 나눈 전화 통화 내용에서 잘 드러난다.

〈AP통신〉 등에 따르면 압둘팟타흐 시시 대통령은 베냐민 네타냐후 총리에게 "긴장을 초래하는 행위를 하지 말아달라"라고 말했다.

하지만 베냐민 네타냐후 총리는 총리 취임 선서에서도 정착촌 확장 의지를 분명히 나타냈다. 그리고 그가 총리에 취임한 직후 이스라엘은 시리아 수도 다마스쿠스 남부 지역에 주적인 이란의 지원을 받는 현지 민병대의 시설을 미사일로 공격했다.

---

* 당시 항공기에는 260명의 승객과 승무원이 탑승하고 있었으며, 이스라엘 국적자와 유대인은 106명이었다.

2023년 7월 '네타냐후 표 조치'라고 할 만한 군사 작전이 펼쳐졌다. 당시 이스라엘군은 2000년대 초반 대대적으로 발생했던 '인티파다Intifada(봉기를 뜻하는 아랍어로 팔레스타인 무장봉기를 의미함)' 이후 처음으로 요르단강 서안의 제닌Jenin에서 대규모 군사 작전을 진행했다.

사망자 수는 13명(팔레스타인 12명, 이스라엘 1명)으로 많지 않은 편이었다. 하지만 이스라엘은 최첨단 드론과 1,000여 명의 지상군을 투입하며 강경한 모습을 보였다.

서안은 대이스라엘 무력 투쟁을 강조하는 팔레스타인 무장정파 하마스가 관할하는 가자지구와 다르다. 비교적 온건한 성향의 팔레스타인인이 많다. 무엇보다 서안을 중심으로 활동하는 팔레스타인 자치정부는 하마스와 달리 이스라엘과의 대화와 협력을 지향해 왔다.

이스라엘은 제닌을 공격한 이유로 이 지역에 수백 명의 무장 팔레스타인인이 있다고 주장했다. 또 지난 6개월간 이스라엘을 겨냥한 50건 이상의 공격이 제닌 지역에서 이뤄졌다고 밝혔다. 실제로 제닌은 다른 서안지구 내 지역과 달리 전통적으로 하마스 지지자가 많다. 2021년에 '제닌 여단Jenin Brigade'이란 무장단체도 탄생했다.

하지만 중동 외교가에선 '20년 만에 서안지구에서 이스라엘군의 대규모 공습이 이뤄졌다'는 부분에 크게 의미를 둔다. 그동안 가자지구에 집중됐던 이스라엘의 대팔레스타인 공습이 이제 서안으로 확대되는 것 아니냐는 것이다.

아랍권 국가의 한 대사급 외교관은 이렇게 말했다.

"이스라엘, 특히 네타냐후 정부는 팔레스타인을 인정할 마음이 조금도 없다. 서안에 대해서도 군사 작전을 늘려나갈 가능성이 높다. 그러면 서안도 가자지구처럼 민심이 바뀌게 될 것이다. 그리고 제닌같이 이스라엘에 대한 강경 투쟁이 나타나는 곳은 가자지구처럼 봉쇄될 것이다. 이 과정에서 정착촌은 계속 확장되고, 결국 팔레스타인의 영토는 점점 줄어들 것으로 예상된다."

특히 이번 네타냐후 정부는 이스라엘 역사상 가장 극우 성향이 강한 정당 간의 연정을 통해 수립됐다. 베냐민 네타냐후 총리는 물론이고 강경 극우 성향을 보이는 인사들이 대거 핵심 요직을 치지하고 있다. 노골적으로 팔레스타인과의 공존을 반대하는 이들이다. 어떤 점에서는 오히려 베냐민 네타냐후 총리가 온건파로 보일 정도다.

'경제 사령탑'인 베잘렐 스모트리히Bezalel Smotrich 이스라엘 재무부 장관은 "팔레스타인 마을을 없애야 한다" "팔레스타인 사람 같은 건 아예 없다"는 '망언'으로 논란을 일으켰던 인물이다. 심지어 베잘렐 스모트리히 장관은 유대인 정착촌 업무를 담당하기도 한다. 팔레스타인 진영에서 더욱 부글거릴 수밖에 없는 이유다.

역시 극우 인사인 이타마르 벤그비르Itamar Ben-Gvir 국가안보부 장관은 2023년 1월 3일 이슬람의 성지인 알아끄사 모스크Al-Aqsa Mosque가 있는 동예루살렘의 성전산Temple Mountain을 방문해 물의를 빚었다.

현재 요르단이 관리 중인 알아끄사 모스크는 누구나 방문할 수 있지만 예배는 무슬림만 볼 수 있다. 이스라엘 정부 관계자들은 팔레스타인, 나아가 아랍권을 자극할 수 있다는 이유로 동예루살렘 특히 성전산 일대 방문을 자제했다. 그런 점에서 이스라엘 안보 정책을 담당하는 이타마르 벤그비르 장관의 성전산 방문은 메시지가 명확하다. '노골적인 도발이다' '점령자인 것을 과시하는 행동이다'는 비판이 나온 이유다.

그리고 더 중요한 것, 아마도 아주 획기적인 변화가 있기 전에는 베냐민 네타냐후 총리가 재임하는 중 이런 움직임은 계속될 것이란 점이다. 2023년 10월 7일 시작된 하마스와 가자지구 전쟁에서도 베냐민 네타냐후 총리의 본모습이 제대로 나타나고 있다. 그는 사실상 협상은 없다는 입장이며, 지속적으로 '하마스 궤멸'을 외친다. 정치적 위기 상황에서 가자지구 전쟁은 그에게 큰 기회일 수 있다.

"하마스가 궤멸할 때까지 전쟁은 계속될 것이다" "하마스 테러리스트들에게 선택은 항복 또는 죽음뿐이다" 베냐민 네타냐후 총리가 가자지구 전쟁을 펼치면서 강조한 발언이다.

시끄러운 이스라엘 사회

베냐민 네타냐후 총리는 이스라엘 사회도 시끄럽게 만들고 있다. 사법부의 영향력을 축소하는 내용을 대거 담은 법안을 통과시키는 데 공을 들이고 있기 때문이다.

베냐민 네타냐후 총리가 추진하는 이른바 '사법부 영향력 축소법안'에는 의회의 과반이 동의하면 대법원이 위헌 결정을 내린 법안에 대해서도 입법이 가능하다는 내용이 포함돼 있다. 또 법관임용위원회에 정부 인사를 과반수로 늘려 '친정부 성향 법관 임명'이 쉬워지도록 하는 내용도 담겨 있다.

현재 부정부패 혐의로 어려움을 겪고 있는 베냐민 네타냐후 총리가 자신의 안전을 위해 사법부를 최대한 자신에게 유리한 방향으로 바꾸려 한다는 비판이 제기된다.

2023년 초부터 이스라엘에서는 베냐민 네타냐후 총리의 사법부 영향력 움직임에 대한 반대 시위가 거세게 일어나고 있다. 텔아비브에서 홍보 컨설팅 사업을 하는 한 현지인은 "중동의 사실상 유일한 자유 민주주의 국가인 이스라엘의 정체성과 장점을 없애려는 시도다. 개인적으로는, 팔레스타인과의 대립보다 지금 네타냐후 정부가 추진 중인 사법부 영향력 줄이기 조치가 더 위험하다고 생각한다"며 목소리를 높였다.

일각에선 베냐민 네타냐후 총리와 그의 강경 보수 우파 정부가 향후 'BDS 운동'에 더욱 불을 지필 것이란 전망도 나온다. 이스라엘의 팔레스타인에 대한 폭격, 봉쇄, 강경 진압 조치가 있을 때마다 아랍권과 시민단체에선 'BDS 운동'에 동참하자는 목소리를 낸다. BDS는 불매·불참(Boycott), 투자 철수(Divestment), 경제 제재(Sanction)를 의미한다.

이스라엘에서 생산된 제품, 농산물, 기술 등을 구매하지 말자는 것이다. 또 이스라엘에 투자도 하지 말자는 시도다. 이스라엘과 팔레스타인 갈등이 워낙 오랫동안 이어지다 보니 국제적으로 BDS는 북미와 유럽을 중심으로 꽤 유명세를 치른 운동이다. 하지만 그 성과가 크지는 않다.

베냐민 네타냐후와의 만남

친한 회사 후배이며 카이로 특파원을 지낸 동아일보 임현석 기자는 이스라엘 텔아비브에서 열린 한 행사에서 베냐민 네타냐후 총리와 잠시 마주한 적이 있다. 임현석 기자는 베냐민 네탸냐후 총리로부터 군인다운 면모를 느꼈다고 한다.

임현석 기자가 베냐민 네타냐후 총리를 만난 건 2017년 1월 미국, 이탈리아, 브라질, 인도 기자가 포함된 글로벌 취재단 일원으로 이스라엘 텔아비브 무역컨벤션센터에서 열린 사이버 보안 박람회

'사이버텍Cyber Tech'을 취재할 때였다.

당시 임현석 기자는 부스를 돌며 사이버 보안 강국인 이스라엘의 노하우를 취재하던 중 현지 홍보 담당자로부터 오후 특정 시간엔 잠시 프레스룸에서 대기해 줄 수 있느냐는 요청을 받았다고 한다. 임현석 기자는 담당자가 이유를 밝히지 않아 어리둥절하면서도 약속 시간이 되자 프레스룸으로 돌아왔고, 거기엔 이미 약 20여 명의 외국 기자들이 모여 있었다.

이내 이스라엘 정부 홍보 담당자가 깜짝 놀랄 만한 중요한 미팅이 있으니 컨벤션 센터 내 강당으로 이동해달라고 요청해 왔다. 기자단은 의아한 가운데서도 좋은 취잿거리가 있으리라고 생각하며 자리를 옮겼다. 강당 한쪽 벽엔 사이버텍을 홍보하는 현수막이 크게 쳐져 있었다. 정장을 입은 보안요원이 많아 의아하던 차에 홍보 담당자는 "베냐민 네타냐후 총리가 글로벌 기자단을 만나기 위해 올 예정"이라고 알렸다. 당초 기자들에게 알린 안내엔 없던 내용이었다.

이날 사이버텍 개막 행사에 기조연설자로 참여한 베냐민 네타냐후 총리가 강당 안에 들어섰다. 남색 수트에 회색 넥타이를 입었는데, 의욕에 찬 표정과 걸음걸이가 군 장성 같은 인상이었다고 한다. 가뜩이나 행사장에서는 삼엄하게 소지품 검사를 하는 분위기였는데, 방 안에 경호 요원이 여럿 깔려 있어서 더욱이나 그런 인상을 강하게 받았을 것이다.

그날 베냐민 네타냐후 총리는 기자 한 명 한 명에게 다가가 오른손을 건넸다. "어느 나라에서 오셨습니까?" "한국입니다." "좋은 나라죠." 이때 정부 홍보 담당자 한쪽 편엔 어느샌가 사진사가 붙어서 셔터를 누르고 있었다. 만남은 짧게 이뤄졌고 베냐민 네타냐후 총리는 별도의 질문은 받지 않았다.

임현석 기자는 베냐민 네타냐후 총리가 기자단을 깜짝 만나는 과정과 이후 촬영 일정이 너무 능숙하게 이뤄져서, 어안이 벙벙할 지경이었다고 한다. 이스라엘 정부 관계자는 "네타냐후 총리가 행사장에서 기자단이 있다는 소식을 전해 듣고 우호를 쌓기 위해 시간을 냈다"라고 설명했다.

그러나 임현석 기자는 그 말을 액면 그대로 믿긴 어려웠다고 한다. 방문과 촬영까지 과정이 마치 계획했던 것처럼 최적의 동선을 따라 이동했기 때문에 모두 미리 계획된 일정처럼 느껴졌다는 것이다. 해외 기자단으로 하여금 이스라엘 정부에 우호적인 관점을 심어주기 위한 계획된 일정이자, 여기에 총리까지 직접 나설 정도로 치밀함이 눈에 더 들어왔다고 한다.

임현석 기자는 베냐민 네타냐후 총리의 기자단 방문은 다소 이스라엘 정부를 강하게 홍보하는 인상이 들어 기사에 반영하진 않았다고 한다. 하지만 총리까지 발로 뛰는 이스라엘 정부의 대언론 홍보 활동엔 혀를 내두를 수밖에 없었다고 회고했다.

텔아비브에서 열린 사이버텍이 이스라엘의 IT기업을 알리기 위한 행사로 기획됐다고 하더라도, 국가 최고지도자가 마치 실무자처럼 해외 기자단을 방문해서 일일이 좋은 기사를 부탁하는 모습은 상상하기 어려웠다고. 임현석 기자는 국가 전체가 세일즈 조직처럼 움직인다는 이스라엘 평가를 상기했다.

임현석 기자는 짧은 만남에서도 베냐민 네타냐후 총리가 보스이면서 동시에 능숙한 실무자라는 인상을 받았다고 했다. 단체 사진이 아니라, 기자들에게 일일이 악수하며 사진 하나씩을 만들어주는 모습에서 국가 행사 성공에 무척이나 진심인 모습이었다고. 그런 모습이 화이트칼라 스타일의 엘리트보다는 미션 오리엔티드된 군인에 더 가까워 보였다는 것이다.

베냐민 네타냐후를 둘러싼 평가에 대해선 긍정적이든 부정적이든 그의 집요하고 의욕적인 모습만큼은 모두 인정한다. 음흉하다는 평가와 일 잘한다는 평가가 뒤섞여 있지만 말이다.

☪ 시시콜콜 마즐리스

이스라엘은 정부와 기업 모두 '홍보'에 적극적인 나라다. 자신들의 장점과 입장을 정말 자세하게 설명한다.

2023년 10월 터진 하마스와의 '가자지구 전쟁'에서도 이 강점이 드러났다. 주한 이스라엘 대사관은 기회가 있을 때마다 다양한 홍보 자료를 기자들에게 전달했다. 아키바 토르 주한 이스라엘 대사는 언론과의 인터뷰도 여러 차례 진행했다.

반면, 아랍권 나라들은 전반적으로 홍보에 적극적이지 않다. 특히 민감한 이슈와 관련해서는 더욱 그렇다. 언론홍보는 두 진영 간 큰 차이가 나타나는 분야 중 하나다.

5장 중동의 '스트롱 이슈 메이커'들

6장

중동에서 본 한국

중동에서 활동하면서 한국을 바라보는 나의 시각과 생각도 바뀌었다. 또 한국이 나아가야 할 방향과 개선해야 할 점에 대해서도 고민하게 되었다. 기자로서의 고민과 다짐도 있었다. 조금은 개인적인 이야기이기도 하다.

1) 중동에서 일본을 다시 보다

"중동에서 생활하며 기존에 가지고 있던 생각 중 크게 달라진 게 있느냐?"라고 누군가가 묻는다면, "일본에 대한 시각이 달라졌다"라고 말할 것이다.

솔직히 일본에 관해서는 딱히 관심이 없었다. 지금까지 일본 여행을 한 번밖에 하지 않았다. 해외 취재를 많이 한 편이지만, 일본 현지에 직접 가서 취재한 적은 두 번뿐이었다. 한 번은 동일본 대지진 뒤 달라진 일본의 모습을 취재하기 위해, 또 한 번은 일제강점기 시절 강제로 일본에 끌려간 한국인 노동자들을 추모하는 행사를 취재하기 위해서였다.

한마디로 내게 일본은 가까운 곳에 있지만 특별한 관심은 없는 나라였다. 기자가 된 뒤, 기회가 있을 때마다 적극적으로 출장을 갔던 지역은 중동, 유럽, 동남아시아였다.

그래서일까? 개인적으로 '일본' 하면 떠오르는 이미지 중 하나는 '국제적이지 않다'라는 것이었다. 출장이나 여행할 때 영어가 제대로 통하지 않아 불편했던 경험, 자신과 상관없는 일에는 별로 관심을 두지 않는 듯한 언행을 보이던 사람들의 모습에서 그런 이미지가 형성됐던 것 같다.

일본에서 특파원을 지냈거나, 일본에 관심이 많은 동료가 "일본 신문과 뉴스에는 국제 기사가 정말 많아" "일본 신문과 뉴스에는 중동 관련 기사도 많아"라고 이야기하는 걸 종종 들었지만 크게 의미를 부여하진 않았다.

하지만 중동에서 특파원 생활을 하며 일본이 얼마나 국제 이슈에 관심이 많은지 실감할 수 있었다. 특히 일본 기자들과 외교관들의 모습을 보며 일본에 대한 인식이 많이 바뀌었다. 일본은 국제 이슈를 매우 적극적으로 취재하고 연구하는 나라다.

중동의 일본 특파원들

특파원 시절, 아무리 작은 이슈라도 현장에 갈 기회가 있다면 최대한 가도록 노력했다. 현장에 가보면, 한국 기자로는 내가 유일한 경우가 꽤 많았다. 그러나 일본 기자들은 항상, 그것도 여러 명이 있었다. 보통 일본 유명 신문사들은 중동 특파원을 각각 3~5명 정도 둔다. 특파원들은 이집트 카이로, 튀르키예 이스탄불, 아랍에미리트 두바이, 이란 테헤란, 이스라엘 예루살렘 등에 주재한다. 숫자가 많다 보니 확실히 현장에 갈 수 있는 여력도 많다.

일본 언론사 중동 특파원 중에는 파키스탄과 러시아처럼 중동 이슈와 관련이 많은 지역의 특파원으로 주재한 이들도 있었다. 연차가 높아 취재 경험이 풍부한 '선배 기자들' 역시 많았다. 현장에서 자주 만나며 몇몇 일본 기자들과 개인적으로 가까워졌고, 이들과는 따로 연락도 하고 식사와 술자리를 함께하기도 했다. 이 과정에서 나눈 대화를 일부 소개하고 싶다.

나: 일본 사람들은 중동 이슈에 정말 관심이 많은가 봐요? 작은 현장도 꼼꼼히 챙기시네요.

일본 기자 1: 꼭 그렇지는 않아요. 그런데 우리 신문을 보는 독자라면 중동 이슈에 대해 알 필요가 있다고 생각해요. 기회가 될 때마다 국제 이슈에서 큰 비중을 차지하는 중동 이슈를 적극적으로 알려야죠.

일본 기자 2: 유명 영미권 매체나 중동권 매체가 아니라면 중동 이슈와 관련된 특종을 하는 게 현실적으로 매우 어렵습니다. 우리도 기사를 쓰는 과정에서 유명 영미권 매체를 많이 참고하고 인용도 해요. 그런데 현장에는 최대한 적극적으로 가는 게 원칙입니다. 현장에 자주 가야 독자들에게 조금이라도 더 생생한 정보를 전달할 수 있고, 큰 이슈가 있을 때 분석도 깊이 있게 할 수 있으니까요.

2020년 2월 말, 이란 총선 취재를 위해 카이로에 주재 중이던 일본 특파원 대다수가 테헤란으로 출장을 떠났다. 이란 대통령 선거도 아닌 총선 취재를 위해 특파원들이 대거 직접 현장에 가는 모습을

6장 중동의 '스트롱 이슈 메이커'들

보면서 일본 언론사들이 중동 이슈와 관련된 '현장 취재'를 매우 중요하게 생각한다는 것을 확인할 수 있었다. 이 중 일부는 이미 테헤란에 자사 특파원이 있는데도 이들을 지원하기 위해 나섰다.

당시 테헤란에 다녀온 카이로 주재 일본 특파원들은 카이로에 돌아와서 자체적으로 2~3주씩 자가 격리를 했다. 2020년 2월 총선을 전후로 이란에서 코로나19가 급격히 확산됐기 때문이다.

일본 언론사들은 테러조직 이슬람국가(IS)가 퇴치되고 한창 시리아와 이라크에서 '복구 작업'이 진행될 때도 이를 적극 취재했다. 당시 종종 시리아와 이라크에 가서 취재하던 일본 특파원은 "이슬람국가(IS)로부터 고통받았던 사람들의 목소리를 직접 듣고 큰 기사를 썼다. 기자로서 정말 뜻깊은 경험이었다"라고 목소리를 높이며 현지 상황에 대해 자세히 설명하기도 했다.

중동의 일본 외교관들

기자뿐만 아니라 일본 외교관들의 모습도 '현장에서' 자주 볼 수 있었다. 현지 유명 대학과 연구소에서 주최하는 각종 중동 이슈 관련 포럼이나 세미나에 가면 항상 일본 외교관들이 있었다. 한국 외교관들은 솔직히 '아주 큰 행사'이거나 '한국과 관련 있는 행사'가 아니면 거의 볼 수 없었다. 포럼 혹은 세미나에서 일본 외교관이 나에게 먼저 다가와 "한국 외교관이신가요?" 하고 물은 적도 있다.

2019년 9월 사우디아라비아 관광 개방을 기념하는 이벤트가 리야드에 열렸을 때도 일본 외교관들은 행사가 시작되기 한참 전부터 행사장을 돌아다니며 현장을 살피고 기록했다. 행사장을 찾은 다양한 국적의 사람들(기업인, 외교관, 기자, 전문가 등)과 대화를 나누고, 나아가 네트워크를 형성하기 위해 힘썼다. 그들은 나에게도 와서 말을 걸고 사우디아라비아의 관광 개방, 한국 언론의 중동 취재 등에 대해 질문했다.

반면, 한국 대사관 관계자들은 본행사가 임박해서야 현장에 도착했다. 그리고 행사장을 찾은 한국 대사관 관계자들의 수도 일본 대사관 관계자들보다 적었다.

다만, 일본 대사관의 경우 한국 대사관보다 인원이 적게는 1.5배, 많게는 2배 이상이다. 인력의 규모에서 꽤 차이가 난다는 점도 감안할 필요가 있다.

중동에서 본 일본은 인상적이고 파격적인 문화외교 전략을 펼쳤다. 이집트에선 새로운 국립박물관인 '대大이집트박물관Grand Egyptian Museum' 건설 프로젝트가 사실상 일본의 지원으로 진행되고 있다. 총사업비 10억 달러 중 일본이 75% 이상을 이집트에 차관 형태로 빌려줬기 때문이다. 2005년 시작된 이 프로젝트는 현지에서는 2023년 말이나 2024년 초에 마무리될 것으로 보고 있다. 일본 정부는 당초 예상 사업 비용을 5억 달러로 집계했다. 공사 기간이 크게 길어지면서 비용 역시 급증한 것이다. 하지만 일본은 자금 지원뿐 아니라 기술 지원에도 적극적으로 나서고 있다.

☾ 시시콜콜 마즐리스

특파원 숫자에서 아직 한국과 일본 언론사는 비교가 불가능하다. 한국 언론사 중에는 현재 동아일보(채널A 겸직), KBS, 연합뉴스 정도만 정식으로 중동 특파원을 운영 중이다. 하지만 일본의 경우 5대 일간지(아사히, 요미우리, 니혼게이자이, 마이니치, 산케이)가 중동에 특파원을 두고 있다. 게다가 산케이를 빼고는 모두 여러 명의 중동 특파원이 다양한 지역에서 활동한다. 그러다 보니 한국 특파원의 경우 아무래도 모든 현장을 챙기는 데는 한계가 분명하다.

2) 여행금지 국가 제도, 이제는 바뀌어야 한다

한국인이라면 한국 정부가 '여행금지 국가'로 지정한 나라에 허가받지 않고 방문할 수 없다.* 자국민 보호를 위해 만들어진 이 제도는 말 그대로 전쟁으로 인해 치안이 매우 위험한 나라를 지정하고 허가받아야만 입국할 수 있도록 하는 것이다. 여행금지 국가에 방문하기 위해서는 반드시 허가가 필요하다. 이 절차는 복잡하고 방문 허용 범위도 상당히 제한적이다.

현재 여행금지 국가에는 우크라이나, 시리아, 이라크, 리비아, 예멘 등이 포함돼 있다. 특파원을 포함한 기자들도 외교부의 정식 허가를 받기 전에는 이 나라들에 갈 수 없다. 정확히는, 허가 없이도 갈 수는 있다. 다만, 허가 없이 갔다는 게 드러나면 법적으로 처벌된다.

---

*   여권법 제17조(여권의 사용 제한 등): 외교부 장관은 천재지변 · 전쟁 · 내란 · 폭동 · 테러 등 대통령령으로 정하는 국외 위난상황(危難狀況)으로 인하여 국민의 생명 · 신체나 재산을 보호하기 위하여 국민이 특정 국가나 지역을 방문하거나 체류하는 것을 중지시키는 것이 필요하다고 인정하는 때에는 기간을 정하여 해당 국가나 지역에서의 여권의 사용을 제한하거나 방문 · 체류를 금지(이하 "여권의 사용 제한 등"이라 한다)할 수 있다. 다만, 영주(永住), 취재 · 보도, 긴급한 인도적 사유, 공무 등 대통령령으로 정하는 목적의 여행으로서 외교부 장관이 필요하다고 인정하면 여권의 사용과 방문 · 체류를 허가할 수 있다.

우크라이나 취재 제한

우크라이나 전쟁이 터졌을 때 유럽 주재 한국 언론사 특파원들과 외교부 간에 마찰이 있었다. 외교부가 특파원들의 현지 방문을 아주 제한적으로만 허용했기 때문이다. 당시 외교부는 한국 특파원들에게 짧은 기간, 전선에서 멀리 떨어진 일부 지역에만 방문할 수 있도록 했다. 유럽 주재 한국 특파원들은 '외교부는 여행금지 국가의 취재를 보장하라'는 내용을 담은 입장문을 발표했다. 입장문에는 '해외 뉴스를 한국에 전달하는 책무를 가지고 있는 특파원들은 다른 나라 특파원들이 누리는 언론의 자유와 비교해 창피할 수준의 보도 기능을 허가하고 있는 한국 정부의 처사에 재고를 요청한다'라는 내용도 담겨 있었다.

취재하면서 가까워진 외교부 관계자 중에서는 "한국 언론도 더 국제 뉴스를 적극적으로 다뤄야 한다" "국제 이슈의 현장을 생생하게 담은 르포 기사를 한국 언론에서도 많이 보고 싶다"고 지적하는 이가 많았다. 개인적으로 동감한다. 그리고 "앞으로 그렇게 되도록 노력하겠다"고 대답했고, 마음속으로도 다짐했다.

하지만 정작 외교부도 중요한 순간에는, 또 실제 현장에서는 언론사보다 특별히 더 '글로벌한 마인드'가 있어 보이지는 않는다. 특히 우크라이나 전쟁 취재를 둘러싼 모습에서는 더더욱 그랬다. 이는 사회 전체적으로 계속 노력하고 고민하며 개선해가야 할 문제라고 생각한다.

아프가니스탄을 취재했더라면

2021년 8월 탈레반이 아프가니스탄 중앙정부를 무너뜨리며 수도 카불을 장악할 때다. 세계가 탈레반의 아프가니스탄 장악을 지켜보고 있을 때, 한국 언론사 중 현지에 기자를 파견한 곳은 없었다. 중동 특파원이 있는 소수의 언론사도 마찬가지였다.

당시, 카타르에서 활동하던 시절 친하게 지냈던 카타르 공보부 관계자와 소셜 미디어 메신저로 대화를 나눴다. 안부를 묻고 최근 업무와 관련한 이야기를 나누던 과정에서 그는 "혹시 동아일보 카이로 특파원이 아프가니스탄에서 취재 중인가요?" 하고 물었다. "아뇨, 하지만 카이로에서 아프가니스탄 이슈에 대해 계속 기사를 쓰고 있어요"라고 답했다.

그러자 그는 "지금 아프가니스탄의 치안 상황이 매우 안 좋습니다. 기자들도 어려움을 겪는 경우가 많고요. 카타르 정부가 〈뉴욕타임스〉 〈워싱턴포스트〉 〈DPA〉(독일 통신사) 취재진과 일본인 기자들의 현지 철수를 도왔습니다. 혹시 나중에라도 아프가니스탄에서 취재하게 되고, 도움이 필요하면 알려주세요" 하고 말했다.

카타르는 미국과 탈레반 간 협상이 진행될 때 협상 장소였다. 그리고 탈레반의 공식적인 대외창구가 도하에 있다. 카타르와 탈레반은 나름대로 긴밀한 사이일 수밖에 없다. 그러다 보니 카타르는 아프가니스탄과 탈레반에 상당한 영향력을 행사할 수 있다. 말 그대로, 카타르 정부의 도움이 있으면 아프가니스탄에서 그래도 안전하게 활동할 수 있다는 뜻이기도 하다.

이 시기에 한국에 잠시 나왔던 김영태 경제협력개발기구 OECD 국제교통포럼International Transportation Forum, ITF* 사무총장과도 아프가니스탄 이슈를 두고 대화했다.

---

* 　프랑스 파리에 본부가 있다.

김영태 사무총장은 "유럽 언론들은 정말 적극적으로 아프가니스탄을 포함한 중동 이슈를 현장에서 취재한다. 우리도 그렇게 해야한다. 한국도 이제 국제사회에서 영향력도 크고, 특히나 우리는 국제 정세 변화에 영향을 많이 받는 나라 아닌가? 그런데 카불에 한국 기자가 한 명도 없었다는 건 여러모로 아쉽다"라고 말했다.

카타르 공보부 관계자, 김영태 사무총장과의 대화를 되짚으니, 현장에 대한 아쉬움이 다시금 솟아오른다.

3) '한국 알리기'의 기본 플랫폼, 한국문화원

중동에서 한국 문화를 향한 관심은 상당하다. 그 관심은 계속 커지고 있다.

2019년 10월 사우디아라비아 리야드에서 열린 방탄소년단 공연을 취재하러 현지에 갔다. 방탄소년단은 사우디아라비아 역사상 처음으로 대규모 야외 공연을 한 외국인 가수다. 그래서 현지에서도 큰 화제였다.

사우디아라비아의 보수적인 이미지 때문일까? 회사에서는 취재 때 각별히 조심하라며 당부했다. 구체적으로 말하자면, 여성 팬들에게 갑작스럽게 혹은 너무 적극적으로 인터뷰를 시도하지 말고, 사진을 찍을 때도 최대한 양해를 구하고 조심하라는 조언이었다. 혹시라도 취재 중 문제가 생길까 하는 우려였다.

결론적으로 이런 생각은 쓸모없는 걱정이었다. 공연장에서 만난 '아미'들은 내가 한국에서 온 기자라고 소개하자 반가워했고, 다양한 질문을 쏟아냈다. 먼저 기념사진을 찍자는 아미도 많았다. 자신의 사진 혹은 코멘트를 기사에 꼭 실어달라고 부탁하는 아미도 여 럿이었다.

아미 모임에 초대받기도 했다. 일부 아미들은 한국어와 한국 역 사를 공부하는 모임을 하고 있었다. 한국 화장품은 물론 전자제품, 자동차, 음식, 관광지 등에 대한 관심도 컸다. 특히 "부산에 너무 가 보고 싶다"며 강조하던 아미가 떠오른다.

한국어와 한국사 공부 모임을 하는 '사우디 아미'들에게 물 었다.

"한국을 공부하는 과정에서 가장 필요한 게 뭔가요?"

"한국문화원이요!"

공부 모임 멤버 중 한 명이 큰 소리로 답했다. 한국문화원은 한 국 문화를 알리고, 현지와의 문화적 교류를 위해 정부가 해외 주요 지역에 만드는 일종의 문화 전문 시설이다. 대사관이나 총영사관처 럼 정부가 해외에서 운영하는 기관이다.

문화원의 전체적인 운영 방향이나 정책은 문화체육관광부의 해외홍보문화원이 담당하며, 현지의 한국 대사관이나 총영사관과 밀접하게 운영된다. 문화원장은 문화체육관광부 직원을 중심으로 직업 공무원들이 파견되는 경우가 많다. 2023년 12월 기준 30개국 에 총 35개 문화원이 설치돼 있다. 보통 문화원은 대사관이나 총영 사관과 별도의 시설을 마련해 운영된다. 문화원 안에는 전시관, 교 육시설, 체험관, 소규모 공연장 등이 갖춰져 있다.

주로 아시아(9개국 12개), 미주(5개국 7개), 유럽(11개국 11개)에 많다. 중동의 경우 튀르키예 앙카라, 아랍에미리트 아부다비, 이집트 카이 로에 한국문화원이 있다. 카이로 특파원 시절 이집트 한국문화원에 서 크고 작은 행사가 있을 때마다 현장을 찾았다. 행사장을 가득 메우는 현지 2030의 모습이 인상적이었다. 한국 외교관들과 기업인들도 한국문화원의 인기와 역할을 인정했다. 또 한국문화원에 더 적극적인 투자가 필요하다는 의견을 가진 이가 많았다.

개인적으로, 중동 지역에는 적어도 3개의 한국문화원이 더 생겨야 한다고 생각한다. 물론 많을수록 좋지만 예산과 인력 면에서 어려움이 있을 것이다. 구체적으로, 한국문화원을 새로 만들기에 적합한 곳은 사우디아라비아와 이란, 이스라엘이다. 이 세 나라는 중동의 거점 국가인 동시에 각각 다른 문화권(사우디아라비아=아랍 문화와 이슬람 수니파, 이란=페르시아 문화와 이슬람 시아파, 이스라엘=유대교)을 대표하는 나라들이다. 경제적, 외교적으로도 한국이 신경을 많이 써야 할 나라들이다.

문화원 콘텐츠도 더 다양해지고 확장될 필요가 있다. 지금은 전통문화(한복, 한식, 문화재 등)와 대중문화(음악, 영화, 드라마 등) 관련 콘텐츠가 주를 이룬다. 문화원에서 이런 전략을 유지하면서 이른바 한국의 '사회문화'에 관련해서 알릴 가치가 있는 부분들을 적극적으로 소개하면 어떨까?

가령, 한국의 건강보험 제도, 의료 인프라, 한국과학기술원KAIST 설립과 운영, 1997년 외환위기 극복 과정도 문화원을 통해 현지인들에게 더 제대로 알릴 수 있다. 중동에서 한국은 짧은 시간 속에서도 세계적인 수준의 경제, 과학기술, 의료 강국으로 성장한 나라란 인식이 강하다. 현지 엘리트들 사이에서 더 흥미롭고 알고 싶은 부분은 전통문화와 대중문화보다 오히려 이런 사회문화 관련 내용이다.

많은 중동 국가가 석유와 천연가스 의존도를 낮추고자 한다. 또 과학기술 역량, 의료와 고등교육(대학) 수준을 높이는 데도 관심이 많다. 사회문화 부문에서 한국이 가진 성공 경험과 노하우를 지금보

BTS 공연장의 사우디 여성들(필자 개인 촬영)

BTS 공연장의 사우디 여성들(필자 개인 촬영)

BTS 공연장의 사우디 여성들(필자 개인 촬영)

한국에 대해 공부하는 사우디 여성들(필자 개인 촬영)

다 더욱 적극적으로 알린다면, 중동에서도 의미 있게 받아들일 것
이다.

4) 한국, 이스라엘, 아랍에미리트 간 3각 협력

한국과 이스라엘, 아랍에미리트 간 경제 협력에 대해 들어보았
는가?

　아직 많이 알려진 이야기는 아니다. 다만, 정부 차원에서는
2022년부터 적잖게 고민하고 있다. 현재 구상되는 협력 방식과 모양
새도 나쁘지 않다.

　2022년 6월 한국 정부는 한국, 이스라엘, 아랍에미리트 간의
'3각 협력' 과제 발굴을 위한 정책연구 용역을 발주했다. 이스라엘이
한국과 아랍에미리트에 적극적으로 이런 협력의 필요성을 강조했
고, 이스라엘과 아랍에미리트와 모두 밀접한 관계를 맺고 있는 한국
도 긍정적으로 이를 검토하는 상황이다.

　한국은 이스라엘과 자유무역협정FTA을 체결했고, 아랍에미리
트와는 원자력발전소 건설과 군사 협력 등을 활발히 진행하며 '특별
전략적 동반자 관계'를 맺고 있다.

　무엇보다 세 나라의 협력은 중동의 변화하고 있는 외교·안보
환경을 다시 한번 보여준다. 과거 아랍권은 이스라엘의 팔레스타인
점령 문제를 강조하며 이스라엘을 고립시키는 전략을 구사해왔다.
하지만 2020년 8월 '아브라함 협정'을 통해 아랍에미리트, 바레인이
가장 먼저 이스라엘과 외교 관계를 정상화했다.

　한국도 과거에는 아랍권 국가, 이스라엘과 동시에 경제 협력을

진행하는 것은 생각할 수 없었다. 하지만 이제는 가능한 일이다.

아직 구체적인 계획이 나오진 않았다. 하지만 세 나라가 협력할 경우 시너지가 크게 나올 수 있는 분야에 대한 고민은 계속되고 있다. 이스라엘과 한국의 기술(한국의 경우에는 제조업 역량 포함), 아랍에미리트의 '오일 머니'를 이용한 자금을 융합해 시너지를 내는 전략이 먼저 거론된다.

AI, 스마트팜, 친환경에너지, 우주산업 분야에서 세 나라 간 협력이 큰 시너지를 낼 수 있다는 예상이 많다. 이 분야들은 차세대 핵심 산업으로 여겨지는 분야다. 그리고 이스라엘과 한국이 모두 기술력을 가지고 있는 분야다. 아랍에미리트는 이 산업들을 자국의 인프라에 최대한 적용하기를 희망한다.

앞에서도 언급했지만, 아랍에미리트는 이미 화성 탐사선을 발사한 나라다. 또 자국 내 식량 생산과 국민의 건강한 식습관을 위해 스마트팜을 이용한 채소 생산에 관심이 많다. 아랍권, 나아가 중동의 첨단 기술 스타트업 중심지로 성장하겠다는 전략도 있다.

한국 입장에서는 기술 기반 창업과 스타트업 육성에 일가견이 있는 이스라엘과의 협력은 대기업이나 중견기업에 비해 상대적으로 경쟁력이 떨어지는 중소·벤처기업 부문에 대한 역량을 키울 기회다. 이스라엘 입장에서는 제조업 역량이 우수한 한국과의 파트너십을 키운다는 것 자체로 매우 가치 있는 일이다.

이스라엘의 정계, 재계 관계자들은 한국에 대한 관심을 표현할 때, 예전부터 두 나라의 상호보완적인 역량*을 강조했다. 또 두 나라

---

* 두 나라 모두 첨단기술 강국인데, 한국은 대기업과 제조업에 강하고 이스라엘은 창업과 스타트업이 강하다는 점.

모두 어려움 끝에 1948년 독립했고, 상시적인 안보 위협을 받고 있다는 점에 대해서도 공감대를 표현해왔다.

그래서일까? 최근 이스라엘 외교관들은 그 어느 때보다 한국 대통령의 이스라엘 방문을 기대한다. 지금까지 한국 대통령들은 중동 주요 국가 중 유독 이스라엘 방문에는 인색했다. 지금까지 이스라엘에 다녀간 한국 대통령은 없다. 아랍권 국가들과의 관계를 고려한 전략이었다. 반면, 이스라엘은 2010년 6월 시몬 페레스Shimon Peres 당시 대통령, 2019년 7월 레우벤 리블린Reuven Rivlin 당시 대통령이 한국을 방문했었다. 아브라함 협정으로 이제는 적잖은 아랍 나라가 이스라엘과 외교 관계를 맺고 있는 만큼, 한국 대통령의 방문이 특별한 문제가 되지 않는다는 게 이스라엘 외교관들의 주장이다. 참고할 만한 주장이라고 생각한다.

이스라엘 현지 방문을 통한 이스라엘 대통령이나 총리와의 만남이 다소 부담스럽다면 아랍에미리트에서 한국과 이스라엘 정상 간 회담이 열리는 모습도 가능하지 않을까 싶다.

5) 수단 탈출 '프로미스 작전'의 패스워드가 'UAE'였던 이유

"한국 국민이 우리 국민이다(Your people are our people)."

2023년 4월. 무력 분쟁에 휩싸인 수단에서 한국 교민 28명을 철수시킬 때 아랍에미리트UAE 아부다비 행정청장인 칼둔 알 무바라크Khaldoon Al Mubarak가 박진 외교부 장관에게 보낸 메시지다.

아랍에미리트는 수단 내 한국 교민 구출을 위한 작전에 결정적인 도움을 주었다. 작전명은 일명 '프로미스Promise(약속) 작전'. 이 작전을 통해 교민들은 지난 4월 23일 수단 수도 하르툼Khartoum에서 출발해 25일에 경기 성남 서울공항에 도착했다.

이 과정에서 아랍에미리트는 시시각각 변하는 수단 정세 정보를 한국에 제공했다. 하르툼에서 한국 공군의 C-130J 수송기가 도착한 홍해의 항구도시 포트수단Port Sudan까지 육로로 이동하는 것을 제안한 것도 아랍에미리트였다. 한국 교민들은 하르툼에서 탈출하기 전 현지 아랍에미리트 대사관저로 이동해 잠시 머물기도 했다. 또 아랍에미리트는 탈출에 필요한 차량 섭외와 경호에도 도움을 줬다. 무엇보다 아랍에미리트는 현재 무력 충돌 중인 수단 정부군과 반군인 RSF* 측에 모두 '한국 교민의 이동을 막지 말라'는 메시지를 전달한 것으로 알려졌다.

사우디아라비아의 싱크탱크인 킹 파이잘 이슬람연구센터의 조셉 케시시안 수석연구위원은 "아랍에미리트는 수단에서 영향력이 큰 나라다. 한국으로서는 '특별 전략적 동반자 관계'를 맺고 있을 만큼 가까운 우방국이니 아랍에미리트의 도움을 받는 게 적절한 전략이었다"고 말했다. 〈뉴욕타임스〉는 수단 내전 발발 직후 아랍에미리트, 러시아, 중국, 이스라엘이 안보, 경제 측면에서 수단에 관심이 많고 이 중 수단에서 가장 큰 영향력을 행사할 수 있는 나라는 아랍에미리트라고 전했다.

---

* 　신속지원군(Rapid Support Forces)으로, 수단의 반군 준군사조직이다.

아랍에미리트는 언제부터 수단에 관심을 보였을까? 1989년부터 2019년까지 수단을 통치했던 독재자 오마르 알바시르Omar Al-Bashir 시대로 거슬러 올라간다. 아랍에미리트는 전 국토가 사실상 사막이며 면적도 한국의 약 83.4% 남짓이다. 석유와 천연가스는 풍부하지만 대규모 식량 생산은 불가능하다 주요 식량 대부분을 미국, 호주, 유럽, 인도 등으로부터 수입해왔다.

가까운 지역에서 직접 안정적으로 식량을 생산하는 데 관심이 많았던 아랍에미리트는 같은 아랍권이며 동아프리카의 지정학적 요충지로 꼽히는 수단에 주목했다(아랍에미리트는 한국과의 경제 협력에서 스마트팜 등 식량 생산 관련 기술에 많은 관심이 있다).

수단은 다른 아랍 국가와 달리 대규모 식량 생산과 목축이 가능한 땅을 보유하고 있다. 아랍권에서 가장 농업 발전 가능성이 큰 나라로 꼽힌다. 국제사회에서 아랍 국가들의 이익을 대변하는 기구로 '아랍판 유엔'으로 불리는 아랍연맹 산하 아랍농업개발기구Arab Organization for Agricultural Development, AOAD 본부가 하르툼에 자리잡은 이유이기도 하다.

수단에서 아랍 언어와 문화로 박사 학위를 받은 김종도 고려대 중동이슬람센터장은 "수단은 농지나 목초지로 활용할 수 있는 땅이 풍부할 뿐 아니라 토양도 우수해 작물의 생산성이 높다.

1980년, 1990년대 현지 정세가 불안정한 상황에서도 캐나다와 일본 기업들이 수단 농업의 발전 가능성을 눈여겨보고 다양한 연구 조사를 진행했다. 극심한 정세 불안만 아니었으면 글로벌 농업, 식량 기업들의 수단에 대한 투자도 계속됐을 것"이라고 말했다.

오마르 알바시르 집권 시절 아랍에미리트는 수단에 재정 지원과 함께 원유와 비료 등을 공급하며 영향력을 키웠다. 비록 오마르 알바시르는 아랍에미리트가 눈엣가시처럼 여기는 무슬림형제단(근본주의 이슬람 사상을 강조하며 왕정에 부정적인 정치단체), 이란과도 가까운 관계였지만 아랍에미리트는 수단에 우호적인 자세를 유지했다.

그러던 2017년 6월, 아랍에미리트가 사우디아라비아와 함께 주도한 '카타르 단교 사태' 때 수단이 중립을 취하면서 아랍에미리트와 알바시르 정권 관계는 악화되었다. 카타르 단교는 카타르가 이란, 무슬림형제단과 우호적인 관계를 유지한다는 이유로 아랍에미리트, 사우디, 바레인, 이집트가 카타르와의 경제·외교 관계를 일시에 중단한 사태로 2021년 1월까지 이어졌다.

미국 조지워싱턴대 중동정치프로젝트Project on Middle East Political Science, POMEPS가 2023년 4월 발행한 '수단에서 아랍에미리트와 사우디가 벌이는 거대한 게임'에 따르면 수단은 카타르 단교 사태로 인한 갈등이 한창이던 2018년 3월 아랍에미리트와 카타르로부터 동시에 재정 지원을 받는다. 오마르 알바시르의 노골적인 '양다리 외교'에 분노한 아랍에미리트는 수단에 대한 원유 공급 등 각종 지원을 중단했고, 수단 경제는 급격히 악화됐다.

심각한 경제난 속에서 국민의 불만은 폭발하고 대규모 반정부 시위도 확산했다. 그리고 2019년 4월 오마르 알바시르는 권좌에서 물러난다. 아랍에미리트의 경제 지원 중단이 독재자 오마르 알바시르의 30년 독재를 무너뜨리는 데 결정적으로 기여했다.

알바시르가 쫓겨난 뒤, 현재 무력 충돌 중인 수단 정부군 지도자 압델 팟타흐 알부르한Abdel Fattah al-Burhan과 RSF의 모하메드 함단 다갈로 Mohamed Hamdan Dagalo가 권력의 중심에 오른다.

아랍에미리트는 공식적으로는 중립적인 모습을 보였지만 사실상 모하메드 함단 다갈로 진영을 적극 지원했다. 그 결과 RSF는 군인들을 사우디아라비아와 아랍에미리트가 주도한 예멘 전쟁에 지상군으로 파견했다. 사실상 용병이었고, 군인들의 월급 등 각종 파병 비용은 아랍에미리트가 부담했다. 모하메드 함단 다갈로는 수단의 주요 금광을 장악하고 아랍에미리트에 금을 수출해왔다. 모하메드 함단 다갈로와 측근들이 아랍에미리트에 개인 자산을 옮겨놓았다는 의혹도 있다.

하지만 아랍에미리트가 압델 팟타흐 알부르한 진영을 모른 척한 것도 아니다. 압델 팟타흐 알부르한 진영에도 재정 지원을 했다. 또 아랍에미리트는 압델 팟타흐 알부르한이 수단 주권위원회 의장으로 사실상의 국가수반 역할을 할 때 이스라엘과의 외교 관계 정상화를 중재하기도 했다. 그 결과 이스라엘과 수단은 2020년 10월 외교 관계 정상화에 합의했고 압델 팟타흐 알부르한은 미국 워싱턴을 방문하기도 했다.

장지향 아산정책연구원 중동센터장은 "아랍에미리트는 수단 내 영향력을 키우기 위해 다갈로와 알부르한 진영 모두에 보험을 들었고, 두 진영 역시 생존하기 위해선 도움이 절실한 상황이다. 두 진영 모두 아랍에미리트와 우호적인 관계를 형성하길 희망하고, 아랍에미리트의 요청에는 긍정적으로 응할 수밖에 없다"고 말했다.

군사, 안보 측면에서도 아랍에미리트는 수단에 계속 관심을 가져왔다. 앞으로도 수단 내 정치 상황에 대한 아랍에미리트의 관심은 계속될 가능성이 높다.

무엇보다 아랍에미리트는 부족 갈등과 군벌 간 충돌이 자주 발생해 정세가 불안한 수단에 무슬림형제단 같은 반왕정 성향의 정부나 무장정파가 들어서는 것을 막고 싶어 한다.

아랍에미리트, 사우디아라비아, 바레인 등 아라비아반도의 아랍 왕정 산유국들은 1979년 이슬람 시아파 지도자들이 중심이 돼 왕정을 붕괴시키고 신정 공화정 체제를 수립한 '페르시아의 후예' 이란을 극도로 경계한다. 정확히는 이란의 "부패한 왕정을 무너뜨려야 한다"는 '혁명 메시지 수출 전략'을 경계하는 것이다. 아랍에미리트 입장에선 아라비아반도 동쪽(이란)에 이어 서쪽(아프리카 지역)에서도 왕정에 위협적인 세력이 영향력을 키우는 건 어떻게든 막아야 하는 상황이다.

이수정 서강대 유로메나연구소 연구교수는 "중동의 허브 역할을 하며 정치, 경제 영향력을 키워나가길 희망하는 아랍에미리트에 가장 중요한 건 왕실과 지역 정세의 안정이다. 아랍에미리트가 막대한 오일 달러를 바탕으로 정세 불안을 겪는 주변국의 내부 정치에 개입하려는 가장 큰 이유"라고 말했다.

아랍에미리트가 후티 반군(시아파 계열로 이란의 지원을 받고 있음)과 내전을 하고 있는 예멘 정부군(수니파)을 2015년부터 적극 지원하는 것도 반왕정, 반수니파 세력이 자리잡는 것을 막기 위해서다. 예멘은 아랍에미리트의 핵심 우방국인 사우디아라비아와 긴 국경선을 맞대고 있다. 국경선을 맞대고 있진 않지만 아랍에미리트와도 지리적으로 가깝다.

한 외교 소식통은 "아랍에미리트는 이라크, 시리아, 레바논 등 아라비아반도 북부 나라에서 이란의 정치, 군사 영향력이 커진 것만으로도 큰 부담을 느끼고 있다. 아랍에미리트 입장에서는 서쪽으로는 수단, 남쪽으로는 예멘에서 왕정에 부정적이거나 이란의 우호적인 세력이 힘을 키우는 것을 그냥 둘 수 없다"고 밝혔다.

아랍에미리트는 2010년 12월 튀니지에서 시작된 '아랍의 봄' 영향으로 2011년 독재자 무아마르 카다피를 축출한 뒤 내전에 휩싸인 리비아에도 적극 개입했다. 수도 트리폴리와 서부 지역을 기반으로 한 이슬람 근본주의 성향의 통합정부GNA와 동부 지역을 장악한 세속주의 군벌 리비아국민군LNA 사이의 갈등에서 아랍에미리트는 LNA를 지원한다. 사우디아라비아도 LNA를 지원 중이다. 반대로 이란과 더불어 사우디아라비아의 핵심 라이벌 국가로 꼽히는 튀르키예는 GNA를 지원하고 있다.

이처럼 정세 불안을 경험하고 있는 주변국에 적극적으로 개입하는 아랍에미리트의 전략에 대한 우려도 나온다. 아랍에미리트가 오일 달러와 외교 역량을 갖추고 있지만, 자국 이익을 보호하고 지역 내 영향력을 키운다는 이유로 주변국 개입에 너무 적극적으로 나서고 있다는 것이다. 결과적으로 경제적 부담은 커지고, 적대적 진영의 테러 등 안보 리스크도 커질 가능성이 높아질 수밖에 없기 때문이다.

마즐리스의 문은 언제나 열려 있다

『아라비안나이트』『투탕카멘의 저주』『사자왕 리처드』

초등학교 때 재미있게 읽었던 책들이다. '어린이 문학전집'에 자주 포함되는 책이기도 하다. 중동에 관심을 가지게 된 것도 여기에서부터 비롯되었다.

'사막과 오아시스는 어떻게 생겼을까?' '중동 음식은 어떤 맛일까?' '사막 유적지에 가면 어떤 느낌이 들까?' 하고 막연하게 생각했다. 정말 막연한 호기심이었다.

중동에 대해 현실적인 관심을 가지게 된 것은, 중학교 1학년이던 1990년 8월 이라크가 쿠웨이트를 침공했을 때였다. 신문과 방송 뉴스를 통해서 본 장면들은 놀라웠다. 20세기에 전쟁이 벌어진다니, 충격적이었다. 그리고 미군을 중심으로 한 다국적군의 이라크 공습이 시작되자 궁금증이 생겼다. 정확히는 다국적군의 공습이 시작되자 이라크가 당시 다국적군이 주둔 중이던 사우디아라비아는 물론이고 다국적군에 참여하지 않은 이스라엘로도 미사일을 발사하는 게 놀라웠다.

이라크가 당시 이스라엘을 공격한 가장 큰 이유는 '쿠웨이트를 침공한 이라크 응징'이라는 아랍권의 공통된 이해를 흔드는 것이었다. 이라크의 이스라엘에 대한 공격에 이스라엘이 군사적으로 대응하는, 그러니까 '이스라엘로부터 아랍 국가가 공격당했다'라는 상황을 만들기 위한 시도였다. 당시에도 아랍권에 반이스라엘 감정이 메워 킹했나. 노 이스라엘로부터 공격받는 아랍 국가에 다른 아랍 국가들도 힘을 보태야 한다는 인식도 강했다. 이는 이스라엘 공격, 나아가 이스라엘의 반격을 통해 전쟁의 프레임을 '가해자 이라크'에서 '피해자 이라크', 그것도 '이스라엘로부터 공격받아 피해를 본 이라크'로 바꾸려는 의도였다.

그리고 다국적군을 이끌며 이라크 공격을 주도하던 미국이 '동맹국인 이스라엘을 지원하기 위해서도 이라크를 공격한다'는 프레임을 만들기 위한 의도도 담겨 있었다. 한마디로, 이라크의 이스라엘 공격은 당시 전쟁과 겉으로는 상관이 없어 보였지만 실제로는 다국적군 내부의 분열을 불러오고 대이라크 전략의 판을 흔들 수 있는 시도였다.

또한 이라크의 이스라엘 공격은 걸프협력회의 국가의 지도층과 국민 간 갈등을 유발하려는 목적도 있었다. 미국이 주도한 다국적군에 왕정 체제를 지닌 걸프협력회의 국가들은 적극적으로 참여했다. 가장 큰 이유는 걸프협력회의 구성원인 쿠웨이트를 이라크가 점령했기 때문이다. 하지만 세속주의와 민족주의를 지향하며 주변 국가로 영향력을 확대하려는 당시 이라크의 전략에 왕정 체제인 걸프협력회의 국가들은 큰 부담을 느끼고 있었다는 점도 중요한 이유였다.

이런 상황에서, 이스라엘로부터 이라크가 공격받게 되면 당시 정서를 감안할 때 걸프협력회의 국가들 내부에서도 "이라크보다 이스라엘이 더 문제다" "왜 정부는 이스라엘 공격을 안 하느냐"는 식의 여론도 조성되고, 나아가 왕정에 대한 비판으로도 이어질 수 있다고 보았다.

결과적으로 미국은 이라크의 공격에 격분하는 이스라엘을 적극적으로 '잘' 설득했다. 당시 이스라엘은 이라크에 대한 군사적 대응을 하지 않았다. 대신, 미국은 미사일 방어 시스템인 '패트리어트 미사일Patriot Missile'을 이스라엘에 대거 공급했다. 이런 복잡한 중동 이슈를 알아가는 과정에서 중동에 대한 관심이 더욱 커졌다. 신문과 방송 뉴스를 꾸준히 보는 습관이 생겼다. 그리고 신문과 방송 뉴스에 재미를 들였다. 나아가 '기자'라는 직업을 희망하게 되었다.

시간이 흐른 뒤에도 중동과의 인연은 이어졌다. 군 복무를 카투사로 하던 시절, 정확히는 제대일(2001년 9월 18일)을 딱 일주일 남겨둔 상황에서 '9·11 테러'를 경험했다. 아직도 당시 상황이 정확히, 생생하게 기억난다. 말년 휴가 중 친한 선배와 맥주를 한잔하고 있었다. 세계무역센터(쌍둥이 모양의 건물)에 첫 번째 비행기가 충돌했을 때는 단순 사고라고 생각했다. 하지만 곧이어 두 번째 비행기가 충돌했을 때 테러인 것을 직감했다. 부대에서 연락이 왔고 곧바로 복귀했다. 평안했던 캠프 용산에는 전운이 감돌았다. 경기도 의정부, 동두천, 문산 등에 주로 배치돼 있던 미2사단의 전투병 중 일부가 중동에 파견될 것이란 이야기도 돌았다.

기자가 되기 위해 언론사 입사 준비를 집중적으로 준비하던 대학 4학년 시절(2003년)에는 미국의 이라크 침공(미국은 사담 후세인 당시 이라크 정권이 대량살상무기를 생산하고 있다고 주장했지만 실제로 이를 입증할 만한 증거는 찾지 못했다)이 있었다. 자연스럽게 중동 기사를 평소보다 많이 접할 수밖에 없었다.

기자가 된 뒤에도, 중동 이슈에 관심을 기울였다. 그리고 적극적으로 중동 취재를 추진해 아랍에미리트 두바이 경제위기, 카타르 단교 사태, 이스라엘의 창업경제와 AI 산업, 아랍에미리트 아부다비의 개혁·개방, 중동의 미디어 산업, 미국-탈레반 간 평화 협상, 카타르의 교육개혁, 방탄소년단의 사우디아라비아 공연 등을 현장 취재했다.

카이로 특파원 시절에는 한국 기자 중 유일하게 사우디아라비아 관광 개방, 아람코 4차 산업혁명센터, 사우디아라비아 미래투자 이니셔티브 포럼 등을 현장에서 취재하는 행운도 누렸다. 카타르에서 연수할 때는 〈주간동아〉에 '이세형의 도하 일기'라는 칼럼을 연재했다. 심지어 취재 현장을 잠시 떠나 회사의 미디어 정책, 전략기획 업무를 담당하는 지금(2024년)까지도 정기적으로 중동 이슈와 관련된 기사를 〈신동아〉(동아일보 발행 월간지)와 동아일보 디지털 콘텐츠에 고정 코너(이세형의 더 가까이 중동)를 마련해 쓰고 있다.

기자로서 중동, 나아가 국제 이슈에 대한 취재를 '특별하고 의미 있는 소명'이라고 생각한다.

기회가 허락된다면 더욱 다양한 중동 이슈를 현장에서 취재하고 싶다. 중동과 국제 정세를 이해하는 데 도움이 되는 좋은 기사를 쓰고 싶다. 먼 훗날에는 더 많은 한국 기자가 현장에서 치열하게 중동 이슈를 취재하고, 수준 높은 기사를 쓰는 모습도 상상해본다. 국제 정세를 연구, 교육하는 싱크탱크들이 더 많이 국내에 생기고, 이곳에서도 중동 이슈를 적극적으로 분석하고 알리는 모습도 그려본다.

이 책이 중동에 대한 관심을 키우고 중동의 중요성을 조금이라도 알게 하는 데 기여하길 기대한다. 책을 쓸 수 있도록 많은 기회와 도움을 주신 회사 선배들, 필요한 부분을 적극적으로 지원해준 동료와 후배들께 깊이 감사드린다. 취재 과정에서 좋은 정보와 인사이트를 주신 취재원들의 얼굴도 많이 떠오른다.

책 출판을 결정해주셨고, 멋지게 만들어주신 선우미정 주간님과 김혜민 편집자 등 들녘출판사 관계자들께도 다시 한번 깊은 감사를 드린다.

무엇보다, 함께 중동을 여행하고 알아가는 데 긍정적이었고 늘 힘이 되어준 아내와 사막에서 태어나 오아시스의 큰 나무처럼 성장하고 있는 아들에게 깊은 감사와 사랑의 메시지를 전하고 싶다.

어린 시절부터 글로벌한 시각과 경험을 쌓을 수 있도록 해주셨고, 책과 신문, 뉴스, 박물관, 여행, 다큐멘터리를 많이 접할 수 있는 환경을 만들어 주신 부모님의 얼굴도 떠오른다. 늘 따뜻하게 응원해주시는 장인어른과 장모님께도 감사의 말씀을 전한다.

책을 마무리하며 다시 중동의 취재 현장을 누비고, 가족들과도 함께 중동의 명소를 여행하는 모습을 상상해본다.

2024년을 맞이하며
이세형

P.S.

출간을 준비하던 중 하마스가 이스라엘을 공격했다. 그리고 하마스에 대한 이스라엘의 반격이 진행되고 있다. 평소에도 평화롭지 않았던 가자지구는 전쟁에 휩싸였다.

현재 이스라엘과 팔레스타인의 관계와 양측을 둘러싼 여러 정치적, 외교·안보 여건을 감안할 때, 이번 충돌은 쉽게 끝나지 않을 가능성이 크다. 어쩌면 정말 우리가 예상하기 힘든 방향으로 악화될 수도 있다.

모든 전쟁 혹은 무력 충돌에는 원인이 있다. 짚어보고, 나아가 지적하고 비판해야 할 부분도 많다. 이번 사건도 마찬가지다.

다만, 뉴스와 신문을 통해 접한 가족을 잃고 절규하는 이스라엘과 팔레스타인 사람들의 모습이 좀처럼 잊히지 않는다. 그래서 책을 마무리하며 작은 바람(슬프게도 현실적인 바람은 아닐 수 있다)을 품어본다.

더는 '평범한 사람'들의 희생이 없기를, 그리고 여전히 '세계의 화약고'인 중동에 평화가 찾아오기를 바란다.

참고자료

국문 자료

강문수 · 유광호, "에너지 안보 위협에 따른 중동의 부상과 시사점", KIEP 오늘의 세계경제, 2022.12.22.

강성휘, "화해 훈풍 속 급변하는 중동 정세", 『관훈저널』 167호 (2023).

구기연 외, 『아랍의 봄: 그 후 10년의 흐름』 (서울대 출판문화원, 2022).

김강석 · 이주성, "한국의 대중동 공공외교에 대한 고찰", 『한국중동학회논총』 44권 1호 (2023).

김강석, "러시아의 시리아 내전 정책과 중동 영향력 확대 모색", 『중동문제연구』 21권 2호 (2022).

김강석, "아브라함 협정의 배경 고찰: 아랍에미리트와 이스라엘을 중심으로", 『중동연구』 39권 3호 (2023).

김강석, "카타르의 다차원적 국가브랜드 제고 전략", 『GCC Issue Paper』 19권 (2017).

김강석, "카타르 단교 사태와 틸러슨의 셔틀외교", 『GCC Issue Paper』 20권 (2017).

김동석, "수단 사태 배경 분석", IFANS FOCUS, 2023.4.7.

김은비, "이란의 정권 안보: IRGC를 통한 군사화를 중심으로", 『중동문제연구』 20권 2호 (2021).

김은비, "이스라엘-이란 관계의 정치적 내러티브", 『중동연구』 41권 2호 (2022).

김은비, "정부 위에 군림하는 군부: 이란 혁명 수비대", 서울대 아시아연구소 웹진 '다양성+아시아' 15호 (2021).

남옥정, "러시아-우크라이나 전쟁을 대하는 중동 각국의 상이한 반응", 『GCC Issue Paper』 39권 (2022).

라영순 · 이정민 외, 『식탁에서 만나는 유로메나』 (책과함께, 2023).

박승규 · 김은비, "아프가니스탄의 불안정성과 난민 문제: 파키스탄, 이란을 중심으로", 『한국중동학회논총』 42권 3호 (2022).

박인식, 『무함마드 빈 살만, 중동의 새로운 지배자』 (메디치미디어, 2023).

박정욱, 『중동은 왜 싸우는가?』 (지식프레임, 2018).

박현도, "더 차이나 박현도의 퍼스펙티브: UAE, 이란과 대립하면서도 대하이 창 열어둬", 《중앙일보》, 2023.1.18.

박현도, "박현도의 한반도평화워치 — 사우디 홀대했던 미국, 유가 급등에 증산 애걸해야 할 판", 《중앙일보》, 2022.7.5.

백승훈 · 황의현, "카타르 단교 사태와 국민국가 정체성 강화에 관한 연구", 『중동연구』 40권 3호 (2022).

서정민, 『이슬람은 그렇게 말하지 않았다』 (시공사, 2015).

성일광, "이스라엘-팔레스타인 갈등이 한국에 주는 함의: 갈등 해결에서 관리로", JPI Peace Net, 2021.

손성현 · 이지은, "아브라함 협정 체결 이후 UAE-이스라엘 경제협력 강화 현황 및 시사점", KIEP 기초자료, 2022.7.19.

손성현, "중동 주요 국부펀드의 최근 투자 동향 및 시사점", KIEP 기초자료 23-02 (2023).

손원호, 『이토록 매혹적인 아랍이라니』 (부키, 2021).

오종진, "국립외교원 중동 정세 라운드테이블 — 터키 최근 동향", 2020.10.16.

오주연 · 김은비, "사우디아라비아의 중추국가 전략", 『한국중동학회논총』 44권 1호 (2023).

오주연 · 김은비, "아랍에미리트(UAE) 중추국가 전략", 『중동문제연구』 21권 3호 (2022).

윤민우, "미국-서방과 러시아-중국의 글로벌 전략게임: 글로벌 패권충돌의 전쟁과 평화", 『평화학연구』 23권 2호 (2022).

이권형 · 손성현 · 장윤희 · 유광호, "카타르를 둘러싼 외교갈등 장기화와 경제적 영향", KIEP 오늘의 세계경제, 제17-27호f (2017).

이권형 · 손성현 · 장윤희 · 유광호 · 이다운, "에너지전환시대 중동 산유국의 석유산업 다각화 전략과 한국의 협력방안: 사우디아라비아와 UAE를 중심으로", KIEP 정책연구브리핑, 2022.6.19.

이세형 · 박민우 · 김수연, "사우디 vs 이란 '포스트 IS' 주도권 다툼… 중동에 다시 戰雲", 《동아일보》, 2017.11.13.

이세형 · 임희윤, "3만여 아랍 아미들, BTS 응원봉 흔들며 떼창과 함성", 《동아일보》, 2019.10.14.

이세형·한기재, "트럼프, 중동 화약고 터뜨렸다", 《동아일보》, 2020.1.4.

이세형, "[글로벌 AI 전쟁, 미래를 잡아라]〈5〉 '인공지능 창업 천국' 이스라엘", 《동아일보》, 2020.1.24.

이세형, "[글로벌 포커스] 경기침체 속 주목받는 산유국 국부펀드", 《동아일보》, 2020.5.2.

이세형, "[글로벌 포커스] '사막의 기적' 두바이 금융위기 10년… 아직 못찾은 탈출구", 《동아일보》, 2019.11.30.

이세형, "[글로벌 포커스] '정부 위의 정부'라 불리는 이란 혁명수비대", 《동아일보》, 2019.9.21.

이세형, "[글로벌 포커스] 상장 앞둔 국영기업 '아람코' 르포", 《동아일보》, 2019.11.9.

이세형, "[글로벌 포커스] 카슈끄지 피살 1년, '사막의 다보스 포럼' 부활 예고", 《동아일보》, 2019.10.5.

이세형, "[글로벌 현장을 가다] '자국민 채용'… 탈석유화-저유가 시대, 중동 산유국의 고용 프로젝트", 《동아일보》, 2019.11.21.

이세형, "[글로벌 현장을 가다] "여기는 몰디브가 아닙니다"… 관광객 1억명 유치 사우디의 야심", 《동아일보》, 2019.9.26.

이세형, "[글로벌 현장을 가다] 54조 新행정수도… 시시 이집트대통령의 '현대판 파라오' 프로젝트", 《동아일보》, 2019.7.11.

이세형, "[글로벌 현장을 가다] 아이폰 잠금 해제부터 기업 해킹 방어까지… 이스라엘의 정보보안 경쟁력", 《동아일보》, 2020.1.23.

이세형, "[인사이드&인사이트] 이란핵 정조준한 모사드〈이스라엘 정보기관〉… 바이든 '핵합의 복원'에 암초 되나", 《동아일보》, 2020.12.14.

이세형, "[토요기획] 3개 정파〈정부군-후티반군-알카에다 추종세력〉 내전에 외세 가세… 중동의 낙원에서 생지옥으로", 《동아일보》, 2018.6.23.

이세형, "'강한 튀르키예'… 에르도안은 제2의 오스만 제국 꿈꾼다 [이세형의 더 가까이 중동]", 『신동아』, 2023년 7월호.

이세형, "'인구 조사 사실상 금기' 레바논, 87년 만에 조사해봤더니…", 《동아일보》, 2019.7.30.

이세형, "'중동의 앙숙' 사우디와 이란은 정말 화해한 것일까 [이세형 기자의 더 가까이 중동]", 《동아일보》, 2023.3.12.

이세형, ""결국 문제는 경제"…'아랍의 봄' 뒤 튀니지 첫 민선 대통령 에셉시를 둘러싼 냉정한 평가", 《동아일보》, 2019.7.28.

이세형, "1조 달러 '네옴' 조성은 '주적' 이란에서 멀어지려는 심산 [이세형의 더 가까이 중동]", 『신동아』, 2023년 5월호.

이세형, "BTS가 리야드로 향한 까닭은 [이세형의 더 가까이 중동]", 『신동아』, 2023년 4월호.

이세형, "UAE의 敵은 이란? 테헤란과 잘 지내려 노력하는 단계", 『신동아』, 2023년.

이세형, "기후변화, 중동에서 새로운 '기름 전쟁' 불붙이나 [이세형의 더 가까이 중동], 《동아일보》, 2023.8.6.

이세형, "사우디가 '2030 엑스포'에 '올인'하는 이유 [이세형의 더 가까이 중동]", 《동아일보》, 2023.6.25.

이세형, "수단 탈출 '프로미스 작전'의 패스워드는 바로 이것 [이세형의 더 가까이 중동]", 《동아일보》, 2023.4.30.

이세형, "아시안컵으로 중동이 들썩", 『주간동아』, 2019.1.28

이세형, "이런 액부기만큼 중요한 시아벨트 전략 [이세형 기자의 더 가까이 중동]", 《동아일보》, 2020.12.2.

이세형, "이세형의 도하일기 ─ 우리의 밤은 당신의 낮보다 아름답다", 『주간동아』, 2019.5.17.

이세형, 『있는 그대로 카타르』 (초록비책공방, 2022).

이세형, 『중동 라이벌리즘』 (스리체어스, 2020).

이세형, "중동서 목소리 커지는 '친북' 시리아 독재자 [이세형의 더 가까이 중동]", 《동아일보》, 2023.5.14.

이세형, "쿠란이 뭐길래…부글거리는 중동 [이세형의 더 가까이 중동]", 《동아일보》, 2023.7.23.

이수정, "국내 이주 무슬림 주요 출신 국가의 이슬람 특성과 이주 무슬림 공동체의 최근 동향: 이슬람 근본주의 측면에서", 『한국대테러정책학회지』 10권 (2022).

이수정, "난민의 식탁(Refugee Cuisine): 안보를 넘어 공존의 범주로", 『통합유럽연구』 14권 1호 (2023).

이수정, 『타인을 기록하는 마음』 (메디치, 2022).

이은별 · 이종명, "한국의 중동 · 아랍 · 이슬람 보도 지형: 빅카인즈를 이용한 국내 언론 보도(1990-2021)", 『한국언론정보학보』 112호 (2022).

인남식, "2023년 중동 정세 전망", IFANS FOCUS, 2023.1.18.

인남식, "대(對)카타르 단교 사태에 따른 걸프 역학관계의 변화와 향후 전망", IFANS 주요 국제 문제 분석 2017-26 (2017).

인남식, "사우디아라비아 · 이란 관계 정상화의 함의", IFANS FOCUS, 2023.3.15.

인남식, "이란 히잡 거부 시위 확산의 배경과 정치적 함의", IFANS FOCUS, 2022.9.28.

인남식, "이스라엘 · UAE 평화협정(아브라함 협정)의 함의", IFANS FOCUS, 2020.8.28.

인남식, "최근 이스라엘-팔레스타인 무력충돌의 배경", IFANS FOCUS, 2021.5.14.

인남식, "탈레반 집권 후 아프가니스탄 내외 역학관계", IFANS 주요 국제 문제 분석 2021-20 (2021)

임성수 · 손원호, 『중동을 보면 미래 경제가 보인다: 낙타, 벤츠, 그리고 테슬라』 (시

그마북스, 2022).

임현석, "['유스퀘이크'(Youthquake) 젊은 리더십, 변화 이끈다]⟨3⟩ 알 아미리 UAE 첨 단과기부 장관", 2020.12.4.

장지향 · 유아름, "팔레스타인 지도부의 정쟁과 이스라엘-팔레스타인 갈등의 전망", 아산정책연구원 이슈브리프, 2022.4.6.

장지향, "[글로벌포커스] 동맹으로 가는 UAE-이스라엘 협력", 《매일경제》, 2021.12.1.

장지향, "문재인 정부의 UAE · 사우디 정책을 위한 제언: 개혁개방의 동력, 청년 · 여성을 사로잡아야", 아산정책연구원 이슈브리프, 2019.4.11.

장지향, "바이든 시대 중동정책의 특징과 도전", 아산정책연구원 이슈브리프, 2021.4.12.

장지향, "아브라함 협정 이후 UAE-이스라엘 전략적 협력의 심화", 아산정책연구원 이슈브리프, 2021.12.24.

정진한, "2021 하마스-이스라엘 충돌로 드러난 중동 내 미중 갈등의 경계", GCC Issue Paper 36권 (2021).

팀 마샬, 『지리의 힘』 (사이, 2016).

팀 마샬, 『지리의 힘2』 (사이, 2022).

한상용 · 최재훈, 『IS는 왜?』 (서해문집, 2016).

황성호, "[글로벌 현장을 가다] 러 부호들, 제재 피해 UAE서 돈 쓴다… 두바이항에 호화요트 집결", 《동아일보》, 2022.7.21.

영문 자료

Adel Marzooq, "Saudi Arabia: Half Reform, Half Revolution", Arab Center Washington DC, 2018.8.24.

Adnan Abu Amer, "Hamas: Between unity with Fatah and a deal with Israel", *Al Jazeera*, 2018.8.28.

Alex Vatanka and Robert Reasoner, "Trump's unconvincing "hearts and minds" strategy on Iran", Middle East Institute, 2018.7.30.

Alex Vatanka, "Rouhani's Path to Becoming Supreme Leader: Facing death threats at home, he has one trump card left to play to stay in the race", *Foreign Policy*, 2018.8/29.

Ali Alfoneh, "Limited Iranian Losses in Iraq Do Not Indicate Lesser Strategic Interest: The Islamic Revolutionary Guard Corps only suffered 43 losses during the fight against ISIL in Iraq. But this is not a sign that Tehran lacks an interest in Iraqi affairs", The Arab Gulf States Institute in Washington, 2018.11.1.

Almaskati · Bader, "Qatar's Nation Branding Strategies: The Effectiveness of Soft Power",

SOAS MA Dissertation, 2014.

Amal Ghazal · Imad K. Harb · Khalil E. Jahshan · Marwan Kabalan · Laurie King · Tamara Kharroub, "The Ukraine War: The Arab World is Not Immune", Arab Center Washington DC, 2022.3.7.

Amer Bisat, "Lebanon Needs an Emergency Stabilization Program", Carnegie Middle East Center, 2021.8.25.

Andrea Pacini, *Socio-Political and Community Dynamics of Arab Christians in Jordan, Israel, and the Autonomous Palestinian Territories* (Clarendon Press, 1999).

Andrew Miller Sahar Nowrouzzadeh, "Saudi Arabia's Empty Oil Threats Riyadh Won't Sabotage Trump's Iran Policy", *Foreign Affairs*, 2018.11.1.

Barak Seener, "Commercial Risks Entering the Iranian Market: Why sanctions make investment in the Islamic Republic of Iran a high-risk proposition", Jerusalem Center for Public Affairs, 2018.

Brannagan · M. P. & Giulianoti · Richard, "The Soft power-Soft disempowerment nexus: The case of Qatar", *International Affairs* 94-5 (2018).

Bruce Riedel, "As a global economic crisis wreaks havoc on Saudi Arabia, the kingdom should reduce military spending", *Brookings*, 2020.5.27.

Cate Malek, "Bethlehem is Struggling to Protect the Church of the Nativity", *Newsweek*, 2017.4.4.

Charles W. Dunne, "A Dangerous Confusion in US Iran Policy", Arab Center Washington DC, 2018.8.7.

Charles W. Dunne, "The Water's Edge: Ukraine, the United States, and the Middle East", Arab Center Washington DC, 2022.3.30.

Daniel Brumberg, "Kais Saied's Fantasies Are Drowning Tunisia", Arab Center Washington DC, 2023.4.27.

Daniel Brumberg, "Putin Arbitrates Iran's Presence in Syria", Arab Center Washington DC, 2018.8.10.

Daniel Brumberg, "Tunisia's Broken Democracy: A Preliminary Assessment", Arab Center Washington DC, 2023.5.12.

Daniel Byman, "How the U.S. Is Empowering Iran in Yemen-Washington's Policy Is a Strategic Blunder and a Humanitarian Disaster", *Foreign Affairs*, 2018.7.26.

Daniel L. Byman, "Another war in Lebanon?", *Brookings*, 2018.9.7.

David B. Roberts, "Reflecting on Qatar's 'Islamist' soft power", *Brookings*, 2019.4.4.

David B. Roberts, "Reflecting on Qatar's 'ISLAMIST' SofT Power", *Brookings*, 2019.

Eliza Relman, "Jared Kushner's family company is nearing a major real estate bailout with a company tied to Qatar's government", *Business Insider*, 2018.5.17.

GEDALIAH AFTERMAN · NARAYANAPPA JANARDHAN · MOHAMMED

BAHAROON · IL KWANG SUNG, "An Israel-UAE-South Korea partnership :
It would benefit the Middle East and beyond", *The Jerusalem Post*, 2022.8.23.

Gerd Nonneman, *The Gulf Crisis The View from Qatar* : *The Qatar Crisis through the Lens
of Foreign Policy Analysis* (Hamad Bin Khalifa University Press, 2018).

Gilbert Achcar, "The Saudi predicament: The Saudi ruling elite has relied on US backing,
and military support, for its regional policies. But since the Trump administration,
none of their regional policies has met with success", *Le Monde Diplomatique*, 2018.3.

Gonul Tol, "What's at Stake for Erdogan in the Khashoggi Affair? Turkey's Dangerous
Game", *Foreign Affairs*, 2018.10.26.

H. A. Hellyer, "Can Biden Bring Anything New at All to the Middle East?", *Newsweek*,
2020.11.20.

Haihong Gao, "Beyond Energy: The Future of China-GCC Economic Ties With Chi-
na's strong and stable economy and large-scale domestic market, the GCC states
are finding a promising opportunity in strengthening economic ties", The Arab Gulf
States Institute in Washington, 2018.10.25.

Hassan Ahmadian, "How Iran won a face-off with the US in Iraq-Despite Washington's
best efforts, it appears Iran will likely remain a trusted ally in post-sectarian Iraq", *Al
Jazeera*, 2018.10.24.

Imad K. Harb, "An Arab NATO? The Folly of Trusting Trump", Arab Center Washing-
ton DC, 2018.7.31.

Imad K. Harb, "Russian Gains Are American Losses in the Arab World", Arab Center
Washington DC, 2018.10.30.

Imad K. Harb, "The Jeddah Arab League Summit: MBS's Final Crowning", Arab Center
Washington DC, 2023.5.31.

Imad K. Harb, "The Khashoggi Affair and the Future of Saudi Arabia", Arab Center
Washington DC, 2018.10.12.

Israel National Cyber Directorate, "Israeli Cyber Security Industry Continued to Grow in
2021: Record of $8.8 Billion Raised", 2022.1.20.

Jim Krane, "US-Gulf Relations After OPEC+ Production Cuts", Arab Center Washing-
ton DC, 2022.11.2.

Jim Teeple, "Christians Disappearing in the Birthplace of Jesus", *Voice of America*,
2005.12.24.

Joe Macaron, "Israel Returns to Basics in Syria : "Better the devil you know"", Arab Center
Washington DC, 2018.8.15.

Jonathan Kuttab, "The Russian Invasion of Ukraine and International Law", Arab Center
Washington DC, 2022.4.1.

Jonathan Swan · Kate Kelly · Maggie Haberman · Mark Mazzetti, "Kushner Firm Got

Hundreds of Millions From 2 Persian Gulf Nations", *New York Times*, 2023.3.31.

Khalil E. Jahshan, "Shifting the Balance of Power from Ramallah to Gaza", Arab Center Washington DC, 2018.8.17.

Khalil Shikaki, "Do Palestinians Still Support the Two-State Solution? Why Israeli Settlements Are the Greatest Obstacle to Peace", *Foreign Affairs*, 2018.9.12.

Kristian Coates Ulrichsen, "The Exclusionary Turn in GCC Politics", Arab Center Washington DC, 2018.8.21.

Leonid Issaev, "The US shouldn't count on Russia to force Iran out of Syria any time soon", *Al Jazeera*, 2018.8.29.

Lidman · Melanie, "Christians Worry 'Silent Night' May Soon Refer to their own Community in Bethlehem", *The Times of Israel*, 2016.12.24.

Marc Lynch, "The New Arab Order: Power and Violence in Today's Middle East", *Foreign Affairs*, 2018.8.13.

Marcus Montgomery, "Congress is Rattled by the US Role in Yemen—But Will It Matter?", Arab Center Washington DC, 2018.8.22.

Mari Yamaguchi · Victoria Milko, "UAE's Amal spacecraft rockets toward Mars in Arab world first", *AP News*, 2020.7.20.

Mark N. Katz, "Support Opposing Sides Simultaneously: Russia's Approach to the Gulf and the Middle East", Al Jazeera Center for Studies, 2018.8.23.

Marwan Kabalan, "Is the GCC dead?", *Al Jazeera Opinion* (2018).

Marwan Kabalan, "Trump's 'Arab NATO' plan to counter Iran is doomed to fail. What the region needs is not an 'Arab NATO' but a Marshall Plan", *Al Jazeera*, 2018.8.10.

Marwan Muasher, "Recent U.S. steps taken against the Palestinians ignore that Israel has already entered into a demographic dilemma", Carnegie Middle East Center, 2018.9.21.

Mehran Kamrava, *Qatar: Small States, Big Politics* (Cornell University Press, 2015).

Mehran Kamrava, *The Impossibility of Palestine: History, Geography, and the Road Ahead* (Yale University Press, 2016).

Mehran Kamrava, *Troubled Waters* (Cornell University Press, 2018).

Melissa Dalton · Mara Karlin, "ORDER FROM CHAOS: Toward a smaller, smarter force posture in the Middle East", *Brookings*, 2018.8.28.

Michael R. Pompeo, "Confronting Iran. The Trump Administration's Strategy", *Foreign Affairs*, 2018.10.15.

Michael Young, "Can the Impending U.S. Embargo on Iranian Oil Alter Tehran's Behavior Throughout the Middle East?", Carnegie Middle East Center, 2018.10.25.

Michael Young, "Delusions of Victory", Carnegie Middle East Center, 2018.9.25.

Michael Young, "How Will the New Generation of Arab Leaders Compare to Their Predecessors?", Carnegie Middle East Center, 2018.11.1.

Mohammed Sinan Siyech · Kanishka Raj Singh, "India's Iran Quandary", Middle East Institute, 2018.9.6.

Mustafa Gurbuz, "Turkish Elections in a Post-Truth Political Landscape", Arab Center Washington DC, 2023.5.24.

n.p, "A new rocket factory is stoking fears of nuclear proliferation", *Economist*, 2019.2.16.

n.p, "Al Jazeera condemns AJ+ FARA registration order in US", *Al Jazeera*, 2020.9.17.

n.p, "Four decades after its revolution, Iran is still stuck in the past: The mullahs have brought mostly misery to a country that could be doing far better", *Economist*, 2019.2.9.

n.p, "Iran was not predestined to become a regional hegemon : Its rivals helped it", *Economist*, 2019.2.9.

n.p, "Zainab Soleimani's Double Standards Mocked Again", *Al Bawaba*, 2022.1.5.

Nasser bin Nasser, "What does Helsinki mean for Jordan?", The Middle East Institute, 2018.8.8.

Omar Ahmed, "The Kurds may well have 'no friends but the mountains', but they do have Israel", *Middle East Monitor*, 2019.10.21.

Patricia Karam, "What Does Normalization with Assad Mean for Accountability and a Political Resolution?", Arab Center Washington DC, 2023.4.18.

Pete Pattisson · Niamh McIntyre, "6,500 migrant workers have died in Qatar since World Cup awarded", *The Guardian*, 2021.2.23.

Policy Analysis Unit, "Why the Trump Administration Suspended UNRWA Funding", Arab Center for Research and Policy Studies, 2018.9.9.

Ragip Soylu, "Turkey suspends exports of olive oil after drought increases European demand", *Middle East Eye*, 2023.8.2.

Ranj Alaaldin, "Iraq's Next War : Rival Shiite Factions Could Be Headed Toward Disaster", *Foreign Affairs*, 2018.9.13.

Ross Harrison, "Shifts in the Middle East Balance of Power: An Historical Perspective", Al Jazeera Center for Studies, 2018.9.2.

Samih K. Farsoun, *Culture and Customs of the Palestinians* (*Culture and Customs of the Middle East*) (Greenwood, 2004).

Sean Mathews, "'Olive oil has become gold': Middle East demand skyrockets amid European drought", *Middle East Eye*, 2023.7.27.

Suzanne Maloney, "Trump wants a bigger, better deal with Iran. What does Tehran want?", *Brookings*, 2018.8.8.

Tamara Kharroub, "The Trump Administration's "Peace Plan" Threatens Global Peace and Security", Arab Center Washington DC, 2018.9.12.

Tamir Hayman · Yoel Guzansky, "The Beginning of a New Era? The Implications of Regional Detente", *INSS Insight* No. 1720, 2023.5.4.

The Palestinian Information Center, "Christians are no longer welcome in the Holy Land", 2018.7.23.

The White House, "Abraham Accords Peace Agreement: Treaty of Peace, Diplomatic Relations and Full Normalization Between the United Arab Emirates and the State of Israel", 2020.9.15.

Thomas De Waal, "Unfinished Business in the Armenia–Azerbaijan Conflict", Carnegie Middle East Center, 2021/2/11

UN Panel of Experts Established pursuant to Security Council Resolution 2140, "Letter dated 27 January 2017 from the Panel of Experts on Yemen addressed to the President of the Security Council", UN, 2017.1.31.

Vinay Kaura, "US–Taliban talks a momentous shift in Afghan strategy", Middle East Institute, 2018.8.27.

Wendy Sherman, "How We Got the Iran Deal, And Why We'll Miss It", *Foreign Affairs*, 2018.8.13.

Yoel Guzansky · Carmit Valensi, "The Age of Detente in the Middle East: Renewed Riyadh–Damascus Relations", *INSS Insight* No. 1705, 2023.4.2.

Yousef Munayyer, "Israel's Attack on Jenin Refugee Camp: The Next Stage of Apartheid", Arab Center Washington DC, 2023.7.5.

Yousef Munayyer, "Israel's New Government and the Rapid Acceleration of Apartheid", Arab Center Washington DC, 2022.12.29.

Yousef Munayyer, "Why are Israel and Hamas Negotiating a Cease-fire Now?", Arab Center Washington DC, 2018.8.16.

Zeineddin · Cronelia, "Employing nation branding in the Middle East — United Arab Emirates (UAE) and Qatar", *Management & Marketing Challenges for the Knowledge Society* 12–2 (2017).

Zeynep Duyar, "All eyes on Turkiye as olive, olive oil production in Europe threatened by drought", Anadolu Agency, 2023.7.21.